KB075770

국가안보의 이해와 분석

국가안보의 이해와 분석

1쇄 인쇄 | 2024년 8월 28일
1쇄 발행 | 2024년 9월 2일

편저자 | 엄정식·고경윤
발행인 | 부성옥
발행처 | 도서출판 오름
등록번호 | 제2-1548호 (1993. 5. 11)

주 소 | 서울특별시 중구 필동로 19 상가빌딩 4층
전 화 | (02) 585-9123 / 팩 스 | (02) 584-7952
E-mail | oruem9123@naver.com

ISBN 978-89-7778-528-1 93340
*값은 뒤표지에 있습니다.

NATIONAL SECURITY

국가안보의 이해와 분석

엄정식 • 고경윤 지음

Understanding and Analysis of National Security

Um, Jungsik · Ko, Kyoungyun

ORUEM Publishing House
Seoul, Korea
2024

▌책머리에▐

국가안보는 끊임없이 변화하는 생명체와 같다

이 책은 국가안보를 둘러싼 환경이 급격히 변화하는 속에서 국가안보의 개념을 정확히 이해하고, 다양한 위협을 분석할 수 있도록 구성된 개론서이다. 그래서 책명을 『국가안보의 이해와 분석』으로 정했다. '이해'는 국가안보에서 볼 때, 안보 환경과 위협을 인식하는 활동이며, '분석'은 위협의 원인과 결과를 설명하는 활동이다. 그러므로 이해와 분석은 동전의 양면이다. 깊은 이해를 통해 설명에 도달할 수도 있으며, 객관적 설명을 통해 올바른 이해에 도달할 수도 있다.

코로나 팬데믹, 러시아 · 우크라이나 전쟁, 미중 패권경쟁, 북한의 핵개발 지속 등 우리나라를 둘러싼 안보 문제는 전통적 이슈가 중요한 부분도 있지만, 비전통적 안보와 신흥안보 이슈가 중요한 부분도 있다. 따라서 이 책에서는 다양한 안보 문제 속에서 국가안보를 이해하고 분석할 수 있도록 핵심 개념과 영역을 제시하였다. 그리고 각각의 개념과 영역에서 생각해야 할 질문을 다루었다. 이 책의 시작은 약 10년 전 출간된 『국가안보의 이론과 실제』(도서출판 오름)이다. 국방 · 군사 관련 기관과 학과에서 꾸준히 활용된 이 책도 출간된 지 오래되다 보니 내용의 최신화와 핵심 개념의 재검토가 필요한 상황이었다. 이에 저자들은 이전 책의 개정판이 아닌 새로운 책으로 출간하게 되었다. 또한 이 책에는 독자들이 내용을 활용하고 학습하기 쉽도록 학습용 PPT를 포함하였다. 저자에게 이메일로 요청하면 독자들에게 제공할 생각이다. 학습용 PPT는 공군사관학교 군사전략학과 최미라 교수가 맡았다. 최미라 교수는 저자들과 국가안보를 가르치는 동료로서, 이 책의 기획에도 참여하여 좋은 의견을 제시해주었다.

저자들이 늘 강조하는 것은 어떤 교과서도 정답은 아니며, 독자 여러분 스스로 질문과 생각을 통해 책의 내용을 다시 이해하고 새롭게 구성해야 한다는 점이었다. 이 책도 예외는 아니다. 저자들은 독자들에게 지적 권위보다는 조언을, 정답보다는 다양한 해답을 제시하려 노력하였다. 그럼에도 불구하고 이 책의 부족한 부분과 오류가 있다면, 모두 저자들의 책임임을 밝힌다. 국가안보는 끊임없이 변화하는 생명체와 같기에 이 책의 독자는 책을 읽은 후 반드시 자신만의 이해와 분석을 시도하길 권한다.

2024년 8월 성무대에서

저자를 대표하여 엄정식

▌차례▌

• 책머리에 5

1부 개념과 이론

1장 국가안보의 개념과 요소 | 17

Ⅰ. **안보의 개념** 19
Ⅱ. **국가와 비국가 행위자** 23
1. 국가와 민군관계 23
2. 비국가(정부) 행위자 30
Ⅲ. **국가안보의 목적과 수단** 33

2장 국가안보의 범위와 확장 | 41

Ⅰ. **국가안보 개념의 확장** 43
1. 안보 개념의 확장 요인 43
2. 안보화(securitization) 44
Ⅱ. **전통안보: 군사안보의 이해** 48

III. **비전통안보** 51
1. 정치안보(political security)의 이해 51
2. 경제안보(economic security)의 이해 53
3. 사회안보(societal security)의 이해 56
4. 인간안보(human security)의 이해 58
IV. **신흥안보** 61
1. 환경안보(environmental security)의 이해 62
2. 보건안보(health security)의 이해 66
3. 사이버안보(cyber security)의 이해 68
4. 우주안보(space security)의 이해 74

3장 국가안보전략과 정책결정 | 85

I. **국가안보전략 체계와 이해** 87
1. 전략의 개념과 요소 87
2. 국가안보전략 체계 89
3. 우리나라의 국가안보전략과 국방전략 91
II. **분석수준에 따른 안보정책 결정요인** 94
1. 안보정책결정 분석의 필요성 94
2. 분석수준의 개념과 활용 95
III. **안보정책결정의 5가지 분석수준** 97
1. 개인 수준 98
2. 집단 수준 100
3. 사회 수준 102
4. 국가 수준 103
5. 국제체제 수준 104
IV. **안보정책결정모델** 106
1. 합리적 행위자 모델 107

2. 조직행태 모델 109

3. 정부정치 모델 110

V. 안보정책결정모델의 적용: 쿠바 미사일 위기 112

4장 **국제정치이론과 국가안보** | 119

I. 이론이란 무엇인가? 121

II. 현실주의 이론과 국가안보 123

1. 현실주의의 개념과 세계 123

2. 현실주의의 주요 주장 125

3. 현실주의의 여러 흐름 129

III. 자유주의 이론과 국가안보 131

1. 자유주의의 개념과 세계관 131

2. 자유주의의 주요 주장 133

3. 자유주의의 여러 흐름 135

IV. 구성주의 이론과 국가안보 137

1. 구성주의의 개념과 세계관 137

2. 구성주의의 주요 주장 139

2부 전략과 기획

5장 **억제와 핵전략** | 147

I. 억제의 개념 149

II. 억제의 구비조건 153

1. 능력(capability) 153

2. 신뢰성(credibility)과 의사전달(communication) 155
Ⅲ. **핵전략의 유형** 156
1. 최소억제전략과 최대억제전략 156
2. 대군사력전략과 대가치전략 156
3. 1차 공격력과 2차 공격력 157
Ⅳ. **미국 안보정책과 억제전략의 변화** 158
1. 대량보복전략(Massive Retaliation Strategy) 160
2. 유연반응전략(Flexible Response Strategy) 161
3. 상호확증파괴(MAD)전략 162
4. 충분성전략 165
5. SDI(Strategic Defense Initiative)전략 166
6. 선제공격(preemptive strike)전략 168
Ⅴ. **억제 논리와 나선(spiral) 논리 비교** 170

6장 **미래전과 국방전략기획** | 173

Ⅰ. **국방전략과 국방기획** 175
1. 국방전략의 이해 175
2. 국방기획의 이해 176
3. 국방전략의 개념과 실제 177
4. 국방전략 수립의 쟁점 183
Ⅱ. **미래전의 개념과 변화 요인** 185
1. 미래전의 개념과 양상 185
2. 미래전 변화 요인 189
Ⅲ. **우리나라의 국방전략** 192
1. 역대 국방전략의 변화 192
2. 윤석열 정부의 국방전략과 「국방혁신 4.0」 196

7장 **국가정보** | 205

I. **정보의 개념과 과정** 207

1. 정보의 개념과 유형 207
2. 정보과정 209

II. **첩보의 수집** 212

1. 인간정보 212
2. 기술정보 215
3. 공개출처정보 220

III. **방첩과 비밀공작** 222

1. 방첩 222
2. 비밀공작 226

8장 **위기관리** | 233

I. **위기의 개념과 유형** 235

1. 위기의 개념 235
2. 위기의 유형 236

II. **위기의 발생과 전개** 239

1. 위기의 발생과 전개 과정 239
2. 위기의 확대 244
3. 심리적 요소와 위기 248

III. **위기의 관리** 254

1. 위기관리의 개념과 원칙 254
2. 위기관리전략 256

3부 자주와 동맹 그리고 협력

9장 군사력과 자주국방 | 265

I. 군사력의 개념과 역할 267
1. 군사력의 개념 267
2. 군사력의 역할 269

II. 자주국방의 개념과 구성요소 276
1. 자주국방의 정의와 개념 276
2. 자주국방의 구성요소 277

III. 군사력 위협평가 279
1. 군사력 위협평가 279
2. 정태적 평가 280
3. 동태적 평가 282
4. 핵위협 평가 284

IV. 국방획득절차와 한국의 자주국방 노력 286
1. 국방획득절차 286
2. 한국의 방위산업 정책발전 289
3. 한국의 방위산업 발전 295
4. 한국의 차기 국방기술획득 전략 목표 299

10장 동맹이론과 한미동맹 | 303

I. 동맹의 정의와 유형 305

II. 동맹이론 307
1. 동맹과 전쟁 307
2. 동맹 형성의 목적 308

3. 동맹 딜레마 310
4. 동맹의 변화요인 312
III. 한미동맹의 역사와 발전 315
1. 한미동맹 역사 315
2. 한미동맹의 주요 이슈 324

11장 **국제안보협력** | 337

I. 국제안보협력 등장배경과 유형 339
1. 등장배경 339
2. 국제안보협력의 유형 339
II. 주요 국제안보협력기구 345
1. 국제연합(UN: United Nations) 345
2. 지역안보기구 358
III. 한국과 국제안보협력 368
1. 한국의 PKO활동 368
2. 유엔안전보장이사회와 대북제재결의 375

12장 **군비통제와 남북관계** | 379

I. 군비통제의 개념과 유형 381
1. 군비통제의 개념의 발전 381
2. 군비통제의 정의 382
3. 군비통제의 특징 383
4. 군비통제의 유형과 방법 384
5. 군비통제의 기능 386
6. 군비통제 촉진요인 388
7. 군비통제의 한계 389

II. **군비통제 국제체제** 392

1. 대량살상무기 군축 및 비확산 체계 392

2. 미사일 군축 및 비확산 체계 403

3. 재래식무기 군축 및 비확산 체계 404

III. **남북한 군비통제** 411

1. 한국의 군비통제 논의 412

2. 남북한 간 군비통제 합의 사례 413

• 찾아보기 421

1부
개념과 이론

1장 국가안보의 개념과 요소
2장 국가안보의 범위와 확장
3장 국가안보전략과 정책결정
4장 국제정치이론과 국가안보

1장 국가안보의 개념과 요소

Ⅰ. 안보의 개념
Ⅱ. 국가와 비국가 행위자
Ⅲ. 국가안보의 목적과 수단

• 학습 개요 •

오늘날 우리가 살고 있는 국가는 인간이 생존을 위해 만들어낸 사회적 공동체이다. 인간은 혼자 살아가기보다 국가에 속해 있는 것을 더 안전하게 느낀다. 그래서 국가는 국민의 생존과 재산을 지키기 위해 존재하고, 국민은 국가를 지키기 위해 희생한다. 이렇게 국민의 생존과 국가의 안보는 따로 생각하기 어렵다. 국가안보란 국가라는 공동체를 외부의 위협으로부터 지킴으로써 국가의 중요한 가치를 유지하는 일이다.

첫 번째 절에서는 안보의 개념을 살펴보고 국가안보를 통해 추구하는 국가이익이라는 목적과 국가안보의 수단으로서 힘이라는 개념을 이해한다. 두 번째 절에서는 안보의 기본 행위자인 국가의 의미를 살펴보고, 인간의 안전에 관여하는 다른 행위자(비국가 행위자)를 이해한다. 마지막 절에서는 하드파워, 소프트파워, 스마트파워를 통해 국가안보의 개념이 고정된 것이 아니라 계속 변화하고 확대되는 이유를 설명하고. 국가안보를 바라보는 관점에 대해 생각해본다.

[주요 개념]

안보(Security)

국가(Nation State)

비국가 행위자(Non-State Actor)

위협(threat)

취약성(Vulnerability)

민군관계(Civil-Military Relations)

하드파워(Hard Power)

소프트파워(Soft Power)

공공외교(Public Diplomacy)

스마트파워(Smart Power)

[생각해 봅시다]

1. 안보란 무엇인가?
2. 인간의 안전을 위한 국가와 비국가 행위자의 역할은 각각 무엇인가?
3. 국가안보의 목적은 무엇이며 우리의 관점은 왜 달라지는가?
4. 바람직한 민군관계란 무엇인가?
5. 국가의 영향력은 하드파워, 소프트파워, 스마트파워를 통해 어떻게 표출되는가?

I. 안보의 개념

안보란 무엇인가? 안보security는 "공포와 걱정, 위험 등에서 자유롭다는 느낌feeling 또는 상태state, 안전safety 또는 안전감sense of safety"을 뜻한다. 안보의 어원은 라틴어의 "Securitas"로 se(free from), curitas(fear, care)의 조합이다. 안보 개념이 국제사회에서 처음 사용된 것은 1차 세계대전 이후 창설된 국제연맹 규약 전문에 포함된 "To achieve International Peace and Security"라는 문장이다. 이는 국가가 국민의 보증인이 되고 국제연맹이 보장한다는 의미이다.

안보라는 가치는 공공재public goods이다. 공공재는 소비하려는 사람이 많아도 부족하지 않아 경쟁하지 않아도 된다(비경쟁성). 예를 들어 내가 공원에서 공기나 경치를 소비하더라도 다른 사람들과 경쟁할 필요는 없다. 또한 공공재는 소비하려는 사람을 구별하거나 배제하지 않는다(비배제성). 내가 나무를 심어 공기를 공급하더라도 특정 사람만 소비하게 하거나 다른 사람의 소비를 배제할 수 없다. 따라서 국가가 제공하는 안보라는 공공재는 경쟁과 배제에 따른 갈등을 일으키진 않는다. 정부는 공공재를 제공함으로써 질서를 유지하고 불필요한 소모가 일어나지 않게 하는 역할을 한다.

안보의 개념은 전통적 안보와 비전통적 안보로 구분한다. 전통적 안보는 국가안보에 대외적인 위협이었던 적대 국가의 군사력으로부터 안보를 달성하는 것이다. 전통적 안보는 군사안보와 거의 동일하게 다루어진다. 적대 국가는 통합된 영토와 독립된 주권을 위협하는 상대방이다. 적대 국가의 위협은 능력과 의도를 모두 평가해야 한다.

전통적 안보가 국가 중심의 군사 이슈를 다룬다면, 비전통적 안보는 초국가적 이슈와 비군사 이슈까지 포괄하여 다룬다. 비전통적 안보는 냉전이 끝나면서 안보 문제가 다양화되는 상황에서 등장했다. 단일 국가의 영역을 넘어선 초국가적 이슈는 기후변화, 에너지 수급, 환경, 젠더, 보건, 이민, 빈곤, 초국가 범죄, 테러, 해적, 사이버 위협 등 다양하다. 이러한 문제들은 냉전시기에도 존재했지만, 미국과 소련 중심의 이념경쟁, 국력경쟁이 우선되면서 중요하게 인식되지 못했다. 소련의 붕괴로 냉전이 끝나자, 많은 국가들이 초국가적 안보 이슈를 포함한 안보 문제에 관심을 가지면서 안보 영역도 넓어졌다. 또한 군사 이슈에만 초점을 두었던 전통적 안보뿐 아니라 정치 · 경제 · 사회 · 문화 등 국가의 다양한 영역에서 이익과 가치를 보호하고 극대화하려는 노력을 반영한다.

안보의 개념에는 위협threat과 위험danger이 포함된다. 위협은 주체가 의도적으로 피해를 주려는 행위에서 비롯되지만, 위험은 주체의 의도가 없어도 피해를 줄 수 있는 자연적인 상황을 의미한다. 예를 들어 국경을 맞댄 다른 국가에서 발생한 홍수로 우리나라의 수해가 발생한 위험 상황과 다른 국가가 댐을 건설하여 우리나라에 유입될 수량을 통제하는 위협 상황은 구분되어야 한다. 국가안보는 대부분 의도를 가진 상대로부터 비롯된 위협을 주로 다루지만, 국민의 재산과 생명이 피해를 입는 위험도 포함된다. 이처럼 위험이 국가안보에 포함됨으로써 국가안보의 개념과 영역은 확대되는 추세이다.[1]

다만, 대부분 국가안보 문제는 외부적 위협으로부터 발생한다. 외

1 David Baldwin, "The Concept of Security", *Review of International Studies*, Vol. 23 No.1, January 1997.

부적 위협에 대한 분석은 적합한 대응 방안을 선택하는 데 중요하다. 또한 선택된 대응 방안을 적절히 활용하기 위해서는 내부적 취약성도 분석해야 한다. 따라서 국가안보를 강화하려면 위협과 취약성을 모두 살펴봐야 한다. 위협의 수준은 다음과 같은 조건에 따라 달라질 수 있다.

첫째, 위협이 국가에게 얼마나 시간적 · 지리적으로 가까운가이다. 같은 위협이라도 지리적으로 더 가까운 위협과 시간적으로 최근에 일어난 위협이 더 중요한 안보 문제가 된다. 우리나라에게는 러시아의 위협보다 북한의 위협이 지리적으로 가깝고 최근에 일어난 것이기 때문에 더 위협적이다. 둘째, 위협이 얼마나 중요한 국가이익을 침해하는가이다. 국가가 추구하는 이익은 생존 · 자원 · 기술 · 문화 등 다양하지만, 국가마다 같은 가치를 갖진 않는다. 국가에게 얼마나 중요한 가치를 위협하느냐에 따라 위협의 수준은 달라진다. 한국에게 북한의 핵위협은 생존에 대한 문제이지만, 중국의 무역 위협은 경제적 이익을 침해하는 문제이기 때문에 위협의 수준이 다르다. 셋째, 위협이 상대 국가와 어떤 관계 속에서 일어나는가이다. 상대 국가와의 관계는 역사적 경험이나 현재 교류에 따라 다르다. 전쟁이나 침략의 역사가 있는 국가들 사이에는 현재 직면한 위협이 그렇지 않은 국가들보다 높게 받아들여질 수 있다. 실제로 국경을 맞대고 있는 미국과 캐나다는 역사적으로 영토 문제나 무력 충돌이 없었기 때문에 국경을 맞대고 있는 인도와 파키스탄과 달리 서로를 국가안보의 위협으로 인식하지 않는다. 반면 인도와 파키스탄은 1947년 영국에서 분리 독립할 때부터 힌두교인 인도와 이슬람교인 파키스탄의 갈등이 시작되었다. 세 차례나 전쟁을 치른 역사와 핵무기까지 보유한 양국 관계는 서로를 우호적으로 인식하지 않기 때문에 위협의 수준이 미국과 캐나다 관계보다 높다.

외부적 위협에 대응하려면 취약성vulnerability도 분석해야 한다. 위협은 국가가 생존을 위해 대응해야 하는 외부적 요인이다. 취약성은 안보 주체가 외부적 위협에 대응하는 내부적 능력과 한계를 의미한다. 동일한 위협에 직면한 국가라도 대응할 수 있는 취약성에 따라 다른 결과를 낳을 수 있다. 취약성의 수준은 다음과 같이 달라질 수 있다.

첫째, 국가의 힘, 즉 국력의 충분성이다. 위협이 닥쳤을 때 국력이 얼마나 충분한가는 다른 결과를 낳을 수 있다. 국력은 군사력 · 경제력 · 외교력 · 기술력 등 다양한데 이러한 힘은 단기간에 갖추기 어렵기 때문에 위협에 직면하기 전에 국가가 얼마나 준비되었는가에 따라 취약성은 달라진다. 둘째, 국가의 응집력이다. 위협에 직면했을 때 국민이 단결하고 자원을 동원하고 지도부가 힘을 합치는 능력은 국가마다 다르다. 국가의 응집력은 위협에 대한 인식, 대응 방향에 대한 이해, 위협 대응에 참여하는 의식 등에 따라 달라질 수 있다. 물질적 능력도 중요하지만 애국심이나 단체의식과 같은 심리적 요인도 중요하다. 셋째, 동맹의 유무와 신뢰성이다. 모든 국가는 스스로 위협에 대응해야 하지만 혼자서만 해결해야 하는 것은 아니며 동맹을 맺어 대응할 수도 있다. 동맹이 있는 국가는 없는 국가보다 위협에 대응할 수 있는 취약성이 낮다. 하지만, 동맹이 있다고 위협이 발생했을 때 함께 대응한다는 보장은 없다. 따라서 동맹의 신뢰성에 따라 위협에 대응하는 국가의 취약성도 달라진다.

II. 국가와 비국가 행위자

1. 국가와 민군관계

인간의 안전은 누가 지켜주는가? 인간은 태어나는 순간부터 다른 인간의 도움 없이는 생존할 수 없다. 성인이 되어도 혼자서는 다수의 인간들과 상대하여 생존을 보장받을 수 없다. 그래서 인간은 국가와 같이 질서 있는 집단을 이루고 힘을 합쳐서 생존해왔다. 즉, 국가란 일정 지역의 인간이 자신들의 필요에 따라 만든 (사회계약) 공동체로, 질서와 규율을 유지하고 힘을 갖추어 내외의 위협으로부터 구성원들을 지켜주는 집단이다.[2] 사회계약의 산물로서 국가는 법에 기초해 국민의 의무와 권리를 조율하고 합법적인 무력 집단인 군대를 운영한다. 실제로 우리나라 헌법에서도 국가가 여러 위험으로부터 개인의 안전을 보장하고 국민이 인간다운 생활을 할 권리를 규정하고 있다.

국가는 영토 · 국민 · 주권이라는 3가지 요소로 이루어진다. 주권sovereignty은 국가가 가진 권리로서 대내적 최고권이자 대외적 독립권을 의미한다. 대내적 주권은 국가가 국가이념과 각종 법 및 제도를 국가 내부의 다른 조직의 간섭 없이 제정할 수 있는 권리이며, 대외적 주권은 국가들 사이에서 자주적이고 독립적으로 외교관계를 결정할 수 있는 권리이다.

---

2 이러한 개념은 사회계약설로 요약된다. 사회계약설은 국가권력의 원천을 종교와 같은 초자연적인 힘에 의존하는 대신 국가를 구성하는 인간들의 이성적 교류에 의존한다. 국가는 절대적인 신의 의지에 근거하는 것이 아니라 인간 사이의 사회적 계약에 의해 발생한다고 본다. 이것은 국가권력의 원천이 국가를 구성하는 인간 개인에게 있으며 인간은 이성적 판단을 하는 존재라는 세계관에 근거한다.

모든 국가의 주권은 평등하다. 이러한 인식은 1648년 베스트팔렌 조약Peace of Westfalen 이후 유럽에서 자리잡기 시작한 근대국제체제에서 비롯되었다. 베스트팔렌조약은 30년전쟁을 통해 싹트기 시작한 근대국가의 요소를 인정한 평화조약이다.[3] 종교전쟁으로 시작된 30년전쟁은 프로테스탄트교회(개신교회)와 로마가톨릭교회의 대립이었으며, 신성로마제국 내에서 로마가톨릭을 강요하자는 제후국과 종교 선택의 권리를 주장하는 제후국 간의 싸움이었다. 하지만 전쟁이 지속되는 과정에서 대부분의 유럽 강대국이 개입하면서 규모가 커지고 종교보다는 각국의 왕조와 이익이 우선되면서 근대적인 전쟁으로 발전하였다. 전쟁에 개입한 국가들은 수많은 용병을 고용했으며 종교적 색채는 옅어지고 합스부르크 가문과 프랑스의 대결 구도라는 정치적 양상으로 바뀌었다. 베스트팔렌조약 이전 중세 유럽인들은 봉건군주에게 충성할 의무가 있었고 봉건군주는 신성로마제국의 세속적 권위와 교황의 종교권력에 종속되었다. 그러나 베스트팔렌조약 이후에는 충성의 대상이 영토와 그곳에 거주하는 사람들로 정의되는 근대국가로 변화했다. 베스트팔렌조약으로 유럽의 국가들은 종교의 자유가 허용되고 개신교 국가들(네덜란드, 스위스 등)이 로마가톨릭교회의 탄압에서 벗어나 독립권을 행사하게 되었다.

오늘날 국가의 주권평등은 UN헌장에서 '모든 회원국의 주권평등 원칙'과 UN총회에서 '일국일표제의 투표권 행사'로 보장된다. 그러

3 근대국가란 상비군 · 관료제 · 조세제도 등의 수단을 통해 일정한 지역 내에서 중앙집권화된 권력을 행사함으로써 대내적으로 사회질서를 안정적으로 유지하고 대외적으로 다른 국가들과 경쟁하면서 배타적인 독립을 주장하는 정치 조직 또는 제도이다. 김준석, 『(개념사 25)근대국가』, 책세상, 2011.

나 국제정치 현실에서는 국가가 가진 힘이나 능력에 따라 국가 간 관계가 평등하지 않다는 것을 알 수 있다. 예를 들어 회원국의 평화와 안보를 담당하는 UN 안전보장이사회(안보리)는 5개 상임이사국(미국 · 러시아 · 중국 · 영국 · 프랑스)과 순번제 비상임이사국으로 구성되는데 하나의 상임이사국이라도 안건에 대한 거부권을 행사하면 다수가 찬성하더라도 그 안건은 채택되지 않는다.[4] 주권평등의 원칙은 UN총회 안건을 결정할 때 지켜지고 있지만(회원국의 2/3 찬성으로 결정) 다른 국가에 대한 강제력을 갖진 못한다.

모든 국가는 평등하고 다른 국가의 간섭이나 침해를 받아서는 안 된다는 규범이 있지만, 그것만으로 국가의 생존이 보장되지는 않는다. 유럽에서 전 세계로 전파된 근대 국제체제에서도 국가 간의 전쟁이 끊이지 않았다는 사실은 이를 잘 보여준다. 그렇다면 외부의 위협으로부터 국가를 지키려면 어떻게 해야 할까? 국가는 스스로 생존을 지키고자 군대를 조직하고 군사력을 갖춘다. 군대는 국가가 안보를 위해 승인한 합법적인 무력 집단이다. 그런데 군대는 스스로 정부를 전복하거나 지도자를 교체하는 쿠데타를 통해 국가를 위협할 때도 있다. 이처럼 도둑으로부터 양을 빼앗기지 않으려고 경비원을 두었는데 경비원이 양을 차지하는 상황이 일어나기도 한다. 이러한 국가 안보의 딜레마는 '국가를 지키는 자는 누가 감시할 것인가?'라는 문

4 현재 유엔 안보리는 5개 상임이사국과 10개 비상임이사국으로 구성된다. 비상임이사국은 2년 임기로 5개 지역에 할당(아프리카 3개국, 아시아 2개국, 중남미 2개국, 동유럽 1개국, 서유럽과 기타 2개국)되며 매년 의석 절반이 투표로 교체된다. 안보리 의제는 상임이사국 중 1개국이라도 반대하면 통과될 수 없으며, 동시에 비상임이사국을 포함해 총 15개국 중 7개국 이상 반대하면 통과될 수 없다(비상임 10개국 중 7개국 반대 시 부결). 한국은 2023년까지 비상임이사국을 2번 역임했다.

제로 표현된다. 주로 군대가 내부적인 위협이 되는 상황은 민주주의가 공고화되지 못한 국가나 민주주의로 이행하는 국가에서 더 많이 발생한다.

이처럼 국가안보를 위한 군대와 국가(민간정부)의 관계를 민군관계라고 한다. 민군관계의 개념은 넓은 의미에서 군과 민간 영역의 관계를 포괄한다. 좁은 의미로는 군과 시민사회의 관계를 지칭하며, 정책결정과정에서 군지도부와 민간지도부 사이에 이루어지는 관계에 초점을 둔다. 바람직한 민군관계는 군대가 국가의 조직으로서 국민을 대표하는 민간정부의 권위 아래 통제되는 상황이다. 이처럼 민군관계의 핵심은 문민통제civilian control의 실현 여부이다.

한편 문민통제를 실현하는 문제는 민군관계의 개념을 이분법적으로 정의한 경우이다. 즉, 군의 입장을 대표하는 군지도부와 민간인을 대표하는 정부지도자가 맺는 관계로 민군관계를 정의한다. 이러한 정의는 권력이 누구에게 있으며, 문민통제를 실현하고 군국주의를 방지하는 데 초점이 있다.[5] 이와 달리 민군관계의 개념을 제도론적으로 정의하기도 한다. 이러한 관점에서는 군을 하나의 제도로 보고 국가체계 속에서 맡은 역할과 영향력으로 민군관계를 정의한다. 이러한 정의는 군대와 민간지도부의 상호작용에 관심이 있으며, '군인은 군복 입은 민주시민'이라는 관점에서 군대와 사회의 관계에 초점을 둔다. 이처럼 헌팅턴Samuel Huntington의 관점인 하나의 사회적 제도로서 군을 바라보는 민군관계는 다음과 같은 주요한 차원을 갖는다. 첫째, 정부

---

5 군국주의(militarism)이란 군사력에 의한 대외적 발전을 중시하여, 전쟁과 그 준비를 위한 정책이나 제도를 국민생활에서 최상위에 두고 정치 · 문화 · 교육 등 모든 생활 영역을 이에 전면적으로 종속시키려는 사상과 행동양식이다.

에 있어서 군사제도가 가지는 공식적인 구조상의 지위, 둘째, 전체로서 정치 및 사회에 있어서 군사집단이 가지는 비공식적인 역할과 영향력, 셋째, 군부와 비군사집단이 가지는 이데올로기의 본질 등이다.

정치체제에 따라 문민통제를 실현하는 방법에도 차이가 있다. 사회주의 국가에서는 민간지도부가 군지도부를 충원하거나 선택하는 과정으로 통제하기도 한다. 또한 군지도부가 자신들에게 충성을 다하도록 세뇌하거나, 조직 내 감시체계로 통제하기도 한다. 반면 민주주의 국가에서는 주관적 문민통제와 객관적 문민통제로 구분된다. 주관적 문민통제는 정부나 특정 사회계급의 힘을 강화함으로써 군부의 정치적 영향력을 상대적으로 축소시키거나 군의 정치적 참여 금지를 법률로 제한하는 방식이다. 객관적 문민통제는 내란이나 쿠데타 진압을 제외한 어떤 정치적 개입도 정당화될 수 없다는 입장에서 군지도부에게 전문직업주의를 윤리적으로 내재화하는 방식이다. 여기서 군대를 전문직업으로 인정하는 것은 오늘날 군대가 전문성을 추구하는 조직으로서 헌법에 따른 조직이라는 근대국가의 발전에 따른 것이다. 군전문직업주의는 군인을 국가의 '합법적 폭력을 관리'하는 전문가 집단으로 인정한다. 이처럼 전문직업주의는 폭넓은 교육과 경험을 통해 터득한 기술과 지식이 의미하는 '전문성', 독점적 기술에 수반되는 윤리와 소명이 의미하는 '책임성', 장기간 유대와 책임을 공유하면서 나타나는 '단체의식'으로 구성된다.

민군관계가 갈등을 초래하는 경우는 동등하지 않은 논의구조, 관점의 차이, 안보 문제의 범주 확대와 중요성 증대, 군의 조직화 심화를 들 수 있다. 동등하지 않은 논의구조는 결정권을 민간 엘리트가 가지고 있어 군부가 불만을 가지기 쉬운 요인이 된다. 관점의 차이는

〈참고 1〉 사회계약설의 다양한 근간

사회계약설은 공통의 세계관을 이루지만, 구체적인 모습은 다양한 사상에 근거한다. 대표적인 사상가는 홉스(Hobbes), 로크(Locke), 루소(Rousseau)를 들 수 있다.

홉스는 사회계약의 근원을 인간세상의 기본적인 특징인 "만인에 대한 만인의 투쟁"으로 본다. 인간은 투쟁적 성격 때문에 불안을 겪게 되고 이를 방지하기 위해 국가라는 공권력에게 주권을 위임했다. 국가는 통치의 효율성을 위해 다수의 주권을 통치하는 소수에게 위임한 형태이며, 주권을 위임받은 국가지도자는 국민 개개인의 안전을 보장해야 한다. 개인은 국가가 안전을 위해 수립한 법을 준수하고 질서를 지켜야 할 의무가 있다. 홉스의 사회계약설에 따르면, 국가권력이 작동하기 위해 정당하지 않은 권한을 행사하더라도 개인은 복종해야 하는 관계로 본다.

로크는 사회계약의 근원에서 홉스에게 동의하지만, 국가권력의 오남용에 대해 국민 개인이 저항할 권리를 가진다는 점에서 홉스와 다르다. 로크는 인간의 자유와 평등을 국가권력이 침해할 수 없는 신성한 것으로 봤으며, 국가지도자가 권력을 잘못 행사할 때 국민은 국가권력을 박탈할 수 있다고 주장한다. 모든 국가권력은 국민으로부터 나오기 때문에 국가권력이 부패하거나 부정하지 않도록 국민은 국가권력을 감시하고 견제할 의무가 있다.

루소는 인민주권에 기반한 사회계약에 동의하지만, 국민이 주권을 국가지도자에게 위임한 계약에는 반대한다. 루소에게 사회계약은 개인의 자유와 평등을 최대한 보장하면서 공동체의 이익을 위해 노력하겠다는 약속이 국가라고 본다. 이러한 사회계약으로서 국가는 국민이 국가지도자에게 주권을 위임하고 복종하는 것이 아닌 주권자인 국민 상호 간의 평등한 약속이다. 루소는 주권위임에 근거한 사회계약이 법과 제도라는 수단으로 국민의 자유와 평등을 억압할 수 있다고 우려했다.

사회계약설의 다양한 근간은 우리가 국가에 소속된 국민으로서 국가(지도자)와 어떤 관계를 맺어야 하는가에 대한 문제를 끊임없이 생각하게 한다. 국가를 위해 국민으로서 해야 할 일과 국가가 국민에게 해야 할 일에 대해 다른 생각이 존재하는 이유는 사회계약설에 대한 다양한 사상에서도 찾을 수 있다.

민과 군이 서로 다른 역할 · 의도 · 책임 · 경력을 갖기 때문에 발생하며 이로 인해 갈등이 발생할 수 있다. 안보 문제의 범주 확대와 중요성 증대로 인해 민군 간 관점의 차이가 더욱 커지는 경우이다. 군의 조직화 심화로 조직 이기주의가 발생할 수 있어 민군갈등의 배경이 될 수 있다.

민군갈등의 원인들도 다양하다. 민간과 군부 엘리트의 구성이 계급 · 지역 · 민족 구성 등에서 다를 경우에 갈등이 일어날 수 있다. 국내외적 안보환경의 악화는 단결을 이끌어낼 수도 있지만, 대응전략에 따르는 희생에 대한 이견으로 민군갈등이 발생할 수 있다. 군사문화는 다른 집단과 구별되는 군의 문화적 특성으로 일반적인 시민적 가치와 충돌할 가능성이 있다. 민간 엘리트가 군의 영역을 존중하지 않고 과도하게 간섭할 경우 민군갈등이 일어날 수 있다.

오웬스Owens는 민군복합모순에 주목하여 다섯 가지 이슈를 제기하였다. 첫째, 여전히 누가, 어떻게 군을 통제할 것인가? 둘째, 특정 사회에서 군대의 영향력은 어느 정도가 적절한가? 셋째, 특정 정치체제에서 군대의 적절한 역할은 무엇인가? 넷째, 군대에 복무하는 자의 선발과 인력관리는 어떠하며 군 복무와 시민적 의무의 관계는 어떠한가? 다섯째, 한 사회가 유지하고 있는 민군관계 모형에 근거하여 형성되고 운영되는 군대가 얼마나 효과적인 것인가?

이러한 문제를 해소하기 위해 민군관계에는 신뢰 구축이 중요하다. 군에서 노력할 일은 (1)정치적 중립 유지, (2)군사정책의 변화 · 개혁 · 조정 · 혁신 문제에 관한 충분한 전문성 확보, (3)자유롭게 보고 및 조언을 할 수 있는 권리를 요구, (4)정부의 지시와 명령에 복종과 협력 등이다. 한편 민간에서 노력할 일은 (1)군을 이해하려는 노력, (2)군이 국가에 충성하는 조직임을 인정하고 존중, (3)검증되지 않았거나 공정하지 못한 비판으로부터 군을 보호, (4)군에 감추는 것 없이 투명하게 업무를 처리하고 행동에 책임을 지려는 입장 견지, (5)민간의 권한을 정중하게 사용 등이다.

2. 비국가(정부) 행위자

인간의 안전은 국가만 지켜주는가? 국민의 생존은 국가(정부)로부터 보장받는다. 하지만 국제현실을 보면 정부 이외의 행위자도 영향을 끼친다. 대표적인 행위자는 UN을 비롯한 국제기구이다. UN은 국가들이 결성한 집단안보collective security체제지만[6], 개별국가에 대한 강제력이나 결정권은 갖지 않는다. 그러나 UN은 회원국의 결정으로 국가들 사이에 전쟁에 참여하거나 위기 상황에 개입함으로써 국가안보에 영향을 줄 수 있다. 6 · 25전쟁은 UN의 집단안보체제가 작동한 대표적인 전쟁이다.

국제기구에는 UN과 같은 정부 간 조직inter-governmental organization뿐 아니라 비정부 조직non-governmental organization도 있다. 정부 간 조직들은 국제안보, 국제경제 등에 영향력을 행사하거나 국제문제로부터 영향을 받는다. 예를 들어 북대서양조약기구NATO는 미국과 유럽 국가들이 결성한 다자동맹으로 참여한 정부들이 대표를 파견하고 예산

6 집단안보(collective security)체제는 두 가지 요소로 이루어진다. UN과 같이 일정한 집단에 속한 국가들은 서로에 대한 전쟁이나 무력행사를 포기한다. 만약 회원국 중에 전쟁이나 무력행사에 호소하는 국가가 있을 경우 나머지 국가들은 집단적으로 협력하여 피해국가를 지원하여 침략국에 대항한다. 이와 같이 집단안보는 집단 외부에 대항하는 것이 아니라, 집단 내부에서 상호보장한다는 특징이 있다.

을 각출하여 운영하며, 유럽 안보를 위협하는 국가나 문제에 공동으로 대응하기 때문에 중요한 역할을 한다. 다만, NATO는 위협에 대한 방어적 대응만 하지 않고 선제적 대응으로서 NATO 회원국 확대, 유럽 이외의 지역안보 문제에 관여하는 등 국제안보에 불확실성을 높일 수도 있다. 국제경제와 관련된 정부 간 조직인 세계무역기구WTO는 관세 철폐를 추진하고 자유로운 국제무역에 제약을 주는 국가정책에 반대하는 등 자유무역 질서 확립에 노력한다. 이러한 활동은 개발도상국 빈곤층에 일자리를 제공하고 상품 가격을 낮추는 등 긍정적 측면도 있지만, 개발도상국의 노동자 권리를 침해하고, 강대국과 글로벌 기업에 유리한 경제환경을 조성한다는 부정적 측면이 공존한다.

비정부 조직도 단일 국가가 대처하기 어려운 문제나 당사국 사이에 해결책이 보이지 않는 문제에 개입하고 중재에 나서기도 한다. 예를 들어 앰네스티 인터내셔널Amnesty International, 그린피스Green Peace, 핵전방지국제의사기구International Physicians for the Prevention of Nuclear War[7], 국제원조구호기구CARE: Cooperative for Assistance and Relief Everywhere 등은 정치적 경계를 초월하는 비정부 조직으로 국제안보 이슈를 통해 국가안보에 영향을 끼쳐왔다. 이들은 군축 · 인권 · 환경 등 일부 국가만 다룰 수 없는 글로벌 이슈에 관심을 촉구하고, 조사와 연구를 통해 정보를 공유한다. 또한 많은 국가가 문제의식을 공유하도록 노력하고, 네트워크를 형성하여 국제적 영향력을 발휘한다. 한편 국경을 넘어 활동하는 글로벌 기업들도 비정부 조직으로서 국가안보나 국가

7 핵전방지국제의사기구는 60개 이상의 국가에서 수만 명의 의사, 의대생, 의료 종사자, 일반 시민이 주축이 되어 핵무기와 무력 분쟁의 위협에서 자유롭고, 평화로우며 안전한 세상을 만들겠다는 공통 목표를 추구하는 초당파 연맹이다.

〈그림 1〉 러시아 병력 정보를 공개한 막사 테크놀로지 위성영상

경제 발전에 영향을 끼친다. 예를 들어 2022년 러시아 · 우크라이나 전쟁에서는 고해상도 위성 이미지를 판매하는 기업인 막사 테크놀로지스Maxar Technologies가 러시아 병력 이동을 공개하였고, 스페이스X SpaceX는 우주통신(인터넷) 스타링크Starlink를 우크라이나에 제공하여 전쟁에 영향을 끼쳤다. 미국의 보잉, 록히드마틴 등 글로벌 방위산업체들은 무기개발과 수출을 통해 국제적 위기나 국가안보에 영향을 끼쳐왔다.

국제안보와 국가안보에 큰 영향을 끼친 테러집단도 비국가 행위자 중 하나이다. 테러집단은 냉전시기에도 치열한 진영 대결에 부수적인 영향을 끼쳤으나, 탈냉전 이후에는 강대국 중심의 전쟁보다 인종갈등이나 종교갈등이 증폭되면서 국가안보의 주요 행위자로 재등장했다. 예를 들어 2001년 테러조직 알카에다가 미국에서 일으킨 9 · 11테러가 대표적이다. 2010년대 이라크를 중심으로 활발히 활동

한 IS(이슬람국가)도 마찬가지다.

국제적으로 인지도 높은 인물도 비국가 행위자에 해당된다. 이들은 국가의 전직 지도자나 종교지도자, 노벨 평화상 수상자 등 안보 문제에 관여한 오랜 경험이나 국제적 영향력을 바탕으로 국가안보 문제를 해결하거나 논의하는 데 역할을 해왔다. 넬슨 만델라 전前 남아프리카공화국 대통령, 지미 카터 전前 미국 대통령과 같은 정치인 등이 대표적인 사례이다.

III. 국가안보의 목적과 수단

국가안보가 추구하는 것은 무엇이며 어떻게 달성되는가? 국가안보는 국가를 구성하는 기본 요소인 국민 · 국토 · 주권을 비롯한 국가의 중요한 가치를 국내외 위협으로부터 보호하는 일이다. 국가의 중요한 가치는 생존 · 번영 · 자유 · 평등 · 통일 등 국가가 처한 상황과 능력에 따라 다양하다. 이들 가치는 국가가 존재하는 이유이며 국가가 지향하는 궁극적인 목적이다. 이들은 국가이익national interests으로 표현되며 국가정책을 결정할 때 기준이 되고 국가행동의 동기가 된다. 대부분의 국가들이 국가이익으로 명시하는 가치에는 생존 · 번영 · 위신이 포함된다. 생존은 죽음을 피하고자 힘을 기르는 공포의 회피이며, 번영은 경제발전과 복지증진이라는 이익의 추구이고, 위신은 명예와 이념을 지키려는 영향력의 추구이다. 따라서 국가안보를 위한 정책은 국가이익을 보호하고 향상시키기 위해 국내외의 위협에 대응하고 취약성을 감소시키는 행위이다.

국가이익은 2차 세계대전 이후 국가의 외교정책을 분석하는 데 널리 사용되어왔다. 현실주의 국제정치학자인 한스 모겐소Hans Morgenthau는 국가를 '힘에 의해 정의된 이익'을 추구하는 존재로 규정하고, 안보를 가장 중요한 이익이라고 주장한다. 다만, 국가안보의 목표는 국가마다 시대별 · 상황별로 다를 수 있다. 예를 들어 현(윤석열) 정부는 국가안보 3대 목표로 ①국가 주권 · 영토 수호와 국민 안전 증진, ②한반도 평화 정착과 통일미래 준비, ③ 동아시아 번영의 기틀 마련과 글로벌 역할 확대를 제시하였다.[8]

국가는 국가이익을 추구하기 위해 국력을 갖추어야 한다. 국력은 군사력, 경제력, 인구 등 물질적 요소와 문화 수준, 도덕적 정당성, 국민 응집력 등 비물질적 요소로 구성된다. 국력으로서 힘power은 상대방에 대한 영향력으로 정의된다. 주로 군사력, 경제력 등 물질적 요소에 기반한 힘은 하드파워hard power로 불리는 강제적 영향력이다. 반면 대중문화, 도덕적 우위 등 강제가 아닌 동의나 설득에 의한 영향력은 소프트파워soft power로 구분한다. 조셉 나이Joseph Nye는 물리적 강제력으로 이해되는 하드파워와 비교하여 소프트파워를 "바람직한 결과를 이끌어내기 위해 의제 구성, 설득, 긍정적 유인과 같은 포섭 수단을 통해 다른 사람들에게 영향을 미치는 능력"으로 정의한다. 즉 하드파워(강제적 영향력)는 밀어내는 것이고 소프트파워(동의에 의한 영향력, 매력)는 끌어당기는 것이라는 구분이다.[9] 소프트파워

---

8 『윤석열 정부의 국가안보전략』, 국가안보실, 2023. 6.

9 소프트파워에 대한 비판도 존재한다. 먼저, 소프트파워는 하드파워의 지원을 받을 경우에만 효과를 발휘한다는 비판이다. 이들은 의사결정의 실질적인 효과가 하드파워로 인해 일어나기 때문에 소프트파워를 지나치게 강조해서는 안 된다는 입장이다. 또한 소프트파워는 정책적 수단으로 활용하는 데 있어 효과를 측정하기 어렵다는 문제도 있으며, 일부 국

의 대표적인 사례는 공공외교를 들 수 있다.

공공외교public diplomacy란 기본적으로 외국국민을 대상으로 소통하는 행위이다. 구체적으로 말하면, 대화와 교류를 통해 다른 국가·사회·시민들을 이해하고 우리나라에 대한 올바른 정보와 정책을 전달하고 설득하여 그들의 공감과 협력을 이끌어내는 외교행위이다.[10] 예를 들어 외국 내 여론을 조성하는 활동, 외국 민간단체와 자국 민간단체 간 교류와 상호작용, 국제문제와 그것이 정책에 미치는 영향에 대한 보도, 외교관과 외국 특파원과의 소통, 그리고 문화 간 소통 등 외국 여론뿐 아니라 민간교류, 보도, 공보, 문화교류까지 광범위하다.

공공외교는 상대방을 조정하기 위한 프로파간다(propaganda: 선전선동)와는 다르다. 프로파간다는 의도적으로 소통을 조작manipulate하여 사실의 일부를 청중에게 숨기고 청중이 메시지를 받아들일 수밖에 없도록 느끼게 하는 반면, 공공외교는 소통 과정이 개방적이며 청중은 소통을 자유롭게 받아들이거나 거부할 수 있다. 기만과 강제는 프로파간다의 결과인 반면, 공공외교의 효율성은 떨어뜨린다. 오늘날 공공외교는 정보화 기술과 디지털 미디어의 발전으로 비국가 행위자들의 힘을 대폭 강화시켜주고 있다. 상대 국가의 정보독점을 약화시킬 뿐만 아니라, 개인을 비롯한 비국가 행위자들이 상호 소통

가들은 소프트파워를 자국의 행위를 정당화하는 방법으로 사용한다고 비판한다.

10 국제정치에서 한 국가가 이런 사회적 정체성의 재구성을 대상국과의 외교적 상호작용 속에서 달성함으로써 소프트파워를 증진하고 궁극적으로 국가이익을 도모하는 수단으로서 공공외교를 이해할 수 있다. 즉, 국제정치의 자기장 내에 수많은 정보들과 관점들 중에서 공공외교는 한 국가의 특정한 생각을 특정한 정치적 목적을 가지고 대상국가 또는 국제사회의 특정한 대상에게 전달하고 그에 대해 대상들과 상호작용하며 사회화하는 방식으로 영향을 미치려는 행위라는 점을 구성주의로 설명할 수 있다. 백우열, "한국 공공외교 전략 및 정책 연구", 『국가전략』, 제23권 3호, 2017, p.9.

〈그림 2〉 공공외교 개념[11]

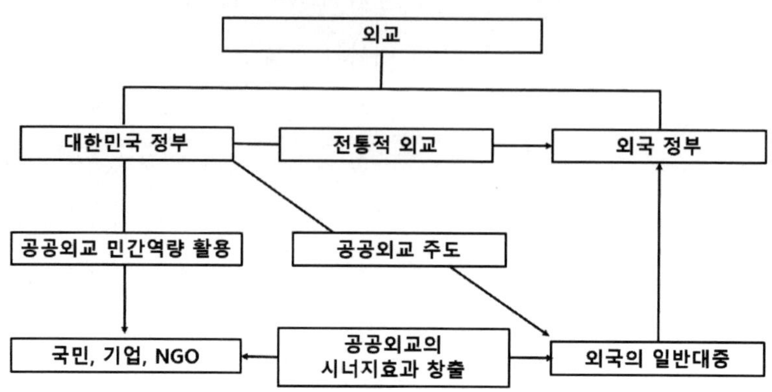

을 통해서 집단적 여론을 표출하고, 나아가 집단행동을 하는 데 드는 비용을 대폭 낮춰줌으로써 이들이 국제사회의 중요한 행위자로 등장하는 계기가 되고 있다. 실제로 세계적인 공공외교 추세 중의 하나도 디지털 공공외교의 부상이다. 2020년 기준 세계적으로 189개 국가의 정부와 지도자들이 공식적으로 X(예전 트위터)를 활용하고 있는데 이는 193개 UN 회원국의 98퍼센트에 달한다. 물론 디지털 미디어의 확산이 긍정적인 것만은 아니다. 특정 정보나 소식을 확대 재생산하는 디지털 미디어의 알고리즘, 오보나 가짜 뉴스의 대량생산과 순환은 디지털 공공외교의 신뢰도에도 위협이 된다. 현실에서는 정치적으로 디지털 매체를 악용하는 사례가 증가하고 있다.

국가안보를 위한 수단은 하드파워와 소프트파워를 모두 활용하는 것이 중요하다. 조셉 나이는 2011년 하드파워와 소프트파워를 병행

11 한국국제교류재단, 『그래서 공공외교가 뭔가요?』, p.11.

하여 국가이익을 달성하도록 융통성 있게 사용하는 수단으로 스마트 파워smart power를 제시하였다.[12] 스마트파워는 하드파워와 소프트파워가 결합된 것으로 강력한 군대의 필요성을 강조하면서도, 영향력 확대와 행동의 정당성을 확립하기 위해 다양한 동맹 · 파트너십 · 제도에도 투자하는 접근법이다. 다만, 스마트파워는 하드파워나 소프트파워처럼 힘의 구분이라기보다는 힘을 활용하는 전략에 가깝다.

실제로 힘의 사용은 하드파워와 소프트파워를 모두 고려해야 한다. 많은 국가지도자들은 소프트파워만으로 국가이익을 달성하기 어렵고 시간도 오래 걸리기 때문에 강압이나 보상을 통한 하드파워를 우선하는 경향이 있다. 그러나 하드파워만 강조할 경우에는 소프트파워와 결합하여 권력을 행사할 때보다 더 많은 비용이 필요할 수 있다. 예를 들어 독일의 통일을 가져온 베를린 장벽은 포격을 받아 무너진 것이 아니라 공산주의에 대한 가치를 잃은 사람들이 휘두른 망치와 불도저에 의해 무너졌다. 미국과 같은 패권국도 하드파워 위에 소프트파워를 활용하겠다는 의도에서 세계전략을 수립해왔다. 따라서 우리나라와 같은 중견국은 더욱 제한된 권력자원을 효과적으로 적재적소에 배분할 필요가 있다.

국제정치 현실도 힘과 권력만으로 모든 것을 결정할 수는 없다. 힘과 권력은 가장 중요하지만, 그것만으로 원하는 목표를 달성하기는 어렵다. 왜냐하면 힘과 권력은 그 자체로 영원하지도 무한하지도 않고, 다른 행위자들의 힘과 권력에 의해서 제약받기 때문이다. 게다가 힘과 권력은 국가가 가지고 있는 능력이기도 하지만, 필요한 순간

12 Joseph Nye, *The Future of Power*, Public Affairs, 2011.

에 필요한 만큼 동원할 수 있는 능력이기도 하다.

국가안보를 달성하기 위한 국력의 수단은 DIME 요소로 구분할 수 있다. 외교Diplomacy, 정보Information, 군사Military, 경제Economy의 약자인 DIME은 앞서 살펴본 국력의 수단으로서 〈표 1〉과 같이 세분화할 수 있다.

〈표 1〉 국력의 수단

Diplomacy 외교	Information 정보	Military 군사	Economy 경제
• 대사관 · 외교관 • 상호인정 • 협상 • 조약 • 정책 • 국제포럼	• 군사정보 • 공공외교 • 공공정책 • 의사전달 출처 • 국제포럼 • 대변인, 선언 장소, 시기, 매체	• 군사작전 • 교전 · 보안군 · 억제 • 군사기술 시현 • 군사력 규모 및 구성	• 무역정책 • 재정 및 금융 정책 • 통상금지 • 관세 • 지원

〈참고 2〉 스마트파워 외교정책의 사례

스마트파워는 국가가 하드파워와 소프트파워만으로 목표를 달성하기에는 여전히 제한적이기 때문에 양자를 결합하는 리더십을 의미한다. 스마트파워는 변화하는 환경을 이해하고 추세를 활용하는 능력인 맥락 지능(contextural intelligence)으로 리더들에게 권력자원을 성공적인 전략으로 전환할 수 있도록 이끄는 핵심 기술이다.

2007년 국제전략문제연구소(CSIS)의 스마트위원회는 오바마 행정부에게 제출한 국가전략제안서에서 스마트파워에 기반한 5가지 전략을 제안하였다. 첫째, 동맹과 파트너십을 확보하여 일방주의에서 다자주의로 이동해야 한다. 둘째, 국제기구 및 제도에 대한 투자를 강화하고 해외원조를 통해 세계적 공공재 생산에 앞장서 미국의 이미지를 개선해야 한다. 예를 들어 현재 세계적으로 가장 원조가 필요한 영역은 공중보건인데, 세계 보건을 향상하는 데 기여하고 이를 위해 해외원조 관련 예산을 확충하고 분산된 관련 조직을 통합하며 NGO의 역할을 중시해야 한다. 셋째, 타국의 '정부'가 아닌 '국민'과 소통하는 공공외교가 중요하다. 넷째, 무역이익 증대를 통한 경제통합 가시화에 초점을 맞춘다. 미국 경제의 성장과 번영을 위해서는 국제경제의 통합이 필수적이다. 다섯째, 에너지 안보와 기후변화와 같은 세계적인 의제에 관해 여러 국가와 협의하고, 기술적·정책적 해법을 제시하여 미국의 리더십을 회복해야 한다.

예를 들어 스마트파워 외교정책을 제시한 미국의 클린턴Clinton 전(前) 국무장관도 이란과 쿠바, 베네수엘라 등 많은 숙적들에게도 손을 내밀었다. 당시 미국은 50년 가까이 계속해온 대쿠바 봉쇄 조처를 완화했으며, 쿠바계 미국인의 쿠바 여행과 송금 제한을 폐지하는 등 대쿠바 봉쇄 조처라는 강경책이 체제 변화에 실패했다는 반성에서 교류 확대로 쿠바의 민주화를 유도했다. 다만, 스마트파워 외교에도 다른 외교정책과 마찬가지로 한계는 지적된다. 무엇보다 구체적인 성과가 미미했고, 장기적인 결과의 예측이 미지수였던 것이 가장 큰 한계로 꼽힌다. 실제로 스마트파워 외교의 시험장이라고 평가받던 북한은 미국의 화해의 손길을 완강하게 거부하고 장거리 로켓 발사를 강행하였으며 6자회담 복귀를 거부하고 대결을 불사하겠다고 선언하기도 했다. 결국 오바마 2기에서는 외교정책을 대전환하여 스마트파워 외교에서 지역과 이슈를 선택해 군사안보 자원을 결집시키는 전략적 집중으로 중심을 옮겼다.

이처럼 오바마 정부는 국제협력을 강화하는 외교적 방안으로 스마트파워를 강조하였다. 민간의 힘(civilian power)과 군의 힘(military power)이 조화를 이루는 힘을 추구하였다. 스마트파워가 발휘되도록 하기 위한 도구로 오바마 정부는 '공공외교(public diplomacy)'를 강화하였다. 여론을 적극적으로 이용해 자국과 상대국 시민들에게 일정한 방향으로 영향을 미침으로써 미국의 국가이익을 달성하려는 것이다.

2장 국가안보의 범위와 확장

Ⅰ. 국가안보 개념의 확장
Ⅱ. 전통안보: 군사안보의 이해
Ⅲ. 비전통안보
Ⅳ. 신흥안보

• 학습 개요 •

국가안보는 냉전시기까지 국가가 주체가 되고 군사력을 수단으로 하는 군사안보와 동일시되었는데, 이는 전통안보로 구분된다. 그러나 냉전이 종식된 이후 세계화·정보화의 영향으로 기후변화, 에너지, 난민, 전염병 등 비국가 행위자까지 관여하는 초국가적 이슈가 국가안보 문제로 주목받으면서 비전통안보라는 개념으로 다뤄졌다. 여기에 최근에는 비전통안보 중에서도 4차 산업혁명 신기술의 영향으로 새로운 영역인 사이버안보와 우주안보가 등장하면서 신흥안보로 대별된다.

첫 번째 절에서는 국가안보 개념의 확장에 대해 살펴보고 두 번째 절에서는 국가안보의 전통적 개념인 군사안보를 이해한다. 세 번째 절에서는 전통안보와 구분되는 비전통안보의 다양한 이슈를 통해 국가안보 개념의 확장을 이해한다. 여기서 다루는 비전통안보에는 정치안보, 사회안보, 경제안보, 환경안보, 보건안보, 인간안보가 포함된다. 마지막 절에서는 비전통안보에 포함되지만 최근 부상한 신흥안보로서 사이버안보와 우주안보를 이해한다.

[주요 개념]

전통안보(Traditional Security)
비전통안보(Non-traditional Security)
신흥안보(Emerging Security)
정치안보(political security)
사회안보(societal security)
경제안보(economic security)
환경안보(environmental security)
보건안보(health security)
인간안보(human security)
우주안보(space security)
사이버안보(cyber security)

[생각해 봅시다]

1. 왜 국가안보 문제는 계속 확장되는가?
2. 국가안보 개념이 확장되는 것은 어떤 의미가 있는가?
3. 정치안보와 사회안보는 어떤 점에서 다른가?
4. 보건안보에 대한 국가와 국제사회의 대응은 어떤 의미가 있는가?
5. 신흥안보의 특징은 무엇이며 국가안보의 확장에 어떤 영향을 주는가?

I. 국가안보 개념의 확장

1. 안보 개념의 확장 요인

국가안보의 개념은 고정적인가? 안보 개념은 국가 단위에만 머물지 않는다. 앞서 살펴본 대로 안보 개념은 국제기구, 글로벌 기업 등 수직적 확대뿐 아니라 비정부 조직, 시장, 환경 등 수평적 확대를 거쳐왔다. 이처럼 국가안보 개념이 확대된 원인으로 3가지 요인을 들 수 있다.

첫째, 탈냉전과 양극체제의 붕괴이다. 냉전의 종식과 함께 군사안보의 절대성이 약화되고 다른 안보 영역의 상대적 중요성이 커졌다. 군사안보에 집중되었던 관심이 다른 영역으로 분산됨에 따라 이전까지는 위협으로 취급하지 않고 방치해왔던 위협들에 대한 대응책이 모색되기 시작했다. 냉전 시기 동안 이념에 의하여 봉인되었던 민족·종교·역사적 갈등들이 일제히 수면 위로 올라오면서 위협이 다변화되었다. 적게는 두 개의 진영, 많게는 여러 주권국가에 한정되어 있던 안보 주체의 역할이 다양한 행위자로 분산되었다. 해적, 마약밀매상, 과격 종교단체, 테러집단과 같은 비정부기구가 안보위협을 야기하는 원인으로 부상하는 동시에, 국제안보 개념이 확산되고 국제기구의 역할이 확대되었다.

둘째, 세계화다. 세계화는 교통 및 통신의 발전, 국경을 초월하는 기업활동의 확대로 인적 및 문화적 교류와 경제적 상호의존이 확대되는 현상이다. 안보 측면에서 세계화는 국가의 통제를 완화하고 세계적 교류와 교환 속에서 초국가적 위협(감염병, 테러 등)이 확산될 수 있다. 국제정치학자 로버트 코헤인Robert Keohane은 상호의존성을 2가지 척도(민감성 · 취약성)로 구분했다. 민감성은 단기적 관점에서 외부 영향에 따른 비용(피해)으로 측정되고, 취약성은 장기적 관점에서 비용을 만회하는 대체능력으로 측정된다. 세계화의 긍정적 측면은 경쟁을 통해 효율을 극대화시키는 점이다. 서로 연결되고 통합된 개인 · 조직 · 국가는 인적 · 물적 자원의 효율적 배분, 기술의 전파뿐 아니라 민주주의와 자본주의 문화 및 이념도 전파하여 공유 영역을 확대시킨다. 세계화의 부정적 측면은 경쟁에서 앞서가는 주체의 지배력 강화, 경제적 불평등, 대외의존도 심화, 개입 확대 등 주권 침해를 촉진할 수 있다는 점이다. 예를 들어 외환시장의 자유화는 개도국의 외환위기를 초래할 수 있다.

셋째, 정보화이다. 정보화는 인터넷을 비롯한 정보통신기술의 혁신적인 발전으로 인한 변화이다. 개인 · 사회 · 국가는 정보통신기술에 대한 의존도가 높아졌으며 이로 인한 혜택과 동시에 혜택이 중단될 경우의 혼란, 정보통신기술이 악용될 경우의 피해가 상존한다. 대표적으로 사이버 테러는 경제적인 피해를 넘어서 국가안보에 대한 새로운 차원의 위협을 가하고 있다. 예를 들어 디도스D-DOS 공격은 작게는 특정 사이트, 크게는 국가 기간망을 마비시킬 수 있으며, 위성항법장치GPS에 대한 교란은 국가의 물류 · 운송은 물론, 군사력의 배치 및 운용에도 직접적인 위협이 된다.

2. 안보화(securitization)

우리가 안보적 위협으로 대처해야 하는 이슈들은 모든 국가나 사람들에게 동일하게 적용되는 것은 아니다. 즉 어떤 이슈가 위협으로 인식되어야만 안보위협으로 대응해야 할 대상이 된다. 이러한 현상을 지칭하여 안보화라고 한다. 안보화는 탈냉전기에 들어와 안보의 개념이 확대되면서 다양한 이슈들이 안보 문제로 지칭되는 현상이다. 첫 단계는 '안보화 행위자(안보화를 주도하는 행위자)'가 더 이상 국가의 정치 시스템으로는 해결이 불가능한 정치적 문제를 안보적 문제로 탈바꿈하는 과정이다. 예를 들어 국정브리핑이나 언론기사에서 불법 이주자 증가를 '안보 문제'라고 기술함으로써 국민과 같은 안보의 대상(위협을 받는 대상)에게 불법 이주자 증가 문제를 단순한 이민 문제가 아닌 국가안보 문제로 규정한다. 다음 단계는 첫 단계를 합리화하기 위해 그 문제와 관련된 청중(안보화 행위자의 주장을 수용하거나 반대할 행위자)을 설득한다. 즉, 안보적 이슈로 묘사된 문제가 실질적으로 어느 대상에게 심각한 위협을 가하고 있다는 사실을 청중들에게 효과적으로 알리고 설득함으로써 문제 해결에 대한 정치적 지지와 물질적 지원을 받는다.

이렇게 전통적 군사안보뿐 아니라 다양한 형태의 안보적 위협으로 변화하는 과정을 이해하는 데 노력한 대표적인 학자들이 코펜하겐학파Copenhagen School이다. 이들은 군사적이고 국가 중심적인 전통적 안보 개념으로는 비군사적 위협을 제대로 설명할 수 없다는 문제의식에서 안보의 개념을 확장하였다. 즉 안보는 국가안보나 군사안보에 국한되는 개념이 아니며 인류를 포함한 다양한 대상의 안보를 의미한다.

코펜하겐학파는 특정한 문제를 군사적인 위협뿐 아니라 사회적·환경적·경제적 그리고 정치적 위협이라는 5가지 분야로도 분석함으로써 그 문제를 제대로 이해할 수 있다고 주장한다. 코펜하겐학파의 시각에서 특정한 문제가 안보 문제로 격상되기 위해서는 어떤 지정된 대상에게 실존적 위협existential threat으로 보여야 한다. 여기서 주목할 점은 문제의 위협이 꼭 실존할 필요는 없으며, 위협의 수준이 지정된 대상의 생존을 위태롭게 할 만큼 심각하고 위급하다고 '인식'되고 '이해'된다면 이는 실존하는 위협이 될 수 있고 그에 따라 안보적 영역에서 다루어질 수 있는 일종의 자격을 얻게 된다. 코펜하겐학파의 안보론은 객관적(또는 주관적)으로 실재하는 어떤 조건이라기보다는 현존하는 위협이 무엇인가에 대한 사회적 합의를 간주관적間主觀的으로 구성하는 정치담론이다. 다시 말해, 안보는 객관적으로 존재하기보다는(또는 존재하더라도) 안보 행위자에 의해서 현존하는 위협의 대상, 즉 안전이 보장되어야 할 안보의 대상이 무엇인지를 정치적으로 쟁점화하는 과정에서 구성되는 것이라는 인식을 제시하였다.

코펜하겐학파는 안보의 개념을 확장하는 과정에서 안보위협의 범위를 넓히는 것과 동시에 〈표 1〉과 같이 안보의 5가지 분야에 따라 다양한 안보의 대상이 존재할 수 있다고 주장한다. 즉 5가지 안보 카테고리는 '안보화 행위자(안보화를 주도하는 행위자)'와 '안보 대상(위협을 받는 대상)'이 누구 혹은 무엇인가에 따라 정확히 구분된다. 예를 들어 정치 영역에서 안보위협은 국가의 조직적 안정성을 겨냥하는 위협이며 국가의 정체성national identity과 조직 이념organizing ideologies 그리고 이를 표현하는 제도institutions에 대한 위협이다. 이는 국가 주권에 대한 위협이며 군사 영역에서도 위협으로 다뤄지는 문제이다. 정치적 안보의 대상을 국가의 조직적 안정으로 본다면, 안보화 행위자는 당연히 정부가 될 수밖에 없다. 정부는 특정한 문제가 국가의 정치체계를 위협하거나 국가와 정부에게 정당성을 부여하는 이념 등을 위협한다고 여길 시 적절한 안보적 주장을 사용하여 해당 문제를 국가에 대한 정치적 안보위협으로 격상시킬 수 있다.

한편 사회 영역에서 안보위협은 사회의 집단정체성collective identity에 대한 위협이다. 사회적 안보의 대상은 사회적 집단과 그 집단의 정체성이며, 흔히 '우리we'라는 정체성이 위협받았다고 주장할 수 있는 다수로 이루어진 사회적 집단이라 할 수 있다. 이 점에서 사회적 안보는 정체성안보identity security로 이해될 수도 있다. 다만, 사회의 집단이 민족과 항상 일치하는 것은 아니기 때문에 코펜하겐학파가 주목하는 '사회'의 개념은 영토나 제도에 구속된 집단을 의미하는 것이 아니라 동일한 정체성을 공유하는 공동체를 의미한다.

〈표 1〉 안보 영역과 안보화 과정

영역	주요 유형	안보화 과정
군사	물리적 강제력을 동반한 관계	국가, 국경, 국민에 위협을 가하는 외부 적대세력에 대한 대응 촉구
정치	정부의 안정성과 통치와 관련된 관계	주권, 정부 통치, 공유된 이념에 위협을 가하는 요인에 대한 대응 촉구
경제	무역, 생산, 투자 관계	시장기능, 생산, 소비 등 경제활동 안정에 가하는 위협에 대한 대응 촉구
사회	집단정체성과 관련된 사회적 관계	언어, 문화 등 집단 정체성에 위협을 가하는 요인에 대한 대응 촉구
환경	인간 및 생태계 간 상호작용	인간생명, 생태계에 위협을 가하는 요인에 대한 대응 촉구

II. 전통안보: 군사안보의 이해

냉전시기까지 국가안보의 전통적 개념은 군사안보와 동일시되었다. 국가안보는 외부로부터 국가이익을 보호하는 것이므로 위협의 수단도 적대국가의 군사력이다. 따라서 전통안보는 국가의 생존을 보장하고 국가이익을 보호하며 확장시키기 위해 군사력을 건설 · 유지 · 활용한다. 즉 전통안보는 국가 중심의 군사안보로서 외부의 물리적 위협으로부터 국가의 국민 · 영토 · 주권을 군사적 수단으로 방위하는 데 초점을 둔다.

군사안보에 대한 이해는 군사력의 역할과 기능과 관련된다. 군사력은 적의 위협을 억제하거나, 전쟁이 일어날 경우에는 공격 또는 방어를 할 수 있는 능력이다. 군사력은 육군, 해군(해병대 포함), 공군으로 구분되는 것이 일반적이며 최근에는 사이버와 우주 영역이 새로운 전장으로 등장하면서 우주군, 사이버부대 등을 창설하기도 한다. 군사력은 대체로 공격 · 방어 · 억제 · 강압 · 과시 등 다양한 기능을 수행한다. 공격은 적국의 군사력을 파괴하여 목표를 달성하는 기능이다. 공격은 기습적인 방법이나 대규모 병력과 무기를 투입할 경우 더욱 효과적이다. 방어는 적의 공격을 격퇴하고 피해를 최소화하기 위한 기능이다. 적절한 방어를 위해 부분적이거나 일시적인 공격을 수행하는 경우도 있으나 주요 목적에 따라 공격과 방어로 구분할 수 있다. 억제는 자국이 원하지 않는 상황을 적이 시도하지 않도록 군사력을 활용하는 기능이다. 적이 자신의 행동으로 의도한 목적을 달성할 수 없거나 자신의 행동으로 더 큰 피해를 입을 것이라는 점을 인식시키면 억제가 이루어질 수 있다. 강압은 군사력을 활용하여 자국의 의도를 적국에게 강요하고 적의 행동을 변화시키는 기능이다. 강압의 추구는 적의 행동을 강요한다는 점에서 억제에 비해 비용과 손실이 클 수 있다. 마지막으로 과시는 군사훈련이나 무기전시 등 자국의 군사력이 강하다는 것을 보여주는 기능이다. 과시는 적이 함부로 도발하지 못하도록 하지만, 국민에게도 안정감을 주고 정부의 위신과 이미지를 향상시킬 수도 있다.

군사안보는 군사력의 활용과 건설을 중요하게 다룬다. 군사력 건설은 무기체계나 병력의 양성과 유지를 의미하며 국방비의 규모나 병력 충원의 방식에 따라 영향을 받는다. 군사력의 활용은 군사전략이라고 하며, 군사전략에 따라 동일한 군사력으로도 다른 결과를 만들 수 있다. 한편 군사력 강화는 자국의 힘으로 달성하는 자주국방과 다른 국가와 협력을 통해 달성하는 동맹으로 구분할 수 있다. 현실에서는 자주국방과 동맹을 모두 활용하는 것이 일반적이며 역사적으로 자주국방과 동맹 중 한 가지에 계속 의존하는 경우는 드물다. 왜냐하면 국가안보를 추구하는 과정에서 자주국방과 동맹의 장단점이 모두 필요하기 때문이다. 자주국방은 군사력 건설에 많은 비용과 기술이 필요한 대신 군사력 활용을 스스로 결정할 수 있는 수단이다. 반면 동맹은 군사력 건설에 필요한 자원을 줄일 수 있지만, 군사력 활용을 결정하는 자율성이 제한될 수 있다.

군사력 증강은 두 가지 딜레마를 피할 수 없다. 첫째, 안보 딜레마이다. 상대방의 군사적 위협에 대응하고자 자국의 군사력을 증강하는 선택은 다시 상대방의 위협인식을 자극하여 상대방의 군사적 위협을 높일 수 있다. 이처럼 안보해소를 위한 선택이 오히려 안보위협을 높이는 상황을 안보 딜레마라고 한다. 둘째, 국방 딜레마이다. 국가안보를 위한 군사력 증강에는 인력 · 예산 · 자원 등이 투입되는데 이로 인해 국가 경제력 약화, 사회적 갈등 증가, 국민복지에 투입할 자원 부족 등을 겪을 수 있다. 이처럼 외부 위협에 대응하고자 군사력을 증강하는 선택이 오히려 내부로부터 국가안보를 약화시키는 상황을 국방 딜레마라고 한다.

특히 안보 딜레마는 무정부적 국제체제에서 국가가 생존을 위한 불가피한 선택에서 비롯되는데 이러한 국가들의 선택은 군비경쟁을 일으키는 요인이다. 군비란 국가이익을 지키기 위해 준비하는 군사적 수단으로 무기 · 장비 · 시설 등을 포괄한다. 미소 양극체제에서는 미국과 소련이 군비경쟁을 벌였지만, 탈냉전 이후 다수의 강대국이나 지역적 불안정이 촉진되는 상황에서는 더 많은 국가들이 군비경쟁에 나서고 있다. 군비경쟁을 일으키는 요인이 국제체제 요인만 있는 것은 아니다. 군비경쟁 국가들 사이의 지리적 거리, 국가들이 가지고 있는 능력(자원 · 기술 · 경제 · 산업 등), 군사력의 물리적 수준과 지휘능력, 국민의 응집력 등 다양한 요인이 영향을 끼칠 수 있다.

모든 국가가 군비경쟁arms race만 선택하는 것은 아니다. 상호 취약성을 높이거나 상호 인정을 통한 군비감축arms reduction을 선택하는 국가들도 있다. 특히 2차 대전 이후 핵무기의 등장과 확산은 군비경쟁만으로 인류 절멸을 막을 수 없고 국가안보를 보장할 수도 없다는 인식을 형성하는 데 도움을 주었다. 군비감축은 상대방에 대한 완전한 신뢰나 비무장을 추구하는 것이 아니라 제한된 합리성에 기반하여 적정한 수준의 군사력을 유지함으로써 안보 딜레마와 국방 딜레마를 완화하려는 노력으로 볼 수 있다. 이를 위한 상호 협의와 다양한 검증수단 그리고 이를 규칙으로 뒷받침할 수 있는 제도들이 수립될 수 있다.

III. 비전통안보

냉전이 종식되고 미소 강대국의 이념 및 전략 대립에서 벗어난 국제 정세는 그동안 안보위협으로 인식하지 못했던 다양한 문제를 국가안보 이슈로 대응하기 시작했다. 이처럼 전통안보와 비교해서 부각된 국가 내부나 인간 수준의 다양한 안보 문제를 비전통안보로 구분한다. 비전통안보 문제는 안보위협이 모든 인간에게 절대적으로 적용되지 않으며, 환경과 상황에 따라 상대적일 수 있다는 인식에 영향을 받는다. 대외적인 군사적 위협에 초점을 두었던 전통안보는 국가 단위에서 위협에 대응했던 반면, 비군사적 영역과 국가 내부로부터 안보 문제가 일어날 수 있다는 비전통안보는 정부와 비정부 행위자들이 안보 문제 대응에 참여한다. 여기서는 정치안보 · 경제안보 · 사회안보 · 인간안보라는 대표적인 비전통안보를 다룬다.

1. 정치안보(political security)의 이해

국가안보를 위해서는 정치체제와 제도, 정치적 리더십, 법의 집행, 국가정책의 수행 등 정치적 안정성과 국가의 정통성을 유지하는 것이 중요하다. 정치안보는 국가안보의 일환으로 정치적 안정을 유지하고 발전시키는 영역이다. 민주주의 정치체제는 국민의 정치 참여와 표현을 기본권으로 보장하므로 선거에 의한 정권교체 등 안정된 정치제도를 갖는다. 그러나 정치적 입장 차이를 해결하기 위해 폭력을 사용하거나 정치제도를 무시하는 집단적 행동이 확대될 경우 정치안보에 위협이 될 수 있다. 또한 정치적 차이를 해결하기 위해 다른 국가나 해외 세력과 협력하는 경우는 군사안보 문제로 확대될 수도 있다. 국가의 정통성에 대한 위협도 다양하다. 다른 국가의 정책이나 행위에 대한 압력은 주권 침해이자 정통성에 대한 위협이다. 특정 국가의 인권 침해 여부, 대량살상무기의 확산 여부, 테러리즘 지원 여부, 정부의 투명성과 부패 여부도 압력의 대상이 된다.

정치안보의 대상은 국가의 구성요소 중 민족 · 이념 · 주권과 연관이 있다. 민족이나 이념뿐 아니라 국가의 승인 여부, 그리고 주권에 대한 침해도 정치적 위협의 요소이다. 예를 들어 대만은 대부분 국가로부터 주권을 인정받지 못하고 있기 때문에 정치적 · 군사적 불안이 상존한다. 중국의 동북공정과 같은 역사왜곡은 한국의 역사 주권에 대한 침해이고 일본의 식민지 역사 왜곡이나 독도 영유권 주장도 한국의 역사 주권과 영토 주권에 대한 침해이다. 한편 국내에서 이념적 분열이 발생할 경우, 외국의 개입 우려가 일어날 수 있다. 냉전기 제3세계 국가들은 미소 이념경쟁 사이에 놓여 상대방 진영에 대한 위협에서 자유롭지 못했다. 초국가적 · 지역적 통합에 따른 정치안보 문제도 있다. 정치안보에만 국한되는 것은 아니지만, 영국의 EU 탈퇴 등은 초국가적 통합이 개별 국가의 주권을 침해하는 위협과 연관이 있다. 초국가적 조직에서 주도권을 가진 국가와 그렇지 못한 국가 사이에는 통합에 따른 위협이 상대적으로 다를 수 있다. 이와 마찬가지로 국제조약이 주권을 직접 위협하는 경우도 있다. 핵확산금지조약NPT, 미사일기술통제체제MTCR 등 각종 국제조약 가입은 개별 국가의 주권사항이다. 하지만 특정 조약에 가입하지 않을 경우 불이익을 감수해야 하거나, 국제안보를 위협하는 국가로 인식되기도 한다.

2. 경제안보(economic security)의 이해

경제안보는 국가의 힘power과 부wealth를 일정 수준 이상으로 유지하기 위하여 국가적 자원, 재원 및 시장에 충분히 접근하고 활용하는 것이다. 전통안보 시기에는 국가의 경제력도 군사력을 강화하는 필수 요소로 인식했지만, 글로벌 시대에 국가의 경제력은 국가의 복지 · 보건 · 고용 등 전반적인 경제 · 정치적 안정에 방점을 두고 국가안보의 영역으로 본다. 경제안보는 전통안보를 대표하는 군사안보와 달리 국가안보가 비전통적 영역으로 확대된다는 의미가 있다.

주로 냉전시기 군사력을 강화하는 역할로 인식되었던 경제안보는 냉전종식으로 주목받지 못했다. 그러나 세계화의 확대 속에서 세계경제의 성장을 견인해 온 글로벌 공급망은 2000년대 이후 상호의존성의 '무기화'를 통해 국가경쟁력을 약화시킬 수 있는 요인로 다뤄지고 있으며, 세계 경제를 활성화해 온 경제적 효율성은 국가안보를 위협하는 것으로 인식되고 있다. 예를 들어 미국 트럼프 행정부에서는 중국의 경제적 부상에 대응하고자 수입규제 및 수출통제 등 통상정책 수단을 활용하였다. 또한 투자규제 조치를 비롯한 공급망 재편과 첨단기술 분야 산업육성 정책 등 새로운 형태의 경제안보 정책을 추진하였다. 당시 미국은 경제안보를 국가안보와 동일시하였으며, 〈참고 1〉과 같이 중국 기업 제재에 나서기도 하였다. 첨단기술은 미래산업 분야에서 경쟁우위를 확보하고 군사적 분야에서의 혁신 역량과도 밀접한 관계가 있어 경제-안보 연계의 중요한 역할을 하며, 미중 전략적 경쟁의 심화와 확전의 주요 요인으로 작용하고 있다. 첨단기술은 군사적 영역에서만 사용하는 것이 아니라 민간산업에서 생산 및 사용되고 있는데, 이처럼 이중용도dual use로 인하여 군사적 기술이 국제 시장에서 자유롭게 거래될 수 있고 국가안보에도 영향을 끼치게 된다.

〈참고 1〉 미국의 중국 기업 화웨이 제재

2018년부터 시작된 미중 무역전쟁의 일환으로 미국은 국가안보를 침해하고 미국 기업의 기술 유출을 시도하는 화웨이 등 중국 기업을 상대로 미국 기업과의 거래를 전면 금지하는 행정명령을 발동했다. 2019년 트럼프 대통령이 발동한 행정명령(정보통신 기술 및 서비스 공급망 확보에 관한 행정명령)은 기존의 거래를 유지하거나 새로운 거래를 시도할 때 미국 상무부의 허가를 받도록 조치했다.

더욱이 글로벌 공급망의 구조적 취약성도 경제-안보 연계성을 부각시키고 있다. 코로나 팬데믹으로 인하여 글로벌 공급망의 구조적 취약성이 드러나면서 특히 주요 제조업 분야의 필수 소재인 반도체, 주요 광물 등에 대한 공급 교란 문제는 국가안보와 경제안보를 침해할 수 있다. 2022년 러시아·우크라이나 전쟁으로 인한 원자재 가격 급등과 반도체 생산에 필요한 핵심 원료의 공급 불안정은 제조업의 공급망 및 품목의 수입의존도 관리 및 대체 공급선 발굴 필요성 등 경제안보 문제를 더욱 부각시켰다.

군사안보에서 핵무기, 전투기, 잠수함 등 무기체계가 수단으로 활용되듯이 경제안보에서 국가가 활용하는 수단을 경제적 통치술이라고 한다. 다시 말해, 경제적 통치술은 국가운영기술statecraft의 일환으로 상대국에 대한 영향력을 행사하기 위해 경제적 정책수단을 사용한다. 국가운영기술은 국가가 추구하는 가치를 보호하고 국가의 대

〈표 2〉 경제적 통치술의 형태

구 분	부정적 수단	긍정적 수단
통상 조치	- 금수조치 - 보이콧 - 수입관세 부과 - 차별적 관세 부과 - 비차별 조치 철회 - 블랙리스트 - 수출입 쿼터 적용 및 통제 - 수입허가 거부 - 덤핑(=투매) 등	- 특혜관세 - 비차별대우(MFN) 제공 - 수입관세 인하 - 직접 구매 - 수출입 보조금 - 수출입 허가 등
금융 조치	- 자산 동결 - 대외원조 정지 - 수용 - 차별적 세금 부과 - 국제기구 회원비 지불보류 등	- 대외원조 - 투자보증 - 민간자본 투자보증 - 세금우대 등

출처: D. Baldwin(1985), Economic Statecraft, pp. 40~41.

외정책 목적을 달성하기 위해 선택하는 정책적 수단을 의미하며, 이 중 경제적 수단을 통해 자국이 원하는 방향으로 대외적 환경을 변화시키고 상대국의 정책과 행위의 변화를 유도할 수 있다.

〈표 2〉와 같이 경제적 통치술에는 수출통제 및 경제제재 조치와 같은 부정적 수단뿐 아니라 관세 인하 및 비차별대우(최혜국대우, 내국민대우)와 같은 긍정적 수단도 있다. 경제적 통치술은 경제적 · 비경제적(정치적) 목적을 모두 달성하기 위해 활용될 수 있다. 예를 들어 수입관세 부과는 경제적 통치술에서 대표적인 부정적 수단인데, 국내 고용창출 및 임금수준 유지, 경제적 자립도 제고를 목적으로 활용되며 국내 생산자의 보호를 통해 국내 정치적 목적도 동시에 추구할 수 있다.[1]

3. 사회안보(societal security)의 이해

사회안보는 국가안보의 내부적 위협 중 마약, 조직적 범죄, 인종 및 종족 갈등, 난민 및 불법이민의 증가, 자원 부족 등으로부터 국가나 사회 정체성을 보호하는 영역이다. 사회안보의 중요 개념은 정체성이고 정체성의 핵심은 민족·종교·언어·문화 등이다. 사회안보 이슈들은 국가적 차원일 수도 있고 집단적 차원일 수도 있다. 예를 들어 사회안보 이슈인 이주는 다른 국가의 국민이나 민족의 정체성을 위협하는 국가적 차원의 이민 문제가 될 수도 있고, 국내 이주의 경우 해당 지역의 주민 정체성을 위협하는 집단적 문제일 수도 있다. 글로벌 시대에 인류의 교류는 다른 지역에서 넘어온 문화·종교·언어의 영향으로 원래 있던 지역의 삶이 바뀔 수 있다. 이처럼 사회안보도 인근 국가나 지역의 불안 요소로 확대될 수 있기 때문에 국제적 측면에서 다뤄지기도 한다. 사회안보를 확보하기 위해서는 부상하는 사회 불안 요소를 파악하고 국가의 행정체계(치안·복지 등), 시민사회 활동 등으로 대응해야 한다. 또한 필요시 국제기구나 비정부기구NGO와 협력하고 폭력이 동반될 경우 경찰과 군대의 역할도 중요하다.

국내에서는 집단적 차원에서 사회안보 문제가 일어날 수 있다. 정부와 국가 내의 특정 집단 간에 발생하는 경쟁은 한쪽 집단으로 국민의 정체성을 통합하는 문제를 일으키거나 국가 전체의 정체성보다는 특정 지역의 정체성을 강요하는 분열을 일으킬 수 있다. 다민족 국가

---

1 이효영, "경제안보의 개념과 최근 동향 평가", 『주요국제문제분석 2022-08』, 국립외교원 외교안보연구소, 2022. 4.

의 경우 다수 민족과 소수 민족 간 정체성 갈등이 일어날 수 있다. 다수 민족이 집권한 국가가 소수 민족에게 통일된 정체성을 강요하고자 언어 · 문화 · 종교 등을 말살하는 시도가 일어나기도 한다. 한 국가 내에서 특정 집단이 자치를 넘어 분리 독립을 위해 무력을 동원할 경우 사회안보는 정치 및 군사안보 문제가 될 수 있다. 〈참고 2〉와 같이 중국에서는 티베트와 위구르 독립에 대한 민감한 갈등이 있고, 과거 유고슬라비아도 민족 경계로 인해 인종청소라는 학살이 일어나기도 했다. 특정 집단의 입장에서는 정체성을 지키려는 사회안보가 우선되는 경우지만, 국가 전체로 보면 정치체제의 유지와 무력투쟁을 막아야 하는 군사안보가 더 중요하다.

〈참고 2〉 티베트 독립운동과 중국의 탄압

1951년 중국에 합병된 티베트는 1959년 대규모 독립운동을 시작하여 여러 차례 시위를 벌여왔다. 티베트를 이끌고 있는 달라이 라마는 국제사회에 티베트 독립을 도와줄 것을 호소하고 있으며, 중국이 티베트의 완전한 자치를 인정해준다면 중국의 일부로 남을 수 있다고 주장한다. 2008년 중국 베이징 올림픽을 앞두고 티베트에서 대규모 시위가 일어나 많은 희생자가 발생하기도 했다.

미국은 공개적으로는 티베트의 독립을 지원하지 않지만, 중국 정부와 협의 없이 티베트 망명정부 인사와 접촉하거나 미국으로 초청하는 등 중국을 압박하곤 한다. 이에 대해 중국은 티베트의 분리 독립을 허용하지 않고 있으며, 티베트를 지원하는 어떤 행위에도 강력하게 반발하고 있다. 티베트 망명정부를 은밀히 지원하는 미국에 대해서도 내정간섭하지 않도록 경고하고 있다.

4. 인간안보(human security)의 이해

앞서 살펴본 비전통안보 영역들은 공통적으로 국가 이하의 수준이나 국가를 초월한 수준에서 안보에 미치는 영향을 다루고 있다. 특히 국가 이하의 수준에서 달성해야 할 안보의 최소 단위는 인간 개인이다. 앞서 사회계약설에서도 다루었듯이 국가는 인간 개인의 생존과 번영을 위해 조직되고 권한을 위임받은 공동체이다. 따라서 비전통안보에서 다루는 다양한 영역들은 결과적으로 인간 개인이 느끼는 공포와 불안을 해소하는 것으로 귀결될 수 있다. 대부분의 사람은 안전하지 않다는 느낌을 세계적인 대격변에서 오는 공포보다는 일상생활 속 불안에서 갖기 쉽다.

이처럼 인간 개개인이 느끼는 안보위협에 주목하는 개념이 인간안보이며, 이는 국가 중심적인 전통안보보다 개인과 집단 같은 인간 중심적인 비전통안보 패러다임으로의 전환을 의미한다. 인간안보는 '안보를 지속적인 기아 · 질병 · 범죄 · 억압으로부터의 안전이며, 가정이나 직장 등 사람들의 일상을 갑작스럽고 고통스럽게 파괴하는 위협으로부터의 보호'라고 정의한다.

이 개념의 주도적 옹호자는 유엔이다. 인간안보라는 용어도 1994년 UN개발프로그램UN Development Program의 보고서에서 처음 등장하였다. 유엔개발프로그램은 인간안보 확립을 위해서는 '물리적 폭력이나 군사력 위협 등 공포로부터의 자유freedom from fear'를 확보해야 한다는 것을 인정하면서도 국제사회의 심각한 빈곤과 기아에 주목하여 '빈곤이나 기아 등 결핍으로부터의 자유freedom from want'에 우선순위를 부여함으로써 경제안보도 강조했다.

유엔개발프로그램은 인간안보를 경제안보, 식량안보, 보건안보, 환경안보, 개인안보, 사회안보, 정치안보의 7개 영역으로 분류하고 이들 각각의 안보 확립을 통해 인간안보를 추구한다. 유엔개발프로그램은 경제안보를 개인의 기본적 수입을 보장하는 문제, 식량안보를 기본 식량에 대한 물리적이고 경제적 접근을 보장하는 문제, 보건안보를 질병과 건강을 해치는 삶에 대한 최소한의 보호를 보장하는 문제, 환경안보를 자연환경의 악화, 자연에 대한 인간의 위협, 자연의 장단기 훼손으로부터 인간을 보호하는 문제, 개인안보를 원인과 관계없이 물리적 폭력에서 보호하는 문제, 사회안보를 집단(가족, 공동체, 조직, 인종이나 민족)정체성을 보호하는 문제, 정치안보를 기본 인권을 존중하는 문제로 정의한다. 이처럼 인간안보는 인권에 대한 우려를 포함하여 인간에 대한 다양한 위협을 포함하는 개념으로, 빈곤을 줄이고 경제성장을 촉진하며 궁극적으로 분쟁을 예방하려는 시도를 포함한다.

하지만 인간안보 개념에 대한 비판도 있다. 먼저 유엔의 인간안보 개념은 급진적이고 이상적이라는 이유로 다음과 같은 비판을 불러왔고 실현 가능성에 대한 우려도 있다. 첫째, '안보 주체' 설정의 비현실성이다. 유엔개발프로그램은 국가를 잠재적 안보위협의 주체로 가정한다. 왜냐하면 국가가 자국민의 인권을 유린하고 자국민을 착취하는 상황이 1990년대에는 국제사회의 심각한 문제로 인식되었기 때문이다. 그로 인해 유엔개발프로그램은 안보를 제공하는 주체에서 국가를 배제시켰다. 또한 국민에게 안보를 제공해 줄 의지와 능력을 지닌 가장 적합한 안보 주체는 국가 행위자뿐이며 그 이외의 행위자들은 일시적이거나 부분적으로 이들을 도울 수 있을 뿐이라는 현실적 고려를 하지 못한 채 인권유린, 착취, 내전, 난민의 문제에만 주목했다.

둘째, 주권국가 체제에 대한 도전이다. 유엔개발프로그램은 인간안보를 달성하기 위해 현재의 주권국가 체제가 아닌 '경제안보위원회' 등과 같은 새로운 체제나 기구를 형성해야 한다고 주장했다. 국제사회가 국가 행위자들을 중심으로 형성되어 운영되고 있으며 국가주권을 회복시켜 패권의 개입 논리에 대응해야 하는 상황을 고려할 때 유엔개발프로그램의 주장은 지나치게 급진적이고 비현실적이었다.

셋째, '안보 대상' 설정의 비현실성이다. 현실에서 국제사회가 인간안보가 필요하다고 간주하는 국가들은 원조와 지원이 필요한 국가들로, 이들은 대부분 저개발 국가들이다. 그럼에도 불구하고 유엔개발프로그램은 선진국의 국민까지 포함한 세계의 모든 인류를 잠재적 안보위협 대상자로 설정하여 선택과 집중을 하지 못했다.

넷째, '안보 영역' 설정의 비현실성이다. 유엔개발프로그램의 7개 영역을 포함한 자연재해, 인구학적 위협, 테러리즘을 포함한 모든 범죄안보, 집단학살, 대인지뢰 및 소형무기 등 안보 영역을 지나치게 확대함으로써 '안보'라는 단어가 주는 긴급성과 중요성을 약화시켰다. 개념적으로도 인간에 대한 결핍 문제에 집중해야 할지 아니면 공포 문제에 집중해야 할지에 대한 불일치를 낳았다.

Ⅳ. 신흥안보[2]

신흥안보Emerging Security는 냉전을 기점으로 구분되는 전통안보와 비전통안보를 넘어 초국가적 안보 이슈와 과학기술 발전에 따른 새로운 안보 이슈에 초점을 둔다. 즉, 신흥안보의 개념은 기존의 비전통안보와 같은 소극적 개념화를 넘어서 좀 더 적극적으로 새로운 안보 문제에 대응하려는 의식을 바탕으로 한다. 예를 들어 환경 · 전염병 · 난민 등 초국가적 이슈들은 과거에도 존재했지만, 시간이 갈수록 글로벌 교류가 확대되고 국제정세가 더욱 복잡해지면서 과거보다 초국가적 문제로 확산되는 속도와 위협인식이 빨라졌다.

신흥안보는 단순히 새로운 안보라는 의미에 그치지 않는다. 신흥안보 이슈들은 일상생활의 미시적 차원에서 발생하는 안전safety의 문제들이 특정한 계기를 만나서 거시적 국가안보security의 문제로 증폭되는 특징을 지닌다. 다양한 국가 및 비국가 행위자, 하물며 비인간 행위자까지도 관여하기 때문에 그 발생원인과 확산경로 및 파급효과를 예측하는 것이 쉽지 않다.

신흥안보 분야의 위험은 전례 없던 극단적 사건의 형태로 발생할 가능성이 높을 뿐만 아니라 그 위험의 발생 및 확산의 양상도 개별 신흥안보 분야들 사이에 상호 연계성이 증폭되는 과정에서 발생하는 경향이 있다.[3] 다시 말해, 일상생활의 미시적 차원에서 발생하는 안

---

2 신흥은 복잡계 이론에서 말하는 'emergence(創發)'의 번역어이다. 창발이란 미시적 단계에서는 볼 수 없던 존재들, 즉 자체적인 속성을 드러낼 수 없던 소규모의 단순한 존재들이 복잡한 상호작용을 통해 상호 연계성을 증대시킴으로써 거시적 단계에 이르러 일정한 패턴과 규칙성을 드러내는 것을 의미한다.

3 김상배, "신흥안보와 메타 거버넌스," 『한국정치학회보』, 50집 1호, 2016, pp. 77~78.

전의 문제들이 특정한 계기를 만나서 거시적 국가안보나 국제안보 문제로 증폭되는 특징을 지닌다.

이처럼 신흥안보 문제는 국가 중심의 군사안보로 대표되는 전통안보 개념으로만 대처하기 어렵다. 또한 탈냉전 이후 널리 알려진 비전통안보와도 공통점이 있지만 초국가적 이슈로서 4차 산업혁명을 비롯한 과학기술 발전에 따라 더욱 부각된 안보 영역으로 볼 수 있다. 여기서는 전통안보와 비전통안보 모두 영향을 끼치는 신흥안보 이슈로서 환경안보, 보건안보, 사이버안보, 우주안보를 살펴본다.

1. 환경안보(environmental security)의 이해

국가를 둘러싼 환경은 생존에 필수적이다. 환경을 안보 문제로 인식하게 된 배경은 과학기술과 산업발전 과정에서 자원이라고 생각했던 환경이 생존을 위협하는 대규모 오염사고와 자원고갈로 이어졌기 때문이다. 군사적 위협뿐만 아니라 환경문제도 국가이익에 위협이 될 수 있다는 인식은 자국의 영역 밖에 원인을 둔 환경문제를 국가안보 문제로 확장하는 배경이 되었다.

실제로 자연재해, 산업공해, 환경손상, 자원부족 등은 환경안보에 포함된다. 예를 들어 에티오피아와 이집트 사이에 벌어진 물 분쟁을 들 수 있다. 〈참고 3〉과 같이 에티오피아가 나일강 상류에 건설한 '그랜드 에티오피아 르네상스댐'을 하류에 위치한 이집트는 안보 문제로 인식하였다.

환경문제는 한 국가에만 국한되는 경우도 있지만, 국경을 넘어 인접 국가에 피해를 입히거나 기후변화와 같이 초국가적인 위협도 존재한다. 이처럼 국제적 환경문제는 국가안보 차원에서 국제사회의 규제가 필요한 경우도 있으나 단일 국가의 환경문제와 달리 공동 대

〈참고 3〉 이집트와 에티오피아 수자원 분쟁

아프리카 동북부의 젖줄인 나일강은 총 길이 6,700킬로미터로, 에티오피아에서 발원하는 청(blue)나일과 적도 지역 우간다에서 발원하는 백(white)나일로 나뉜다. 두 줄기 강은 수단에서 합류해 이집트를 거쳐 지중해로 흘러간다.

에티오피아는 2011년 그랜드 에티오피아 르네상스댐 건설을 시작했다. 저수량 740억 톤으로, 한국 최대 소양강 댐(29억 톤)보다 25배 이상 크다. 댐 높이 155미터, 길이 1.8킬로미터에 이르고, 공사비는 46억 달러(5조 500억 원)가 들었다. 주된 목적은 전력 생산이다. 에티오피아는 국민(1억 1천만 명)의 65퍼센트인 7,000만 명이 전력부족에 시달린다. 2023년 완공될 예정인 르네상스댐을 통해 수력 발전소를 지어 전기 수요를 충당하고, 이웃 나라에 수출해 경제성장의 발판을 마련하고자 한다.

반면 나일강 하류에 자리한 이집트는 상류에 위치한 에티오피아가 거대한 댐을 짓고 물을 채우는 것에 매우 민감하게 반응한다. 그동안 나일강 하류에서 강이 주는 혜택을 누려온 이집트로서는 에티오피아가 나일강의 흐름을 통제하게 되는 상황을 '생존의 문제'로 여기고 있다. 나일강을 삶의 터전으로 삼고 있는 이집트인들에게 나일강 유량은 매우 중요하다. 이집트 인구의 90퍼센트 이상이 나일강을 식수원으로 사용하거나, 농업·어업·교통·관광 등의 용도로 활용한다. 이집트 정부는 나일강 유량이 2퍼센트 줄어들면, 20만 에이커의 땅을 잃게 되고, 이는 1에이커당 한 가족(5명), 약 100만 명의 생계위협으로 이어진다고 주장한다.

에티오피아와 이집트 사이에 있는 수단은 입장이 다르다. 나일강 중류에 자리잡은 수단은 해마다 나일강의 범람으로 피해를 보는데, 르네상스댐이 생길 경우 피해가 줄 수 있다. 또 에티오피아로부터 전력도 값싸게 이용할 수 있을 것으로 기대한다. 남수단과 케냐, 지부티 등 에티오피아 주변 국가들도 비슷하다.

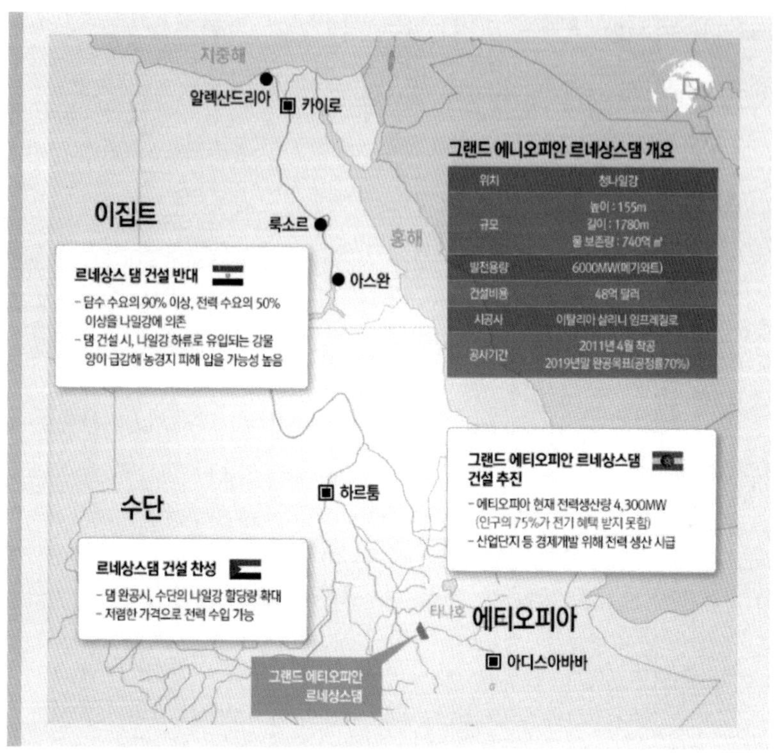

응에 어려움이 있다. 국제적 환경문제는 국제공역이나 단일 국가영역에서 일어나는데 원인국이 비용 제공을 주저하는 반면 피해국은 직접적인 원인 해결에 제한이 있다.

대표적인 환경안보 문제는 온실가스 배출에 따른 기후변화이다. 기후변화에 의하여 발생하는 국가안보의 위협은 다양하게 나타나고 있지만 도서 국가(몰디브, 마셜제도 등)들에게 있어서 해수면 상승으로 인한 영토의 손실과 침몰은 국가안보에 직접적인 위협이 되고 있다. 또한 기후변화가 가져오는 수자원의 위치 변경, 경작 가능한 농경지의 변화, 해안선의 변화 등은 국가 내부의 자원배분 문제와 직결되어 분쟁 또는 무력 충돌을 일으킬 수 있다.

〈표 3〉 기후변화와 온도별 재앙

<table>
<tr><th>온도 상승</th><th>물</th><th>보건</th><th>환경</th><th colspan="2">지리</th><th>농업</th></tr>
<tr><td>1도</td><td>5000만 명 물공급 제한</td><td>30만 명 기후 관련 질병 창궐</td><td>10% 육상생물 멸종위기</td><td>대서양 열염분 순환 악화</td><td>토지 녹으며 캐나다, 러시아 지역 파괴</td><td></td></tr>
<tr><td>2도</td><td>수자원 20~30% 감소</td><td>아프리카 4000~6000만 명 말라리아 노출</td><td>15~40% 생물 멸종위기</td><td rowspan="2">그린랜드 빙하 녹으며 해수면 7m 상승 남극빙상 붕괴 위험</td><td>해안침수로 1000만 명 피해</td><td>열대지역 농산물 생산 급감</td></tr>
<tr><td>3도</td><td>10~40억 명 물부족</td><td>100~300만 명 영양실조 사망</td><td>20~50% 생물 멸종위기 아마존 열대우림 파괴</td><td>최대 1000~7000만 명 해안침수</td><td>1억 5000~5억 5000만 명 기아, 고위도 농산물 증가</td></tr>
<tr><td>4도</td><td>남아프리카, 지중해 수자원 30~50% 감소</td><td>아프리카 8000만 명 말라리아 노출</td><td>3억 명 해안침수</td><td>해양 염분 순환 붕괴</td><td>북극 절반 상실</td><td>아프리카 농산물 15~35% 감소</td></tr>
<tr><td>5도</td><td>히말라야 빙하 소멸, 중국과 인도 피해</td><td></td><td>해수면 상승으로 군소도시, 주요 도시 위협</td><td></td><td></td><td>해양 산성화로 생태계 파괴</td></tr>
<tr><td>6도</td><td colspan="6">파멸적 결과</td></tr>
</table>

출처: 마크 라이너스, 『최종경고 6도의 멸종』, 세종, 2022

2. 보건안보(health security)의 이해

2020년 인류는 코로나 팬데믹이라는 세계적 보건 문제를 경험하면서 질병과 보건을 국가안보 차원에서 다시 한번 인식했다. 이미 인류는 9·11테러 이후 2003년 사스SAS, 2009년 신종플루H1N1, 2014년 서아프리카 에볼라Ebola, 2015년 지카 바이러스Zika 등 감염병의 지구적 확산에 따라 국가 차원의 바이오 방위 개념만으로 이에 대응할 수 없다는 한계를 깨달았다. 이전까지 보건 문제는 개인의 안전수준에서 다뤄졌으나 국경을 넘는 빠른 확산과 사상자의 발생은 국가의 대응능력을 손상시켰다. 즉 보건은 감염병과 비감염병, 육체적·정신적 건강, 질병의 예방과 치료, 그리고 이를 위한 지방, 국가 및 국제적 차원의 정책 활동을 포괄하는 개념으로 볼 수 있다. 실제로 국민건강이 악화되면서 국가의료체계가 마비되고, 기업과 공장 등 경제와 생산주체가 약화되었으며, 군대까지 훈련과 병력관리에 어려움을 겪으면서 보건 문제는 국가안보 문제로 확대되었다. 더욱이 보건 문제는 한 국가에서 시작되더라도 글로벌 시대에 국경을 넘는 교류를 통해 빠르게 전파되어 세계적 안보 이슈가 될 수 있다. 이를 막고자 국가가 정보와 국경을 통제하면, 국민의 불안은 더욱 높아지고 경기침체와 사회혼란이 초래될 수도 있다.[4]

다시 말해, 보건안보란 통제 불가능한 신종 감염병에 의해 실재하거나 급박한 위협으로부터 국가의 기능을 유지하고 국민의 안전을

4 오일석, "신종 감염병 대응을 위한 보건안보", 국가안보전략연구원, INSS 연구보고서, 2020.

담보하는 국가적 활동이다. 보건안보와 같이 새로운 안보 문제도 국가가 얼마나 적응하는가에 따라 국력과 국가이익을 침해하는 주요 요인이 된다. 이미 인류는 1918년 인플루엔자(스페인독감) 대유행으로 발병률과 사망률뿐 아니라 경제적 · 사회적 안정성에 영향을 끼쳤다. 병원균 자체의 치명성과 함께 질병의 확산 속도, 감염의 공포에 따른 사회적 혼란도 안보 문제가 되었다. 반대로 정부가 보건안보를 확립하기 위해 사회통제를 강화하면서 사회적 문제를 낳기도 했다. 과거에는 보건안보가 의료수준이나 정부 능력이 낮은 개발도상국에서 쉽게 일어나는 위협이라고 생각했다면, 코로나 팬데믹은 선진국과 개발도상국을 가리지 않는 보건안보로 인식되었다.

이처럼 신종 감염병은 군사력 약화를 초래하고 국가경제에 심각한 손실을 발생시키며, 사회와 정부에 혼란을 야기하여 국가안보를 위협하기 때문에 재난이나 안전관리 차원에서 대응하는 것은 적절하지 못하다. 신종 감염병은 교민 안전, 외국 정부 동향 및 국외 감염병 정보 수집 및 분석, 군사력 유지, 군 의료인력 지원, 교민 수송, 외국 의료 지원 등이 연관된 보건안보의 문제이기 때문에 일반 행정부처가 아닌 외교부 · 통일부 · 국방부 · 국가정보원 등 외교안보 기관들이 대응하여야 한다.[5] 또한 신종 감염병에 의한 안보위협은 국가안보의 대상인 인간이 국가안보를 위협하는 안보위협 요인이자 안보위협을 제거하는 주체가 되는 패러다임의 전환을 보여주고 있다. 즉 인간 누구나 코로나 팬데믹과 같은 감염병을 통해 국가안보를 위협

---

5 오일석, "신종 감염병 대응을 위한 보건안보", 국가안보전략연구원, INSS 연구보고서, 2020. p. 96.

하는 동시에 격리와 이동제한을 통해 국가안보 조치에 협력하면서도 국가안보 활동의 수혜자로서 위치하는 3중의 이해관계가 형성되었다.

3. 사이버안보(cyber security)의 이해

사이버 위협은 과학기술의 발전에 따라 개인의 재산권 침해와 정보 유출 등 사이버 범죄로 인식되다가, 국가 인프라에 대한 공격 등 국가안보의 새로운 영역으로 확대되었다. 사이버 공간은 현실과 동떨어진 가상세계에만 한정된 것이 아니라 물리적 설비를 통하여 현실세계와 유기적으로 연결된 개념이다. 즉, 가상공간이라는 의미와 인터넷에서 정보라는 소프트웨어적 측면, 그리고 전자통신 기반시설이나 하드웨어 등을 포함하는 물리적 설비라는 의미가 내포되어 있다. 실제로 사이버 위협은 이란 핵시설을 마비시켰던 악성코드(스턱스넷), 방송 및 금융전산망 해킹 등 다양한 형태의 사이버 테러로 나타나고 있다. 정보기술의 발달로 사이버 공간은 급격하게 팽창되었고, 2000년대 이후 인터넷망의 확산으로 정치 · 사회 · 문화 활동이 급증하게 되었다. 우리나라도 세계 최고 수준의 정보통신기술과 관련 인프라를 갖춘 국가답게 사이버 공간을 통해 국민의 일상생활은 물론 군대의 작전수행, 기업의 경제활동, 정부의 행정서비스 등 국가 핵심 역할을 운영한다. 그러나 다양한 정보통신 기기와 네트워크의 상호연결은 사이버 공간의 복잡도를 급격히 증가시켜 안전한 관리를 점차 어렵게 만들고 있다. 영역 구분이 없는 사이버 공간의 특성으로 인해 일부 정보통신 기기와 네트워크의 취약성이 국가안보에 위협이 되기도 한다. 사이버 위협은 사이버 공간에만 머물지 않고 이를 활용한 무역, 의료, 공장이나 기반시설 등 현실 공간까지 확산되고 있다. 이처럼 사이버 공간의 확대와 접근 용이성, 보안 취약성, 행위자의 불명확성 등으로 인해 국가적 차원의 사이버 위협은 증가하고 있다.

사이버안보는 인터넷망을 근간으로 민간·공공부문과 연결되어 있으며, 전통안보에서 다루는 군사안보보다 훨씬 다양한 분야와 공격 기제, 그리고 공격 주체를 가지고 있다. 국가안보 수준에서 사이버안보는 개인·기업·사회단체·정부기관 등의 주체를 포함하고, 국가정보망의 방어체계, 국가 재산권, 공공 인프라 분야와 개인의 인적·물적·지적재산권을 포함한다. 군사 영역에서 사이버 위협은 재래식 전쟁과 차별화된 사이버전으로 규정되며, 직접적인 정치 및 군사적 목적을 위해 비동적non-kinetic 수단을 활용한 컴퓨터 네트워크 공격이나 심리전 목적의 공격을 의미한다.

사이버 공간이 복제할 수 있는 구조이므로 사이버 전쟁의 작전적 목표는 사이버 능력의 파괴를 우선하지 않는다. 만약 시스템이 파괴되더라도 취약성을 확인하고 다른 경로로 유사한 시스템을 활용할 수 있기 때문이다. 그 결과 적의 시스템 자체가 강화되고, 덜 취약해질 것이며 향후에 있을 강제적인 공격에 더욱 저항력을 갖게 된다. 이처럼 파괴가 주요 옵션은 아니므로 다른 목표를 추구한다. 예를 들어 최종목표가 상대에게 맹점을 만드는 것이거나 신호 주변에 잡음신호를 주입함으로써 유용한 정보가 신호가 흐려지는 지역 속에서 사라지게 할 수 있다. 데이터 접근을 방해하고, 잘못된 허위 비트를 실제 비트에 추가하여 정보를 오염시킨다. 이를 통해서 상대를 속이고, 이와 연계하여, 정보의 신뢰성을 약화시킴으로써 적을 혼란되게 하고, 방향을 잃게 한다. 정보를 훔치고, 시스템을 디자인한 사람들이 원하지 않는 것을 가함으로써 상대를 교묘하게 조종한다.

사이버 위협은 과거 개인이나 해커 그룹이 이용하던 범죄의 수단에서 오늘날에는 국가가 개입 및 지원하면서 조직화 · 대규모화되는 상황이다. 사이버 공격의 양상도 기밀절취, 금전취득에서 정치적 목적의 사회혼란 야기, 기반시설 마비 및 파괴를 시도하는 사이버 테러 등으로 다양화되고 있다. 최근에는 국가 간 물리적 공격 전후에 전통적 군사력을 마비시키거나 저하시키려는 사이버 공격을 감행하기도 한다. 많은 국가가 사이버 역량을 국가안보에 중요한 영향을 미치는 비대칭 전력으로 인식하여 오랜 기간 전문인력을 집중 육성하고 국가 조직을 확대하고 있다.

북한도 수준 높은 사이버 공격 능력을 갖추고 있다. 〈참고 4〉와 같이 북한이 보여준 사이버 공격은 대규모 피해를 일으킬 수 있으며, 이스라엘 보안기업 체크포인트Check Point는 북한의 해킹 능력을 세계 톱5 수준으로 평가한다. 북한 스스로도 사이버 공간을 육상 · 해상 · 공중 · 우주와 나란히 5번째 전장으로 규정하고 사이버 역량을 국가안보전략과 결합할 수 있는 중요한 전략무기이자 핵심 전력으로 인식하고 있다.[6] 특히 김정은 집권 이후, 사이버 공격 수법도 단순한 자료 탈취와 이메일 해킹에서 더욱 다양해지고, 고차원적으로 변화하고 있다. 현재까지 알려진 내용에 따르면 북한의 사이버 공격은 2004년 시작되어 2021년까지 300배 이상 증가했다. 북한의 사이버안보전략은 '개인에서 집단으로', '사회 혼란 유도나 정보탈취에서 금전적 이득'으로 달라지고 있다. 이러한 변화는 국제사회의 제재로 인해

6 임종인 외, "북한의 사이버 전력 현황과 한국의 국가적 대응전략", 『국방정책연구』, 29권 4호, 2013, p. 15.

〈참고 4〉 북한의 사이버 위협 사례

2013년 3월 20일 오후 KBS, MBC, YTN 등 주요 방송사와 농협, 신한은행 등 금융기관의 컴퓨터 대부분이 일시에 다운됐다. MBR(Master Boot Record)이 파괴돼 재부팅되지 않았고, VBR(Variable Bit Rate)도 파괴돼 복구 불가 상태였다. 한국 주요 기관의 전산망이 대대적으로 마비되었다. 총 3만 2,000여 대의 컴퓨터와 전산망이 파괴돼 피해액이 8,600억 원 이상으로 추정됐다. 한국 정부는 사건 발생 20일 만인 4월 10일에 북한의 정찰총국 소행으로 추정된다고 발표했다. 북한 추종세력이 아닌 북한의 사이버 부대가 한국의 금융기관과 방송사를 직접 공격하였다. 이 사건으로 북한의 사이버 공격 능력이 전 세계에 알려졌다. 또한 2017년에는 워너크라이(WannaCry) 랜섬웨어 공격으로 전 세계 병원과 은행, 기업의 네트워크와 개인 컴퓨터까지도 마비됐다. 북한의 사이버 공격 능력은 국가와 기업, 개인 모두에 큰 위협이 되고 있다.

최근에는 경제적 이익을 위한 해킹이 크게 증가했다. 미 재무부는 2022년 8월 8일 북한이 해킹으로 탈취한 약 4억 5,500만 달러의 가상화폐의 세탁에 가담한 믹서(mixer) 기업 토네이도 캐시(Tornado Cash)를 제재 대상에 올렸다. 믹서는 가상화폐를 쪼개서 자금의 거래흐름을 추적하기 어렵게 만들어 자금의 소유권을 익명화시키는 자금세탁 서비스이다. 북한의 해킹조직인 라자루스그룹은 토네이도 캐시가 제공하는 이러한 자금세탁 서비스를 통해 지난 4월에만 탈취한 4억 5,000만 달러를 자금세탁했다. 이 액수는 가상화폐 역사상 탈취한 금액을 세탁한 가장 큰 액수이다.

경험하는 경제적 피해를 만회하고 핵과 미사일 개발을 위한 자금을 확보하는 효과적인 수단으로 활용하기 위해서이다. 북한은 특히 코로나 팬데믹을 계기로 이전부터 해오던 정보탈취와 멀웨어malware: malicious software 공격 외에도 사이버 공간에서 불법 경제활동을 한층 강화하였다. 이처럼 사이버 위협은 전략적 무기로서 가치가 높다. 사이버 공격은 고도로 훈련된 소수인원만 있으면 적은 비용으로 최대 효과를 누릴 수 있다. 또 사이버 공격은 활용 방안이 무궁무진하며, 파급력이 크고 효과도 빠르게 나타난다. 게다가 물리적 침투가 필요 없어 남북한과 같이 적대관계를 유지하고 있는 국가에 효과적으로 활용할 수 있다.[7]

우리나라도 사이버 위협에 대응하고 국가안보를 달성하기 위해 국가사이버안보전략을 수립했다. 이를 통해 한국 사이버안보의 미래 비전과 목표를 제시하고 개인 · 기업 · 정부가 중점 추진해야 할 전략적 과제를 제시한다. 정부가 제시한 전략과제로는 첫째, 국가 핵심 인프라의 안정성을 제고한다. 국가 정보통신망 보안을 강화하고, 주요 기반시설 보안환경을 개선하며, 차세대 보안 인프라를 개발함으로써 국가 핵심 인프라의 생존성과 복원력을 강화하여 어떠한 사이버 공격에도 국민생활의 기반이 되는 서비스를 중단 없이 제공하는 것을 목표로 한다.

둘째, 사이버 공격에 대한 대응역량을 고도화한다. 사이버 공격 억제력을 확보하고, 대규모 공격 대비태세를 강화하며, 포괄적 · 능동적 수단의 강구와 사이버 범죄 대응역량 제고를 통해 사이버 공격을 사전에 효율적으로 억제하고 사고 발생시 신속하고 능동적으로 대응할 수 있도록 선제적이고 포괄적인 역량 확충을 달성한다.

셋째, 신뢰와 협력기반의 거버넌스를 정립한다. 민관군 협력체계를 활성화하고, 범국가 정보공유체계를 구축 및 활성화하며, 사이버안보 법적 기반을 강화함으로써 개인 · 기업 · 정부 간의 상호신뢰와

---

7 박은주, "북한 사이버안보 위협의 증가와 한국의 대응", 『한국보훈논총』, 제19권 제4호, 2020. p. 23.

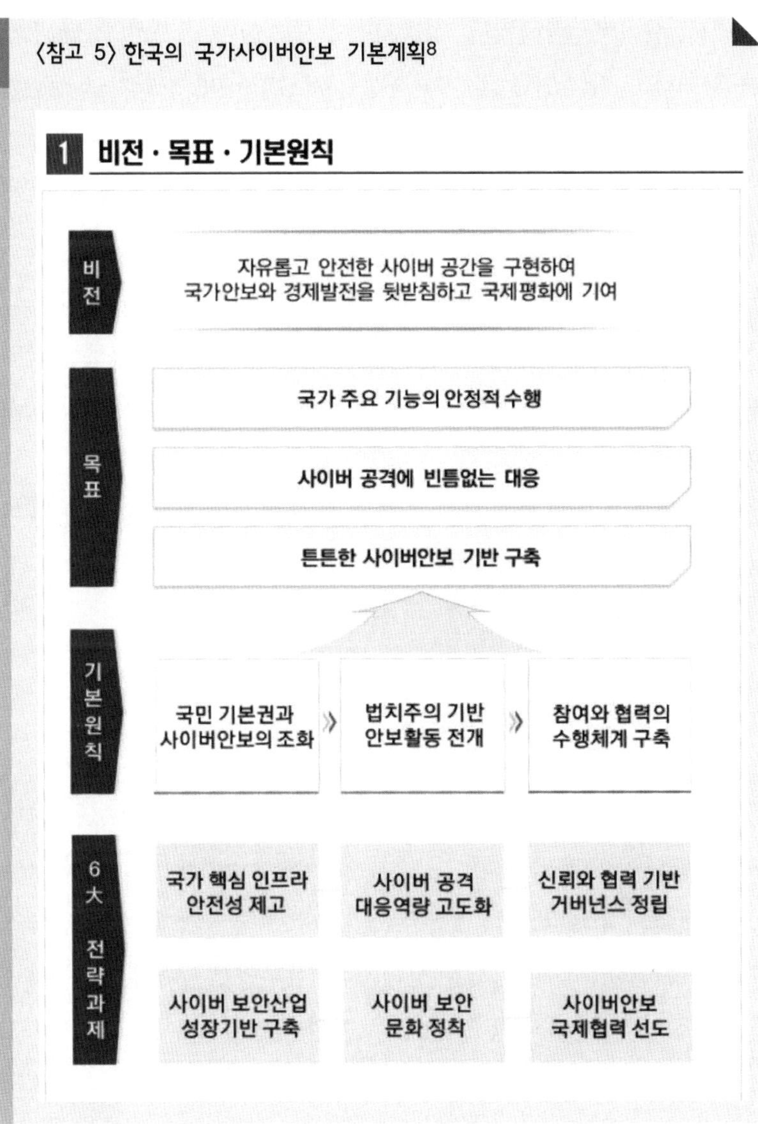

1 비전 · 목표 · 기본원칙
비전
자유롭고 안전한 사이버 공간을 구현하여
국가안보와 경제발전을 뒷받침하고 국제평화에 기여
목표
국가 주요 기능의 안정적 수행
사이버 공격에 빈틈없는 대응
튼튼한 사이버안보 기반 구축
기본원칙
국민 기본권과 사이버안보의 조화
법치주의 기반 안보활동 전개
참여와 협력의 수행체계 구축
6大 전략과제
국가 핵심 인프라 안전성 제고
사이버 공격 대응역량 고도화
신뢰와 협력 기반 거버넌스 정립
사이버 보안산업 성장기반 구축
사이버 보안 문화 정착
사이버안보 국제협력 선도

〈참고 5〉 한국의 국가사이버안보 기본계획[8]

협력을 바탕으로 민관군 영역을 포괄하는 미래지향적인 사이버안보 수행체계를 정립한다.

넷째, 사이버 보안산업의 성장기반을 구축한다. 사이버 보안 투자를 확대하고, 보안인력 및 기술경쟁력을 강화하며, 보안기업 성장환경을 조성하고, 공정경쟁 원칙을 확립함으로써 국가 사이버안보의 기반역량이 되는 기술 · 인력 · 산업의 경쟁력 확보를 위해 제도 개선, 지원 확대 등 보안산업 혁신 생태계를 조성한다.

다섯째, 사이버 보안 문화를 정착한다. 사이버 보안 인식 제고 및 실천을 강화하고, 기본권과 사이버안보의 균형을 도모함으로써 국민 모두가 사이버 보안의 중요성을 인식하고 실천하며 정부는 정책 수행과정에서 기본권을 존중하고 국민 참여를 활성화한다.

여섯째, 사이버안보의 국제협력을 선도한다. 양자 및 다자간 협력체계를 내실화하고, 국제협력 리더십을 확보함으로써 국가안보와 국익을 수호한다.[9]

4. 우주안보(space security)의 이해

우주공간은 사이버 안보와 마찬가지로 국가가 우주 역량에 의존하면서 안보 영역으로 확대되었다. 우주안보란 우리가 어떠한 간섭이나 방해 없이 우주에 접근하고 우주를 이용하도록 보호하며, 안전하고 지속가능한 활동을 유지하는 상태이다. 우주안보는 우주 관련 지구상 활동과 우주 내 활동을 모두 포함한다.[10]

우주안보는 우주 자체가 극도로 적대적인 환경이라는 인식부터 출

8 관계부처 합동, 『국가 사이버안보 기본계획』, 2019. 9. 3.
9 청와대 국가안보실, 『국가사이버안보전략』, 2019. 4. pp. 14~23.
10 엄정식, 『우주안보의 이해와 분석』, 박영사, 2024.

발한다. 우주에 산소가 없다는 것은 인간의 생명뿐 아니라 우주에서 물체를 기동하기 어렵다는 의미이다. 실제로 우주로 향하는 발사체는 연료와 산소를 탑재한다. 또한 우주에서는 지구에서 우려하지 않았던 태양방사선, 태양표면 폭발, 우주잔해물 등이 위협적인 요소로 등장한다. 특히 우주경쟁이 치열해지면서 임무 중인 인공위성의 숫자가 급속히 증가하고 있으며, 인공위성의 폐기 및 고장, 발사체 부품, 파괴로 인한 우주잔해물space debris은 저궤도 우주활동을 비롯해 중요한 우주안보 문제로 인식된다. 2023년 2월까지 등록된 인공우주물체는 5만 5,000여 개에 이르고 이 중 운영 중인 인공위성은 7,400여 개로 나머지 85퍼센트는 우주잔해물이다. 더욱이 스페이스X의 스타링크 등 저궤도 초소형 군집위성이 계속 발사되고 있어서 우주잔해물 증가세가 높아질 전망이다.

우주안보는 국가 간의 우주경쟁이 치열해지면서 더욱 심화되고 있다. 1950년대 초기 우주경쟁은 미국과 소련의 국가적 위신, 과학기술 경쟁, 국내 정치 요구 등으로 비롯되었다. 그러나 1957년 소련이 인류 최초의 인공위성 스푸트니크 발사에 성공한 이후, 과열되기 시작한 미소 간 우주경쟁은 1969년 미국이 인류 최초의 달착륙(아폴로 프로젝트)에 성공하면서 냉정을 찾기 시작했다. 1970년대 이후 미소 우주경쟁은 지상 감시정찰과 통신이라는 군사적 활용에 초점을 두고 안보경쟁으로 진화했다. 2000년대 이후에는 우주의 군사적 활용과 이중용도 기술의 발전으로 상업 영역에서 민간 우주개발이 확대되었다. 동시에 미국과 소련 중심의 우주경쟁에 중국, 일본, 인도, 유럽 등 많은 국가들이 참여하면서 우주 발사·탐사·활용에서 과학기술 발전, 상업적 이익, 안보경쟁이 치열해졌다.

〈그림 1〉 인공우주물체 연도별 증가율[11]

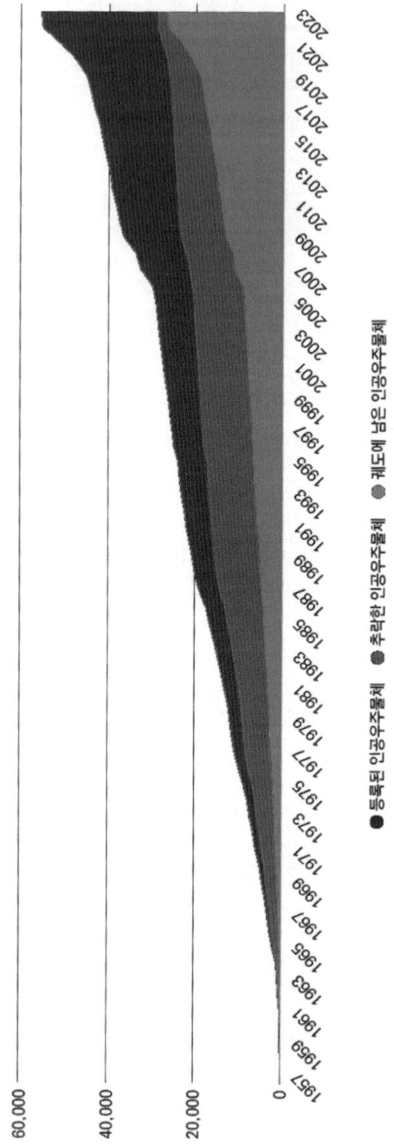

● 등록된 인공우주물체 ● 추락한 인공우주물체 ● 궤도에 남은 인공우주물체

11 우주환경감시기관(한국천문연구원) 홈페이지

우주력은 군사력과 경제력으로 뒷받침되는 하드파워, 국가의 위신과 과학기술의 우수성 등을 바탕으로 한 소프트파워, 국민생활의 발전을 위한 사회 인프라 측면에서 이해할 수 있다.[12] 그중에서도 국가안보 차원의 우주력은 하드파워에 초점을 두며, 우주로부터 수집된 정보를 바탕으로 주변국의 위협 판단, 군사력 건설 계획 수립을 지원한다. 또한 우주 영역의 군사화를 넘어 무기화가 진행되는 가운데 우주 시스템 전체에서 군사적 활동이 활발해질 전망이다.[13]

우주경쟁은 우주공간에서만 벌어지지 않는다. 시작부터 우주경쟁은 핵무기 경쟁이 가속화되면서 이를 감시하고 탐지하기 위한 우주 시스템(지상 부문, 우주 부문, 링크 부문) 활용이었다. 예를 들어 핵억제 전략에서 선제공격보다 2차 보복공격 능력이 중요해지면서 지상과 해상에서 발사되는 탄도미사일을 감시하기 위해 우주 시스템을 발전시켰다. 이처럼 우주 안보는 지상 부문에 대한 방어를 포함해 지상과 우주를 연결하는 링크 부문에 대한 사이버 방어, 그리고 우주 내 자산과 활동 방어까지 우주 시스템 전체를 대상으로 하며, 국가 간 군비경쟁과 유사한 양상으로 전개되고 있다.

안보 영역으로서 우주공간은 1967년 체결된 국제협약인 외기권우주조약Outer Space Treaty으로 우주공간에서 대량살상무기 배치와 영유권 주장이 금지되면서 군비경쟁을 제약하는 성과도 있었다. 하지만

---

12 스즈키 가즈토 저, 이용빈 역, 『우주개발과 국제정치』, 한울아카데미, 2011, pp. 20-34.

13 우주의 군사화는 과학기술과 공공목적을 위한 우주 역량을 군사적으로 활용하는 경향으로 위성 영상을 군사정보로 활용하거나 위성항법이 군사장비에 활용된 사례 등이다. 반면, 우주의 무기화는 군사무기를 우주에서 활용하기 위해 개발 및 배치하는 경향으로 다양한 대위성 무기가 개발되는 사례를 들 수 있다.

우주개발 기술이 발전한 오늘날에는 달과 화성 탐사, 대위성 무기 ASAT: Anti-Satellite 시험, 우주 내 임무 등 우주안보 문제가 확대되고 있다.

우주안보는 국가안보의 일부이며 국가가 중심이 되고, 개인·기업·국제기구가 관여하는 영역이다. 우주안보는 우주력에 좌우된다. 우주력space power은 국가이익을 위해 전시나 평시에 국방·경제·외교 활동에 우주를 활용하는 국가 능력과 의지의 총합이다.

〈그림 2〉 우주안보의 3축

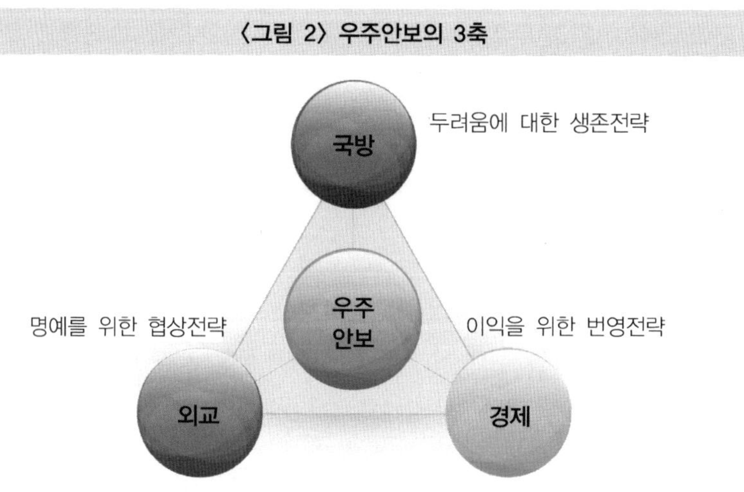

먼저 국방우주Defense Space는 우주안보를 뒷받침하는 강제력의 토대로서, 대외적 위협에 대응하기 위한 군사활동의 영역이다. 우주공간은 다영역multi domain 전장의 하나이며, 치열한 무기화 경쟁이 진행 중인 국방우주의 영역이다. 지구상 안보와 마찬가지로 국가들은 국가안보를 위한 우주활동 능력과 의지를 강화하고 있다. 국방우주는 국방기관과 군이 책임지는 영역이다. 국방우주 차원의 능력은 우주

내 전력power in space뿐 아니라 지상국과 단말기, 지구와 우주를 연결하는 네트워크를 포괄한다. 국방우주전략은 우주력을 활용하여 군사적 안보를 달성하고 영향력을 행사하는 방법으로, 군사력 사용에만 초점을 두진 않는다. 국방우주는 우주와 관련된 국가이익을 보호하기 위해 우주경제 및 우주외교와 연계하여 발전시켜야 한다.

우주경제Space Economy는 우주안보를 뒷받침하는 물질적 토대로서 국가경제 발전에 기여하며, 신기술 개발을 통해 새로운 시장이 창출되는 가운데 치열하게 경쟁하는 영역이다. 우주의 활용 범위가 넓어지면서 국가경제에서 우주경제가 차지하는 영역도 계속 확대되고 있다. 우주경제는 연구개발과 인프라 구축을 통해 생산을 담당하는 우주산업뿐 아니라 투자와 거래가 이루어지는 시장을 포함한다. 우주안보 차원에서 우주경제 발전을 위해서는 민군협력이 필수적이다. 우주경제는 정부의 지원에만 의존해서는 안 되며, 자생적인 우주 생태계를 통해 기술 축적과 투자, 생산과 거래가 순환되어야 한다. 우주경제는 국가경제 전반과 긴밀히 연계되어 있을 뿐 아니라 국방우주에 필요한 전력과 기술을 제공한다.

우주외교Space Diplomacy는 우주안보의 정당성과 규제를 부여하는 규범적 토대로서, 국제법과 국제기구를 통해 협력하고 경쟁하는 영역이다. 우주활동이 활발해지고 참여하는 국가와 기업이 증가하면서 지구 궤도를 둘러싼 경쟁을 조율하고, 위험을 예방하는 일은 개별 국가의 능력을 벗어났다. 이제 우주활동에서 국제협력은 필수이다. 우주외교의 출발점은 우주를 평화적으로 이용하며, 새롭게 등장하는 문제를 협력과 합의로 대처하겠다는 신념이다. 국가뿐만 아니라 개인 · 기업 · NGO 등 비국가 행위자들도 이러한 신념을 발전시키고 있다. 예를 들어 세계위성사업자협회Global Satellite Operators Association는 우주의 지속가능성에 대한 행동강령을 발표하고, 충돌 위험, 잔해물 최소화, 인간과 천문학에 대한 보호 등 책임 있는 관행을 촉구하였다. 이처럼 인류의 계속된 우주탐사는 국제적 협력과 자발적 노력 속에서 이루어져야 하며, 우주외교는 이를 뒷받침한다.[14]

우주안보의 세 가지 핵심 요소를 적용하여 실제 이슈를 분석해볼 수 있다. 대표적인 이유가 우주잔해물space debris이다. 우주잔해물은 우주활동의 안전, 안보, 지속가능성을 위해 반드시 해결해야 할 문제이다. 우주안보 측면에서 우주잔해물은 군사자산의 보호라는 국방우주 영역부터 우주사업으로 활용하는 우주경제, 국제협력이 필요한 우주외교에 걸친 복합적인 안보 이슈이다.

국방우주 차원에서 볼 때, 우주잔해물 제거를 위한 기술이 모두에게 환영받는 것은 아니다. 중국은 2022년 1월 우주잔해물 감소 위성 SJ-21을 발사하여 정지궤도에서 기능을 상실한 자국 항법위성 한 개를 무덤궤도graveyard orbit로 이동시켜 잔해물 위험을 줄였다. 그런데 미국은 중국의 이러한 활동을 우려의 눈으로 보고 있다. 당시 중국이 활용한 기술은 로봇팔로 보이며, 동일한 기술이 미국이나 우방국의 위성을 파괴하거나 고장내는 데 사용될 수도 있다. 올해 미국 우주사령부 주관으로 진행된 글로벌 센티넬Global Sentinel 우주연합연습에서도 잔해물 제거 위성을 가장한 상대방의 적대적 행위에 대응하는 상황을 논의하였다.

우주경제 차원에서는 우주잔해물을 제거하거나 줄이기 위한 기술

14 엄정식, 『우주안보의 이해와 분석』, 박영사, 2024.

이 새로운 시장을 창출하고 있다. 만약 우주잔해물을 예방하기 위해 위성 제조기업들이 보호장치를 추가로 설치하거나, 회피 기동을 위한 연료를 추가해야 한다면, 위성의 무게가 증가하고 공간은 줄어들기 때문에 비용부담이 커진다. 이것은 기업에는 수익 저하를 의미한다. 또한 위성 운영이 복잡해지고 수명도 단축될 수 있어 기업이 동일한 서비스를 지속하려면, 같은 위성을 더 많이 발사해야 한다. 국제우주정거장도 1998년부터 2022년까지 우주잔해물과 충돌하지 않기 위해 최소 30회 이상 기동하며 연료를 소모했다.

그러므로 더욱 저렴하고 효과적인 우주잔해물 제거 기술을 개발하는 기업은 시장에서 수익을 지속할 수 있다. 이미 우주잔해물을 제거하는 다양한 기술들이 연구되고 있다. 로봇팔을 이용하는 기술 이외에도 자석으로 잔해물을 끌어당기거나 그물망으로 포획하는 등 효과적이면서도 비용이 적게 드는 방법 등이 그러한 예들이다. 법·정책 측면에서 발사체나 위성체 발사 전에 가입하는 '우주보험'을 활용하는 방법도 있다. 이미 유럽에서는 우주 발사에 의무적으로 우주보험을 들도록 한다. 우리나라에서도 위성에 잔해물 감소장치를 탑재했을 경우, 사업자가 지불하는 보험료를 할인해 주면 도움이 될 것이다.

우주외교 차원에서도 우주잔해물 감축은 개별 국가나 기업의 문제가 아니라 국제규범을 통해 대응해야 할 이슈이다. 2023년 5월 선진 7개국G7 과학기술장관들은 안전하고 지속가능한 우주의 활용을 위해, 우주잔해물 감축 연구와 기술 개발에 속도를 내자는 입장을 공통으로 밝혔다. 유럽 우주정상회담에서도 2030년까지 우주잔해물을 줄이기 위한 우주잔해물제로헌장Zero Debris Charter을 발표했다. 비록 구속력은 없지만 이 헌장에 참여한 국가와 40여 개의 기관들은 우주잔해물이 발생할 확률을 물체당 1000분의 1 이하로 유지해야 하며, 수명이 다한 위성이나 발사체를 처리하기 위해 적극적 수단을 마련하는 등 우주잔해물의 99퍼센트를 제거해야 한다는 목표도 제시했다.

국제협력과 더불어 개별 국가들도 우주잔해물 감소를 위해 노력해야 한다. 우리나라도 기업들이 우주잔해물 감소에 참여하도록 유도하는 등 경제활동의 근거가 되는 관련 법 및 정책 마련이 필요하다. 2022년 미국 연방통신위원회Federal Communications Commission는 2,000킬로미터 이하 저궤도에서 운영되는 미국 국적 혹은 미국에 서비스를 제공하는 위성에 대한 규정을 마련했다. 이 규정에 따르면, 위성 운영이 종료되면 5년 안에 대기권 재진입을 통해 잔해물이 발생하지 않도록 소멸시켜야 한다.

2023년 미국 정부는 우주잔해물을 제대로 관리하지 않은 우주 기업에 사상 처음으로 벌금을 부과하기도 했다. 미국 연방통신위원회는 미국 위성TV 기업 디시네트워크Dish Network에 위성폐기계획을 준수하지 않았다는 이유로 벌금 15만 달러(약 2억 원)를 부과했다. 이 기업은 2002년부터 정지궤도에서 방송통신위성 1기를 운영하다 2012년 위성폐기계획을 승인받았다. 계획대로면 이 위성은 수명이 다하기 전에 무덤궤도로 이동되어야 했다. 하지만 이 기업은 위성 운영을 지속하다가 무덤궤도로 이동할 수 있는 연료를 남겨두지 않아 위성폐기 의무를 준수하지 못했다. 비록 디시네트워크에 부과된 벌금 규모가 크진 않았지만, 이 소식에 기업 주가가 급락하는 등 어려움을 겪었다. 이 사례는 초기 단계에 있는 우주잔해물 시장에서 서비스 비용의 기준점(벌금 15만 달러)이 될 수 있으며, 우주잔해물을 방치해서는 안 된다는 좋은 선례가 될 수 있다. 또한 우주기업의 가치를 좌우하는 평판에도 우주잔해물 처리가 영향을 줄 수 있음을 보여주었다.[15]

15 엄정식, "우주잔해물로 본 우주안보의 복합적 이해", 『법연』 통권 제83호, 한국법제연구원, 2024.

3장 국가안보전략과 정책결정

Ⅰ. 국가안보전략 체계와 이해
Ⅱ. 분석수준에 따른 안보정책 결정요인
Ⅲ. 안보정책결정의 5가지 분석수준
Ⅳ. 안보정책결정모델
Ⅴ. 안보정책결정모델의 적용: 쿠바 미사일 위기

• 학습 개요 •

전통안보 위협부터 신흥안보 위협까지 다양한 국가안보 위협에 효과적 · 효율적으로 대응하기 위해서는 전략적 접근과 올바른 정책결정이 필수적이다. 국가(정부)는 안보의 목적을 세우고 이를 달성하기 위한 수단과 방법을 체계적으로 수립해야 한다. 이번 장에서는 국가안보전략의 체계를 이해하고 안보정책결정을 분석하기 위한 분석수준별 접근법을 이해한다. 분석수준에 따라 안보정책에 접근하는 것은 복잡한 현상을 체계적으로 살펴보도록 도와준다.

첫 번째 절에서는 국가안보전략의 체계를 설명하고 전략의 개념, 정책과 전략의 차이를 이해한다. 두 번째 절에서는 분석수준에 따른 안보정책 결정요인을 살펴보고, 세 번째 절에서는 대표적으로 적용되는 다섯 가지 분석수준에 대해 구체적으로 이해한다. 다음으로는 1962년 발생한 쿠바 미사일 위기를 통해 체계화된 그레이엄 앨리슨의 안보정책결정모델을 이해한다.

[주요 개념]

국가안보전략	안보정책결정모델
국방	합리적 행위자 모델
정책과 전략	조직행태 모델
분석수준(Level of Analysis)	정부정치 모델

[생각해 봅시다]

1. 국가안보를 위한 전략과 정책은 어떻게 다른가?
2. 국가안보정책은 어떻게 설명할 수 있는가?
3. 다섯 가지 분석수준은 각각 어떤 장점이 있는가?
4. 안보정책결정모델은 어떻게 구분되며 이들 간의 관계는 무엇인가?
5. 쿠바 미사일 위기는 안보정책결정모델로 어떻게 설명할 수 있는가?

Ⅰ. 국가안보전략 체계와 이해

1. 전략의 개념과 요소

전략의 개념은 원래 전장에서 군대를 운용하는 방법을 의미하면서 이후 장군의 지휘술로 확장되었다. 현대 전략은 여러 전략가들에 의해 정의되었다. 카를 폰 클라우제비츠Carl von Clausewitz는 전략을 전쟁목적을 달성하는 수단이자 전투 운용에 관한 술art로 정의했고, 존 콜린스John M. Collins는 전 · 평시를 막론하고 국가이익과 국가목표를 달성하기 위하여 국가의 모든 힘을 결집하는 술art 차원의 힘으로 정의했다. 이처럼 전장의 용병술 차원으로 좁게 정의되었던 예전 전략의 개념은 전술이라는 용어로 대체되면서, 전략은 상위의 목표를 달성하기 위해 행위자의 능력과 수단을 활용하기 위한 술art과 과학science으로 정의되고 있다.

전략의 요소는 목표 · 수단 · 방법으로 이루어진다. 목표는 국가나 조직이 달성해야 할 궁극적인 지향점 혹은 최종상태로 군사전략 수립 시 최우선적으로 고려되어야 한다. 하위전략의 목표는 상위 목표나 정책이 지향하는 부분을 식별하여 이를 수준에 따라 하위전략의 목표로 반영하는 것이 필수이다. 전략의 효과가 설정된 목표의 달성이라는 점을 고려할 때 군사전략의 효과는 적과의 충돌에서의 승리 여부라고 할 수 있다. 이는 수단과 방법이 성공에 매우 중요하다고 하더라도 궁극적으로 목표가 가장 중요하다는 것을 의미한다. 수단이란 국가나 조직이 보유하고 있는 유형 또는 무형의 자산을 의미한다. 안보전략에서 수단은 국가의 군사력 · 경제력 · 인구 · 기술 등으로 전시와 평시에 국가안보를 위해 충분히 뒷받침되어야 한다. 따라서 안보전략 수립에서는 국가의 자원과 이를 동원하는 능력이 고려되어야 한다. 다음으로 방법은 목표를 달성하기 위해 국가나 조직이 보유하고 있는 가용자산을 운용하는 술art과 과학을 말한다. 동일한 목표와 수단이 있다 하더라도 이것을 어떻게 사용하느냐에 따라 다른 결과가 나타난다. 따라서 방법은 주어진 수단을 어떻게 운용하여 목표를 달성할 것인지를 제시하는 것으로서, 수단들이 최고의 효과를 발휘하게 만드는지에 대한 개념이다. 이러한 전략의 요소에 대해서 리케Arthur Lykke는 전략을 목표 · 방법 · 수단의 합으로 이해하며 이들 요소의 균형이 성공적인 전략에 필요하다고 지적한다. 반면 균형에 문제가 발생하면 전략적 위험이라고 본다.

〈그림 1〉 안보전략의 체계

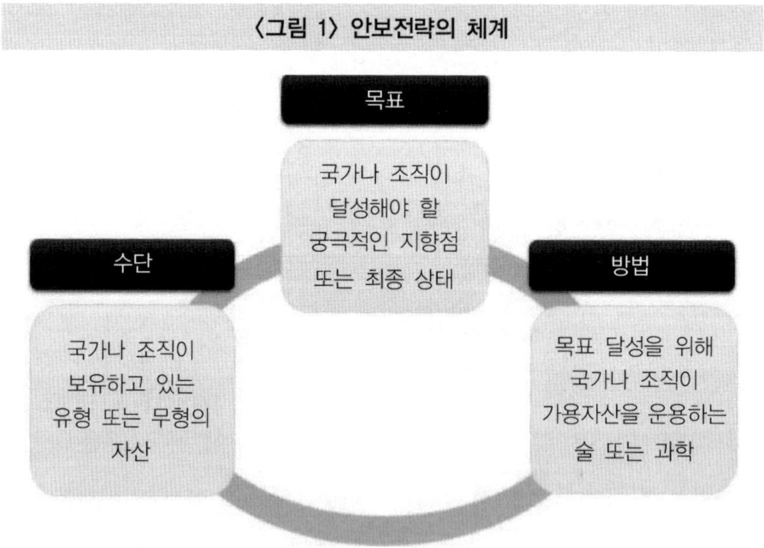
목표
국가나 조직이 달성해야 할 궁극적인 지향점 또는 최종 상태
수단
국가나 조직이 보유하고 있는 유형 또는 무형의 자산
방법
목표 달성을 위해 국가나 조직이 가용자산을 운용하는 술 또는 과학

2. 국가안보전략 체계

전략의 개념을 적용하면, 국가안보전략은 국가안보를 위해 국력과 정책 수단을 사용하는 국가 차원의 지침과 수행 방법이다. 국가안보전략은 군사 이외에도 정치 · 외교 · 사회 등 국가안보의 모든 분야를 포괄하며 우리나라는 노무현 정부(2003~2008년)부터 『국가안보전략서』를 발행했다. 현재는 많은 국가가 국가안보의 목표와 방법을 국가안보전략에 담고 있다. 국가안보전략 목표를 달성하는 하위 단계에서는 정책과 전략이 구분된다. 정책은 목표와 지침(무엇을 해야 하는가?)이고 전략은 목표를 이루려는 수단의 활용 방법(어떻게 할 것인가?)이다. 예를 들어 국방정책은 정부(국방부) 차원에서 군사력 건설과 운용 목표를 수립하고 세부 영역을 구분한다. 군사전략은 군(합동참모본부, 이하 합참) 차원에서 군사력이라는 수단을 어떻게 활용할 것인가에 초점을 둔다. 다만, 정책과 전략은 한쪽이 상위개념이라고 단정하기 어렵다. 전략 내에 정책을 다루기도 하고 정책 내에 전략을 다루기도 하며 우리나라의 경우 국가안보전략이 가장 상위개념이며 이를 수행하는 분야별 정책이 하위에 수립된다.

국가안보전략을 달성하는 군사적 영역은 국방과 군으로 구분된다. 국가안보 개념의 확대로 국가안보전략에도 정치 · 경제 · 사회적 요소들이 포함되지만, 국가안보의 전통적 개념은 국방에서 출발하며 가장 핵심적인 요소이다. 국방defense은 군military보다 포괄적인 개념이다. 국방은 군대가 수행하는 군사전략과 군사정책을 정부 차원에서 이루기 위한 노력이다. 국방전략은 안보전략과 군사전략의 중간 지대로 국가안보 목표를 달성하기 위한 국가적 군사력 건설과 운용 지침이며, 군사는 국방전략을 달성하기 위한 군사적 능력과 전략이다. 이를 조직의 차원에서 보면, 국가안보는 대통령이 책임지며, 국방은 정부에서 국방부, 군사는 합참과 각 군이 수행한다. 넓은 의미의 민군관계가 군과 민간 영역을 포괄하므로, 안보와 군사의 중간 지대인 국방의 영역은 민군관계 이슈이기도 하다.

국가안보전략의 국방목표를 달성하기 위한 전략은 국방전략으로 수립된다. 우리나라는 김대중 정부(1998~2003년) 기간 국방전략의 최상위 문서로 『국방기본정책서』를 발간했다. 국방기본정책서는 대통령 임기인 5년을 주기로 작성되었으며, 모든 국방계획과 집행에 대한 기본지침을 제시한다. 윤석열 정부는 국방기본정책서를 『국방전략서』로 변경하여 발행했으며 5년 주기를 준수하되 전략의 연속성을 높이기 위해 대상기간은 15년으로 설정했다.

〈그림 2〉 국가안보전략의 체계

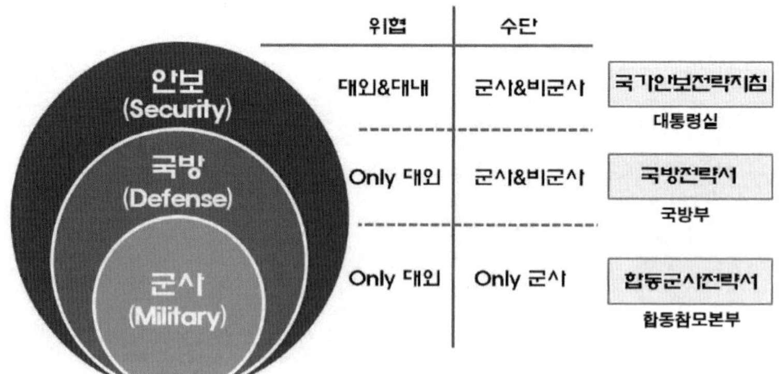

3. 우리나라의 국가안보전략과 국방전략

윤석열 정부의 국가안보전략은 '자유 · 평화 · 번영에 기여하는 글로벌 중추국가'라는 외교안보 비전을 수립했다. 여기서 제시된 3대 국가안보 목표는 ①국가 주권과 영토를 수호하고 국민안전의 증진, ②한반도에 평화를 정착하면서 통일미래 준비, ③동아시아 번영의 기틀을 마련하고 글로벌 역할의 확대이다. 국가안보전략 목표를 이행하기 위한 외교, 국방, 남북관계, 경제안보, 신안보 등 주요 분야별 전략기조는 다음과 같다. 외교에서는 국익 우선의 실용외교와 가치외교를 구현하며, 국방에서는 강한 국방력으로 튼튼한 안보를 구축하고, 남북관계에서는 원칙과 상호주의에 입각하여 남북관계를 정립한다. 경제안보에서는 경제안보 이익을 능동적으로 확보하고 신안보에서는 신안보 위협요인에 선제적으로 대처한다.

미국이나 영국 등 몇몇 국가들은 국가안보전략과 국방전략을 공개하고 있다. 국가의 중요한 전략을 공개하는 이유는 잠재적인 상대국에게 자신의 힘과 의지를 전달하여 적대적 행위를 억제하기 위해서이다. 미국은 2017년 핵태세보고서Nuclear Posture Review 요약본을 한글로 번역해 공개하기도 했다. 당시 북한은 대륙간탄도미사일 실험 등으로 핵위협을 심화시키고 있었는데 경고의 메시지로 볼 수 있다. 전략의 공개는 동맹국 보호 의지와 수준도 담고 있어, 동맹국에게 신뢰를 보여주고 협력을 강조하는 의미도 있다. 제3국이 동맹국을 함부로 공격하지 못하도록 천명하는 것이다. 또한 전략의 공개는 국민들에게 국가안보를 위한 정부의 노력과 정보를 공유함으로써 민주적 정당성을 강화하고 국민과 전문가들의 관심과 지지를 얻으려는

〈그림 3〉 윤석열 정부의 국가안보전략[1]

[국가비전]
자유 · 평화 · 번영에 기여하는 글로벌 중추국가
[국가안보 목표]
1
국가 주권·영토를 수호하고 국민 안전을 증진
2
한반도에 평화를 정착하면서 통일 미래를 준비
3
동아시아 번영의 기틀을 마련하고 글로벌 역할을 확대
[전략기조]
국익 우선의 실용외교와 가치외교를 구현
강한 국방력으로 튼튼한 안보를 구축
원칙과 상호주의에 입각해 남북관계를 정립
경제안보 이익을 능동적으로 확보
신안보 위협 요인에 선제적으로 대처
[전략과제]
❶ 자유와 연대의 협력외교 전개
❷ 자유민주주의 수호와 지구촌 번영 기여
❸ 과학기술 강군 육성
❹ 한반도 평화 구축과 남북관계 정상화
❺ 글로벌 경제안보 대응체제 확립
❻ 신안보 이슈에 능동 대응

목적도 있다. 마지막으로 UN 등 국제기구에서 논의되고 있는 사이

1 국가안보실, 『윤석열 정부의 국가안보전략』, 2023. 6.

버안보 등 관련 규범을 중시하고 있으며, 합의된 사항을 책임있게 이행하겠다는 활동이기도 하다. 전략의 공개는 비밀이 필요한 군사 능력은 제외하고 가능한 범위에서 부분적으로 이루어지기도 하므로 군사보안에 문제가 되진 않는다.

우리나라는 국가안보전략만 공개하고 국방전략은 관련 기관만 활용하도록 비밀로 관리한다. 다만, 언론 보도에 따르면, 윤석열 정부의 국방전략서는 국방목표로 "외부의 군사적 위협과 침략으로부터 국가를 보위하고, 평화통일을 뒷받침하며, 지역의 안정과 세계 평화에 기여"를 제시했다. 이를 위한 국방전략 목표로 ①통합 · 능동 방위, ②혁신과 자강, ③동맹과 연대, ④안전과 상생이라는 4가지를 제시했다. 〈통합 · 능동 방위〉에는 북한이 한국을 겨냥해 탄도미사일이나 방사포 등을 발사할 조짐을 보이는 등 한반도 유사시 군 지휘부의 신속한 결심과 능동적인 대응으로 조기에 전승을 달성해야 한다는 세부 목표가 포함됐다. 〈혁신과 자강〉에는 북한 핵 · 미사일 등 북한의 비대칭 위협에 대비해 킬체인(유사시 선제타격), 한국형 미사일방어체계KAMD · 대량응징보복KMPR 등 한국형 3축 체계의 능력을 강화하는 것은 물론이고 무인기 대응 능력을 끌어올리는 방식 등으로 압도적 대응 능력을 구축해 나가야 한다는 점이 명시됐다. 〈동맹과 연대〉에는 안보 불안정성을 끌어올리는 북한에 대응하기 위해 2023년 70주년을 맞은 한미동맹을 글로벌 포괄적 전략동맹으로 발전시켜 한미 간 결속력을 강화해 나간다는 내용도 담겼다. 〈안전과 상생〉에는 신안보 위협요인에 선제적으로 대처하는 등 국민의 안전과 신뢰를 확보하면서, 미래세대 병영환경을 조성하여 민군신뢰를 바탕으로 하는 국방운영을 구현한다는 내용이 포함됐다.

〈표 1〉 윤석열 정부의 국방전략 목표

통합·능동 방위	복합적인 안보위협에 대한 통합·능동 방위가 가능한 국방태세 확립
혁신과 자강	선택과 집중을 통해 비대칭 우위 확보가 가능한 첨단과학기술 기반의 정예강군 육성
동맹과 연대	한미동맹을 글로벌 포괄적 전략동맹으로 발전, 글로벌 국방협력 네트워크를 확장·강화
안전과 상생	국민안전, 국민신뢰, 민군상생의 국방운영 구현

출처: 언론 보도를 참고하여 저자가 작성[2]

II. 분석수준에 따른 안보정책 결정요인

1. 안보정책결정 분석의 필요성

모든 국가는 자국의 안보를 위한 정책결정을 내린다. 심지어 비슷한 상황에서도 다른 결정을 내리기도 하며, 그 결과가 국가의 존망과 미래를 결정해왔다. 따라서 국가들은 어떤 상황에서 왜 그러한 안보정책을 결정했으며, 결과는 무엇이었는지 분석하는 것은 우리나라 국가안보를 위해서도 도움이 된다. 안보정책결정은 여러 의사결정 행위자들이 다양한 대안들 중에 하나를 선택하는 행위이다.

비록 국가안보를 위한 선택이 합리적 계산을 추구한다고 전제하

2 윤석진, "첫 한국형 '국방전략서' 3월 발간…향후 국방정책 원칙·기조·방향 제시", 『국방신문』, 2023.3.5. https://www.gukbangnews.com/news/articleView.html?idxno=5307(검색일: 2023.8.12).

지만, 현실에서는 정보의 제한, 상대방에 대한 오인식 등으로 합리적이지 않은 안보정책결정을 내릴 수 있다. 따라서 국가안보를 위해서는 합리적 선택으로서의 안보정책결정과 제한된 합리적 선택으로서의 안보정책결정을 모두 분석함으로써 다양한 방안을 고민해야 한다.

안보정책 결정요인은 안보정책이 처음 구상되고 실제 집행될 때 미치는 변수로서, 매우 다양하고 상호 연관되어 있으며 한 가지로 제시하기 어렵다. 예를 들어 환경 요인에는 국제정세, 국내 체제 등 대내외 환경을 들 수 있고, 이슈 요인에는 군사문제, 정치문제, 경제문제, 사회문제 등 다양한 이슈가 영향을 끼칠 수 있다. 또한 행위자 요인에는 대통령, 국회, 국회 · 정부 관계, 여론 및 언론, 시민사회 등 특정 행위자나 이들의 관계를 고려해야 한다.

2. 분석수준의 개념과 활용

그렇다면 안보정책결정에 영향을 끼치는 다양한 요인을 위협이 발생할 때마다 새로 정보를 모으고 여러 사람의 생각을 들어본 이후 대처방안을 결정하면 될까? 만약 이렇게 위협을 분석하고 안보정책을 결정한다면 많은 시간이 필요하며 급박한 안보위협에 제때 대처하지 못할 수도 있다.

분석수준은 안보정책결정을 빠르고 효과적으로 수행하도록 몇 가지 관점에 집중하도록 도와준다. 분석수준은 카메라 렌즈와 같이 특정 부분만 포착하거나 촬영하도록 해준다. 사진가는 렌즈의 종류와 특성을 활용하여 자신의 목적에 맞는 사진을 얻을 수 있다. 분석수준도 복잡하게 보이는 국가안보 문제에서 특정 부분에 집중하도록 도와준다. 한 가지 분석수준에 집중할 수도 있고 여러 분석수준을 동시에 적용하여 다양한 원인을 밝혀낼 수도 있다.

이처럼 분석수준level of analysis은 복잡한 현실을 분석할 수 있는 방향을 체계적으로 정립하고 이어서 상호관계를 포함한 종합적 분석과 대안 모색을 시도하는데 유용하다. 분석수준의 구분은 어떤 특정한 수준 혹은 변수들이 안보정책에 더 영향을 많이 끼친다는 전제가 깔려있다. 현실에서 모든 분석수준은 안보정책에 영향을 미치지만, 더 근본적이고 장기적인 원인, 더 표면적이고 단기적인 원인이라는 차이는 있다. 이처럼 분석수준의 활용은 어떻게 나눌 것인가보다 분석수준에 따라 도출된 변수가 안보정책에 어떤 영향을 미치는지 살펴보는 데 있다.

한편 분석수준의 적용에서 피해야 할 점은 단일한 분석수준을 선택하려는 의도이다. 예를 들어 북한의 핵개발을 사회 수준에서 분석할 때, 김정은이 정책결정을 독점하기 때문에 북한에서는 사회 수준의 분석은 제한될 것이라는 입장이 있다. 하지만, 분석수준은 정책결정에서 중요한 영역이 개인이냐 사회이냐를 설명하는 것이 아니다. 각 분석수준은 모든 정책결정에 영향을 미치지만, 각 분석수준에서 어떤 설명을 할 수 있는지가 중요하다. 따라서 북한의 핵개발을 사회 수준에서 분석할 경우, 핵개발 결정과정에서 북한 사회에 존재하는 적대적 가치관이나 문화가 끼친 영향이 있는지, 있다면 무엇인지 분석하는 데 관심을 가져야 한다.

III. 안보정책결정의 5가지 분석수준

분석수준의 종류는 학자에 따라 다양하다. 저명한 국제정치학자 케네스 월츠Kenneth Waltz는 국제정치에서 전쟁의 원인을 다룬 많은 연구들을 살펴본 후, 전쟁의 원인이 인간 · 국가 · 국제체제라는 3가지 이미지(분석수준)로 수렴함을 밝혔다.[3] 첫 번째 이미지는 폭력성과 이기주의 등 인간 수준에 내제된 속성으로 전쟁의 원인을 설명하며, 두 번째 이미지는 정치체제 등 국가 내부의 속성으로 전쟁의 원인을 설명한다. 세 번째 이미지는 국제체제라는 개별 국가의 상위 단계에서 행위자를 규정하는 틀로서 전쟁의 원인을 설명한다.

〈그림 4〉 국제정치의 분석수준

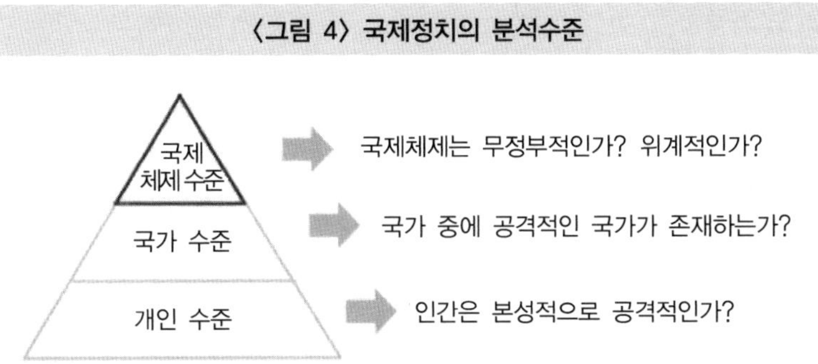

한편 개별 국가의 정책결정을 다루는 외교정책론에서 제임스 로즈노James Rosenau는 개인, 역할특성role characteristics, 정부, 사회, 체제라는 5가지 분석수준을 제시한다. 로버트 저비스Robert Jervise는 국가

3 Kenneth N. Waltz, *Man, the State, and War: A Theoretical Analysis,* Columbia University Press, 2001(케네스 월츠 저, 정성훈 역, 『인간 · 국가 · 전쟁』, 아카넷, 2007).

수준의 분석을 지정학적 위치, 사회 및 경제구조, 정권형태와 같은 국내적 결정요소, 관료들의 정치형태 등으로 구분하면서 공식적 정책결정자의 인식을 강조한다. 발레리 허드슨Valerie Hudson은 집단의사결정, 문화 및 정체성, 그리고 국내 정치형태를 강조한다. 다만, 각 분석수준이 정책결정에 미치는 영향은 국력 차이, 정치체제 차이, 경제발전 차이 등에 따라 상대적으로 다를 수 있다. 각 분석수준에 속하는 변수가 명확히 유형별로 구분되는 것은 아니며, 특정 분석수준이 다른 분석수준보다 반드시 우월한 것은 아니다. 또한 안보정책 이슈에 따라 분석수준의 영향이 다를 수 있고 복수의 분석수준이 영향을 미칠 수도 있다. 이 책에서는 안보정책결정의 분석수준을 개인 · 집단 · 사회 · 국가 · 국제체제라는 5가지로 정리한다.

1. 개인 수준

개인 수준은 정책결정과정에 있어 영향력을 행사하는 개인 혹은 지도자의 동기나 심리를 분석한다. 동서양 고전의 인물 분석처럼 오랜 기원을 찾을 수 있다. 개인 수준의 대표적인 요인은 개인 특성으로서 선천적인 생물학적 특성(건강, 욕구 등)과 후천적인 사회적 특성(교육환경, 성장배경 등)에 따른 정책결정자 개인의 특성이 정책결정과정에 미치는 영향이다. 정책결정자 개인이 학습한 내용이나 신념, 인지적 능력이 정책결정과정에 미치는 영향이다. 이러한 영향은 인간의 개인적인 특성인 점도 있으나, 특정 상황에서 대부분 인간의 정책결정이 보이기 쉬운 오인식misperception 때문이다. 개인 의사결정 수준에서 보이는 오류에는 〈참고 1〉과 같은 휴리스틱을 들 수 있다.

〈참고 1〉 개인 수준의 정책결정 오류: 휴리스틱(Heuristic)

휴리스틱은 의사결정과정을 단순화한 지침으로 발견한다(Eurisko)라는 그리스어의 어원에서 비롯되었다. 휴리스틱은 '대충 어림짐작하기'로 정의되는데, 사람들은 불충분한 시간, 충분하지 않은 정보로 인해 과거 경험(시행착오)이나 지식에 의존해 판단하거나 합리적 판단이 필요하지 않을 때 빠르게 판단할 수 있게 휴리스틱을 사용하게 된다.

휴리스틱의 유형 중 하나인 '가용성 휴리스틱'은 의사결정할 때 가장 빨리 떠오르는 생각에 영향을 받는 현상을 의미한다. 예를 들어 어떤 비행기 사고 소식을 듣고 자신의 비행기 예약을 취소한 결정을 들 수 있는데, 실제로는 통계적으로 전 세계에서 가장 안전한 교통수단은 여전히 비행기이다. 두 번째 유형은 '확인 휴리스틱'으로 내가 내린 결정과 일치하는 정보만 선택적으로 접근하려는 판단을 의미한다. 즉, 자신의 믿음과 일치하는 정보를 접하면 더 개방적으로 접근하는 현상이다. 예를 들어 TV에서 아프리카 사람들의 어려운 생활상을 보고 일상에서 처음 만나는 아프리카 사람들을 불쌍하다고 판단하는 경우이다. 세 번째 '감정 휴리스틱'은 오늘날 판단과 의사결정이 숙고나 논리와 관계없이 감정에 영향을 받는 현상을 말한다. 예를 들어 포드 주식을 살 때 포드 주식에 대한 정확한 정보보다 포드 자동차를 좋아한다는 자신의 긍정적 감정에 의존하여 포드 주식을 구입하는 결정을 들 수 있다. 끝으로 '대표성 휴리스틱'은 사람이나 사물을 판단할 때 기존의 고정관념과 일치시키는 경향을 의미한다. 예를 들어 면접관이 직원 면접을 진행할 때 자기 주위의 성실한 직원과 비슷한 인상을 가진 후보자를 뽑는 경우를 들 수 있다. 우리가 휴리스틱의 함정에 빠지기 쉬운 이유는 첫째, 판단과정에서 어떤 가설을 설정하기만 해도 그것을 뒷받침하는 정보가 자동적으로 떠오르기 때문이며 둘째, 주의력과 인지처리능력의 한계로 인해 많은 정보를 모두 습득하지 못하고 마음에 맞는 정보만 선택하기 쉽기 때문이다. 이러한 휴리스틱을 방지하려면 결정을 내리기 전에 부정적인 증거를 수집하는 과정을 거칠 필요가 있다. 예를 들어 어떤 차를 구입할 때 그 차의 장점만 찾지 말고 단점도 찾아보려는 노력이 필요하다. 즉 항상 자신이 잘못 생각할 수 있다는 가능성을 열어두고 정보를 접해야 한다.

2. 집단 수준

집단 수준은 정책결정과정에서 관련 집단의 고유한 특성과 이들 간의 상호작용을 분석한다. 정책결정 집단은 대통령, 관료 등을 하나의 집단 차원에서 다룬다. 집단은 개인보다 복잡하고 반복적 업무를 처리하는 데 효과적이다. 다만 정책결정과정에는 집단문화, 관료적 관행 등이 영향을 준다.

집단 수준에서 중요한 요소는 제도와 조직을 들 수 있다. 집단은 하나의 제도인 동시에 조직이며 여기에 소속된 개인은 집단의 영향을 받는다. 집단은 다른 집단과 구별되는 구조와 문화를 가질 수 있다. 집단은 정책결정과정에서 표준행동절차Standard Operating Procedure, SOP에 따라 작동하고 조직문화에도 영향을 받으며 〈참고 2〉와 같이 집단사고와 모험이행 등 집단 수준의 오류를 야기할 수도 있다. 예를 들어 집단사고는 주로 중요하고 임박한 결정을 내려야 하는 상황에서 결속력이 강한 집단의 구성원이 다른 대안을 합리적으로 도출하기보다 만장일치를 추구하며 나타나는 정책결정 현상이다.

〈참고 2〉 집단 수준의 정책결정 오류: 집단사고와 모험이행

집단사고(Group think)는 응집력 있는 집단들의 조직원들이 갈등을 최소화하며, 의견의 일치를 유도하여 비판적인 생각을 하지 않는 것을 뜻한다. 이 용어는 1972년 어빙 제니스(Irving Janis)에 의해 "응집력이 높은 집단의 사람들은 만장일치를 추진하기 위해 노력하며, 다른 사람들이 내놓은 생각들을 뒤엎으려고 노력하는 상태"로 규정되었다. 집단사고가 이뤄지는 그룹에 속한 사람들은 외곽 부분의 사고를 차단하고, 대신 자신들이 편한

쪽으로 이끌어가려고 한다. 또한 집단사고가 일어나는 동안에는 반대자들을 바보로 보기도 하며, 혹은 조직 내의 다른 사람들을 당황하게 하거나 화를 낸다. 집단사고는 조직을 경솔하게 만들며, 불합리한 결정을 내리며, 주변 사람들의 말을 무시하고, 조직 내에서 소란을 일으키는 것을 두려워하도록 만든다.

이상의 설명에서 잘 드러나듯 집단사고는 정책결정 권한을 가지고 있는 엘리트 집단에서만 발생하는 문제가 아니다. 가깝게는 청소년 또래집단에서도 쉽게 찾아볼 수 있는 문제이다. 그러나 국가의 권력을 분점하고 책임을 공유하는 최고정책결정자들 집단의 경우 그 형성과 운영과정에서 객관성을 상실할 가능성이 더욱 높아지는 것이 사실이다. 권위주의 국가는 차치하고 민주주의 국가에서도 소수의견에 대한 배려와 비판자(devil's advocate)의 확보가 뒷받침되지 않을 경우 최고정책결정 소집단은 원래의 목적을 잃고 비정상적 합의를 도출해내기 십상이다.

더 큰 문제는 책임의 분산효과로 인해 한 개인이 개별적으로 선택할 때보다 더욱 모험적인 정책을 결정하는 모험이행(risky shift) 현상이 발생하기도 한다. 대표적인 사례로 1961년 미국의 피그스만(Bay of Pigs) 침공사건을 들 수 있다. 케네디 이전 정권부터 피그만 침공을 계획하고 있던 군과 정보분야 보좌진은 이 계획의 위험성에 대한 문제제기가 있었음에도 불구하고 결정과정에서 이러한 문제제기를 배제시키고 성공가능성을 부풀림으로써 대통령으로 하여금 침공을 감행하게 하였다. 미국 정부는 쿠바 정부를 전복시키기 위해 쿠바 출신 망명자들을 훈련시켜 쿠바 피그스만에 상륙시켰는데, 이 작전은 처참한 실패로 끝났다. 상륙지의 선정부터 군사작전계획, 차질이 빚어졌을 때의 대안까지 모든 부분에 문제가 있었지만 계획을 입안하고 실행하는 과정에서 정책결정에 참여한 인사 중 누구도 집단사고의 영향으로 인해 이 문제를 지적하지 못했다. 이 사건에서 큰 교훈을 얻은 케네디 대통령은 이후 자신의 정책결정라인에 다양성을 확보하고 전문가들의 조언을 경청하는 등의 노력을 통하여 얼마 뒤 찾아온 쿠바 미사일 위기를 성공적으로 극복하였다.

3. 사회 수준

사회 수준은 국가 간 보편성보다 특수성을 강조하는 관점으로서 국가마다 민족·종교·역사 등 다른 문화와 정체성, 가치관을 분석한다. 세계에는 인권·자유·민주주의 등 보편적 가치도 있지만 개별 국가에 따라 사회적으로 공유된 특수한 가치도 있다. 예를 들어 일본은 2차 세계대전 패전 후 평화헌법을 채택하여 제도적으로 전쟁을 추구하지 못하도록 했으며, 사회 수준에서도 국민들이 이러한 가치를 유지하려는 문화가 오래 지속되었다.

사회 수준의 대표적인 요인에는 사회적 요구가 있다. 안보정책은 국민에게 영향을 끼치므로 국민의 사회적 요구가 안보정책결정에 반영될 수 있다. 사회는 선거, 이익단체, 여론, 언론 등 국민의 요구가 정책결정에 전달될 수 있는 통로를 가지고 있다. 특히 민주주의 국가에서는 선거를 통해 정책결정자가 교체됨으로써 국민의 요구가 안보정책 기조에 반영되면, 여론이나 언론을 통해 주요 안보 이슈에 정부가 대응하는 방향에도 영향을 끼치고 있다. 예를 들어, 2003년 노무현 대통령 시기 추진된 이라크 파병은 여론의 악화로 인해 전투부대가 아닌 공병부대 위주로 제한되었다. 또한 2016년 박근혜 대통령 시기 추진된 주한미군 사드THAAD 배치도 여론과 언론의 영향으로 처음보다 오래 지연되었다. 이처럼 사회적 요구는 정치적 이념, 종교, 지역 등의 다양한 계층에 따라 다양하게 형성되며, 안보정책결정을 제한하는 상황이 일어날 수 있다.

4. 국가 수준

국가 수준에서는 국가 내부의 정치적 정책결정과정을 분석한다. 국가의 지정학적 위치, 국가의 정치체체 등 개별 국가의 특성이 안보정책에 미치는 요인이 중요하다. 국가 수준에서 중시하는 요인에는 정부 형태가 있다. 국내 정치형태에 대한 분석은 권위주의 국가보다는 민주주의 국가에서 특히 효용성이 높다. 다양한 공식 · 비공식 정책결정자들이 정책결정에 관여할 수 있는 폭이 민주주의 국가에서 더 높기 때문이다. 또한 국가의 특성도 중요하다. 군사력 · 경제력 · 정보력 등 국가의 다양한 정적 · 동적 능력은 안보정책결정에 영향을 끼친다. 특정 종교나 민족 등을 배경으로 수립된 국가의 이념도 안보정책결정에 영향을 끼칠 수 있다.

〈그림 5〉 웨버(Waever)의 모래시계 안보모델[4]

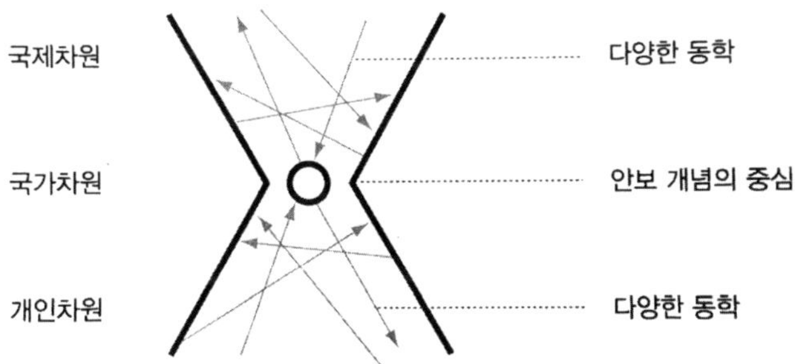

4 김열수, 『국가안보』, 법문사, 2011, p. 60.

앞서 개인 · 집단 · 사회 수준의 의사결정은 많은 행위자가 개입하는 만큼 다양한 의사결정 요인이 작용한다. 또한 아래에서 다루는 국제체제 수준도 글로벌 행위자들이 참여하는 다양한 의사결정 요인이 작용한다. 이에 비해 국가 수준의 의사결정은 국가가 추구하는 안보목표로 수렴하며, 국가라는 단일 행위자를 상정한다. 따라서 국가 수준의 정책결정은 국가 이하 수준이나 국제체제 수준의 다양한 문제들이 반영된 결과로 볼 수 있다.

5. 국제체제 수준

국제체제 수준에서는 전체로서 체제 속성과 체제 내 단위인 국가들 관계의 속성을 분석한다. 국가가 국제체제의 영향을 받는 이유는 국내 체제와 달리 중앙정부가 없는 무정부상태이기 때문이다. 무정부상태에서 국가는 갈등 · 협력 · 재구성을 선택할 수 있다. 체제 속성은 체제를 구성하고 있는 행위자의 수, 공식적 또는 비공식적인 동맹을 통해 각각의 극에 응집하는 정도, 초국가적 기구의 존재 여부와 이들의 영향력, 그리고 체제 내의 논쟁적 사안의 수 등을 의미한다.

국제체제 수준에서 중요한 요인은 힘의 배분이다. 국제체제에서 국가권력의 배분 상태가 개별 국가의 행동에 영향을 미친다고 주장한다.[5] 국제체제의 주요 힘의 배분 유형은 단극체제, 양극체제, 삼극

5 국제체제 수준에서 힘의 배분이 중요하다는 주장은 월츠가 제시했다. 월츠는 국제정치의 무정부성, 국가 기능의 동일성과 분업의 부재, 국가들 사이의 상대적인 힘의 균형과 국제체제의 구조라는 3가지 가정에 기초한다고 본다. 그런데 앞의 두 가지 가정은 상수인 데 반해 마지막 힘의 균형과 국제체제의 구조는 변수로 본다. 따라서 월츠는 국제체

체제, 다극체제 등으로 나뉜다. 또한 힘의 배분은 시간에 따라 달라질 수 있으며 국제체제의 변화도 국가의 안보정책결정에 변화를 가져온다. 이러한 관점에서 정책결정을 설명하는 대표적인 이론에는 세력균형balance of power과 세력전이transition of power가 있다. 세력균형론은 강대국 간의 균형이 유지되면 국제체제 수준의 안정성이 높아진다는 입장이다. 강대국과 이들의 동맹세력이 불안정한 상황을 제한하려는 영향력을 갖기 때문이다. 이를 위해 강대국은 동맹이나 군비증강으로 상대방과 균형을 유지하며 국제체제 수준에서 어느 국가나 세력이 강해지면 균형을 맞추려는 과정이 이루어질 것으로 본다. 같은 맥락에서 세력전이론은 강대국 간의 균형이 변화하는 상황에서 국제체제 수준의 안정성이 낮아진다는 입장이다. 세력전이론은 새로운 강대국이 등장하거나 기존 강대국이 약화되는 상황, 즉 강대국 사이의 힘이 변화할 때 전쟁 가능성이 높다고 본다. 세력균형론은 힘의 격차로 인한 불안정이 균형점을 찾아 완화될 것이라고 본다면, 세력전이론은 같은 불안정이 균형점을 찾기보다 전쟁을 야기할 수 있다고 본다.

제가 국가들 사이의 힘의 배분 즉 세력균형 변화에 따라 결정된다고 주장한다. 다시 말해, 국제정치는 국내 정치와 달리 개별 행위자의 행동을 제약하는 상위의 권위체가 부재하다. 모든 국가들은 생존이라는 단일한 목표를 갖고 있으며 이를 위해 안보를 추구한다. 따라서 국내 사회 혹은 국제경제와 달리 국제정치에서는 국가 간에 분업이 존재할 수 없다. 그러므로 국제정치의 변화는 상수가 아닌 변수로 설명할 수밖에 없다. 여기서 세력균형은 현존하는 강대국의 숫자로 정의된다. 국제체제엔 강대국이 여럿 있는 다극체제, 두 개의 강대국이 경쟁하는 양극체제가 존재한다. 월츠는 두 강대국이 경쟁하는 양극체제가 여러 강대국이 경쟁하는 다극체제보다 안전하다고 주장한다.

〈그림 6〉 외교정책 결정의 요소(깔때기 모형)[6]

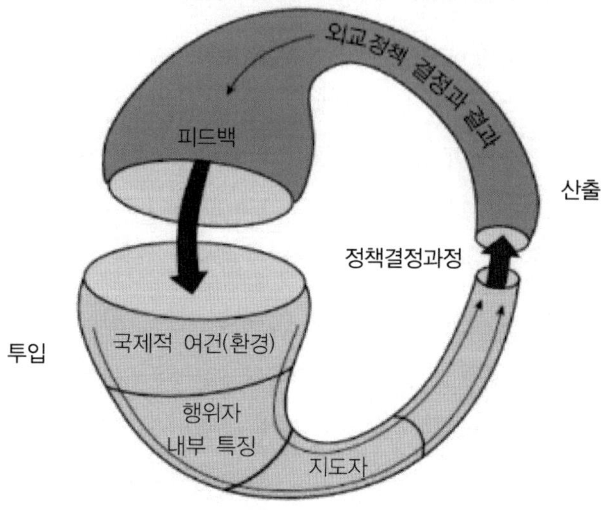

IV. 안보정책결정모델

여기서 다루는 안보정책결정모델은 그레이엄 앨리슨Graham Allison의 분석모델이다.[7] 앨리슨 교수는 1962년 세계가 핵전쟁으로 멸망할 수 있었던 쿠바 미사일 위기 당시 미국의 정책결정과정을 분석했다. 비록 쿠바 미사일 위기는 전쟁으로 치닫지는 않았지만, 합리적으로만 설명할 수 없는 의사결정과정으로 인해 여러 차례 위기상황을 초래

6 Charles W. Kegley, Shannon Lindsey Blanton 저, 조한승 · 황기식 · 오영달 역, 『세계정치론: 경향과 변환』(제15판), 서울: 한티미디어, 2014.

7 G. T. Allison, P. Zelikow, *Essence of decision: explaining the Cuban Missile Crisis*, Longman, 1999.

했다. 앨리슨 교수는 국가안보를 위한 정책결정이 합리적으로만 이루어지지 않았던 점에 주목하고 아래와 같이 합리적 행위자 모델, 조직행태 모델, 정부정치 모델을 제시했다.

1. 합리적 행위자 모델

합리적 행위자 모델은 정책결정을 국가라는 단일한 행위자의 합리적 선택으로 본다. 합리적 선택은 손실을 최소화하고 이익을 극대화하는 선택이다. 합리적 행위자 모델에서는 마치 국가의 안보정책결정을 한 명의 행위자가 국가이익을 극대화하기 위해 선택한 것처럼 이해한다. 즉 합리적 행위자 모델은 거대하고 복합적인 조직인 국가를 의인화해 한 목소리를 내는 합리적 행위자로 가정하고 특정 행위의 인과관계를 찾아내고자 한다. 이를테면 북한의 핵개발과 탄도미사일 실험은 자국을 위협하는 상대방에 대응하려는 김정은 위원장의 선택이라고 설명한다. 이처럼 경제학의 영향을 받은 합리적 행위자 모델은 국가의 외교정책 결정이 가능한 모든 변수를 고려해 최상의 이익을 낳을 수 있는 방향으로 결정이 내려진다고 본다. 그러나 실제 국제정치의 현실을 보면 외교정책은 최고정책결정권자 단독의 판단으로 이뤄지지 않으며 모든 정보를 고려하는 것도 아니다. 그래서 이 모델은 '블랙박스Black Box모델'이라는 비판을 받는다.

그렇다면 합리적 행위자 모델이 가정하듯이 인간은 얼마나 합리적인가? 인간은 이익보다 손해(손실)에 더 민감하다. 그래서 손실을 피할 수 있는 공짜에는 측정할 수 없는 묘한 마력이 있다. 댄 애리얼리Dan Ariely는 저서 『상식 밖의 경제학』에서 고급스러운 스위스 초콜

〈참고 3〉 의사결정의 합리성과 한계

인간의 의사결정은 합리적으로 이루어져야 한다고 믿지만 현실은 감정적 판단을 하는 경우가 많다. 또한 인간은 지적으로 게으른 특성이 있다. 오랜 노력을 통해 적절한 판단을 내리기보다는 직관이나 떠오르는 생각을 따르는 경우가 많다.

대니얼 카너먼(Daniel Kahneman)은 『생각에 관한 생각』에서 인간은 직관과 충동(intuition and impulse)에 따른 시스템 (1)과 노력과 자기통제(effort and self-control)에 따른 시스템 (2)에 따라 생각한다고 한다. 시스템 (1)은 생존에 반드시 필요한 사고체계로 오랜 시간과 노력 없이 즉각 판단을 내리는 경향이다. 시스템 (2)는 심사숙고하는 느린 생각으로 새로운 사실이나 상황을 이해하려 노력하는 경향이다. 인간은 매 순간 판단을 내려야 하기 때문에 스트레스를 유발하는 시스템 (2)로 대응할 수 없다. 따라서 중요한 문제에도 인간은 인지적으로 편안함을 느끼는 시스템 (1)에 의존하는 경향이 크다.

인간은 인지적으로 편견(biases)을 가지기 쉽다. 자신의 문제는 잘 인식하지 못하면서 남의 문제는 잘 인식하는 생각은 인간의 보편적인 편견이다. 인간의 의사결정은 이러한 특성으로 인해 다른 사람과의 협력이 필요하다. 우리는 인간이 가진 인지적 오류를 모두 제거할 수 없다.

안보정책결정에서 인간은 시스템 (2)에 따른 합리적 의사결정을 하도록 노력한다. 그러나 시스템 (1)은 개입될 수밖에 없다. 그렇다고 시스템 (1)의 사고가 항상 인간의 합리적 사고를 방해하는 것은 아니다. 인간은 순간적인 위기를 아주 짧은 사고를 거쳐 조건반사적으로 대응하게 된다. 이런 점에서 클라우제비츠는 본질을 꿰뚫어 보는 통찰력과 종합적 사고를 통해 발휘되는 결단력, 즉 시스템 (1)과 시스템 (2)의 사고체계를 겸비한 군사적 천재를 강조한 것도 이런 이유 때문이라고 생각된다.

릿과 평범한 허쉬 초콜릿으로 실험을 했다. 두 종류의 초콜릿을 팔면서 고급스러운 스위스 초콜릿은 원래 가격의 절반 정도인 15센트에,

허쉬 초콜릿은 1센트에 팔았다. 두 초콜릿의 질과 가격(14센트 차이)을 고려할 때 사람들은 합리적으로 전자를 더 많이(73% 대 27%) 구입했다. 그런데 이 상황에서 다시 똑같이 1센트씩만 할인했다. 그럼 결과는? 전자를 선택했던 59퍼센트가 후자를 선택했다. 왜? 동일한 가격씩 할인했고, 초콜릿의 질도 달라지지 않았는데 이런 선택이 나올까? 공짜는 우리를 흥분시켜 실제보다 가치있게 생각하게 만든다. 장단점 비교도 큰 의미가 없고 손실의 걱정도 없다.

인간의 의사결정은 합리적으로 이루어져야 한다고 믿지만, 현실은 감정적 판단을 하는 경우가 많다. 또한 인간은 인지적으로 게으른 특성이 있다.[8] 오랜 노력을 통해 적절한 판단을 내리기보다는 직관이나 떠오르는 생각을 따르는 경우가 많다. 인간은 인지적으로 편견을 가지기 쉽다. 자신의 문제는 잘 인식하지 못하면서 남의 문제는 잘 인식하는 생각은 인간의 보편적인 편견이다. 인간의 의사결정은 이러한 특성으로 인해 다른 사람과의 협력이 필요하다. 우리는 인간이 가진 인지적 오류를 모두 제거할 수 없다.

2. 조직행태 모델

조직행태 모델은 정책결정을 조직의 제도적 절차에 따른 산물로서 상대적 단일성을 갖는다고 본다. 즉, 각 조직은 미래지향적으로 상황에 따른 최선의 결과를 도출하도록 전략을 선택하는 것이 아니라 문제에 적절한 특정 정책을 자동적으로 실행하도록 구축한 표준절차를

8 애덤 그랜트 저, 이경식 역. 『싱크 어게인』, 한국경제신문, 2001.

이행할 가능성이 크다. 이런 절차준수적routine-driven 조직의 대표적인 사례는 군대이다. 실제로 쿠바 미사일 위기 시에도 해군은 대통령의 지시보다는 정해진 절차에 따른 해상봉쇄를 실행함으로써 자칫 의도하지 않은 전쟁으로 귀결될 가능성을 열어놓기도 하였다. 이처럼 모든 조직에는 각각의 표준행동절차SOP가 존재하며, 정책결정은 여기에 따라서 이루어지기에 각 조직의 제도를 이해할 필요가 있다. 정부에는 복수의 조직이 존재하기에 절차의 차이로 인한 비합리성이 대두될 수 있으나 이는 중앙에 의해 상당 부분 통제가 가능하다.

조직행태 모델은 국가 행동을 한 사람의 결정이라기보다 조직 운영절차나 문화, 논리에 따른 산출물로 보는 관점이다. 이 경우 북한의 비핵화 결정의 배경을 김정은 위원장 1인보다는 대외정책을 수립하고 결정하는 최고인민회의-내각-외무성과 조선노동당-당중앙위원회-국제부의 운영방식, 역량과 한계에서 찾는다. 경영학의 영향을 받은 제2모델은 외교정책은 거기에 참여하는 다양한 집단의 SOP나 관행에 의해 결정된다고 설명한다. 예를 들어 당신이 동료들과 오늘 먹을 점심을 결정해야 한다면 여기에 적용되는 SOP는 어떤 식당을 가느냐에 따라 달라진다. 만약 중국집에 갔다면 당신이나 동료들의 선택에 적용되는 표준적인 절차는 중국 음식 중에서 고르는 것이다.

3. 정부정치 모델

정부정치 모델은 정책결정을 복수행위자의 갈등 및 협상의 산물로 본다. 정책결정과정에 참여하는 주요 행위자들은 정책 선호가 서로 다를 수 있다. 왜냐하면 그들이 정부 내 고유의 이해를 가지는 서로 다른 기관을 대표하고 국가이익에 대한 서로 다른 인식을 가질 수 있기 때문이다. 특히 정부정치 모델은 안보정책결정에서 대통령이 가장 강력한 행위자임을 인정하지만, 대통령의 권한도 의사결정에 참여하는 다른 행위자들의 권력에 의해 제한될 가능성에 주목한다. 이처럼 정부 내에도 다양한 입장을 가진 행위자들이 존재하며, 이들 간의 경쟁과 협상으로 정책이 결정된다. 따라서 누가 어느 직위에 있느냐에 따라 다른 정책의 산출도 가능하다.

정부정치 모델은 정치를 일종의 경기로 보고 국가행동을 협상게임으로 본다. 즉 안보정책은 의사결정 참여자들 사이에서 이루어진 정치적 흥정의 산물 될 수 있다. 예를 들어 쿠바 미사일 위기 당시 미국의 안보정책은 케네디 대통령을 비롯해 국방장관, CIA 국장, 국무장관, 법무장관 등 주요 의사결정자들이 참여했다. 이들은 국가이익이라는 단일한 이해관계를 추구했지만, 정책결정과정에서는 조직의 책임자로서 다른 의견을 제시하기도 했다. 조직의 장으로서 그 조직의 기대에 부응해야 하기 때문이다. 또 다른 예로 평시 국방예산을 결정하는 과정에서 국방장관은 새로운 무기개발과 국방예산 증가를 요구하기 위해 국방부에 부여된 임무를 강조하기 마련이다. 반면 기획예산장관은 국가 예산의 균형된 편성을 위해 국방예산을 감축하고자 할 수 있다. 이렇게 다른 조직들의 정책 선호가 경합할 경우 정책결정은 국가이익의 합리적 극대화가 아니라 내부의 정치적 타협이 될 수 있다. 다만, 정책결정의 결과를 모두 권력투쟁이나 정치적 타협의 산물로만 봐서는 안 된다. 비록 의사결정자들의 경쟁과 흥정이 정책결정에 영향을 미치기는 하지만, 국가이익을 달성하려는 관료들의 합리적 판단에도 초점을 둘 필요가 있다.

〈표 2〉 안보정책결정모델 비교

구분	합리적 행위자 모델 (제1모델)	조직행태 모델 (제2모델)	정부정치 모델 (제3모델)
관점	조정과 통제가 잘된 유기체	서로 연결된 하위조직 연합체	독립적인 개별 참여자들의 집합체
정책결정 주체	최고 지도자	반독립적 하위조직	개별 참여자 (독립적 권한 보유)
정책결정 목표	조직 전체의 전략적 목표 (모든 참여자의 목표 공유)	조직 전체의 목표, 하위조직의 목표	조직 전체의 목표, 하위조직의 목표, 개별 목표
정책결정 방식	최고정책결정자의 결정	조직의 표준운영절차	협상, 타협, 연합, 지배

이처럼 앨리슨의 모델은 문제의 상황을 제대로 파악하려면 개별 모델 중 하나에만 의존하기보다는 부분적으로 겹치고 서로 경쟁하기도 하는 3가지 렌즈를 모두 활용해야 정책결정을 제대로 이해할 수 있다고 말한다. 이런 점에서 앨리슨은 국제정치이론에서 절대적 지위를 누리던 합리적 행위자 모델(제1모델)의 아성을 무너뜨리고, 조직행태 모델(제2모델)과 정부정치 모델(제3모델)을 제시했다.

V. 안보정책결정모델의 적용: 쿠바 미사일 위기

쿠바 미사일 위기는 쿠바에 설치된 소련 탄도미사일로 인해 냉전 중 미국과 소련 사이에 실제 핵전쟁 가능성이 가장 높았던 위기 상황이었다. 1962년 10월 14일 쿠바에 건설 중인 소련 탄도미사일 기지를

〈그림 7〉 쿠바 미사일의 타격 범위[9]

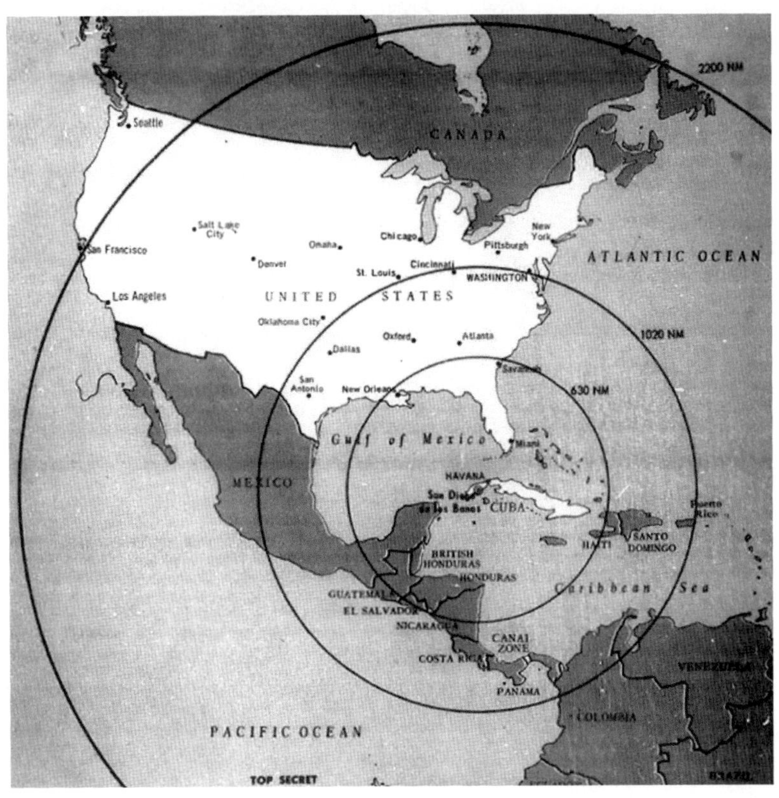

미국 정찰기가 확인하면서 시작된 이 위기는 〈그림 7〉과 같이 워싱턴을 비롯해 미국 본토 대부분이 사정거리에 포함될 만큼 미국에 치명적인 위기였다.

케네디 대통령은 쿠바 미사일 위기가 발생하자 국가안전보장회의

9 Wikipedia Commons. 두 번째 원은 쿠바에 이미 배치 완료된 R-12 탄도미사일의 사정거리(워싱턴DC 포함)이고, 가장 큰 원은 그 다음 배치하려던 R-14의 사정거리다(워싱턴 주와 오리건, 캘리포니아 주 일부를 제외한 미국 본토 전 지역 포함).

National Security Council 멤버 중에서도 핵심 참모들로 구성된 집행위원회 Executive Committee를 구성했다. 집행위원회는 핵위기 속에서 13일 동안 소련의 의도를 분석하고 미국의 다양한 대응 방안을 놓고 힘든 정책결정을 내렸다. 이들은 묵인, 전면침공, 공습을 통한 기습, 회유 등 수많은 대안을 검토했으며, 결국 케네디 대통령은 해상봉쇄의 성격을 갖는 검열을 통해 미국의 단호한 의지를 보여주는 동시에 흐루쇼프가 미사일 철수를 수용할 수 있는 시간을 벌어주는 결정을 내렸다. 다른 한편 미국은 소련에 쿠바를 침공하지 않겠다는 약속과 함께 튀르키예에 설치된 미국 탄도미사일을 향후 철수하겠다는 의사를 전달하였다. 13일간의 위기 동안 쿠바 상공에서 미국의 U-2 정찰기가 격추되고, 소련이 선제공격으로 오인할 수도 있는 ICBM 시험발사가 이루어지는 등 긴장은 지속되었다. 그러나 결국 1962년 10월 28일 흐루쇼프가 쿠바로 향하던 미사일 선박들을 회항시키고 쿠바의 미사일도 철수하겠다고 발표함으로써 위기는 종결되었다.

앨리슨은 『결정의 본질*Essence of Decision*』에서 1962년 10월 16~28일 13일간 발생한 쿠바 핵미사일 위기라는 구체적 현실에 적용해 설명했다.[10] 앨리슨은 미국, 소련, 쿠바를 둘러싸고 발생한 쿠바 미사일 위기를 설명하기 위해 3가지 질문을 던진다. 왜 소련은 쿠바에 미사일을 배치하려고 했는가?, 왜 미국은 해상봉쇄를 대응책으로 선

10 이 책은 3개의 모델을 서로 다른 렌즈로 삼아서 쿠바 미사일 위기 과정에서 케네디 대통령과 흐루쇼프 서기장의 의사결정과정에 적용했다. 쿠바 핵미사일 위기와 북한 핵위기는 △대상을 미국으로 한다는 점 △핵무기가 수단이란 점 △쿠바와 북한 같은 약소국의 안보 문제에서 비롯됐다는 점 △미국의 대응 방안이 군사공격론-봉쇄론-협상론으로 유사하다.

〈그림 8〉 쿠바 미사일 위기 당시 케네디 행정부의 집행위원회[11]

택했는가? 왜 소련은 배치를 강행하지 않고 물러섰는가?

합리적 행위자 모델에 따르면 소련이 쿠바에 미사일을 배치한 것은 미국과의 핵전력상 격차를 만회하고 세력균형을 확보하기 위한 선택으로 설명한다. 당시 미국의 핵보유량은 소련의 8배가 넘었으며 소련과 국경을 접하고 있던 미국의 우방국 튀르키예에 핵무기가 탑재된 중거리 탄도미사일Jupiter이 배치되어 있었다. 소련은 튀르키예에서 미사일이 발사될 경우 16분 만에 모스크바가 잿더미가 될 수

11 Wikipedia Commons. 집행위원회는 린든 존슨 부통령, 딘 러스크 국무장관, 로버트 맥나마라 국방장관, 더글라스 딜론 재무장관, 로버트 케네디 법무장관, 맥스웰 테일러 합참의장, 존 맥콘 CIA 국장, 맥조지 번디 국가안보 특별보좌관, 시어도어 소렌슨 특별보좌역, 케네시 오도넬 보좌관 등으로 구성되었다.

있는 상황이므로 미국과 대등한 지위를 유지할 수 없었다. 또한 소련의 우방국인 쿠바의 피델 카스트로가 미국의 피그만 침공 등 계속된 위협을 받자 소련에 지원을 요청했던 점도 명분이 되었다.

케네디 행정부의 단호한 대응도 합리적 선택이었다. 해상봉쇄를 단행하고 쿠바로 추가적인 물자유입을 막은 미국은 이미 배치된 미사일을 철수하고 소련군도 철수할 것을 요구했다. 이는 미국의 핵전력 우위를 통해 소련이 양보하도록 압박하려는 의도였다. 미국은 안보정책결정과정에서 해상봉쇄 외에도 쿠바에 대한 전면침공, 미사일기지에 대한 부분폭격, 카스트로 회유를 위한 비밀접근, 국제기구를 통한 외교적 압박 등 다양한 방안을 모색했다. 하지만 다른 방안들은 당시 정보를 토대로 할 때 성공에 대한 확신을 갖기 어려웠다.

소련이 미사일 배치를 포기한 것은 흐루쇼프와 케네디가 협상을 통해 미국이 터키에 배치된 미사일 철수 조건에 동의했기 때문이다. 소련의 입장에서 쿠바에 목표한 미사일 배치가 완료되지 않았기 때문에 미사일 배치를 포기하는 것에 손실이 적었다고 볼 수 있다.

조직행태 모델에 따르면 쿠바 미사일 위기에서 조직과정 상의 문제가 아니었다면 미국이 해상봉쇄까지 가지 않았을 것이라고 본다. 사전에 정찰비행과 CIA요원에 의해 미사일 배치 징후가 포착되었으나 표준행동절차를 따르는 동안 상부 보고가 지연되면서 정보당국자들에게 충분한 정보가 빨리 보고되지 못했다. 입수된 정보들은 2주 이상 소요되는 진위여부 확인절차 없이는 상부에 보고될 수 없었으며 현장요원의 정보가 본부까지 보고되는 데도 통상 9일에서 12일이 필요했다. 이상 징후를 보고받은 미국정보위원회가 정찰비행을 결정했으나 실제 비행을 통해 정보를 확인하는 데 다시 10일이 소요되었다. 이 과정에서 CIA, 국방부, 국무부 사이에서 정찰기 추락 상황을 대비하는 부서 간 갈등도 발생했다.

조직행태 모델은 공군의 표준행동절차가 해상봉쇄를 결정하는 데 미친 영향도 주목한다. 케네디 행정부에서 쿠바 미사일 기지에 대한 부분폭격을 대안으로 검토할 때 공군에서는 미사일의 완벽한 제거를 위해서는 최소 500회 이상 출격을 주장했는데 이는 표준행동절차에 따른 것이었다. 이런 요구는 전면침공으로 확산될 위험을 포함했기 때문에 부분폭격을 선택하기 어렵게 만들었다.

정부정치 모델에 따르면 쿠바 미사일 위기의 해결은 협상과 타협의 드라마 속에서 결정된 결과이다. 쿠바 미사일 위기는 피그만 침공에서 실패한 CIA와 군부에 만회할 기회로 인식되었다. CIA와 군부는 지속적으로 전면침공, 과도한 군사력 투입 등을 주장했으며 케네디 대통령도 단호한 모습을 보여야 한다는 국내 정치적 부담을 안고 있었다. 반면 딘 러스크 국무장관, 아들러 유엔 미국대사 등은 외교적 조치를 통한 해결을 주장했고 로버트 케네디 법무장관도 군사적 행동이 아닌 방안에 대한 모색을 지속적으로 주문했다. 이처럼 쿠바 미사일 위기를 해결하려는 방안은 군사적 조치(CIA와 군장성)와 외교적 조치(딘 러스크 국무장관, 법무부 장관) 사이에 첨예한 논쟁이 타협된 결과였다. 미국의 선택은 전면침공을 준비하면서도 평화적 해결의 가능성을 열어두는 절충안이었던 해상봉쇄였다. 하지만 해상봉쇄가 수행되는 과정에서도 U-2 정찰기가 쿠바 상공에서 격추되었고 소련 잠수함이 인근 해역에 출현했으며, 군부는 지속적으로 쿠바에 대한 저공정찰과 무력시위를 요구하는 등 정책결정의 위기는 지속되었다.

4장 국제정치이론과 국가안보

Ⅰ. 이론이란 무엇인가?
Ⅱ. 현실주의 이론과 국가안보
Ⅲ. 자유주의 이론과 국가안보
Ⅳ. 구성주의 이론과 국가안보

• 학습 개요 •

이 장은 국제정치이론에 대해 다룬다. 국가안보와 국가이익을 달성하기 위해 국제질서와 국가 간 관계를 파악하는 것은 중요하다. 사람마다 세상을 바라보는 관점이 다른 것처럼 국가안보와 국제정치에 대해서도 서로 다른 관점을 가진 여러 이론들이 존재한다.

현실주의는 냉혹한 국제정치 현실에 주목하여 이에 부합하는 국가만이 살아남을 수 있다고 주장한다. 정글 같은 국제정치 현실 속에서 제한적이나마 평화가 가능한 것은 세력균형을 통해 힘의 균형이 이루어졌을 때이다. 자유주의는 상호 협력을 통해 절대적 이익을 높일 수 있으며, 정보의 비용을 줄여주는 제도와 협력에 우호적인 민주주의의 확산이 도움이 된다는 입장이다. 구성주의는 국가들이 어떤 생각을 가지고 행동하는지, 그런 국가들의 행동이 서로 역사적 · 사회적 상호작용을 통해 개별적 정체성과 국제적 규범 환경을 어떻게 만드는지에 따라 달라진다고 본다.

각 이론은 서로 다른 세계관과 전제를 가지고 있으며 각기 다른 설명과 정책대안을 제시한다. 이 장에서는 가장 많은 이들이 국제정치와 국가안보 문제를 분석하고 설명하는 데 활용하는 분석틀인 현실주의와 자유주의, 구성주의 이론에 대해 차례대로 살펴본다.

[주요 개념]

이론
현실주의
자유주의
구성주의
국제체제의 무정부성
자조(self-help)
국제제도
간주관성

[생각해 봅시다]

1. 이론의 역할은 무엇이며 왜 배우는가?
2. 현실주의 이론과 자유주의 이론의 국제정치 설명은 어떻게 다른가?
3. 구성주의 이론이 현실주의, 자유주의 이론과 다른 점은 무엇인가?
4. 국제체제의 무정부성은 현실주의, 자유주의, 구성주의에서 각각 어떻게 이해하는가?
5. 이 글을 읽는 독자는 국제정치를 어떤 관점에서 바라보고 있는가?

I. 이론이란 무엇인가?

국가안보를 공부하는데 왜 국제정치이론을 배워야 할까? 국제정치이론은 국제정치에 관한 이론이다. 국제정치는 국가들 간의 관계이며, 전쟁과 평화의 문제이다. 그렇기에 국가안보를 공부하는 사람이라면 국제정치를 반드시 알아둘 필요가 있다. '이론'이란 말을 들을 때 많은 사람들은 지루하고 딱딱하며 현실과는 동떨어진 이야기들을 떠올린다. 국가안보 문제를 더 잘 알려면 고리타분한 이론보다는 무기 · 전쟁 · 동맹 같은 현실적인 정책 이슈가 더 중요해 보인다. 그러나 이론은 바로 그 현실을 보다 잘 이해하고 설명하기 위해, 나아가 그로부터 미래를 예측하고 대비하기 위해 필요하다. 분석과 설명, 판단의 과정에서 이론과 같은 일정한 틀과 기준을 사용하면, 정제되지 않은 편견이나 어설픈 판단에 의지하기보다는 체계적으로 구축된 논리를 기반으로 국제정치를 이해할 수 있다.

끊임없이 변화하는 복잡한 현실 속에서 국가안보 정책결정자들은 어떻게 현상을 분석하고 판단할지를 시시때때로 결정해야 한다. 현재 어떤 국가가 가장 위협적이고, 앞으로는 어떤 국가가 우리에게 가장 큰 위협이 될까? 이웃 나라의 급속한 국력 성장을 어떻게 봐야 할까? 오랫동안 적대해온 국가와 평화로운 관계를 회복하려면 어떻게 해야 할까? 이처럼 복잡한 상황 속에서 정확한 분석과 판단을 위해서는 일정한 분석의 틀과 기준이 필요하다. 이때 앞으로 나아갈 길을 찾는 데 도움을 주는 지도 역할을 하는 것이 바로 국제정치이론이다.

국제정치이론은 국가안보 문제를 다룰 때 다음과 같이 우리를 도와준다. 첫째, 국제정치 현상과 사건에 대한 분석틀을 통해 특정한 국가의 행동이나 결과를 이해하도록 해준다. 둘째, 이러한 설명과 이해의 축적을 통해 국제정치의 특정한 법칙과 원리를 도출해냄으로써 국가들의 행동 경향을 알 수 있게 해준다. 셋째, 이렇게 도출된 분석과 법칙의 적용을 통해 또 다른 상황을 보다 쉽고 정확하게 분석하게 해주고, 동시에 미래에 대한 예측과 대비를 할 수 있게 해준다. 넷째, 여러 가지의 선택이 가능한 상황에서 어떠한 정책을 취하는 것이 더 좋을지 판단하도록 도와주는 지침의 역할도 한다.

이론에 대한 이해를 위해 비유를 소개한다.[1] 연못이 여러 개 있고, 각 연못에서 서식하는 물고기의 종류가 정해져 있다고 가정하자. 예를 들어 연못 A에는 물고기 a가, 연못 B에는 물고기 b가 서식한다. 그리고 물고기 a는 연못 A의 바닥에, 물고기 b는 연못 B의 수면에 많이 몰려 있다. 그런데 낚시나 물고기의 서식 형태에 대해 모르는 나와 친구가 물고기 a와 b를 각자 잡기를 원한다고 가정하자. 낚시 그물만 가지고 있는 나와 친구는 각자가 원하는 물고기를 잡기 위해 이 연못 저 연못, 수면, 수중, 연못 바닥에 그물을 계속 던질 것이다. 만약 운이 좋으면 원하는 결과를 얻을 수도 있다. 하지만 이렇게 운에 의존하여 시간과 비용을 계속 쓰는 것보다 이 연못과 물고기를 잘 아는 전문가에게 조언을 구하는 편이 낫다. 전문가는 수면에 사는 물고기와 바닥에 사는 물고기를 구분해 주고, 이에 맞는 낚시 도구도 추천해 준다.

이론은 전문가가 추천해 주는 정보 혹은 도구와 같다. 우리가 국가

1 박건영, 『외교정책결정의 이해』, 사회평론아카데미, 2021. p. 45.

안보를 달성하기 위해 국제정치 환경에서 찾고자 하는 사실이나 진실을 발견하는 데 도움이 되는 기존의 논리를 알려준다. 마치 전문가가 물고기와 낚시 도구에 대해 알려주는 것과 같다.

II. 현실주의 이론과 국가안보

1. 현실주의의 개념과 세계

현실주의는 가장 오랜 역사를 가진 국제정치이론이자, 국가안보를 가장 강조하는 이론이라 할 수 있다. 멀게는 춘추전국시대 중국의 손자孫子로부터 시작해서 고대 그리스의 역사가 투키디데스, 르네상스 시대 이탈리아의 정치사상가 니콜로 마키아벨리 등 많은 이들이 현실주의의 관점에서 국가이익의 확보와 유지, 쟁탈의 문제에 대한 고민을 지속해왔다.

현실주의를 한 문장으로 정의하자면 국제정치의 공간에는 특정한 정치적 현실이 존재하며 국가들은 이에 부합하는 대외정책을 펴게 되고, 또 펴야 한다고 주장하는 이론이라 할 수 있다. 현실주의 이론가들은 현실을 외면한 대외정책은 국가를 위기에 빠뜨릴 수 있으며 냉혹한 국제정치의 현실에 적응한 국가만이 생존과 국익을 보장받을 수 있다고 주장한다. 그렇다면 현실주의가 이야기하는 국제정치 공간의 '특정한 정치적 현실'이란 과연 구체적으로 무엇을 말하는 것인가? 현실주의는 다음과 같이 설명한다.

첫째, 국제체제는 무정부상태anarchy이다. 국내 정치에서는 경찰과 사법체계가 사회의 질서를 유지하며, 다른 사람을 해치거나 사회질서를 어지럽히는 사람은 공권력에 의해 처벌을 받는다. 그러나 국제정치의 영역에선 이렇게 치안이나 질서 유지를 담당할 만한 세계적인 권력체나 권위자가 없다. 그렇기에 어떤 국가든 충분한 힘만 있다면 무엇이든 자신이 원하는 대로 할 수 있는 상태가 바로 무정부상태로서의 국제체제라 할 수 있다.

〈참고 1〉 무정부상태(anarchy)

무정부상태는 현실주의 이론의 핵심 전제이자 출발점이 되는 개념으로, 지배자(arch)가 없는(an) 상태(an-archy)를 말한다. 초등학교 시절 선생님이 교실을 비웠을 때를 떠올려보자. 누구나 제각각 자신이 하고 싶은 대로 행동하는 통에 난장판이 되었을 것이다. 이와 같이 국제정치의 공간에는 '말썽쟁이를 혼내고 질서를 유지할 선생님(혹은 지배자)'이 없다. 국내 정치는 정부가 지배하는 위계상태(hierarchy)로, 권력을 독점한 정부가 법과 사회제도를 통해 질서를 유지하고 범법자를 처벌한다. 그러나 국제정치의 공간에는 세계정부가 없고, 그나마 있는 국제법과 국제기구도 강제력이 없어 국가들의 행동에 실질적인 제약을 가하지 못한다. 그렇기에 국가들, 특히 힘센 국가들이 자신의 마음에 따라 권력을 행사할 수 있다.

둘째, 국제정치의 가장 핵심적인 행위자actor는 바로 국가이다. 국가는 무력을 정당하게 독점하고 있는 유일한 행위자이다. 또한 외부의 간섭 없이 자국의 문제를 결정할 수 있는 배타적 권한으로서 주권sovereignty을 갖고 있다. 무엇보다도 국가들을 통제할 세계적 차원의 권력체가 없는 무정부상태의 특성상 국제정치의 공간에선 국가가 가장 중요하고 강력한 행위자일 수밖에 없다.

셋째, 국가들 간의 관계는 권력power에 의해 결정된다. 국내 정치에선 법과 도덕이 존재하기에 강자가 함부로 행동할 수 없다. 자의적 폭력을 통해 약자의 것을 빼앗거나 괴롭힌다면 법의 처벌을 받거나 도덕적 비난을 받게 된다. 그러나 무정부상태의 국제정치 공간에선 국가들을 제약할 그 어떤 법적·도덕적 규제 장치도 존재하지 않는다. 이처럼 국제정치에는 어떠한 제약도 존재하지 않기에 결국 강자가 약자를 억누르고 약자는 강자의 의지에 따라야 하는 비정한 힘의 법칙이 지배할 수밖에 없다.

2. 현실주의의 주요 주장

이렇게 비관적인 세계관으로부터, 현실주의는 국가안보에 대해 다음과 같은 분석과 주장을 이끌어낸다. 첫째, 국가이익과 목표에 있어서 최우선 순위는 바로 국가의 생존과 안보이며, 이를 위한 자조self-help의 수단으로서 국가는 권력을 추구한다. 무정부상태에서 어떤 국가든 자신이 마음먹은 대로 행동할 수 있다. 충분한 힘만 갖고 있다면 다른 국가를 지배하거나 착취할 수도 있으며, 이를 처벌하거나 응징해 줄 세계정부는 존재하지 않는다. 이렇게 정글과도 같은 상황 속에서 살아남기 위해 각 국가가 취할 수 있는 최선의 수단은, 자신을 보호하고 이익을 추구하는 데 충분한 힘을 스스로 갖추는 것뿐이다.

둘째, 국가들은 서로를 신뢰할 수 없으며 이로 인해 안보 딜레마security dilemma 속에서 경쟁할 수밖에 없다. 안보 딜레마란 안보를 위한 한 국가의 군사력 증강 의도를 다른 국가가 위협으로 인식하여 군사력 증강을 촉진하는 과정에서 어느 국가도 이전보다 안보가 강화되었다고 인식하지 못하는 상태를 뜻한다. 안보 딜레마는 상대방 국가의 군사력 증강이 자국의 방어능력을 강화하려는 의도인지 공격 능력을 강화하려는 의도인지 확실히 알 수 없기 때문에 발생한다. 안보 딜레마를 촉진하는 군사력 증강은 국가의 전체 국력이 아니라 개별 국가가 처한 상황에서 사용되는 특정한 군사력으로 정의할 수 있다.

안보 딜레마 상황이 위험한 경우는 상대방의 군사력 증강 의도가 공격 우위인지 방어 우위인지 확신할 수 없는 상황에서 상대방의 군사력이 공격 우위에 있을 때이다. 공격 우위 상황이 위험한 이유는 ①해당 국가가 전쟁에서 승리할 수 있다는 잘못된 낙관에 빠지기 쉽다. ②종합적 판단보다 군사적 고려만 우선하여 선제공격 등 성급한 전술을 채택하기 쉽다. ③공격 우위인 상태에서는 불확실성이 더욱 증폭되기 때문에 국가 사이의 전체 국력 변화에 적응하기 어렵다. ④공격 우위를 위한 비용이 투자되었기 때문에 이를 유지하려는 동기에서 공격 우위를 위한 추가 투자를 계속할 가능성이 높다. 결국 모두 '죄수의 딜레마' 상황에서 군비경쟁으로 치달을 수밖에 없으며, 자국의 안보를 키우려는 노력이 결과적으로 안보를 악화시키는 아이러니한 상황에 직면하게 된다(〈참고 2〉 참조). 그렇다고 해서 상대방을 믿고 힘을 갖추지 않았다가 침략을 당한다면 그 결과는 재앙과도 같은 것이기에 국가는 안보 딜레마에서 벗어날 수 없다.

셋째, 현실주의 국제정치이론가들에게 좋은 대외정책이란 자국의 안보와 이익을 보전하고 강화하는 데 기여하는 정책이며, 그것이 꼭 도덕적이거나 국제법에 부합해야 할 필요는 없다. 그렇다면 현실주

〈참고 2〉 죄수의 딜레마와 안보 딜레마

죄수의 딜레마는 게임이론(game theory)의 개념 중 하나로, 두 행위자가 서로를 믿지 못해 최선의 결과가 아닌 차악의 결과를 택하게 되는 상황을 말한다. A와 B 두 명의 용의자가 경찰에 체포되었다고 생각해보자. 이들은 서로 격리된 채 다음과 같은 조건으로 심문을 받는다.

- A, B 중 한 사람만 죄를 자백하면 자백한 사람은 석방되지만 부인한 사람은 10년을 복역한다.
- 두 사람 모두 죄를 자백하면 둘 다 5년씩 복역한다.
- A, B 둘 다 죄를 부인하면 두 사람 모두 6개월씩 복역한다.

	B가 협력	B가 배신		B국 협력	B국 배신
A가 협력	A 6개월 복역 B 6개월 복역	A 10년 복역 B 석방	A국 협력	A, B국 간 평화 유지	B국에 대한 A국의 안보가 취약해짐
A가 배신	A 석방 B 10년 복역	A 5년 복역 B 5년 복역	A국 배신	A국에 대한 B국의 안보가 취약해짐	군비경쟁과 안보불안

두 사람은 어떤 선택을 내릴까? 사실 두 사람 모두 협력하여 죄를 부인하면 6개월씩만을 복역할 수 있다. 그러나 내가 부인했다고 해서 상대방도 그럴 거라고 믿을 수 있을까? 내가 협력(부인)했는데 상대방이 배신(자백)할 경우 나는 10년이나 복역해야 한다. 격리된 상태에서 서로를 믿을 수 없기에 최악을 피하는 방법은 나라도 자백을 하는 것이다. 결국 두 죄수는 모두 차악의 결과를 선택하여 모두 자백하게 되고, 6개월 복역보다도 나쁜 5년 복역의 결과를 만들어내게 된다.

안보의 딜레마 역시 같은 논리가 적용된다. 경쟁하는 국가가 서로를 믿고 협력한다면 군비경쟁 대신 평화적 관계를 만들 수 있지만, 한 쪽이 배신하고 군사력을 증강할 경우를 걱정하여 결국 끊임없는 군비 증강에 나설 수밖에 없고 이로 인한 군비경쟁과 안보불안은 계속된다.

의 국제정치이론은 비도덕적인가? 현실주의자들도 도덕성을 강조하지만, 인류 전체의 관심과 더 넓은 이익에 긍정적인 가치를 부과하는 도덕성이 아니라 정치적 필요성과 신중성prudence에 따르는 다른 종류의 도덕성을 강조한다. 이러한 도덕성의 하나는 국가 안에 살고 있는 시민들을 위한 도덕이고, 다른 하나는 국제관계에서 국가를 위한 도덕이다. 마키아벨리에 따르면 이러한 기준이 국가지도자가 개인으로는 용납하기 어려운 행위(살인, 기만, 거짓말 등)를 정당화하도록 만든다. 더 나아가 국내에서 윤리적 정치공동체를 만들어주는 것이 국가이기 때문에 국가의 안전과 이익을 위한 활동이 국가지도자의 도덕적 의무이다. 그런 점에서 국제기구나 국제법이 평화를 가져올 거라고 보는 것은 희망적인 생각일 뿐이다.

넷째, 국가들 간의 힘의 경쟁이 항상 파국을 불러오는 것은 아니며, 세력균형balance of power을 통해 안정과 균형은 유지될 수 있다. 현실주의자라고 해서 국제체제가 항상 전쟁 중에 있다고 보지는 않는다. 힘이 센 국가에 대응하여 다른 국가들이 이와 균형을 이룰 수 있을 만큼 충분한 힘을 갖춘다면 침략은 이루어지지 않을 것이고, 그렇게 된다면 잠시나마 제한적인 평형상태로서의 평화가 만들어질 수도 있다. 이처럼 강대국의 출현으로 힘의 균형이 깨질 우려가 생겼을 때, 나머지 국가들은 자국의 힘을 키우거나 함께 동맹을 맺어 대응함으로써 세력균형을 이룬다. 물론 각국의 국력 변화에 따라 세력균형은 얼마든지 새롭게 만들어질 수 있다. 국제정치의 공간에는 영원한 우군도, 영원한 적도 없기 때문이다.

3. 현실주의의 여러 흐름

비록 앞에서 설명한 기본적인 세계관과 명제들을 공유하고 있기는 하지만, 현실주의 내에도 다양한 생각의 흐름이 존재한다. 여기서는 현실주의의 주요 갈래라 할 수 있는 고전적 현실주의, 구조적 현실주의, 그리고 신고전적 현실주의에 대해 살펴보겠다.

고전적 현실주의classical realism는 냉혹한 정치 현실의 근원을 인간의 본성으로부터 찾는다. 인간에게는 권력 추구의 본성이 있고, 국제정치 역시 인간들이 하는 것인 만큼 권력 쟁탈과 경쟁의 장이 될 수밖에 없다고 보았다. 일찍이 고대 그리스 역사가 투키디데스는 아테네와 스파르타의 전쟁을 기록한 책 『펠로폰네소스 전쟁사』에서 역사는 인간 본성에 기초를 둔, 권력을 향한 끊임없는 투쟁에 의해 움직이는 것이라고 강조하였다. 대표적 고전적 현실주의자인 한스 모겐소Hans Morgenthau는 이러한 권력욕과 그에 바탕을 둔 국가 간의 경쟁이 '인간 본성에 기초한 객관적 법칙'과도 같다고 주장한다.

한편 구조적 현실주의structural realism는 무정부상태의 국제정치 구조에 주목한다. 설령 국가지도자들이 탐욕스런 권력욕을 갖고 있지 않다 하더라도 국가는 무정부상태가 야기하는 불안과 불신 때문에 안보와 권력을 추구할 수밖에 없다고 보았다. 즉, 국제정치의 비정한 현실은 개개인의 본성이나 국가와 같은 행위자의 문제라기보다는 행위자들이 그렇게 행동할 수밖에 없도록 만드는 구조structure 때문이라고 주장했다.

구조적 현실주의는 다시 방어적 현실주의와 공격적 현실주의로 나눌 수 있다. 방어적 현실주의defensive realism는 국가가 추구하는 제일 목표는 안보이며, 이를 위해 현상유지status quo를 중시한다고 본다. 자국의 국력이 너무 강대해지면 이를 견제하기 위한 세력균형 동맹이 형성되어 고립될 수 있기에 오히려 안보를 저해할 수 있다. 또한 공격과 방어의 균형offensive-defensive balance의 측면에서 일반적으로 공격이 방어보다 어렵기에 국가는 방어적 현실주의 전략을 채택하게 된다.

이에 반해 공격적 현실주의offensive realism는 국가가 최대한의 국력을 갖추는 것을 제일 목표로 하며, 이로 인해 강대국 간에는 끝없는 힘의 경쟁이 벌어질 수밖에 없다고 주장한다. 무정부상태에선 타국의 진정한 의도를 알 수도 없고, 안다 하더라도 이를 결코 신뢰할 수 없기에 안보를 추구하는 가장 확실한 방법은 가장 강해지는 것이다. 그렇기에 국가는 방어적 현실주의가 예측하는 것처럼 현재의 상태를 유지하는 것이 아니라, 누구도 함부로 도전할 수 없도록 체제 내에서 가장 강력한 국가가 되기 위해 노력한다.

끝으로 신고전적 현실주의neoclassical realism는 구조뿐 아니라 국가 역시 중요한 변수라고 본다. 신고전적 현실주의 이론가들은 구조적 현실주의가 이야기하는 구조의 중요성을 공감하지만, 이와 함께 구조와 같은 체제 수준의 변수만으로는 국가의 행태를 제대로 설명할 수 없다고 주장한다. 국가지도자의 인식, 국력 증강의 과정에 영향을 미치는 국가와 사회의 관계, 국민의 동원에 필요한 정부의 역량, 개별 국가의 선호도와 행동 동기 등 국가 수준의 변수에 따라 국가들의 행동이 달라질 수 있다고 보았다.

〈참고 3〉 현실주의의 여러 흐름

<table>
<tr><th colspan="2">종류</th><th>핵심 주장</th><th>분석수준</th><th>주요 학자</th></tr>
<tr><td colspan="2">고전적 현실주의</td><td>■ 권력을 추구하는 인간의 본성이 국가들 간의 권력 경쟁을 야기한다.</td><td>개인 (인간본성)</td><td>한스 모겐소</td></tr>
<tr><td rowspan="2">구조적 현실주의</td><td>방어적 현실 주의</td><td>■ 무정부적 구조가 국가를 안보추구자(security maximizer)로 만든다.
■ 국가는 현 상태의 권력균형을 중시한다.</td><td rowspan="2">구조 (국제체제)</td><td>케네스 월츠, 로버트 저비스</td></tr>
<tr><td>공격적 현실 주의</td><td>■ 무정부적 구조가 국가를 권력추구자(power maximizer)로 만든다.
■ 국가는 체제 내에서 가장 강력한 국가가 되기 위해 노력한다.</td><td>존 미어샤이머, 콜린 엘먼</td></tr>
<tr><td colspan="2">신고전적 현실주의</td><td>■ 구조와 함께 개별 국가 수준의 변수들(지도자 인식, 국가 · 사회관계, 정부 역량, 국가 동기 등)을 고려해야 한다.</td><td>국가</td><td>랜들 슈웰러, 앤드류 로벨, 파리드 자카리아</td></tr>
</table>

III. 자유주의 이론과 국가안보

1. 자유주의의 개념과 세계관

원래 자유주의liberalism는 정치 · 경제 · 사회 등의 제반 분야에서 개인의 자유를 우선으로 두어야 한다고 주장하는 사상 · 신념 · 이론을 아우르는 개념이다. 유럽의 근대화 과정에서 출현한 자유주의는 미국 독립혁명과 프랑스 대혁명을 통해 꽃을 피우게 되었고 개인의 인권과 정치적 자유를 중요시하는 정치적 자유주의, 그리고 자유로운 시장경제 체제와 정부 간섭의 최소화를 주장하는 경제적 자유주의로 발전하였다.

국제정치이론으로서의 자유주의는 국제정치의 영역에서 자유주의적 정치 및 경제 질서의 도입을 통해 협력과 평화의 창출이 가능하다고 주장하는 이론을 말한다. 일반적 의미의 자유주의가 국내 정치 및 사회 수준의 문제에 초점을 두는 반면, 국제정치이론으로서의 자유주의는 국제정치 공간에서 자유주의적 이념, 정치체제, 경제제도 등이 국가 및 국제체제에 미치는 영향에 관심을 가진다.

자유주의가 바라보는 세계는 현실주의자들의 세계와는 조금 다르다. 자유주의는 역사의 진보와 이성에 대한 신뢰가 자유주의의 기본 바탕인 만큼, 자유주의는 현실주의보다 낙관적으로 세상을 바라본다. 첫째, 자유주의 역시 국제정치의 공간이 무정부상태라는 점은 인정하지만, 그렇다고 해서 현실주의가 이야기하는 것처럼 국가들이 강박적으로 안보에 매달린다고 보지는 않는다. 물론 생존이 국가에 있어서 가장 중요한 목표인 것은 맞지만, 그렇다고 해서 현실주의가 이야기하는 것처럼 상시적 불안에 떨며 다른 국가를 억누르기 위해 힘과 투쟁을 추구한다고는 볼 수 없다. 둘째, 자유주의는 국가뿐 아니라 국가 이외의 행위자 역시 중요하게 여긴다. 국제정치 공간은 국가와 함께 기업, 비정부기구 등과 같은 국내적 행위자들과 국제기구, 초국가단체 등과 같은 국제적 행위자 간의 복잡한 상호작용이 일어나는 곳이다. 셋째, 자유주의는 국가가 현실주의가 이야기하는 것처럼 권력의 논리로 작동하는 단순한 기계장치가 아니며, 국내적 정치체제와 사회질서, 그리고 국제적 차원의 제도와 이념으로부터 영향을 받는다고 본다.

2. 자유주의의 주요 주장

국제정치와 안보 문제에 대한 자유주의의 주요한 주장들을 살펴보면 다음과 같다. 첫째, 협력을 통해 이익을 거둘 수 있고 국제기구나 국제제도와 같이 불확실성을 낮춰주는 다른 요소의 도움을 받을 수 있다면 국가들은 갈등 대신 협력을 선택할 수 있다. 자유주의자들은 현실주의자들이 이야기하는 것처럼 국가가 상시적 불안 속에서 치열한 권력 투쟁에 임한다고 보지 않는다. 일정한 수준의 안보만 확보된다면 국가는 경제 교역이나 다양한 분야의 정책 협력 등을 통해 다른 국가와 갈등이 아닌 이익 창출을 위한 협력을 할 수 있다. 투명성이 높은 자유주의적 국내 제도나 협력을 증진하고 불확실성을 낮춰주는 국제제도를 통해 배신의 가능성은 낮추고 협력의 가능성은 높일 수 있다.

둘째, 자유주의적 경제질서의 이익에 주목하는 이론가들은 경제 교류의 확대가 국가들의 상호의존을 심화시켜 군사 분쟁의 가능성을 낮출 수 있다는 상호의존론interdependence theory를 제시한다. 무역이나 해외투자와 같은 국제적 경제 교류는 거래 당사국 모두에게 이익을 주고, 교류 과정에서 정부뿐 아니라 기업, 시민사회 등 다양한 부문에 걸쳐 다른 나라와 복합적인 상호의존관계가 만들어진다. 이런 상황에서 전쟁이 일어난다면 경제 교류는 물론 이미 형성된 상호의존관계를 잃게 될 텐데, 그 상실 비용이 너무 크기에 군사 분쟁을 꺼리게 될 수밖에 없다. 또한 교류에서 이익을 거두는 기업, 이익집단과 개인 등 다양한 행위자들이 군사적 갈등에 반대하는 분위기를 만들어내고, 정부의 정책결정과정에 영향을 미쳐 갈등의 군사적 해결보다는 평화적 해결을 지향하게 된다.

셋째, 자유주의적 정치체제의 영향력을 강조하는 이론가들은 민주주의 국가의 확산이 평화를 가져올 수 있다고 주장한다. 민주주의 국가 간에는 전쟁이 없다는 민주평화론democratic peace theory은 실제 통계적 분석을 통해서도 입증되었다. 이 현상의 원인으로는 규범적 요인과 제도적 요인이 제시된다. 먼저 규범적 요인으로는 대화와 타협을 중시하는 정치 규범을 들 수 있다. 민주주의 국가에서는 다양한 갈등이 폭력이 아니라 민주적 절차와 대화, 타협을 통해 해결된다. 이러한 규범을 받아들인 민주주의 국가의 지도자들은 다른 민주주의 국가와의 관계에도 이를 적용하여, 외교적이고 평화적인 수단을 통해 갈등을 해결한다. 한편, 제도적 요인으로는 견제와 균형을 중시하는 정치제도를 들 수 있다. 민주주의 국가들은 제도상 정책결정과정이 투명하고 공개되어 있어 서로에 대한 불신의 정도를 낮출 수 있다. 또한 민주주의 국가의 지도자는 정책을 결정할 때 의회와 행정부 간의 견제 관계, 국민 여론, 야당과 같은 반대세력까지를 모두 감안해야 한다. 전쟁이 가져오는 국내 정치적 파급효과와 불확실한 군사적 성공 가능성 등을 생각할 때, 민주주의 국가의 지도자는 쉽게 전쟁을 결정할 수 없다.

넷째, 국제제도의 중요성을 강조하는 자유주의자들은 제도를 통해 협력의 가능성을 높이고 나아가 분쟁도 예방할 수 있다고 본다. 무정부상태에선 어떤 국가든 아무런 제약 없이 행동할 수 있기에 배신의 가능성이 상존하지만, 서로에 대한 정보를 좀 더 투명하게 얻을 수 있고 불확실성을 줄일 수 있다면 공통의 이익을 위해 협력할 수도 있다. 이를 도와주는 것이 바로 제도이다. 국제제도는 국가들이 함께 맺는 약속을 통해, 그리고 반복된 상호작용에서 서로에 대한 정보를 얻고 협력을 학습하는 과정을 통해 불확실성과 거래비용을 줄이도록 도와준다. 또한 모든 국가가 함께 참여하는 집단안보와 같은 안보제도를 통해 개별 국가의 안보 추구과정에서 일어날 수 있는 분쟁의 가능성을 차단하고 국제적 차원의 안전보장을 이룩할 수 있다고 본다.

3. 자유주의의 여러 흐름

현실주의에 다양한 흐름이 있는 것처럼 자유주의 국제정치이론 내부에도 여러 갈래의 주장들이 존재한다. 어떤 부분을 강조하고 주목하는가에 따라 자유주의 국제정치이론은 크게 이념적 자유주의, 경제적 자유주의, 제도적 자유주의로 나눌 수 있다.

이념적 자유주의는 정치적 자유주의 이념의 중요성을 강조하고 자유민주주의의 확산이 필요하다고 주장한다. 이념적 자유주의자들은 자유주의 정치이념을 공유한 국가들이 증가할수록 평화의 가능성은 더욱 높아지고, 교류와 협력을 통한 이익은 더욱 커질 수 있다고 본다. 제1차 세계대전 직후 우드로 윌슨 대통령에 의한 집단안보제도 창설을 통해 자유주의적 국제질서 형성에 큰 영향을 미친 이념적 자유주의는, 냉전이 종식된 이후 국제정치의 주도적인 사상으로서 더욱 큰 정치적 영향력을 발휘하고 있다.

〈참고 4〉 집단안보(collective security)

1950년 북한이 남한을 침공하자, UN 안전보장이사회 결의를 통해 UN군이 파병되었다. 왜 저 멀리 튀르키예와 에티오피아에서까지 군대를 보내 참전했을까? 그것은 바로 집단안보제도 때문이었다. 집단안보는 모든 국가가 함께 공동으로 침략행위에 대응할 것을 약속함으로써 평화를 유지하고 안전을 보장하는 제도를 말한다.

집단안보를 창안한 미국 대통령 우드로 윌슨(W. Wilson)은 세력균형의 논리와 동맹이 제1차 세계대전을 불러왔다고 지적하며, 동맹은 일부 국가들만이 외부의 적에 대응하기 위해 체결하는 것이기 때문에 국제정치에서 전쟁이 끊일 날이 없다고 비판하였다. 그는 이를 대신하여, 모든 국가들이 함께 세계평화에 대한 협약을 체결하고, 이를 어기고 공격행위를 하는 국가를 공동으로 응징함으로써 집단적으로 모두의 안전을 보장할 것을 제안하였다. 이를 통해 탄생한 것이 최초의 집단안보기구인 국제연맹(League of Nations)이며, 현재는 제2차 세계대전 이후 설립된 국제연합(United Nations)이 집단안보기구로서의 역할을 수행하고 있다.

집단안보는 평화를 해치는 행동을 모든 국가가 함께 대응할 것을 선언함으로써 침략행위를 예방하고, 실제로 침략행위가 일어났을 땐 실제 군사적 응징에 나선다. 군비증강이나 동맹과 같은 현실주의 안보정책이 '나의 안전'을 보장하고자 하는 자조(self-help)행위라면, 집단안보는 '모두의 안전'을 보장하고 이를 위협하는 자를 모두가 함께 응징하는 일종의 치안행위(police action)라 할 수 있다.

경제적 자유주의는 상업적 거래와 자유시장경제의 평화적 영향을 강조한다. 일찍이 프랑스의 사상가 몽테스키외Montesquieu는 상업이 호전적 군사사상의 영향력을 감소시킨다고 보았으며, 독일 철학자 칸트I. Kant는 상업정신spirit of commerce이 전쟁을 방지한다고 주장하였다. 경제적 자유주의는 국가가 전쟁보다 상업적 교류를 통해 더 큰 이득을 볼 수 있다고 보며, 교역의 증대가 전쟁의 기회비용을 높여 전쟁도 예방한다고 주장한다. 최근에는 자본주의의 고도화에 따라 국가의 영토팽창 욕구는 감소하고 각 국가가 전쟁 대신 시장을 통해 이득을 추구한다는 자본주의 평화론capitalist peace theory도 제기되고 있다.

제도적 자유주의는 국제 협력을 촉진하고 분쟁을 방지하는 제도의 영향을 강조한다. 제도적 자유주의에 따르면 정치 · 경제 · 사회 · 문화 등 다양한 부문에 걸친 국제제도의 존재는 국가들 간의 협력을 보다 쉽게 해준다. 또한 국가 간에 분쟁이 발생했을 때 국제연합과 같은 국제기구들은 분쟁 당사자 간의 타협을 중재하고 갈등 해결을 도와주며, 이를 통해 각 국가들이 국제제도를 통한 평화적 갈등 해결을 학습하게 해준다.

IV. 구성주의 이론과 국가안보

1. 구성주의의 개념과 세계관

구성주의constructivism는 원래 지식과 의미는 객관적으로 정해진 것이 아니라 인간의 인식과 사회적 상호작용을 통해 구성된다고 보는 철학적 관점을 가리키는 말이다. 외부 세계의 '현실reality'에 대한 객관적 지식이란 존재할 수 없으며, 지식과 의미는 사람들이 그것을 인식하는 과정, 그리고 사람들 간의 사회적 상호작용을 통해 구성되는 것이라는 시각이다. 구성주의 국제정치이론은 이와 같은 구성주의의 기본적인 생각을 국제정치에 적용한 이론으로, 국제정치의 다양한 양상과 요소들이 역사적 · 사회적으로 구성된다고 본다. 현실주의나 자유주의와 같은 기존의 주류 국제정치이론들은 자신이 견지하는 세계관을 통해 "국제정치의 현실이란 원래 이런 것이며, 그렇기에 국가들은 이렇게 행동하게 된다"고 주장하지만, 구성주의가 보기에 국제정치에 객관적으로 정해진 틀이나 현실이란 없다. 그것들은 모두 국가의 인식에 의해, 그리고 국가들 간의 역사적 · 사회적 상호작용을 통해 구성된다.

그렇기에 구성주의는 국가의 행동에 지대한 영향을 미치는 국제정치 체제 역시 사실은 국가들에 의해 구성되는 것이며, 구성되는 방식에 따라 전혀 다른 체제가 될 수 있다고 본다. 예를 들어 구성주의자들은 무정부상태에도 여러 경우가 있을 수 있다고 본다.

대표적인 구성주의자인 웬트Alexander Wendt는 국제적 무정부상태를 문화에 따라 〈참고 5〉와 같이 구분한다. 현실주의자들의 이야기처럼 모두가 서로를 적으로 간주하는 투쟁 상태일 수도 있지만, 자유주의자들이 이야기하는 것처럼 서로를 경쟁자로 여기고 필요에 따라 협력하는 상태가 될 수도, 혹은 서로 우정을 쌓으며 긴밀히 협력할 수도 있다. 이 모든 것은 서로를 어떻게 인식하는가, 그리고 서로의 행동과 상호작용을 통해 어떻게 새로운 인식과 행동 규범이 만들어지느냐에 달려 있다. 다른 국가를 적으로 볼 것인지 친구로 볼 것인지도 정체성과 상호인식에 따라 달라진다. 동맹의 상대를 결정하는 것도 상호인식의 문제이다. 이런 점에서 현실주의자들은 힘의 배분을 중시하지만 구성주의자들은 관념의 배분을 강조한다.

구성주의는 국가이익이나 위협과 같은 국가안보의 중요한 요소들

〈참고 5〉 문화에 따른 국제체제의 무정부성 이해

구분	상대 국가에 대한 인식	상대와의 관계	국제관계	비고
홉스적 문화	적	적대감 (절대적 이익)	죽느냐 죽이느냐	현실주의
칸트적 문화	친구	우호와 협력	영구 평화	구성주의 자유주의 (민주평화론)
로크적 문화	경쟁자	경쟁 (상대적 이익)	공존 공생	자유주의 (제도주의)

역시 역사적 · 사회적으로 어떻게 인식되고 구성되느냐에 따라 전혀 새롭게 규정될 수 있다고 본다. 구성주의는 현실주의나 자유주의 모두 국제정치와 국가안보의 문제를 너무 물질적으로만 접근했다고 지적한다. 군사력 · 경제력 등의 물질적 요소들도 물론 중요하지만 대상을 어떻게 인식하는지, 그리고 어떤 관계를 맺고 있는지와 같은 비물질적 요소들도 중요하다고 보았다. 예를 들어 영국이 북한보다 더 많은 핵무기를 가지고 있지만, 미국은 영국의 핵무기보다 북한의 핵무기를 더욱 위협이 되는 것으로 인식한다. 이것은 대상 국가에 대한 역사적 · 사회적 인식, 그리고 그 국가와의 관계 맺기 방식에 따라 달라진다.

2. 구성주의의 주요 주장

구성주의는 국제정치와 안보 문제에 대해 다음과 같은 시각을 제시한다. 첫째, 국가의 자기 정체성이 그 국가의 안보정책을 결정할 수 있다. 현실주의나 자유주의가 국가의 판단과 행동을 단순히 물질적 이익과 위협의 계산 논리로 분석하고 예측하는 데 반해, 구성주의는 국가의 정체성을 국가이익을 결정하는 설명의 변수로 제시한다. 국가의 정체성이란 다른 국가와 비교하여 자국에 대해 갖게 되는 인식을 의미하며 역사적 경험, 주변국과의 상호작용, 국내 사회문화의 변화 등에 영향을 받아서 형성되고 변화한다. 국가의 정체성은 흔히 국가지도자나 국민들이 자신의 국가를 어떤 국가로 인식하는가, 국가이익을 무엇으로 인식하느냐의 기준이 되며 이로 인해 다른 국가와 다른 정책을 선택할 수 있다. 즉, 국가지도자들 혹은 국민들이 자신의 국가를 어떤 국가로 보느냐에 따라 무엇이 국가이익에 해당하고 어떤 정책을 선호할 것이며 특정 정책에 따르는 제약을 어떻게 판단할지에 대해 완전히 다른 생각을 가질 수 있다. 예를 들어 고대 그리스에서 쇠퇴하던 스파르타는 펠로폰네소스전쟁이라는 선택을 했지만, 1980년대 쇠퇴하던 소련은 평화적으로 현실과 타협했는데, 구성주의자들은 스파르타와 소련의 정체성, 국가이익에 대한 인식의 차이로 다른 선택을 했다고 본다. 또한 넓은 영토와 부강한 경제력을 갖고 있어도 캐나다처럼 평화로운 국가로 남을 수 있고, 작고 후진적이어도 북한과 같이 끊임없이 국제사회에 도전하는 국가가 될 수도 있다. 물론 이 정체성은 국제적 문화, 국내 사회의 변화, 역사적 경험, 다른 국가와의 상호작용 등을 통해 변화할 수 있고 그에 따라 그 국가의 안보정책을 크게 바꿔놓을 수 있다.

둘째, 타국을 적으로 볼 것이냐 아니면 동지로 볼 것이냐의 문제도 정체성과 상호인식에 따라 달라질 수 있다. 현실주의는 강력한 국가에 대해 일단 불신과 불안을 가지고 대비해야 한다고 이야기하지만,

〈참고 6〉 국가정체성 변화가 안보정책에 미치는 영향: 일본 사례

국가정체성의 변화가 국가안보정책에 미치는 영향을 가장 잘 보여주는 사례가 바로 일본이다. 같은 20세기 동안이었지만 제2차 세계대전 이전의 일본과 이후의 일본은 완전히 다른 나라라고 해도 믿을 수 있을 만큼 급격한 국가정체성의 변화를 보여주었고, 이에 따라 정반대의 안보정책을 채택하였다.

20세기 초 일본은 끊임없이 군사적 팽창을 추구하는 군국주의 국가였다. 1930년대 본격적인 군사팽창에 나선 이후 태평양전쟁에서 패전할 때까지 군부와 주전론(主戰論)을 주장하는 세력이 이끄는 일본은 지속적인 전쟁 속에 있었다. 일본의 이익과 동아시아의 평화를 보호한다는 명목 하에 일본은 중국, 동남아시아, 남태평양, 멀게는 호주에 이르기까지 광범위한 군사작전을 전개하였으며, 중일전쟁과 태평양전쟁 모두 일본의 공격으로 시작된 전쟁이었다.

그러나 2차 대전 이후의 일본은 이와는 전혀 다른 모습을 보여주었다. 종전 이후의 일본은 안보는 미국에게 맡기고 경제발전에 주력한다는 소위 '요시다 독트린'을 통해 군사국가로서의 정체성을 포기하고 상업국가로 변신했으며, 최초의 피폭국가로서 핵무기의 제조·보유·반입을 반대하는 '비핵 3원칙'을 고수해왔다. 이러한 변화 속에서 일본은 반(反)군사국가, 비핵국가로 스스로를 새롭게 규정하였고, 그 결과 일본은 군사력의 증강과 사용에 소극적인 정치군사문화를 갖게 되었다. 실제 2008년 봄에 있었던 여론조사에서는 82퍼센트의 일본 국민이 군대보유금지를 규정한 평화헌법 9조의 개정에 반대함으로써 일본의 재무장에 반대하는 뜻을 보였다.

구성주의는 그 국가가 어떤 정체성과 어떤 목표를 갖고 있는지, 그리고 우리나라를 어떻게 보는지에 따라 해당 국가에 대한 판단이 달라질 수 있다고 본다. 어느 국가를 위협적이라고 볼 것인가의 문제뿐 아니라, 어떤 국가와 친구가 될 것인가의 문제도 마찬가지이다. 동맹 파트너의 선택이나 공동의 안보제도 참여에 있어서 얼마나 정체성을 공유하고 있는지, 공통의 인식을 갖고 있는지는 중요한 결정요인이 된다.

셋째, 역사적 경험과 사회적 상호작용의 영향을 통해 형성된 관념이 국가의 전략적 사고방식을 결정할 수 있다. 실제로 국가가 안보를 극대화하려는 결과가 모두 군사적 균형으로 나타나는 것은 아니다. 이처럼 국가마다 군사력을 사용하는 특정한 사고방식의 차이가 국가의 행동을 결정한다는 입장이 전략문화strategic culture 연구자들의 주장이다. 냉전기 상호 핵 대치 상황에 있었던 미국과 소련의 차이를 그 예로 들 수 있다. 미국은 사상자 발생을 꺼리는 정치문화로 인해 억제deterrence전략을 선호한 반면, 역사적으로 잦은 외침을 겪은 소련은 선제공격을 강조했다고 본다. 이러한 전략문화는 그 국가의 역사적 경험, 국가정체성, 지배적인 정치철학, 정치·군사조직 문화 등에 의해 형성된다.

넷째, 국제적 규범이 국가의 안보정책에 영향을 미칠 수 있다. 현실주의자들은 국가이익을 위해서라면 아무렇지 않게 냉혹한 행동을 취할 수 있고, 또 취해야 한다고 이야기하지만 구성주의는 국가가 이익만을 생각하는 게 아니라 규범을 익히고 따를 수 있다고 주장한다. 구성주의가 이야기하는 규범이란 '주어진 정체성에 따른 적절한 행동에 대한 기대'이다. 물론 개인이 국내의 사법제도에 예속되는 것만큼의 영향력을 갖지는 않지만 규범은 어떤 행동이 가치가 있다고 여겨지며 어떤 행동이 나쁘다고 여겨지는지를 국가들에게 제시함으로써 국가의 행동과 정체성을 변화시킬 수 있다. 예를 들어, 어떤 나라에 대량학살이 발생했을 때 자국에 이익이 되지 않는데도 인도적 개입을 시도하는 것은, 인도적 개입의 규범이 그 국가의 지도자와 국민들에게 가치 있는 행위로 여겨지기 때문이다. 또한 자신을 문명국이라 인식하는 국가는 전쟁 중이라 하더라도 핵무기나 화학무기와 같은 대량살상무기를 사용하지 않는다는 암묵적 규범을 지키려 한다.

〈참고 7〉 국제정치이론의 적용: 중국의 부상

20세기 말부터 엄청난 속도의 경제성장을 거둔 중국은 21세기 새로운 초강대국의 지위에 올라서고 있다. 중국의 부상을 어떻게 보아야 할까? 이것은 우리에게 위협일까 아니면 기회일까? 그리고 중국의 급속한 강대국화에 대해 우리는 어떻게 대응해야 할까?

■ 현실주의의 관점

현실주의의 관점에서 본다면 강대국 중국의 등장은 분명한 안보위협이다. 비록 중국은 화평굴기(和平崛起)의 기치 아래 평화로운 부상을 이야기하지만, 중국이 지금도, 앞으로도 평화적인 의도를 가질 거라고 기대하는 건 순진한 생각이다. 강력해진 중국은 우리나라의 이익을 침해할 수도 있고, 최악의 경우 주권과 영토를 위협할 수도 있다. 현실주의 이론의 처방에 따르면 한국은 강대국 중국의 위협에 대처하기 위해 군사력 증강과 함께 세력균형을 위한 동맹을 체결하고 강화해야 한다.

■ 자유주의의 관점

자유주의의 시각에서 볼 때 부강한 중국이 꼭 위험하다고 볼 수는 없다. 중국은 세계자본주의 체제에 성공적으로 편입되었으며, 이제는 세계경제의 엔진 역할을 하고 있다. 지속적인 경제성장을 위해 중국은 세계시장을 필요로 하며, 세계 역시 중국의 경제적 역할을 필요로 한다. 이렇게 상호의존이 심화된 상태에서 중국이 전쟁을 벌일 거라고 예상하기는 어려우며, 만일 중국과 군사적 갈등이 빚어진다면 그로 인한 손해는 매우 클 것이다. 또 중국은 WTO, UN과 같은 다양한 국제기구에 적극적으로 참여하는 모습을 보여주었다. 자유주의자들도 중국의 국력이 무서운 속도로 성장하고 있다는 것은 인정하겠지만, 그에 대한 대응책은 앞으로도 중국과의 경제적 상호의존을 심화시키고 국제제도에 적극적으로 참여시킴으로써 중국이 다른 국가들과 평화로운 이익의 조화를 이루도록 하는 것이다.

■ 구성주의의 관점

구성주의자들은 중국의 인식, 그리고 중국과 다른 국가들 간의 상호작용이 중요하다고 주장할 것이다. 중국이 정말 스스로를 평화로운 경제대국으로 인지하느냐, 아니면 패권적 제국의 지위를 회복하길 원하느냐에 따라 중국의 대외정책은 달라질 수 있다. 또한 현재의 국제질서에 대해 만족하는지, 아니면 이를 바꾸고 싶어하는지도 중요하다. 그리고 미국과의 관계, 주변 국가들과의 관계에서 서로를 어떻게 인식하고 받아들이게 되는지에 따라 중국이 패권을 추구할 것인지, 평화와 협력을 추구할 것인지는 달라질 수 있다. 구성주의자들에게 정책적 대안을 물어본다면, 아마도 중국이 국제규범을 준수하도록 적극적으로 세계질서에 편입시키고 중국 지도자들과의 교류를 증대하여 중국의 새로운 정체성 형성 과정에 적극적으로 관여하도록 해야 한다고 할 것이다.

2부
전략과 기획

5장 억제와 핵전략
6장 미래전과 국방전략기획
7장 국가정보
8장 위기관리

5장 억제와 핵전략

Ⅰ. 억제의 개념
Ⅱ. 억제의 구비조건
Ⅲ. 핵전략의 유형
Ⅳ. 미국 안보정책과 억제전략의 변화
Ⅴ. 억제 논리와 나선(spiral) 논리 비교

• 학습 개요 •

억제(deterrence)라는 개념은 인간의 역사와 근원을 같이하고 있다. 개인 간에도 어떠한 행위를 하지 못하도록 체벌이라는 위협 수단을 활용해 왔으며, 국가 내 개인이나 집단도 국가의 권력이나 국내법에 규정된 강제 수단에 의해서 자의적인 행위를 마음대로 취할 수 없었던 것이 사실이다. 국가나 국가들이 형성한 동맹체 간에도 군사력을 포함한 폭력 수단을 활용해 대치하고 있는 상대의 무력사용을 억제해 왔으며, 이것이 실패할 경우에는 전쟁이라는 극한적인 대립관계에 돌입하기도 했다.

전쟁이 발발하면 승리해야 하지만 전쟁이 일어나지 않도록 사전에 억제하는 것이 더욱 중요하다. 억제는 상대방의 심리에 영향을 끼치려는 과정과 행위이다. 객관적인 행위 자체가 중요한 것이 아니라 적의 심리에 영향을 주는 정도가 중요하다. 따라서 억제력은 현재 상태가 더욱 이익이 된다고 인식하고 그에 따라 행동할 때 성립된다.

본 장에서는 먼저 억제의 개념을 소개하고 억제가 성립하기 위한 조건들을 살펴본다. 또한 핵무기 등장 이후에 나타나는 핵전략의 유형들과 함께 미국의 억제전략 변천사를 살펴봄으로써 억제를 위한 노력과 그 의미를 알아본다.

[주요 개념]

억제 | 최소억제전략, 최대억제전략
강압 | 대량보복전략
능력, 신뢰성, 의사전달 | 유연반응전략
제1차 공격력, 제2차 공격력 | 상호확증파괴전략

억제

강압

능력, 신뢰성, 의사전달

제1차 공격력, 제2차 공격력

최소억제전략, 최대억제전략

대량보복전략

유연반응전략

상호확증파괴전략

[생각해 봅시다]

1. 억제의 개념은 무엇인가?
2. 억제가 효과를 발휘하려면 어떤 조건이 충족되어야 하나?
3. 핵전략의 유형은 어떤 것이 있는가?
4. 북한의 핵전략은 어떤 유형에 속하는가?
5. 미국의 안보정책은 억제와 어떤 연관이 있는가?

I. 억제의 개념

억제라는 의미의 'deterrence'는 라틴어 'terrere(공포를 불러일으킨다)'라는 어원에서 유래한 단어이다. 옥스퍼드 영어사전에 의하면, 억제한다to deter는 것은 "두려움으로 낙담시키거나 금하게 하는 것, 어떤 것으로 놀라게 하는 것, 위험이나 걱정으로 어떤 행위나 그 진행을 삼가게 하는 것"으로 정의하고 있다. 르보Lebow와 스타인Stein은 억제를 "바람직하지 못한 행위를 하려는 행위자로 하여금 행위의 비용이 이익보다 많다는 사실을 확인시킴으로써 그런 행위를 예방"하는 것으로 정의하고 있다. 즉, 전쟁을 통해 얻으려는 이익보다도 전쟁에서 입게 될 피해가 더 크다는 것을 상대방에게 확신시켜 전쟁을 포기하게 만드는 행위라고 보았다.

간단히 말해서 억제는 상대방에게 그가 감당하기를 꺼리는 위험을 과시함으로써 상대의 행위를 예방하거나 단념시키는 행위로 규정할 수 있다. 이러한 의미의 억제는 종종 더 포괄적인 의미의 '억지抑止'라는 용어와 구분되어 사용된다. 억제抑制는 위협(보복 또는 공격의 무력화) 등의 강압적인 방법으로 어떤 행위 자체를 못하도록 하는 의미로 사용되는 데 반해서, 억지는 어떤 행위를 못하도록 하는 뜻 이외에 진행하던 행위를 중지하도록 한다거나 더 이상 진행시키지 않게 한다는 의미로도 사용될 수 있기 때문에 전략, 특히 핵전략에서 상대가 핵무기를 아예 사용하지 못하도록 한다는 의미를 부각시키는 용어로는 억지보다 억제가 더 적합하다.

따라서 핵 억제전략은 상대가 행동을 취할 경우 동시에 핵으로써 받아들일 수 없는 대가를 치르게 될 것이라고 위협함으로써 적이 바람직하지 않은 행동을 못 하도록 막는 전략이다. 억제의 기본개념은 침략행위 자체가 얻는 것보다 잃는 것이 클 것이라는 비례적인 보복력에 의한 억제다. 그러나 이러한 비례적 억제는 핵무기라는 억제수단이 등장하면서 강대국은 치명적인 핵보복력에 의한 절대억제 개념에 의존하게 되었다. 또한 억제는 '임의 행위자의 행동에 영향을 주기 위한 잠재적 또는 실재적 힘의 사용'이라는 의미의 강압coercion과 구분된다.[1]

〈참고 1〉 강압

- 상대방의 의지에 영향력을 행사하여 상대국의 행태에 영향을 주는 전략
  - 위협행사에 초점을 두고 있으며 이것이 충분하지 않을 때 제한적·선별적 타격
  - 군사적 위협과 함께 제한된 군사력 사용을 포함하며 분명한 목표가 존재
  - 강압전략의 목표: 적의 의지를 꺾는 힘의 사용으로 억제의 실효성을 높이고 만약 억제가 실패하여 적의 도발이 감행될 때 이를 중지케 하거나 원상복귀케 하는 것
- 강압전략의 사례
  - 이스라엘의 오시라크 원자로 폭격: 성공적 수행, 항공력의 정밀공격, 기습공격, 원거리 투사
  - 걸프전: 미국의 제안을 후세인이 거부하여, 지상군 투입을 통한 전면전 형태, 진정한 의미의 강압전략 실패
  - 코소보전: 지상군 작전 필요성이 끊임없이 제기되었으나 NATO 지도부의 불수용, 항공강압전략으로 유고 굴복
  - 아프간전: 결과적으로 아프간전은 전면전 양상으로 전개되어, 강압전략 측면에서 실패

1 강제(compellence)는 강압과 억제로 구분된다. 강압과 억제 모두 강제적인 영향력이 행사되어 일어나는 현상이기 때문이다.

억제는 발생 가능한 행위를 미연에 방지하기 위해 수동적으로 무력을 사용하는 것이지만 강압은 능동적으로 무력을 사용하고 그 과정도 일련의 행동과 거기에 대한 반응의 연속으로 구성된다. 로버트 아트Robert Art 교수는 강압을 ①진행 중인 행위의 중지, 행위를 개시하였으나 목표 달성에는 이르지 못하게 중지토록 함, ②완료된 행위의 원상회복, ③상대방이 어떤 행위를 개시하지 못하도록 억제하는 것 등을 의미로 설명한다. 따라서 여기서 강압은 억제보다 더 포괄적인 의미를 담고 있다.

강압은 힘을 사용하는 자와 대상 사이에 흥정이 내포된 고도의 정신적인 개념이다. 따라서 강제력을 발휘함은 더욱 나쁜 상태가 따를 것이라는 의미를 내포하는 몇 가지 차등화된 폭력행위로 설명될 수 있으며, 위협 · 상해 · 처벌과 같은 몇 가지 행위를 들 수 있다.

〈그림 1〉은 강압의 의미를 억제 · 전쟁과 비교하고 있다. 그림에서 강압은 억제의 신뢰성을 높이며 전쟁으로 진행되기 전의 행위로 볼 수 있다. 특히 위협은 억제에 고도의 신뢰성을 주는 동시에 강압의

〈그림 1〉 억제·강압·전쟁의 관계

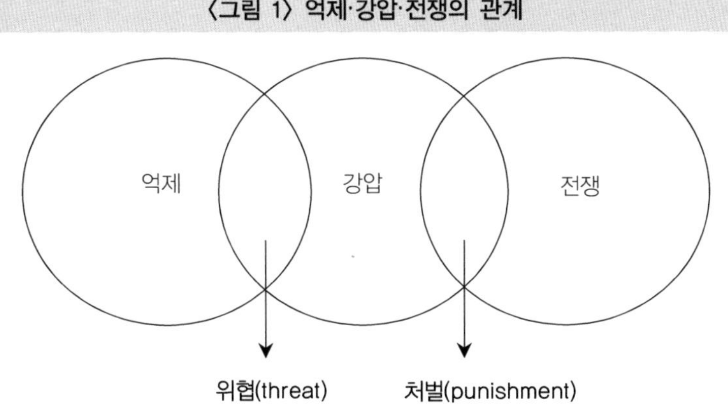

첫 단계로 표현된다. 처벌은 강압의 높은 단계로서 전쟁에 본격적으로 돌입하기 전 제한된 무력사용을 할 수 있다는 의미다.

억제의 성립은 억제자나 피억제자가 제시된 위협과 구체화된 보복, 그리고 의도한 행위와 이로부터 기대되는 이익을 상정想定하고 손익을 따지는 데 있어서 합리적인 분석과 판단을 하리라는 가정에 근거를 두고 있다. 따라서 억제를 위한 리더의 구비조건을 다음과 같이 몇 가지로 살펴볼 수 있다.

첫째, 경쟁을 통해 얻어지는 것이 무엇이든 간에 억제 위협을 중시하는 리더, 둘째, 정보를 상대적으로 왜곡하지 않으며, 원하는 결과를 얻기 위해 그 정보를 정책결정과 연관시키는 리더, 셋째, 적의 의도 · 이해 · 공약 · 가치를 자세히 알고 이해하는 리더, 넷째, 정책을 마지막으로 결정하는 단계에서 외부적 요인에 대한 손익계산에 초점을 맞추는 리더, 다섯째, 정책결정과 연관된 일반적 군사력에 대해 이해하고 있는 리더, 마지막으로, 각각의 이러한 합리적인 정책결정자들이 국가를 움직이는 서로 비슷한 정책을 세우는 정치체제에 있을 때이다. 이 중 하나라도 충족되지 않으면 억제의 효과는 감소하게 마련이다.

이에 반해 억제의 실패요소도 짚어볼 수 있겠다. 첫째, 정책결정자의 개인적 신념 · 믿음 · 성격이 크게 작용한다. 둘째, 위험한 벼랑끝 전술을 들 수 있다. 지도자로 하여금 공격성이 필요하다고 생각하게 하는 중요한 국내외적 조건이 벼랑끝 전술을 선택케 한다. 셋째, 정치적 요청과 인식왜곡을 들 수 있다. 지도자들이 참을 수 없는 미래를 피하기 위해 그들이 즉시 행동을 취해야 한다는 스트레스를 받고 있을 때에는 잘 알려진 수많은 인지절차는 그들의 능력을 제한할 수 있다. 마지막으로, 약물사용에 의한 인식왜곡이 있다.

II. 억제의 구비조건

억제가 성공하려면 억제자는 자신이 제시한 위협에 근거한 보복을 실제로 집행할 능력과 신뢰성이 있어야 하고, 이를 피억제자에게 정확히 의사전달해야 한다.

1. 능력(capability)

능력은 억제자가 자신이 제시한 위협을 실제로 집행할 수 있는 수단을 보유하고 있는가 하는 것으로, 위협을 실행에 옮길 수 있는 위협국의 능력이다. 실행될 수 없는 위협을 조작하는 것은 공연한 기만적 행위에 불과하다. 따라서 상대가 얻기를 희망하는 어떤 가능성 있는 이익에 비해 상대적으로 받아들일 수 없는 대가를 부과하는 능력이 필요하다. 이러한 능력에는 무기, 투발수단, 무기의 생존성, 지휘 및 통제체계의 비취약성 등을 그 내용으로 들 수 있겠다.

① **무기 및 무기체계:** 무기는 보복능력의 가장 기초적인 요소로서 위협국의 무기(폭탄과 탄두)가 위협의 양, 크기, 그리고 작전의 신뢰도 면에서 비례하는가가 주된 문제이다. 일반적으로 무기의 파괴력은 TNT(폭발물질인 trinitrotoluene) 폭파력으로 환산되어 표시되며, 핵폭탄의 폭발능력은 TNT의 킬로톤 또는 메가톤(100만 톤) 단위로 측정된다[킬로톤은 핵분열에 의한 핵(원자)폭탄으로부터 얻어지며, 메가톤은

핵융합과정의 열핵(수소)폭탄으로부터 얻어진다].

② **투발수단:** 위협국이 자국의 재량으로 고유의 신뢰성 있는 투발수단, 즉 폭탄을 목적지까지 운반할 수 있는 수단을 가지고 있는가 하는 문제다. 재래식무기는 무기 자체가 운반수단을 동시에 보유하고 있는 것이 통상이다. 그러나 핵탄두는 미사일이라는 별개의 운반수단에 의해서 목표까지 도달된다. 이에는 지상발사 미사일과 핵잠수함에 장착된 미사일, 전략폭격기 등을 모두 망라한다.

③ **무기의 생존성:** 최초 공격을 받고 난 후에도 피억제자가 수용하기 어려운 보복을 가하는 데 필요한 수단인 충분한 종류와 분량의 무기를 보유하고 있다는 사실은 억제의 조건인 신뢰성을 고양시키는 중요한 요소가 된다.

미국의 핵무기 독점시대에는 구소련의 핵무기 위협을 느끼지 않았다. 핵이 있어도 투발수단은 항공기뿐이며 장거리 폭격기 편대를 소유하지 못했기 때문이다. 그러나 소련이 1957년 첫 인공위성 스푸트니크 발사를 통한 로켓능력 보유로 충격을 받은 미국은 제1격 전략과 제2격 전략을 탄생시켜 이에 대응하였다. 즉 핵전쟁의 시작을 뜻하는 제1격 능력군과 함께 적의 공격에서 살아남은 핵군의 제2격 능력군, 적의 공격을 받은 뒤에 보복공격을 할 수 있는 군의 창설이 필요하게 되었다. 적이 공격을 먼저 가해와도 살아남아서 적에 대하여 견딜 수 없는 극심한 피해를 입힐 수 있는 충분한 보복군의 생존이 보장되지 않고서는 제1격 군이 아무리 광범위하게 분산되어 있어도 억제를 할 수 없다.

④ **지휘 및 통제체계의 비취약성:** 국가통치체계, 단기경보체계, 통신망, 작전지휘본부 등의 비취약성을 고려해야 하는데, 이를 위해 비상

항공기 탑재지휘소가 항상 공중에 떠 있는 상태로 유지해야 하며, 또한 인간의 오류와 비인가 행위에도 대비해야 한다.

2. 신뢰성(credibility)과 의사전달(communication)

억제가 달성되려면 능력의 구비만이 아니라 상대방이 이를 믿도록 만드는 신뢰성도 갖추어야 한다. 또한 이런 능력과 신뢰성을 상대방에게 분명히 의사전달해야 한다. 억제자는 제시한 위협을 실제로 집행할 능력이 있어야 하지만, 이에 못지않은 요소가 이를 실행할 의지를 상대방이 믿어야 한다. 여기에는 분명한 의사전달communication이 있어야 하는데, 어떤 범위의 행위가 금지되어야 하며, 만일 그러한 금지사항을 무시한다면 어떤 일이 일어나리라는 것을 적이 인식하도록 한다. 위협의 존재가 알려지지 않는다면 억제는 존재할 수 없다. 예를 들어, 로키산맥의 큰 회색곰은 자신의 영역을 표시하기 위해 그가 선택한 지역의 나무에 자신이 닿을 수 있는 가장 높은 위치에 발톱자국을 내는 것으로 알려져 있다.

억제를 달성할 수 있는 요소로서 능력과 신뢰성은 상호 밀접한 연관을 가지고 있다. 능력이 유형적인 조건이라면 신뢰성은 무형적인 것이라고 볼 수 있다. 억제자가 능력을 보유한 사실만으로 그가 보복할 것이라고 단정하기는 곤란하다. 반대로 보복의지가 충만하다 해도 능력이 뒷받침되지 않으면 그 신뢰성이 결여될 수밖에 없다. 암사자는 침입자로부터 새끼사자를 보호하기 위해 으르렁거림으로써 자기 의지를 전달하고 송곳니를 보임으로써 자기능력을 과시한다. 이처럼 능력과 신뢰성의 조합은 의사전달을 통해 억제를 달성할 수 있다.

III. 핵전략의 유형

1. 최소억제전략과 최대억제전략

최소억제라 함은 전면전쟁이 일어나면 모든 관련국이 비참하게 되어 버릴 것이라는 주장에 기초를 두고 있다. 설사 몇 개 안 되는 열핵무기라 하더라도 그것이 도시목표에 지향되어 있으면 충분하다고 보고 있기 때문에 최소주의학파minimalist school는 억제에 필요한 무기의 양을 비교적 적게 주장하는 낙관적 견해를 견지하고 있다. 반면에 최대억제는 수적·기술적인 면에서 압도적인 우위를 규정하고 있는데, 이는 양측이 각각 어떠한 기습공격에서도 견디어낼 수 있는 잔존능력 확보 노력으로 부단한 군비경쟁이 촉발될 수 있다. 이들 최대주의학파maximalist school는 보다 많은 양의 무기와 적에 대한 우세를 요구하고 있어 비관적 견해를 갖게 된다.

2. 대군사력전략과 대가치전략

대군사력전략Counter-Force Strategy은 핵시대 초기의 '대량보복'이론을 옹호하는 것으로 무장은 폭탄과 폭격기를 통해 이루어진다. 아이젠하워 정부는 이 교리를 뉴룩New Look전략으로 명명하여 채택하였다. 핵폭격기 개발 등 핵폭격능력 발전은 선택과 집중 차원에서 대규모 지상군 유지 등 여타 과도한 방위비 지출보다 경제적인 것으로 판단하여 공군에 예산의 50퍼센트를 배당하였다. 대군사력전략은 분별력 있는 보복과 제한을 요구하는 전략으로서, 전쟁발발 시 적의 전략적 군사부대기지, 즉 유도탄기지 및 비행기지 등을 가능한 조기에 신속하게 타격하는 데 적합한 무기를 설계하게 된다. 비록 대군사력공격의 한계를 넘어 대도시공격의 전투가 될 경우를 대비하여 예비군사력을 항상 유지하지만, 이렇게 되면 상호공격유발로 공멸하게 된다. 따라서 양측 모두 대군사력 공격이 제한된다. 따라서 핵전쟁에 적합하고 전략적 대군사력공격에 적합한 군사력 건설이 필요하게 된다.

한편, 대도시counter city 또는 대가치counter value 전략은 핵전쟁 발발 시 억제가 불가능해지며 분쟁은 상호파괴로 발전한다고 본다. 때문에 누구든 이러한 전쟁에 대비한 계획을 하지 못하도록 하기 위해 도시폭격과 대량파괴를 할 수 있도록 설계된 무기를 획득해야 한다고 주장한다. 도시는 계속 '연성' 표적으로 잔존하기에 핵전쟁은 생각할수록 매우 무서운 것으로 인식되어 전쟁이 방지된다는 논리이다.

3. 1차 공격력과 2차 공격력

1차 공격력First Strike Capability은 상대를 먼저 공격했을 때 상대의 효과적인 반격능력을 파괴할 수 있는, 즉 상대의 2차 공격력을 제거할 수 있는 공격의 감행능력을 말한다. 단순히 먼저 공격할 수 있는 능력을 말하는 것이 아니다. 반면에 2차 공격력Second Strike Capability은 상대의 공격을 받은 후 효과적으로 반격하기에, 즉 상대에게 '감당할 수 없는 피해Unacceptable Damage'를 입히기에 충분한 전력을 확보하는 능력을 말한다.

1차 공격력과 2차 공격력의 개념이 최초로 정립된 것은 1959년 홀스테터Hohlstetter에 의해서였다. 억제전략 성공의 관건은 2차 공격력의 확보 여부이기 때문에 중요한 것은 전체 핵무기 보유 숫자가 아니라 선제 핵공격을 받은 후 상대의 방공망을 뚫고 대량보복을 감행할 수 있는 잔존 핵전력의 규모에 달려 있다.

IV. 미국 안보정책과 억제전략의 변화

국제정치에서 핵무기가 차지하는 중요성이 냉전시기보다 상대적으로 감소하였다 하더라도 여전히 핵무기는 국가안보전략에 있어 중요한 요소로 간주되는 것이 현실이다. 특히 주변 국가들과 지속적인 갈등관계에 있거나 경쟁국가에 비하여 상대적으로 군사력의 열세를 보이는 국가들은 핵무기 보유에 대한 유혹을 쉽사리 뿌리칠 수 없는 것이 현실이다. 인도와 파키스탄의 핵실험, 이란의 핵보유 의지, 계속되는 북한의 핵개발 의혹은 이러한 현실을 반영하고 있는 대표적인 경우들이다. 실제 핵무기가 가지고 있는 전략적 효용성은 냉전 이후에도 지속되고 있으며 기존의 핵보유국가들, 특히 미국의 안보정책에서도 명확하게 나타나고 있다. 1980년대부터 본격화되고 있는 핵무기 감축 노력과는 별도로 핵무기는 여전히 미국의 안보정책에서 중요한 부분을 차지하고 있다. 미국의 안보전략을 효과적으로 수행하기 위해서는 강력한 군사력이 필요하고 핵무기는 미국의 군사력에서 가장 핵심적인 수단으로 간주되고 있다.

미국의 핵전략은 1945년 핵무기 개발 이후 많은 변화를 가져왔지만 기본적으로 미국의 이익을 보호하기 위하여 운용되어 왔다. 미국의 핵전략은 대체적으로 냉전시기에 있어서 소련에 대한 견제와 봉쇄를 목표로 변화되어 왔으며 탈냉전시기에는 핵무기의 실재적 사용보다는 핵확산의 통제에 초점을 두었고 러시아와의 핵무기 감축을 적극적으로 추진하고 있다. 하지만 미국의 핵전략은 국제정치의 변화와 국내 정치의 상황에 따라 유연하게 변화하였을 뿐 본질적으로 핵무기에 의한 억제정책은 변하지 않았다.

억제이론에 대한 논리적 탐구와 학문적 연구가 가장 발전한 나라는 미국이다. 세계에서 가장 먼저 핵무기를 갖게 된 미국은 히로시마와 나가사키에서 핵무기의 위력을 실감했고, 이후 소련도 핵을 보유하게 되자 인류 역사상 불의 발견에 비유될 수 있는, 경이적인 이 무기의 사용과 처리문제에 대해 진지하게 고민하게 되었다. 따라서 억제이론의 틀을 이루고 있는 기본전제와 가정 및 주요 용어들이 모두 미국적 사고의 산물이며, 억제이론의 발전사가 곧 미국 핵전략의 발전사와 궤를 같이 해왔다. 이런 점에서 억제이론을 제대로 이해하기 위해서는 역대 미 행정부의 안보정책과 억제전략을 살펴보는 것을 빼놓을 수 없다.

핵무기를 보유하게 되면서 역대 미 행정부가 갖게 된 주된 과제의 하나는 전임 행정부의 핵무기 운용전략을 재검토하는 것이었다. 매 행정부마다 대통령의 통치철학에 바탕을 두되 당시의 전반적인 국제정치 상황, 주요 적대국이 야기하는 외부위협, 동맹국들의 입장, 핵기술 발전 상태, 경제 상황과 국내 정치적 요인 등을 고려한 새로운 억제전략을 제시하는 것이 전통이 되어 왔다. 미 행정부의 주요 억제전략을 살펴보면 다음과 같다.

1. 대량보복전략(Massive Retaliation Strategy)

미국이 핵무기를 개발한 직후에는 구체적인 핵전략이 없었다. 다만 당시 소련과의 관계에서 핵무기체계의 우위를 점하고자 하는 노력이 이어졌을 뿐이었다. 미국은 핵무기를 개발하였음에도 실제 초기에는 대량생산을 하지 않았고 군사전략에 의하여 핵무기를 실전배치하지도 않았다. 핵무기의 중요성과 핵전략의 구체적 수립은 아이젠하워 행정부에 들어와서야 구체성을 가지게 되었다. 아이젠하워 대통령은 취임하면서 국가경제력을 저해하지 않는 범위에서 강력한 군사력을 건설하라는 지시를 하였고, 이 요구에 따라 검토 보고된 문서가 NSC-162/2이다. 이 문서를 토대로 형성된 핵정책이 바로 '뉴룩New Look정책'으로서 이는 '핵무기의 우위'를 바탕으로 소위 '대량보복massive retaliation'과 기타 가능한 모든 수단을 동원하여 유럽에서의 소련의 재래식 전력의 우위를 상쇄하는 것을 목적으로 하였다.

이와 같은 대량보복전략은 적의 공격에는 대량 핵보복으로 대응하겠다는 미국의 결심을 보여줌으로써 소련의 이 팽창을 억제할 수 있을 것으로 기대하고 착안된 전략이라고 할 수 있다. 대량보복전략은 아이젠하워 행정부의 국무장관이었던 덜레스John F. Dulles가 1954년 뉴욕의 외교협회에서 공식 천명한 억제전략으로서 비교적 예산이 많이 소요되는 재래식 군사력을 감축시키고 상대적으로 적은 비용으로 높은 효과를 낼 수 있는 핵전력을 강화하여 유럽에 미국에 의한 핵무기 전장을 설치하는 것을 목적으로 하고 있다. 덜레스는 팽창하는 소련의 위협에는 '보복retaliation'과 '해방liberation'이라는 두 가지 수단으로 대응하여야 한다고 보았다. 그중 보복은 소련의 군사적 공격에 대응하는 데 필요한 어떠한 무기도(핵무기를 포함하여) 사용할 수 있다는 입장이었다. 따라서 아이젠하워 행정부는 1950년대를 통하여 핵무기 개발을 더욱 촉진하였고 상대적으로 소련과의 핵경쟁에서 우위에 서게 되었다. 아이젠하워 행정부는 대량보복전략이 소련과의 전면적 대응을 목적으로 하고 있는 만큼 지역적이고 제한적으로 발생하는 위기에 대해서는 국가 간의 상호방위조약과 집단안보조약으로 보완하고자 하였다.

2. 유연반응전략(Flexible Response Strategy)

핵무기의 양적 팽창에 주력한 아이젠하워 행정부 이후 미국은 1960년대 초반에 충분한 대륙간탄도미사일, 핵잠수함, 그리고 전략폭격기를 보유하여 소련과의 관계에서 전략적 우위를 지킬 수 있었다. 하지만 소련의 대응핵 개발에 따라 실효성과 신뢰성의 문제가 제기된 미국의 대량보복전략은 케네디 행정부에 의하여 새로운 전략으로 전환하게 되었다. 브로디Brodie와 셸링Schelling은 대량보복이 도덕적으로도 문제가 있으며 전면전으로 확전될 가능성이 많다고 비판하면서 제한적으로 대응하는 것이 효과적이라고 보았다. 그리고 소련의 핵무기체계의 발달로 인하여 대량보복전략의 신빙성이 약화되었고, 서유럽 국가들의 재무장으로 인해 재래식 전력의 열세가 상당 부분 보완되었기 때문에 소련에 대응하여 굳이 핵에 의한 대량보복전략을 고수할 이유가 상실되었다고 했다.

유연반응 개념은 대량보복 개념과 달리 어떤 권위적인 이론화 작업 과정이 있는 것이 아니며 여러 갈래로 해석되기도 했다. 존 F.

케네디가 대통령선거 출마를 결정했을 때, 유연반응학파의 전문가들을 외교정책 참모로 기용했는데, 대통령 당선 후 싱크탱크인 랜드RAND 출신의 보좌관들은 주요 직책을 부여받았다. 그래서 유연반응전략이 미국의 공식 정책이 되었으며, 현재까지 미국의 기본전략이 되고 있다. 이 전략은 적절한 대응을 위해 재래식 군사력 증강을 주장하는데, 그 비용이 유럽 동맹국의 재건으로 인해 많지 않다. 또 기술의 발달로 부대와 장비의 이동이 용이하고 대응도 유연하며, 그 전략의 선택도 다양할 필요가 있다.

이처럼 케네디의 유연반응전략은 대량보복전략의 비현실성을 보완하기 위하여 나온 것으로 소련의 다양한 도전이나 팽창에 대하여 사안에 따라 적절한 수준으로 대응한다는 것이 골자이다. 즉 사안에 따라서는 재래식 전력만으로도 대응이 가능하며 이러한 유연한 대응이 전쟁으로의 발전을 막을 수 있다고 보았다. 따라서 대량보복전략이 국가 간 전면전으로 확대될 우려가 있는 반면 유연반응전략은 국가 간 분쟁을 제한전으로 축소할 수 있는 여지를 만들었다. 물론 이와 같은 유연반응전략에 의한 '손실제한damage limitation'전략만이 케네디 행정부의 공식 입장은 아니었다. 오히려 유연반응전략보다 다음에 언급될 '상호확증파괴전략'이 더 중요하게 간주되었다.

3. 상호확증파괴(MAD)전략

1960년대 들어 소련의 핵전력이 급격하게 신장되면서 미국의 핵 우위는 점차 사라지게 되었고, 미 소 모두 상대의 핵전력을 선제공격해서 제압할 수 없는 상황에 도달했다. 아울러 1960년대 미국의 여론은 미국 핵전력의 상당 부분이 소련의 도시를 표적으로 배치되었고 소련의 핵전력도 유사한 형태로 배치되어 있다는 인식을 갖고 있었다. 이러한 전략적 · 국내적 현실을 활용해서 맥나마라McNamara 국방장관이 1960년대 중반에 개념화한 것이 상호확증파괴MAD: Mutual Assured Destruction전략이다. 이는 적이 핵공격을 가할 경우 적의 공격미사일 등이 도달하기 전 혹은 도달 후 생존보복전력을 이용해 상대편도 전멸시킬 수 있는 보복핵전략이다. 이러한 MAD전략은 미소가 서로에 대한 확증파괴능력, 즉 2차 공격력을 갖추었다는 것과 미 소관계에서 '전략적 균형strategic parity'이 달성되었음을 미국이 인정한다는 전략적 · 정치적 의미를 갖는다.

MAD전략에 따르면 양 당사자 간에 핵의 정체nuclear stalemate를 보장하기 위해서 생존성survivability과 취약성vulnerability이라는 두 가지 요건을 갖추어야 한다. 생존성은 쌍방이 상대방의 선제공격으로부터 살아남을 수 있는 전력을 보유하는 것이다. 취약성은 선제공격을 받은 피공격측이 보복공격을 통해 공격측의 도시, 산업시설 등 사회적 가치가 있는 표적들을 파괴할 수 있을 만큼 선제공격측이 보복공격에 취약해야 한다. 생존성이 없는 측은 상대의 선제공격을 그만큼 더 두려워하게 된다. 취약성이 없는 측은 상대의 보복공격을 두려워하지 않는다. 따라서 만일 위기가 발생한다면 생존성이 높고, 취약성이 없는 측이 상대에 대해 선제공격을 감행할 동기가 높아질 것이고, 그만큼 핵의 정체가 깨질 가능성이 커진다는 것이 MAD전략의 기본 논리이다. 취약성을 높이기 위해서 미 소가 1972년에 합의한 것이 영공방어를 사실상 포기하기로 한 '탄도탄요격미사일제한협정' 즉 ABM조약ABM Treaty이다.

맥나마라는 MAD전략이 다음과 같은 이점을 갖는 것으로 보았다. 첫째, 상대에 대한 전력 우위를 유지하기 위해서 지속적인 투자를 하지 않아도 되기 때문에 장기적으로 국방비를 절약할 수 있다는 당시 시점에서 새로운 무기구매가 안보증진을 가져오지 않는다는 현실, 즉 전력증강의 효용성이 포화상태에 달했다는 맥나라마의 상황판단을 반영하고 있다. 둘째, 핵무기 사용 위협의 신뢰성이 낮아짐으로써 핵무기가 정치적 영향력 확대의 수단으로 사용될 가능성을 없앨 수 있다는 사실. 셋째, MAD전략 하에서는 미국이 소련과의 군비통제협상에 진지하게 참여할 동기가 생긴다는 사실이다.

이처럼 케네디 행정부 이후 유연반응전략과 상호확증파괴전략은 미국 핵정책의 기조가 되었다. 특히 1960년대 말부터 미국과 소련의 핵평형이 유지되면서 미국은 더욱 유연한 핵전략을 시도하였다.

〈참고 2〉 탄도미사일금지조약(ABM Treaty)

탄도탄요격미사일(Anti-Ballistic Missile)은 ICBM 등 날아오는 적의 탄도탄을 조기에 탐지, 격추하기 위한 미사일방어체계로 1969년 개발되었다. 그러나 ABM의 개발로 핵전쟁 위험이 높아지자 미소 양국은 "어느 한쪽도 미사일 공격에 대한 방어능력을 갖추면 안 된다"라는 군비통제협상을 하게 된다. 이것이 미국과 소련이 1972년 체결한 ABM Treaty다. 이 조약은 ABM에 대해 수도와 대륙간탄도탄 기지 중심 반경 150킬로미터 이내에 각각 하나의 ABM체계만 배치 가능, 100기 이상의 요격미사일 및 발사대 배치 금지 등등을 명시하고 있다. 미국의 NMD(National Missile Defense: 국가미사일방어체계로 부시 행정부 이후엔 MD) 구축계획으로 2002년 6월 영구 폐기되었다.

4. 충분성전략

닉슨 대통령이 맥나마라의 의견을 수용해서 제창한 충분성sufficiency 원칙을 기초로 삼아 고안된 핵전략이다. 충분성원칙은 미소의 전략관계에서 균등parity 혹은 '대체적인 등가성rough equivalence'의 상태를 달성하는 것이 바람직하다는 전략 개념이다. 1969년 닉슨 행정부 취임 당시 미국은 소련과 중국의 도시를 공격하는 데 필요 이상의 핵무기를 보유했고, 과잉 핵무기는 주로 소련의 군사목표물을 겨냥해서 배치되어 있었다. 닉슨 행정부 초기 키신저 안보보좌관이 주도한 외교안보 정책보고서는 충분성의 요건을 다음과 같이 네 가지로 파악했다. 첫째, 2차 공격력을 확보할 수 있어야 한다. 둘째, 상대가 선제공격으로 군사적 이익을 얻지 못할 정도로 견고한 핵전력을 갖춤으로써 위기 시의 안정을 유지한다. 셋째, 상대의 핵전력에 똑같이 맞대응할 필요는 없지만 핵전력의 규모와 능력이 상대보다 열세면 안 된다. 즉 '필수적인 등가성essential equivalence' 혹은 균등이 유지되어야 한다. 넷째, 제한된 탄도미사일요격체계가 소규모의 또는 우발적인 미사일 공격을 제압할 수 있어야 하며 억제용 ICBM 전력을 보호하는 데 기여해야 한다.

결과적으로 충분성전략은 전략핵무기 분야에서 대소 열세를 허용하지 않되 기존의 우위 입장을 사실상 포기하는 것이며, 미국이 일방적으로 자제하지는 않겠지만 상호 자제하는 것이 서로에게 이익이 된다는 인식을 담고 있다. 닉슨 행정부는 소련에 대한 핵 우위를 포기하고 충분성과 균등원칙에 입각해서 '전략무기제한협정SALT: Strategic Arms Limitation Talks'을 비롯한 다양한 군비통제조약의 협상에 임하게 된다. 하지만 1970년부터 최초로 다탄두MIRV: Multiple Independently Targetable reentry Vehicle를 개발하는 등 핵무기 증강을 선도했다는 사실은 충분성 전략의 한계를 보여준다.

5. SDI(Strategic Defense Initiative)전략

1981년 레이건 행정부가 출범하면서 미국의 철저한 방어력으로 소련의 공격력을 무효화시키려는 전략구상을 내놓았다. 이른바 전략방위구상SDI으로서 우주에 배치된 레이저위성·빔위성 등으로 이루어진 시스템에 의해 핵미사일을 목표 도달 전에 요격·파괴하는 구상이다. 이 핵전략은 재래식무기의 획기적인 발전으로 핵능력을 무효화·무력화시키는 개념으로서 탈핵post nuclear 시대의 등장을 예고하는 것이었다. 공격보다는 방어, 상호공멸MAD이 아닌 상호생존MAS을 보장한다는 개념인 SDI는 소련의 확증파괴 능력을 무효화시킴으로써 소련의 핵무기 사용을 억제한다는 전략구상이었다.

철저한 반공주의자인 레이건은 소련을 악의 제국evil empire으로 규정하고 미국과 우방국의 군사력 재강화를 통해, 힘의 우위에 의한 미국의 철저한 방어력으로 소련의 공격력을 무효화시키고, 소련의 팽창주의를 봉쇄시키겠다는 구상을 하게 되었다. 과감하고 야심적인 구상인 SDI로 군비경쟁 촉발을 야기한다는 의혹이 있었음에도 불구하고 미국과 소련 사이에 전개되어 왔던 핵군비경쟁을 오히려 핵감축경쟁으로 전환시킨 계기를 제공하였다. 경제적 빈곤상태에 직면하고 있었던 소련은 그 엄청난 경비와 고도의 기술력이 요구되는 전략방어체계 구비는 불가능하다고 판단하게 되었다. 1985년 3월 11일

소련 공산당 서기장에 취임한 고르바초프Mikhail Gorbachev는 이러한 현실을 인식하고 개혁 · 개방정책을 표방하기에 이르렀다. 그는 안보개념도 개별국가 안보가 아닌 공동안보 개념으로 대체해야 한다고 주장하면서 '합리적 충분성'의 군사 독트린 개념을 제시하였다.

이러한 SDI는 1987년부터 기술적 난관으로 인해 야심찬 계획들의 추진력이 상실되었다. 게다가 냉전이 종식되면서 소련의 전면적 핵공격 가능성이 희박해지자 SDI는 더욱 힘을 잃게 되었다. 따라서 1991년 부시George Walker Bush 대통령은 '제한공격에 대한 지구전역방어체계GPALS: Global Protection Against Limited Strikes'를 시도하였으며, 이는 국가미사일방어NMD와 전역미사일방어TMD로 구분하여 추진되었다. 그 후 아들 부시George Herbert Walker Bush 대통령은 다시 NMD와 TMD를 포괄하는 미사일방어MD 정책을 구상하게 되었다.

〈참고 3〉 미사일방어 정책의 변화

SDI는 소련으로부터 본격적인 전략핵탄두를 탑재한 ICBM의 공격을 억제·방어하는 것이었다. 이에 대하여 부시 대통령이 추진하고자 했던 GPALS는 소련이나 제3세계로부터의 우발적·한정적 또는 중앙의 지령에 근거하지 않은 군부의 독자 판단이나 오인에 의하여 발사되는 100 내지 200발에 달하는 탄도미사일 공격으로부터 미국 본토뿐만 아니라 해외에 파견되어 있는 미군 및 동맹제국을 방어하는 것을 목적으로 하였다. 이는 NMD(국가미사일방어: 소련의 제한된 수의 우발적 탄도미사일 공격으로부터 미국 본토를 방어)와 TMD로 구분하여 추진되었다.

특히 1993년 1월 클린턴 정권의 탄생으로 취임한 아스핀 국방장관은 취임 초에 새로운 탄도미사일 방위 개념으로 전역탄도미사일방어(TMD: Theater Missile Defense) 개념을 제시하였다. 이 개념은 탈냉전을 배경으로 해외에 주둔하는 미군과 미국의 동맹국을 지역 분쟁 시에 제3세계 제국으로부터 발사되는 중·단거리 탄도미사일 공격으로부터 지키는 것을 목표로 하였다. TMD가 상정하는 제3세계의 탄도미사일은 수십 발로부터 많아야 수백 발 정도로서 방어의 대상이나 범위도 SDI보다 좁다. 따라서 TMD가 SDI보다 기술적으로 실현하기 쉽다.

6. 선제공격(preemptive strike)전략

부시 대통령은 미 행정부가 역사적으로 기피해왔던 선제공격 독트린을 공식적인 군사안보전략 요소로 채택하고 이에 필요한 대비태세를 갖춰 나갔다. 이러한 부시 행정부의 선제공격 독트린은 2003년 이라크전쟁을 통해 현실로 구현되었다.

부시 대통령은 2002년 6월 미 육사에서 행한 연설에서 9·11사태가 탱크 한 대 값도 안 되는 수십만 달러로 가능했다고 지적하고, 자유에 대한 가장 중대한 위협은 '극단주의와 기술radicalism and technology'이 만나는 곳에 있다고 강조했다. 부시는 냉전시대 미국의 안보가 의존했던 억제와 봉쇄전략이 일부 경우에는 그대로 적용할 것이라고 밝히면서 억제의 효용성을 완전히 부인하지는 않았다. 하지만 새로운 위협은 새로운 사고를 요구한다면서 특정 국가에 대해 대량보복을 가하겠다는 억제는 보호할 국민과 국가가 없는 테러집단에게는 아무런 의미가 없다고 주장했다. 봉쇄 역시 정서불안 상태의 독재자가 WMD를 사용하거나 테러집단에게 제공할 수 있기 때문에 효과적인 안전보장 수단이 되지 못한다고 보았다.

이렇게 WMD로 무장한 불량국가와 테러집단을 새롭고 심각한 위협으로 규정한 부시 대통령은 위협이 구체화될 때까지 기다릴 수만은 없다면서 신속한 행동의 필요성을 제기했다. 아울러 테러와의 전쟁은 방어적 태세만으로는 이길 수 없으며 미국의 안보를 위해서는 미국인들이 전향적이고 단호한 사고를 갖추고 선제 행동을 준비해야 한다면서 선제공격 의지를 분명히 밝혔다. 따라서 선제공격이란 적의 공격이 임박했다고 판단되었을 때 이를 회피하거나 무력화시키기 위해 적을 먼저 공격하는 것을 말한다.

부시 행정부의 국가안보에 대한 기본입장과 추진전략은 2002년 9월에 발간된 국가안보전략 보고서에서 더욱 구체화되어 천명되고 있다. 억제전략이 가능하기 위해서는 대량보복에 대한 상대방의 인지(합리적 사고를 통한 대량손실 계산)로 공격포기가 이루어져야 한다. 그러나 9·11테러 같은 비국가의 테러행위의 경우 보복공격의 영토나 집중된 인구가 없을 뿐만 아니라 자신들의 행동으로 인한 손실을 계산하는 합리성도 없기 때문에 종래의 억제전략은 기본전제부터 성립되지 않는다. 죽는 것을 영광으로 생각하는 광신자에게는 보복의 위협도 억제효과를 기대하기 어렵다.

부시 행정부가 후세인 정권의 테러 지원 및 WMD 개발을 저지하겠다는 명분으로 시작한 이라크전쟁은 국내외적으로 많은 비판이 제기되었다. 그러나 외부의 적대세력이 야기하는 위협이 무르익는 상황을 그냥 앉아서 지켜보고만 있지 않겠다는 부시 행정부의 의지가 구현된 전쟁임에는 틀림없다.

V. 억제 논리와 나선(spiral) 논리 비교

억제모델은 치킨게임the game of Chicken에 기초를 둔 것으로, 온건하고 유화적인 제스처는 자신의 핵심이익을 수호하고자 하는 의지가 없는 것으로 비치기 때문에 상대방으로 하여금 더 강력한 압박을 시도하게 만든다고 본다. 그 결과 한번 양보하기 시작하면 더 많은 양보를 해야 하는 상황에 직면할 수밖에 없고, 따라서 전쟁을 불사하는 능력과 의지를 보여줄 때만 더 많은 양보를 강요받는 외교적 참사를 피할 수 있다. 치킨게임에서 승리하는 법은 끝까지 운전대를 틀지 않는 것이기 때문이다. 억지모델에 따르면 모든 이슈들은 긴밀하게 상호연결interconnected되어 있기에 아주 사소한 문제에서 양보하는 것도 상대방에게는 자국의 유약함으로 해석될 위험이 있다. 따라서 미국은 세계 모든 지역에서 일어나는 소련의 도발에 대한 모두 단호하고 원칙적으로 대응하여 소련의 기회주의적 팽창 시도를 막아야 한다.

나선모델은 갈등관계에 있는 쌍방이 억제모델을 동시에 적용할 때 발생하는 문제점을 지적한다. 1차 세계대전 이전 영독 간 해군 군비경쟁에서 보듯, 일방의 안보를 확실하게 보장하려는 시도는 상대방의 안보를 저해한다. 이는 편협된 자기 이익의 무한 추구가 결국 모두의 이익을 저해한다는 죄수의 딜레마Prisoner's Dilemma 상황과 유사하다. 미국과 소련이 동시에 억제를 걸어 위협threat과 징벌punishment을 교환하다 보면 공포가 의심과 불신을 낳고 더 심각한 안보 위기를 불러와 결국 모두가 손해를 보는 최악의 길로 들어서게 된다. 이러한 안보 딜레마security dilemma 상황을 극복하기 위해 필요한 것은 내가 먼저 양보하고 상대가 이에 화답함으로써 위협 교환의 악순환을 유화적 조치 교환의 선순환 구조로 바꾸는 것이다.

두 모델 가운데 어떤 것을 선택해야 하는지의 문제는 사실 두 이론의 '영역조건scope condition'에 달려 있다. 즉, 억제모델은 상대방을 기회만 있으면 현상을 변경하려고 하는 공세적 의도를 가진 현상변경세력revisionist로 보고, 나선모델은 상대방이 현상을 바꾸려는 것이 아니라 방어적 의도를 가지고 자국의 안보를 보장받고 싶어 하는 현상유지세력status quo power이라는 전제를 하고 있다. 모겐소Hans Morgenthau가 지적하듯 만약 이를 반대로 적용하여, 상대방이 현상변경세력인데 나선모델에 입각한 정책을 펼치면 2차 세계대전 이전 히틀러에 대한 영국의 유화정책과 같이 큰 외교적 실패를 경험할 수 있고, 상대방이 현상유지세력임에도 불구하고 억지모델을 적용하면 1차 세계대전 이전 독일에 대한 영국의 견제정책이 결국 전쟁으로 귀결된 것과 같은 문제에 직면하게 된다.

따라서 저비스는 두 모델 가운데 어떤 모델을 적용하여 대소련 정책을 펼칠지의 문제는 소련의 의도를 정확히 파악하는 것에서부터 출발해야 하고, 이때 소련이 미국의 의도에 대해 어떤 인식을 하고 있는지를 종합적으로 살펴야 한다고 제언한다. 그러나 모겐소는 상대방의 의도를 정확하게 파악하는 것은 불가능하고, 능력에 비해 의도는 쉽게 바뀔 수 있어서 의도보다는 능력을 기초로 외교정책을 구성해야 한다고 조언한다. 이 두 가지 견해를 북한 사례에 적용하면, 첫째, 기본적으로는 북한의 능력 변화를 주의 깊게 살피는 전략이 필요하고, 둘째, 햇볕론이나 제재론 중 하나를 골라 일관되게 추진하기보다는 현재 북한이 가지고 있는 전략지향과 북한이 한국과 미국의 의도에 대해 가지고 있는 인식 모두를 고려하여 유연하게 대응하는 것이 중요하다는 결론을 얻게 된다.

6장 미래전과 국방전략기획

Ⅰ. 국방전략과 국방기획
Ⅱ. 미래전의 개념과 변화 요인
Ⅲ. 우리나라의 국방전략

• 학습 개요 •

국가안보는 당면한 위협에 대응하면서 미래의 위협을 예측하고 대비하는 일이다. 하지만 다양한 요소의 상호작용, 인간의 심리적 요인 등으로 인해 미래의 위협을 예측하는 것은 어렵다. 미래전 양상도 정보통신과 4차 산업혁명의 첨단과학기술로 인해 빠르게 변화하고 있다. 국가는 미래 안보 환경과 전장에 대응하고자 국방전략을 수립한다. 우리나라도 튼튼한 국방과 과학기술 강군을 달성하고자 「국방혁신 4.0」을 수립하였다.

첫 번째 절에서는 국방전략과 국방기획의 개념을 살펴보고, 두 번째 절에서는 미래전의 특징과 현재 논의되는 미래전 구상을 소개한다. 세 번째 절에서는 국방전략의 실제로서 윤석열 정부의 「국방혁신 4.0」을 살펴본다.

[주요 개념]

미래전
군사혁신
모자이크전
합동전영역지휘통제
국방전략
국방기획
「국방혁신 4.0」

[생각해 봅시다]

1. 국방전략과 국방기획은 어떻게 다른가?
2. 국방전략은 어떤 요소들을 고려해야 하는가?
3. 미래는 왜 예측하기 어려운가?
4. 미래전의 특징은 미래전 구상에 어떤 영향을 미치는가?
5. 「국방혁신 4.0」의 실행은 어떤 문제를 고려해야 하는가?

Ⅰ. 국방전략과 국방기획

1. 국방전략의 이해

국방은 국가방위의 줄임말로서 외부의 물리적 공격으로부터 국가의 영토·국민·주권을 군사적 수단으로 보호하는 개념이다. 국방전략은 국가의 영토·국민·주권을 보호하기 위해 국가 차원에서 군사력 건설과 운용을 달성하기 위한 목표, 수단, 방법이다. 국방정책은 국방전략을 달성하기 위한 구체적인 정책들이다.

국방전략은 다른 국가나 외부의 군사적 위협에 대응하기 위한 전략이므로 국제적 수준의 전략도 포함된다. 예를 들어 국방을 위한 동맹, 국제안보 참여 등이 국방전략의 일부이다. 군에서는 국방전략을 군사적으로 구현하기 위해 군사전략을 수립한다. 군사전략은 안보환경과 적대국가의 군사적 행동을 예측하고 대응한다.

국방전략의 성과는 측정하기 어렵다. 국가를 방위하는 것이 국방의 목표인데 국방이 달성되고 있는 것이 국방의 노력 때문인지 외부 위협이 낮기 때문인지 구분하는 게 쉽지 않아서이다. 또한 국방전략은 준비하고 수행하는 데 오랜 시간이 필요하다. 국방을 달성하기 위한 수단인 군대와 무기체계는 양성과 도입에 많은 시간이 소요되며 운용을 위한 훈련도 쉽지 않다. 실제 전쟁에서 검증할 가능성도 낮기 때문에 정책 변화의 기간도 짧지 않다. 국방정책은 비밀성을 요구한다. 국방정책은 국민의 알권리와 적대국가에게 알릴 수 없는 사항 사이에서 긴장을 피할 수 없다. 국방정책은 규제적이고 강제성이 강하다. 전시에 국방을 위한 자원은 강제로 동원될 필요가 있으며 평시에도 다른 정책보다 우선될 가능성이 높다.

2. 국방기획의 이해

국방기획Defense Planning이란 국방전략을 달성하기 위해 필요한 군사능력, 자원배치, 훈련계획, 군수조달 등을 체계적으로 관리하는 과정이다. 국방기획은 잠재적 · 실재적 위협에 대응하며, 군사력을 효과적으로 동원하고 운용할 수 있는 장기적인 방향을 마련하는 일이다. 변화하는 안보환경 속에서 국방목표를 달성하기 위해 수단을 마련하고 이를 활용하는 방법이다. 또 전략환경을 평가하고 전략목표를 설정하며, 이를 달성하기 위해 국방수단을 운용하는 국방전략을 수립하는 과정 전반을 의미한다. 예를 들어 우리나라의 「국방혁신 4.0」, 「국방비전 2050」 등은 미래 국방환경에 주도적으로 대비하는 국방기획의 사례이다. 윤석열 정부는 장기적으로 지향하는 국방의 목표 · 가치관 · 이념으로서 미래에 달성하고자 하는 목표와 구현방향에 대한 개념적인 청사진으로 「국방비전」을, '첨단과학기술군'으로의 도약을 위한 국방역량 강화를 위해 「국방혁신구상」을 추진했다.

군사력 발전을 위해서는 장기간이 소요되는 특성 때문에 미래에 대한 정확한 예측과 분명한 전략방향을 설정하는 것은 무엇보다 중요하다. 이처럼 미래 전략방향을 설정하는 과정은 국방목표를 설정하는 '국방전략'의 수립과, 미래의 변화에 대처하는 방법과 수단을 마련하는 '국방개혁'의 추진으로 구분한다.

국방기획은 태생적으로 미래에 대한 추측에 기반하므로 미래전 전망이 필수적이다. 그런데 전쟁은 정치적political이며, 인간적human이고, 불확실uncertain하기 때문에 미래전을 전망하는 것은 쉽지 않다.[1] 국방기획은 외부위협과 국내 환경이라는 맥락 속에서 진행되기 때문에 결코 고정되어 있지 않다. 또한 의도와 능력을 정확히 알 수 없는 상대만 있는 것이 아니라, 국내 정치에 민감한 정치인과 투표권을 가진 시민들도 불확실성의 영역이다. 따라서 국방기획은 계획plans이 아니라 준비preparation라는 주장이 설득력 있다.[2]

콜린 그레이Colin Gray는 국방기획의 과정과 정치-전략-역사를 연결하자고 제안한다. 이에 따르면 먼저, 정치는 국방기획 과정에서 제기되는 구체적인 이슈들을 결정할 수 있는 권위에 '정당성'을 제공한다. 다음으로 역사는 현재의 국방기획자들에게 경험과 근거를 제공한다. 마지막으로 전략은 국방기획을 위한 이론과 논리적 틀을 제공한다.

3. 국방전략의 개념과 실제[3]

국방전략은 국가이익을 수호하고 국방목표를 달성하기 위해, 제한된 국가자원을 활용하기 위한 전략이다. 국방전략은 목표-방법-수단의 유기적인 연계가 필요하며, 정치-전략-역사를 포괄적으로 연결해야 한다.[4] 이는 목표를 설정하고 방법과 수단에 집중하는 것이다. 국방

1 Herbert R. McMaster, "The Pipe Dream of Easy War", *New York Times*, July 20, 2013.

2 Colin Gray, *Strategy and Defense Planning: Meeting the Challenge of Uncertainty,* Oxford: Oxford University Press, 2014, pp. 30-34.

3 손한별, 전경주, "국방전략서 작성의 이론과 실제: 미국과 영국 국방전략서가 한국에 주는 함의", 『한국국가전략』, 제16권, 2021. 7.

전략은 정치영역에서 제시된 목표ends를 달성하기 위해 요구되는 군사적 수단means을 건설하고 운용하는 방법ways이다. 목표 · 방법 · 수단을 별개로 다루어서는 성공적인 전략이 될 수 없다. 리케Lykke는 전략이란 목표 · 방법 · 수단의 합으로 이루어지며, 세 가지 요소가 균형을 이루어야 성공적인 전략이 될 수 있다고 지적한다. 반대로 균형을 이루지 못하면 전략적 위험에 빠지게 된다고 조언한다.[5] 목표 · 방법 · 수단에 대한 구체적인 설명은 〈참고 1〉을 읽어보기 바란다.

〈참고 1〉 전략 개념의 세 가지 요소: 목표 · 방법 · 수단

원래 군사 분야에서 만들어진 전략 개념은 오늘날에는 분야에 따라 다양한 수식어와 함께 사용된다. 경영전략, 연예전략 등 공적·사적 분야도 가리지 않는다. 하지만 전략이라는 용어를 사용하는 상황을 보면, 공통적으로 목표 달성을 위한 방법과 수단을 제시하고 있음을 알 수 있다. 이런 점에서 전략 개념의 세 가지 요소를 이해할 필요가 있다.

전략 개념이 쉬운 것만은 아니다. 흔히 전략은 유사한 개념과 혼용되기도 한다. 예를 들어 전략은 계획과 비슷하게 이해되지만 다르다. 계획은 목표를 수립하는 일이 아니라 정해진 목표를 달성하는 데 거쳐야 하는 여러 단계나 요소를 수행하는 절차 혹은 효과적인 순서에 가깝다. 반면 전략은 나아가야 할 방향 즉, 목표를 수립하는 것에서부터 시작된다. 성공적인 전략은 다음과 같은 질문에 답할 수 있어야 한다. '원하는 최종 상태가 무엇인가?', '어떻게 최종 상태를 달성할 수 있는가?', '어떤 수단을 활용해야 하는가?'

4 Colin Gray, *Strategy and Defense Planning: Meeting the Challenge of Uncertainty*. Oxford University Press, 2014, pp. 30-34.

5 Lykke, "Toward an Understanding of military strategy", p. 183.

첫째, 목표는 원하는 혹은 달성해야 하는 최종 상태이다. 국방전략은 국가안보 목표에서 파생되며 국력의 군사적 요소에 기반한다. 군사전략은 국방전략의 하위 수준으로, 국방전략을 달성하기 위한 군사력의 활용에 초점이 있다. 군사력의 건설은 국방전략에서 다룬다. 즉, 국방전략의 목표는 해당 국가가 추구하는 국가안보의 최종 상태를 명시하고, 이를 달성하는 데 필요한 군사력의 건설 수준과 이를 활용하는 방향을 포함한다.

둘째, 방법은 앞선 목표를 달성하기 위해 수단을 활용하는 방식이다. 전략 개념에서 가장 혼란스러운 요소가 방법이다. 방법은 목표와 구분이 어려울 때가 있기 때문이다. 예를 들어 억제전략은 상대방을 억제하는 것이 전략의 목표이지만, 이를 수행하는 조직에게는 상대방을 억제시키는 방법도 억제라고 인식할 수 있다. 하지만 전략 목표를 달성하기 위해 수단을 활용하는 방식이 방법이므로, 억제라는 목표를 달성하기 위해 하위 조직에서 행동하는 방법은 억제와 동일하지 않다.

억제 목표를 달성하는 과정에서는 상황과 자원에 따라 공격을 할 수도 있고, 방어를 할 수도 있으며, 기만을 할 수도 있고, 무시를 할 수도 있다. 이런 다양한 방법을 통해 억제라는 목표를 달성할 수 있으므로, 목표와 방법은 구분된다.

셋째, 수단은 앞선 목표를 달성하는 데 활용할 수 있는 자원이다. 자원은 무기체계나 병력과 같은 유형 자원뿐 아니라 사기, 시간과 같은 무형 자원도 포함한다. 수단은 단기간에 만들어질 수도 있지만, 새로운 연구개발과 같이 장시간 이루어지는 것도 있으므로, 목표를 달성하기 위해 기존의 수단을 최대한 활용하는 것(가용성)도 중요하지만, 새로운 수단을 필요한 시점까지 마련하는 것도 중요하다.

따라서 전략의 다른 요소인 목표, 방법과 마찬가지로 수단도 창의적인 사고가 요구된다. 역사적으로도 비슷한 수단을 다르게 활용하거나 새로운 수단을 추가한 경우를 찾아볼 수 있다. 예를 들어 1차 세계대전 당시 영국과 독일은 모두 탱크를 보유하고 있었지만, 탱크의 특성을 다르게 이해함으로써 수단의 활용에서 차이를 나타냈다.

국방전략은 국가의 생존을 목적으로 하는 안보전략security strategy과 전시 군사력 운용을 중점적으로 다루는 군사전략military strategy을 연결하는 역할을 한다. 다시 말해, 국방전략은 정치로부터 제시된 정책목표, 목표와 수단을 연계하는 전략적 방법, 작전적 수준에서 목표를 달성하기 위한 군사적 수단으로 구성된다. 이처럼 목표와 방법 및 수단을 연계하는 것이 국방전략이다. 예를 들어 미군이 추구하는 다영역작전Multi Domain Operation은 중국 등 도전하는 강대국을 상대로 미국의 군사적 우위를 유지하려는 합동작전 수행 개념이다. 다영역작전은 전략환경 변화에 따른 과거 합동작전 수행 개념을 계승 · 발전시킨 작전 개념으로서, '안보전략-국방전략-군사전략'의 기조를 반영한 국가전략의 목표 달성을 위한 핵심 군사적 수단으로 발전하고 있다.[6]

국방전략이 필요한 이유는 미래의 변화와 불확실성, 불확실성과 우연, 마찰로 점철된 전쟁의 특성으로부터 도출되기 때문이다. 즉, 불확실한 미래 국방환경 속에서 국방전략은 '무엇이, 얼마나 국가를 위협하는가'와 '어느 정도의 대응능력이 필요한가'의 핵심질문에 대한 답을 제공해야 한다. 이는 국가가 직면한 위협을 감소시키거나 취약성을 감소시키는 노력이다.[7]

---

6 다영역작전은 전투공간의 전 종심과 다중영역에서 능력 통합을 통해 유리한 기회를 조성하여 적에게 다영역에서 딜레마를 강요함으로써 주도권을 장악 및 유지하고, 적을 격퇴하여 군사목표를 달성하기 위한 작전이다. 영역(지상, 해상, 공중, 우주, 사이버) 간 통합을 통해 물리적 · 비물리적 차원에서 효과적인 군사력 운용을 위한 작전 개념으로서, 군의 현존 및 미래능력을 기반으로 기존 영역에서의 능력 발휘와 함께 합동성 차원에서 교차영역에서의 통합성 발휘를 통해 미국의 패권적 지위를 유지하기 위한 목적으로 개념이 수립되었다.

7 김열수, 『국가안보: 위협과 취약성의 딜레마』, 법문사, 2019.

콜린 그레이는 미래에 대한 준비로서 국방전략이 답해야 할 몇 가지 질문을 제시한다. 얼마나 먼 미래를 고민할 것인가, 미래에는 누가 또는 무엇이 안보를 위협할 것인가, 얼마만큼의 안보가 필요하며 가용할 것인가, 미래환경의 특성은 무엇이 될 것인가, 미래의 전쟁 양상은 어떻게 변화할 것인가, 현재의 군사력은 양적 · 질적으로 얼마나 적합할 것인가, 전술적 · 전략적 · 정치적으로 효과적이라고 신뢰할 수 있는가 등의 질문이다.[8] 따라서 국방기획이 필요하다.

전략을 기획한다는 것은 미래의 불확실성에 대비하여 국가 능력을 동원하고how to size, 이를 구조화하며how to structure, 태세를 갖추는 것how to posture이며, 논리적이고 체계적인 방법론을 통해서 이를 뒷받침할 수 있어야 한다. 기획된 국방전략이라도 변화를 요구받게 되는데, 일반적으로 급변하는 안보환경의 변화와 자원의 제약이 역동성을 심화시키는 결정적인 요인으로 작용한다.[9] 물론 변화 요인들이 변화한다고 해서 전략에 직접 영향을 주는 것은 아니다. 각각의 요인들의 변화는 목표 · 방법 · 수단의 불균형을 유발하고, 이것이 전략의 수정을 요구하게 된다.

〈그림 1〉과 같이 국방전략기획은 국방전략을 기획하는 행위자로서 클라우제비츠가 제시한 삼위일체인 정부(이성), 군대(우연성), 국민(감성)에서 출발한다. 다음으로 전략의 구성요소인 목표 · 방법 · 수단으로 구성된다. 가장 바깥에는 국방환경과 전쟁 양상을 결정하

8 Colin Gray, *Strategy and Defense Planning: Meeting the Challenge of Uncertainty,* Oxford: Oxford University Press, 2014. p. 28.

9 Henry Bartlett et al., *Strategy and Force Planning*, New Port: Naval War College Press, 2004, p. 17.

〈그림 1〉 국방전략기획의 틀[10]

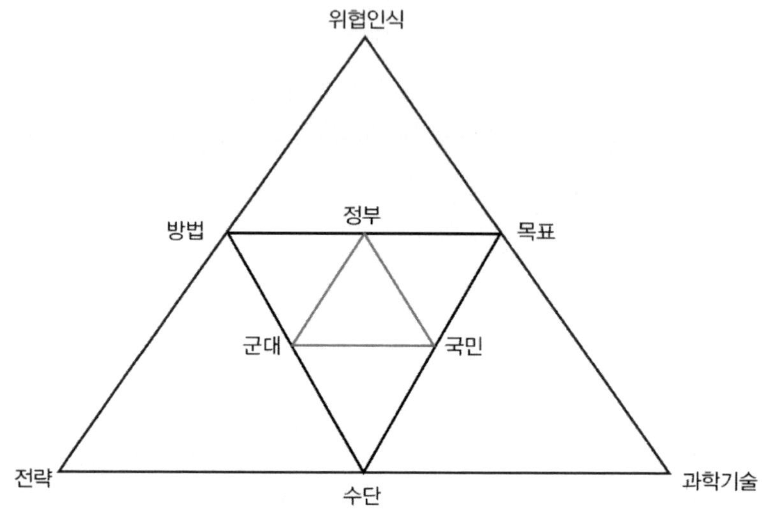

는 위협인식, 과학기술, 전략을 반영한다.

국방전략의 형성 절차는 문제정의(인식과 해석)-전략탐색-전략분석-전략선택-전략서 작성 및 활용으로 이어지는 과정을 따른다.[11] 미래에 대한 예측과 기존 전략을 비교분석함으로써 문제를 정의하고, 변화하는 대내외 환경 속에서 목표를 달성하는 방법으로서의 전략적 대안을 탐색하며, 비교분석을 통해 전략적 대안을 선택한다.

이러한 국방전략은 국방부에서 작성하는 최상의 문서인 국방전략서로 확정된다. 국방전략서는 국방중장기계획, 국방개혁안, 합동

---

10 손한별, "한국의 미래국방전략: 국방전략 2050의 추진과 과제", 국제문제연구소 미래전연구센터 워킹페이퍼 No. 121, p. 6.

11 김학량, 『전략기획방법론』, 서울: 국민대학교 출판부, 2013, pp. 106-127.

군사전략 등 각종 국방계획과 군사전략을 수립할 때 정부가 바뀌어도 방향이 흔들리지 않는 국방원칙을 제시하는 기본지침서이다. 국방전략서의 전신인 국방기본정책서는 김대중 정부 때인 1999년부터 5년 주기로 발간된 국방정책 분야 최상위 문서였다. 윤석열 정부는 국방기본정책서를 없애고, 미국 정부가 4년 주기로 발간하는 국방전략서National Defense Strategy를 모델로 한 한국판 국방전략서를 발간했다.

국방전략서 구성은 측정이 가능하고 달성이 가능하며, 시간적 한계가 명시된 목표를 포함하여 우선순위를 분명히 해야 한다. 또한 예측할 수 없는 상황 변화에 탄력적으로 대응할 수 있어야 한다. 따라서 국방전략서에는 국내외 국방환경분석, 안보전략과 위임사항, 국방임무와 비전, 국방목표, 총괄전략과 하위전략, 집행계획 등이 담길 수 있다. 예를 들어 미국의 국방전략서 목차는 안보환경, 국방우선순위, 전략 개념(통합억제), 작전수행, 국제 및 지역전략, 군사력 기획, 지속적인 이점 구축, 위험관리로 이루어진다.

4. 국방전략 수립의 쟁점

첫째, 국방전략이 정치와 군사를 연결하는 다리라고 하더라도 정치와 군사적 전문성 사이에서 어디에 중점을 둘 것인가 하는 문제는 여전히 남는다. 때때로 정치적 목표는 방법과 수단을 크게 고려하지 않으며, 방법으로서의 전략은 지나치게 교조적이며, 군사적 수단이 독자적으로 전쟁 양상을 결정하는 현상이 나타나기 때문이다.

둘째, 국방전략 수립에 참여하는 행위자는 다양하다. 국방전략은 이들의 이해관계, 정체성에 따라 조정과 합의를 거쳐야 하며 의사결정의 형태에 따라서도 결과가 달라질 수 있다. 동일한 국방목표라도 행위자가 속한 조직과 임무에 따라 우선순위에 대한 이해가 달라진다면 국방전략에 투입될 자원의 양과 시급성을 놓고 국방전략 수립과정에서 경쟁과 타협이 일어날 수 있다.

셋째, 전략을 과학으로 보는 입장은 변수와 인과관계, 원칙과 규칙, 합리적 의사결정과정을 강조하면서 대안의 수를 확대하는 데 많은 관심을 둔다. 반면 전략을 술로 보는 입장에서는 마찰과 직관, 직관과 상대성, 전략적 기획을 강조하면서 전략적 이슈를 해결하기 위한 핵심전략의 탐색에 관심을 둔다. 결국 국방전략은 변화하는 미래환경과 다양한 분야와의 끊임없는 대화를 통해 만들어지는 과정으로 이해된다.

넷째, 전략기획의 중점이 상대의 위협인가, 혹은 자신의 취약성인가도 쟁점이다. 이러한 차이는 흔히 위협기반기획과 능력기반기획으로 제시된다. 위협기반기획threat-based planning은 비교적 위협이 명확했던 냉전시대에 사용된 방법이다. 적의 의도와 군사력을 바탕으로 위협을 분석하고, 자국의 군사력과 취약성을 도출하여 전략과 전력을 기획하는 것이다. 불확실한 상황을 고려한 능력기반기획capabilities-based planning은 현재의 위협보다는 미래의 불확실한 도전에 대비하여 신축적이고 적응성 있는 능력건설에 초점을 둔다. 각 국가는 지정학, 능력과 전략문화, 대외관계의 특성에 따라 전략기획의 중점이 달라질 수 있으며, 이에 따라 방법론으로 정립하기 위한 노력이 요구된다.

다섯째, 전략기획의 절차와 체계에서 나타나는 안정성과 적응성의 딜레마이다. 안정성은 전략기획의 방법이 과거부터 내려온 방법의 지속과 현재 체제의 유지를 중시한다는 의미이고, 적응성은 전략기획의 방법이 혁신과 변화에 저항하지 않는다는 의미이다. 일반적으로 전략기획의 원칙으로 적합성 · 적응성 · 대비성 등이 제시되지만, "강력한 분석도구를 활용하면 미래를 정확히 예측할 수 있다"는 인식과 관행은 매우 안정적인 환경에서만 실현가능하다. 이러한 불확실성 때문에 국방기획의 안정성이 높으면 대응이 느리고, 적응성이 높으면 대응이 불안정하다.

II. 미래전의 개념과 변화 요인

1. 미래전의 개념과 양상

미래전 개념은 당면한 위협이 제기하는 비교적 가까운 미래와 더 먼 미래의 어느 시점을 상정하고 준비하는 전쟁 개념이다. 그런데 미래전은 정확히 예측하기 어렵다. 그 이유는 첫째, 현재와 미래의 모습을 형성하는 데 물리적 요소가 아닌 심리적 · 사회적 요소의 역할이 클수록 미래를 예측하기 어렵다. 비록 과학기술의 발전으로 기상, 지진 등 전장환경 예측의 정확성은 증가하고 있지만, 미래전에 대한 우리의 예측은 여전히 제한된 수준에 머물러 있다. 둘째, 예측의 내용이 상세할수록 예측은 틀릴 확률이 높다. 그래서 미래 예측이 추상적이거나 확률적 예측이 개발되고 있다. 셋째, 장기적인 예측일수록 미래로 가는 과정에서 발생할 수 있는 우발적 상황으로 인해 정확성은 낮아질 수밖에 없다. 이런 점에서 미 공군 미래학자들은 미래를 예측하기보다는 미래 안보환경을 혼란, 불확실, 복잡성, 모호함이라는 큰 틀로 규정하기도 했다.[12] 섣불리 미래를 예측하기보다는 미래의 불분명함을 수용하고 올바른 방향성만 점검하자는 의도였다.

그럼에도 불구하고 미래를 예측하려는 인간의 노력은 지속되었다. 좋은 예측을 위해서는 다양한 정보에서 증거를 모으고, 확률적으로 사고하고, 팀을 구성하고, 결과를 기록하고, 실수를 기꺼이 인정하고 필요하다면 방향을 기꺼이 바꾸는 자세가 요구된다. 군 간부의 교육과정도 미래전을 생각하도록 편성되어야 한다. 전쟁은 사람이 하는 것이기 때문이다. 전쟁의 동력은 두려움, 이익, 명예이며 군대는 교전 행위나 적을 격퇴하는 것 이상을 준비해야 한다. 군은 군사적 목적을 정치적 결과로 전환할 수 있는 능력을 갖춰야 한다. 심지어 정치적 목적에 따른 지침이 부족하거나 불명확 상황에서도 군사적 목적을 수립할 수 있어야 한다.

물론 첨단군사기술이 전쟁에 미치는 영향은 무시할 수 없다. 그러나 실제 전쟁은 아군과 적군이라는 살아 있는 의지의 대결이며 지형적 요소, 계속 변화하는 적, 비전통적 요소 등이 어우러져 무기체계의 효용이나 군대의 규모가 반영되지 않는 경우가 많다. 기술과 지식에 대한 과도한 기대는 군사적 융통성과 행동의 자유를 제한할 수 있다. 또한 군대만으로 전쟁에서 이길 수 없으며, 승리에 대한 국가의 의지, 결코 양보하지 않겠다는 사활적 이익에 대한 의사전달이

12 Headquarters U.S. Air Force, *Air Force Global Futures Report, Joint Functions in 2040,* March 2023. https://www.af.mil/Portals/1/documents/2023SAF/Air_Force_Global_Futures_Report.pdf(검색일: 2023.4.15).

포함되어야 한다. 중요한 것은 아군과 동맹에게 확신을 주고, 적군이 단념하도록 설득할 수 있는 능력과 의지가 중요하다.

미래전은 효율성, 통합성, 신속성, 비살상 · 비파괴성이 중시될 전망된다. 효율성은 최소의 노력으로 최대의 효용을 얻는 데 중점을 두며, 아군의 희생을 최소화할 수 있는 무인전투체계, 대형 무기체계 대신 경제적인 소모성 무기체계 개발, 첨단기술 적용으로 인력과 시간을 단축하는 전장인식 및 의사결정체계 등이 효율성을 추구하는 양상이다. 통합성은 군별 최적의 조합을 통해 합동작전 효과를 높이는 경향이다. AI를 적용한 지휘통제체제 발전으로 다양한 영역에서 수집된 정보를 공유하고 실시간 의사결정을 통해 군사적 효과를 극대화하고자 노력 중이다. 신속성은 AI, 자율무기 등을 통해 빠른 작전이 수행되고 최적의 편성을 통해 임무 수행의 속도를 증폭하는 현상이다. 비살상 · 비파괴성은 작전수행에서 군사적 목표뿐 아니라 정치 · 외교 · 사회적 결과에 영향을 미칠 수 있는 무기체계 사용을 포함한 양상이다.

「국방비전 2050」에서 전망한 미래전 양상은 전영역 전쟁, 유무인 복합전쟁, 하이브리드 전쟁, 비선형 전쟁이다. 전영역 전쟁은 미래전이 수직적 · 수평적으로 확장된 전장영역에서 상호 교차 가능한 합동전력을 적 중심에 통합운용하는 전투수행 양상으로 본다. 유무인 복합전쟁은 AI와 빅데이타 등 초지능, 클라우드와 사물인터넷 등 초연결 기반의 로봇 기술 발전에 따라 인간과 무인전투체계 간 협업으로 전투임무를 수행할 것으로 본다. 하이브리드 전쟁은 전 · 평시 및 전투원과 비전투원 구분이 모호하며 재래전과 비정규전, 사이버전 등 다양한 전쟁 양상이 혼재된 하이브리드 전쟁이 더욱 고도화될 것으로 전망한다. 비선형 전쟁은 무기체계의 사거리, 명중률과 파괴적 증대, 지휘통제 능력의 발전으로 일정한 전선 없이 전후방에서 동시에 전투가 전개될 것으로 본다.[13]

이와 유사하게 미국도 미래전 양상에 대해 다양한 작전공간을 넘나드는 다영역 작전, 인간 · 드론봇 · AI가 결합한 유무인 복합전, 위협의 근원을 최단 시간 내 제거하는 새로운 형태의 비대칭전 등을 제시했다. 다영역작전이 전면전을 의미하진 않는다. 경쟁 또는 무력분쟁의 단계에서 전면전으로 확산되는 것을 효과적으로 막고, 정치적 협상으로 분쟁을 해결하고자 한다. 이를 위해 미국은 자국의 이익이 걸려 있는 분쟁지역에는 평시부터 적극적인 군사개입을 추구한다. 한반도 미래전도 한미연합작전의 구상 속에서 위기단계나 국지도발, 또는 국지전 단계에서 정치적 협상으로 종결을 시도하는 제한전이 될 가능성이 높다.[14]

미래전에 대비한 군사혁신은 크게 무기체계, 군사조직, 작전운용 측면에서 이루어진다. 전쟁은 작전 개념how to fight이 군사교리를 이끌어간다. 특히 작전 개념이 구체화되어야 무기체계, 조직, 전술이 극대화된다. 적에 대한 대비가 아닌 위협에 대한 대비를 해야 한다. 모든 것을 대비할 수도 없지만 한정된 적만 대비해서도 안 된다. 위협이 바뀌고 군사기술이 바뀌면 작전 개념도 달라진다. 그런데 위협의 변화에 작전 개념이 수동적으로 반응해서는 안 된다. 위협에 대해 국가이익에 유리한 방향으로 유도하거나 사전에 예측하여 대비할 수

13 국방부, 『국방비전 2050』, 서울: 국방부, 2021.
14 김남철 외, 『미래전과 동북아 군사전략』, 북코리아, 2022, p. 46.

있어야 한다. 군사기술도 작전 개념에 따라 선도적으로 개발된 것이어야 한다. 예를 들어 미국은 전통적으로 유지해 온 화력소모전을 기동마비전으로 전환하고자 1980년대 초 공지전Air Land Battle이라는 작전 개념을 구상했다. 공지전은 공세적인 기동을 실시하는 육군과 적 종심지역을 공격하는 공군의 긴밀한 협조를 강조한 작전수행 개념이다. 이러한 작전 개념에 따라 공군에는 적 종심과 지상군을 타격할 수 있는 다목적 공격기가 개발되었고 육군에는 신형 전차, 전투차량, 공격용 헬기, 방공체계가 개발되었다.

2. 미래전 변화 요인[15]

미래전 변화 요인은 첫째, 국방환경의 변화, 둘째, 수단의 변화, 셋째, 상황의 변화로 구분할 수 있다. 첫 번째 국방환경의 변화 요인은 (1) 위협의 확대 및 불확실성 증가, (2)국방 과학기술의 발달로 구분된다. 미래 북한의 위협은 전략·전술 핵무기 고도화 및 다양한 발사 플랫폼 구축, 고체연료 미사일 및 다형의 중·단거리 미사일 전력화, 초대형 방사포 전력화, 군사 정찰위성 및 장거리 무인기 개발 등으로 고도화될 것이다. 또한 미중 갈등 및 민주·권위 세력 경합 심화로 인한 분쟁 발생 및 연루 가능성의 증대, 주변국의 결심중심전 및 인지 영역에 대한 핵심능력 강화, 중국의 동북아 내 영향력 확대 시도 강화 등 주변국의 위협 또한 증대될 것이다. 이와 함께 신전장 영역,

15 김진형, “미래 전장 및 작전환경 변화에 따른 한국군 합동작전 수행개념 발전을 위한 고려사항”, 『국방논단』, 제1957호, 2023. 8. 29. pp. 4~5.

즉 사이버, 전자기 영역 내 비물리적 무기체계가 등장하고 이를 통한 기존 재래식 영역에 대한 영향력이 확대되며 하이브리드전, 심리전, 여론전, 법률전, 정보전 등 전통적 위협 외 비정형적 공격도 증가하게 될 것이다.

국방과학기술의 변화와 관련해서는 기존의 '네트워크중심전, 정보중심전' 등 많은 정보의 양과 네트워크 연결이 강조되던 환경에서 다량의 정보를 신속하게 분석하고 예측하여 결심을 적시에 효과적으로 수행하는 것이 핵심이 되는 '결심중심전'으로 변화될 것이다. 또한 AI, 빅데이터를 비롯한 다양한 4차 산업혁명 첨단기술을 바탕으로 지능형 실시간 분석환경 및 지능형 지휘결심지원체계가 구축될 것이며 이를 지원하기 위한 지능형 단말체계가 일반화되어 작전수행의 핵심적인 역할을 하게 될 것이다. 또한 다양한 영역에 통신중계용 체계가 전력화됨에 따라 전장 내 모든 체계와 전력들이 수직적(사령관-병사), 수평적(각 군 간, 영역 간)으로 상시 연결되어 있는 초연결 환경을 구축할 수 있다. 다양한 첨단기술이 국방 분야에 적용됨에 따라 극초음속 무기체계 및 초정밀 · 고화력 무기체계도 전력화될 것으로 예상되며 이로 인해 기존의 공격 및 방어에 대한 작전수행 개념의 변화를 요구받게 될 것이다.

두 번째 변화 요인은 전장 내 운용 수단의 다양화 및 고도화이다. 미래에는 전 영역에서 다양한 무인체계들이 전력화될 것이며 이로 인해 유무인 복합체계 중심의 작전수행이 일반화될 것이다. 또한 반자율형 이상 수준의 지능형 무인체계 및 정찰타격 · 융합체계가 등장함으로써 우다루프OODA loop 전 과정이 가속화될 것이다. 또한 정보통합, 분석, 예측, 통신, 지휘결심에 이르기까지 모든 과정에 첨단기술이 적용되어 기반체계들이 지능화 및 자동화될 것이다. 미래에는 신규 첨단체계들도 다양하게 등장할 것으로 예상되는 초장거리 · 극한속도 무기체계, 비운동 에너지 무기체계, 우주 기반 무기체계, 초인간 전투원 체계들이 대표적인 체계이다. 따라서 이러한 전력들을 운용하는 한국군의 작전수행 개념과 적의 신규첨단체계 운용에 대한 대응작전 개념 또한 수립되어야 할 것이다.

마지막 변화 요인은 상황 및 여건의 변화로 크게 한미동맹의 변화 가능성 및 인구절벽, 병력자원 감소를 주요 요인으로 꼽을 수 있다. 동북아 지역 내 미중의 패권갈등이 심해지고 있고 민주주의 세력과 권위주의 세력이 맞부딪치는 최전선 지역으로 분쟁 발생 가능성이 항시 존재하고 분쟁 발생 시 주한미군의 전략적 유연성 개념에 따라 분쟁 지역으로의 투입의 가능성이 존재한다. 미군 전력의 공백은 북한의 오판을 야기할 수 있고 한반도 내 불안정성을 고조시킬 수 있기 때문에 해당 전력 공백에 대한 대체 및 보강을 미래에는 반드시 고려해야 한다. 또한 미래에는 병력자원 감소로 인해 현재와 같은 수준의 상비병력 유지가 제한될 것이므로 병력을 감축하고 이에 대한 대안으로 정보 · 기술집약형 중심의 질적 전쟁 수행방식 중심으로 변화시켜야 한다.

III. 우리나라의 국방전략

1. 역대 국방전략의 변화[16]

여기에서는 역대 우리나라 국방전략(현 정부 이전에는 국방정책으로 지칭해왔음)을 다룬다. 창군 이후 전체를 다루기보다 오늘날 국방전략에 영향을 더 많이 끼치고 있는 2000년 전후 시기를 살펴본다. 이 시기 우리나라의 국방전략은 김대중 정부부터 다섯 차례 변화했다. 국방목표를 중심으로 살펴본 주요 내용은 다음과 같다. 1998년 출범한 김대중 정부는 국가안보정책으로 확고한 안보태세 유지, 남북경제공동체 건설, 한반도 냉전 종식을 위한 외교 강화의 세 가지 기본방향을 제시했다. 이에 따라 국방부는 '외부의 군사적 위협과 침략으로부터 국가를 보위하고, 평화통일을 뒷받침하며, 지역의 안정과 세계평화에 기여'하는 것을 국방목표로 정했다.

첫째, 외부의 군사적 위협과 침략으로부터 국가를 보위함은 주적인 북한의 현실적 군사 위협뿐만 아니라 생존권을 위협하는 모든 외부의 군사적 위협으로부터 국가를 지키는 일이다. 둘째, 평화통일을 뒷받침함은 전쟁을 억제하고 군사적 긴장을 완화시켜 한반도의 평화와 안정을 이룩하고 조국의 평화적 통일에 기여하는 일이다. 셋째, 지역의 안정과 세계평화에 기여함은 국가 위상과 안보 역량을 바탕으로 이웃 국가와 군사적 우호협력관계를 더욱 증진시켜 지역의 평

---

16 정호태, "한국 국방정책의 경로의존성에 관한 연구", 『한국행정사학지』, 제52호, 2021. 8; 김희수, 『한국 군사전략의 변화와 발전』, 충남대학교 출판문화원, 2003.

화와 안정에 기여하겠다는 의지이다. 나아가 유엔을 중심으로 세계 평화 유지 노력에도 적극 참여하여 유엔 회원국으로서의 책임과 의무를 다하겠다는 의미이다.

2003년 출범한 노무현 정부는 국가안전 보장, 자유민주주의와 인권 신장, 경제발전과 복리증진, 한반도의 평화적 통일, 세계평화와 인류공영에의 기여로 국가이익을 정했다. 국가안보전략 기조로는 평화번영정책 추진, 균형적 실용외교 추구, 협력적 자주국방 추진, 포괄안보 지향을 제시했다. 노무현 정부의 국방목표는 이전 정부인 김대중 정부와 동일하다. 다만, 노무현 정부는 이를 추진하기 위한 국방운영 중점으로 확고한 국방태세 확립, 협력적 자주국방 추진, 일관된 국방개혁 추진, 신뢰받는 국군상 확립을 제시했다. 이 시기 국방개혁의 핵심은 육군병력 감축과 전력 현대화였다. 당시 자주국방 구상은 노무현 대통령의 의지가 반영된 것으로 병력감축, 전력 현대화, 3군 균형발전을 중심으로 했다. 당시 국방전략은 국군조직법 개정과 국방개혁에 관한 법률 제정으로 법제화했다는 점이 특징이다. 또한 협력적 자주국방 추진은 북한 전쟁 도발을 억제하고 도발하면 격퇴할 수 있는 대북 억제력을 갖추면서도 동맹과 대외안보협력을 활용하는 데 초점을 두었다.

2008년 출범한 이명박 정부의 국가안보 목표는 한반도 안정과 평화 유지, 국민안전 보장 및 국가번영 기반 구축, 국제적 역량 및 위상 제고였다. 이러한 국가안보 목표를 달성하기 위한 전략 기조는 세 가지로 구체화된다. 첫째, 새로운 평화구조 창출은 21세기 전략동맹을 추진하고 주변국과 긴밀한 협력관계를 구축한다. 둘째, 실용적 외교 및 능동적 개방 추진으로 실리외교와 경제성장 기반을 확보하는 에너지외교 강화 등을 추진한다. 셋째, 세계로 나가는 선진안보 추구 및 포괄안보 분야에서 역량을 갖추는 일이다. 이명박 정부의 국방목표도 이전 정부와 동일하다. 국방부는 국방목표를 구현하기 위해 '정예화된 선진 강군'이라는 국방비전을 제시하고 여러 가지 정책을 추진했다. 한미동맹은 군사안보협력뿐 아니라 정치 · 경제 · 사회 · 문화 협력까지 포괄하도록 협력의 범위를 확대했으며 지역과 세계 차원의 평화와 번영에도 기여하도록 발전시키고자 했다. 양국은 전시작전통제권 전환에 따른 새로운 동맹 군사구조를 구축하는 데 노력했으며, 주변국과 협력적 군사관계를 증진하여 군사외교를 글로벌 차원에서 확대하며 국제평화유지활동을 강화하고자 한다.

2013년 출범한 박근혜 정부는 국가안보 목표로 영토 · 주권 수호와 국민안전 행복, 한반도 평화 정착과 통일시대 준비, 동북아 협력 증진과 세계 평화 · 발전에의 기여를 선정했다. 국방목표는 이전 정부와 동일했다. 국방비전에서는 북한의 상시적 위협과 도발을 1차적 위협으로, 핵, 미사일, 대량살상무기, 사이버공격, 테러를 커다란 위협으로 제시했다. 이에 지속가능한 평화를 만들고 남북한 모두 행복한 통일 시대를 맞이할 수 있도록 준비했다. 한미동맹으로 주변국과 이익을 증진하고 지역 내 안보불안 해소로 전략적 협력을 강화했다. 국방부는 '정예화된 선진강군'을 국방비전으로 설정하고 일관된 정책방향으로 확고한 국방태세 확립, 미래지향적 자주국방 역량 강화, 한미군사동맹 발전 및 국방외교 협력 강화, 남북관계 변화에 부합하는 군사적 조치 및 대비, 혁신적 국방경영과 방위산업 활성화, 자랑스럽고 보람 있는 군 복무 여건 조성, 국민 존중의 국방정책 추진을 7대 기조로 추진했다. 또한 국방운영 목표로 굳건한 국방태세 확립,

행복한 선진 국방 환경 조성, 미래 지향적 방위 역량 강화(정보통신기술 역량 운용 등), 한미동맹 발전 및 대외 국방협력 강화(전시작전통제권 전환 안정적 추진 등)를 제시했다.

2018년 출범한 문재인 정부는 북핵 문제의 평화적 해결 및 항구적 평화 정착, 동북아 및 세계 평화 번영에 기여, 국민의 안전과 생명을 보호하는 안심사회 구현을 국가안보 목표로 선정했다. 국가안보전략의 기조는 한반도 평화 번영의 주도적 추진(한반도 신경제공동체 구현 등), 책임국방으로 강한 안보 구현(「국방개혁 2.0」 등), 균형 있는 협력외교 추진(외교 지평 확장 등), 국민의 안전확보 및 권익보호(재외 국민보호, 재난관리체계 구축 등)를 제시했다. 문재인 정부의 국방목표도 이전 정부와 동일하며 '유능한 안보 튼튼한 국방'을 국방비전으로 추진했다. '유능한 안보'는 우수한 첨단전력, 실전적인 교육훈련 및 강인한 정신력 등을 토대로 우리 주도의 전쟁 수행능력을 구비하여, 강한 힘으로 대내외 위협과 침략으로부터 대한민국의 영토와 주권을 수호하고 국민의 안전과 생명을 보호하는 것이다. '튼튼한 국방'은 굳건한 한미동맹 기반 위에 우리 군의 강력한 국방력을 토대로 적의 도발을 억제하고 도발 시 적극 대응하여 싸우면 이기는 전방위 군사대비태세를 확립하는 것을 의미한다. 국방부는 6대 기조로서 전방위 안보위협 대비 튼튼한 국방태세 확립, 상호보완적 굳건한 한미동맹 발전과 국방교류협력 증진, 국방개혁의 강력한 추진을 통한 한반도 평화를 뒷받침하는 강군 건설, 투명하고 효율적인 국방운영체계 확립, 국민과 함께하고 국민으로부터 신뢰받는 사기충천한 군 문화 정착, 남북 간 군사적 신뢰구축 및 군비통제 추진으로 평화정착 구축을 제시했다.

〈표 1〉 역대 정부의 국가안보 목표와 국방목표(1998~2022)

구 분	국가안보 목표	국방목표
김대중 정부 (1998~2002)	· 한반도의 안정과 평화 유지 · 남북관계 개선과 평화공존관계 구축 · 국제 공조체제와 협력 강화, 국가의 안정과 번영 그리고 발전을 위한 기반 확립	· 외부의 군사적 위협과 침략으로부터 국가를 보위 · 평화통일을 뒷받침 · 지역의 안정과 세계평화에 기여
노무현 정부 (2003~2007)	· 한반도의 평화와 안정 · 남북한 및 동북아의 공동번영 · 국민생활의 안전 확보	· 외부의 군사적 위협과 침략으로부터 국가를 보위 · 평화통일을 뒷받침 · 지역의 안정과 세계 평화에 기여
이명박 정부 (2008~2012)	· 한반도의 평화와 안정 유지 · 국민안전 보장과 국가번영 기반 구축 · 국제적 역량과 위상 제고	· 외부의 군사적 위협과 침략으로부터 국가를 보위 · 평화통일을 뒷받침 · 지역의 안정과 세계 평화에 기여
박근혜 정부 (2013~2017)	· 영토 · 주권 수호와 국민안전 행복 · 한반도 평화 정착과 통일시대 준비 · 동북아 협력 증진과 세계 평화 · 발전에 기여	· 외부의 군사적 위협과 침략으로부터 국가를 보위 · 평화통일을 뒷받침 · 지역의 안정과 세계평화에 기여
문재인 정부 (2018~2022)	· 북핵 문제의 평화적 해결 및 항구적 평화 정착 · 동북아 및 세계 평화 · 번영에 기여 · 국민의 안전과 생명을 보호하는 안심사회 구현	· 외부의 군사적 위협과 침략으로부터 국가를 보위 · 평화통일을 뒷받침 · 지역의 안정과 세계평화에 기여

2. 윤석열 정부의 국방전략과 「국방혁신 4.0」

윤석열 정부에서 국방부는 급변하는 전략환경에 대비하기 위해 정부의 국가안보전략과 국방목표를 토대로 중장기적 관점에서 국방전략을 수립하여 시행하고 있다. 국방전략에는 국방차원의 전략정책 추진 방향과 노력을 집중해야 할 국방전략 목표를 제시하였다. 또한 국방전략을 구현하기 위해 단기적 차원의 국방정책 중점을 수립하여 추진하고 있다.

국방목표는 '외부의 군사적 위협과 침략으로부터 국가를 보위하고, 평화통일을 뒷받침하며, 지역의 안정과 세계평화에 기여'하는 것이다.

첫째, 외부의 군사적 위협과 침략으로부터 국가를 보위하는 목표는 현존하는 북한의 군사적 위협과 침략에 대비함은 물론, 우리의 국익을 위협하는 모든 세력으로부터 주권과 영토를 수호하고, 재난 · 감염병 등 비전통적 위협으로부터 국민의 생명과 재산을 보호하는 것이다. 북한은 대규모 재래식 군사력을 보유하면서 핵 · 미사일 등 대량살상무기를 고도화하고, 사이버 공격과 무력도발을 빈번히 감행하고 있다. 특히 핵 선제 사용을 시사하는 핵정책을 법제화하고, 분단 이후 처음으로 동해 NLL 이남 지역으로 미사일 도발을 자행하는 등 우리의 안보를 심각하게 위협하고 있다. 북한은 2021년 개정된 노동당규약 전문에 한반도 전역의 공산주의화를 명시하고, 2022년 12월 당 중앙위 전원회의에서 우리를 '명백한 적'으로 규정하였으며, 핵을 포기하지 않고 지속적으로 군사적 위협을 가해오고 있기 때문에 그 수행 주체인 북한 정권과 북한군은 우리의 적이다.

둘째, 평화통일을 뒷받침한다는 목표는 강한 군사력을 바탕으로 한반도에서 전쟁을 억제하고, 북한의 비핵화 진전에 따라 남북 간 군사적 긴장완화와 신뢰구축을 단계적으로 추진함으로써 대한민국의 평화적 통일에 기여하는 것이다.

셋째, 지역의 안정과 세계평화에 기여한다는 목표는 한미동맹의 결속력을 강화함과 동시에 주변국과 군사적 신뢰관계를 증진시키고

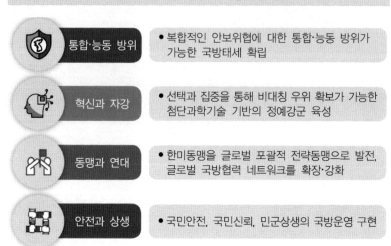

〈그림 2〉 윤석열 정부의 국방전략 목표[17]

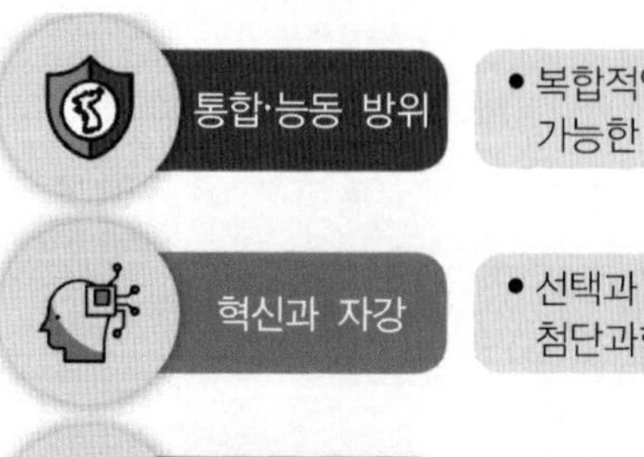

- 복합적인 안보위협에 대한 통합·능동 방위가 가능한 국방태세 확립
- 선택과 집중을 통해 비대칭 우위 확보가 가능한 첨단과학기술 기반의 정예강군 육성
- 한미동맹을 글로벌 포괄적 전략동맹으로 발전, 글로벌 국방협력 네트워크를 확장·강화
- 국민안전, 국민신뢰, 민군상생의 국방운영 구현

국제평화유지활동과 국방교류협력에 적극 참여함으로써 동북아 지역의 안정은 물론 세계평화에 기여하는 것이다.

국방전략 목표는 정부의 국가안보전략, 국방목표 등 상위지침에 반영된 국토방위, 안전보장, 평화통일, 세계평화 등의 핵심 가치를 토대로 '통합 · 능동 방위', '혁신과 자강', '동맹과 연대', '안전과 상생'으로 수립했다.

(1) 복합적인 안보위협에 대한 통합 · 능동 방위가 가능한 국방태세 확립

미중 간 전략적 경쟁의 심화, 북한의 핵 · WMD 능력 고도화, 기후변화 · 테러 등 비전통적 안보위협 등 위협의 유형이 더욱 다양화되

17 국방부, 『2022 국방백서』, 국방부, 2023. 2. 16.

고 동시복합적으로 발생하고 있다. 이러한 복합적인 안보위협에 효과적으로 대비하기 위해서는 모든 국가방위 요소의 유기적 결합, 지상·해양·공중·우주·사이버·전자기 등 전장영역별 능력과 각 영역 간의 연결, 우리와 가치를 공유하는 국가들과의 연대 등의 통합을 통해 방위 역량을 강화해야 한다. 아울러, 통합된 능력을 토대로 상황 발생 이전부터 적극적으로 유리한 환경을 조성하고, 유사시 신속한 결심과 자위권 차원의 능동적 대응을 통해 최소 피해로 조기에 전승을 달성해야 한다. 국방부는 통합·능동 방위를 구현할 수 있도록 전방위적인 국방태세를 갖추어 나가야 할 것이다.

(2) 선택과 집중을 통해 비대칭 우위 확보가 가능한 첨단과학기술 기반의 정예강군 육성

세계 경제성장의 둔화, 생산가능인구의 감소, 국가 재정 여건의 악화 등은 국방력 강화를 위한 충분한 수준의 재원을 확보하는 데 상당한 도전요인이 될 것이다. 이를 극복하기 위해서는 선택과 집중을 통해 재원 배분을 효율화하고, 첨단과학기술을 우리 군에 신속하게 접목시켜 규모는 줄이면서도 능력은 강화된 저비용·고효율의 정예강군으로 거듭나야 한다. 북한의 핵·미사일 등 비대칭 위협에 대비하여 한국형 3축체계의 능력과 태세 강화, 사이버·전자기·우주 등 새로운 영역에서의 작전수행능력 발전, 유·무인 복합전투체계의 구축 가속화, 무인기 대응능력 강화 등 압도적 대응능력을 구축해 나갈 것이다.

(3) 한미동맹을 글로벌 포괄적 전략동맹으로 발전, 글로벌 국방협력 네트워크를 확장·강화

지난 70년 동안 한미동맹은 한반도는 물론, 동북아의 평화와 안정의 핵심축으로 기능해 왔다. 하지만 역내의 외교 · 안보, 경제 · 기술, 가치 · 규범에 대한 지정학적 경쟁 및 주요 국가들의 군비경쟁 심화, 북한 핵 · WMD 능력의 고도화 등 안보 불안정성이 증대되는 상황에서 한미동맹을 글로벌 포괄적 전략동맹으로 발전시켜 결속력을 한층 강화해 나갈 필요가 있다. 아울러, 달라진 대한민국의 국제적 위상과 글로벌 중추국가를 지향하는 정부의 대외전략에 기여하기 위해 글로벌 차원에서 방산수출, 공동 재난대응, 해상교통로 보호, 인적 교류 등 다양한 분야의 국방협력 네트워크를 확대해 나갈 것이다.

(4) **국민안전, 국민신뢰, 민군상생의 국방운영 구현**

투명하고 합리적인 국방운영에 대한 사회적 요구가 증가하고 군의 역할 수행에 대한 국민적 기대가 점차 확대되면서 민군관계에 대한 중요성이 증대되고 있다. 자연재난, 테러, 감염병 등 비전통적 안보위협으로부터 국민의 생명과 안전을 지키는 것은 우리 군의 중요한 임무로서 보다 적극적으로 역할 수행을 제고해 나가야 한다. 또한 우리나라는 국민개병제를 채택하고 있어 대다수의 국민들이 군 가족의 일원으로서 병영문화에 대한 국민적 관심이 매우 높은 가운데, 지속적인 국민의 신뢰와 지지를 확보하기 위해서는 국민의 눈높이에 부합하게 병영환경을 지속적으로 개선해 나가야 한다. 아울러, 다양한 국방정책을 추진함에 있어 국민과 지역사회와의 상호 이해와 소통이 전제되어야 하며 이를 토대로 민군이 상생할 수 있는 건강한 관계를 만들어 나가야 한다.

윤석열 정부의 「국방기획 4.0」은 기존 국방개혁 2.0을 대체하는 국방 전 분야의 개혁으로서 AI과학기술강군 육성을 목표로 한다. 여기서 4.0의 의미는 4차 산업혁명 첨단과학기술 기반의 국방을 창출하는 상징적인 의미이자, 창군 이래 국방의 획기적 변화를 추구하는 4번째 계획이다.[18] 「국방혁신 4.0」을 추진하는 필요성은 4차 산업혁명 기술의 혁신적 발전에 따른 국방 · 전쟁 패러다임 변화에 대한 적극적 대응 때문이다. 이미 미국 등 군사 선진국들은 첨단과학기술 기반의 군사혁신을 이미 전환 · 추진 중이며, 우주 · 사이버 · 추전자기 등으로 전장영역이 확대되고, 정보화전에서 지능화전으로 전환이 가속화되고 있다. 또한 사회적으로 2차 인구절벽에 따른 병역자원 감소로 국방차원의 특단의 대책이 필요한 상황이다. 한국의 20세 남성인구는 2021년 기준 29.0만 명, 2035년 22.7만 명을 기점으로 급격히 감소하여 2040년에는 13.5만 명에 이를 것으로 예상된다.

「국방혁신 4.0」은 기존 국방개혁의 한계를 극복하고, AI 유 · 무인 복합전투체계를 포함한 첨단전력 중심의 질적 전환을 추구한다. 기존 국방개혁은 병력 및 부대수 감축 등 양적인 분야에서 경량화 추구, 점진적 · 단계적 개혁으로 급속히 발전하는 첨단과학기술 접목에는 한계가 있다는 평가다.

윤석열 정부가 처한 안보적 도전요인은 북핵 · 미사일 위협의 현실화, 동북아 미중 패권경쟁에 따른 불안정성, 전쟁 패러다임의 변화와 기술패권 경쟁 심화, 인구절벽에 따른 병력자원의 부족 등이다.

---

18 장기 국방태세 발전방향 연구 (818계획, 80년대) → 5개년 국방발전계획 (90년대) → 국방개혁 (00년대) → 국방혁신 (20년대)

〈그림 3〉「국방혁신 4.0」의 5대 중점과 16개 과제

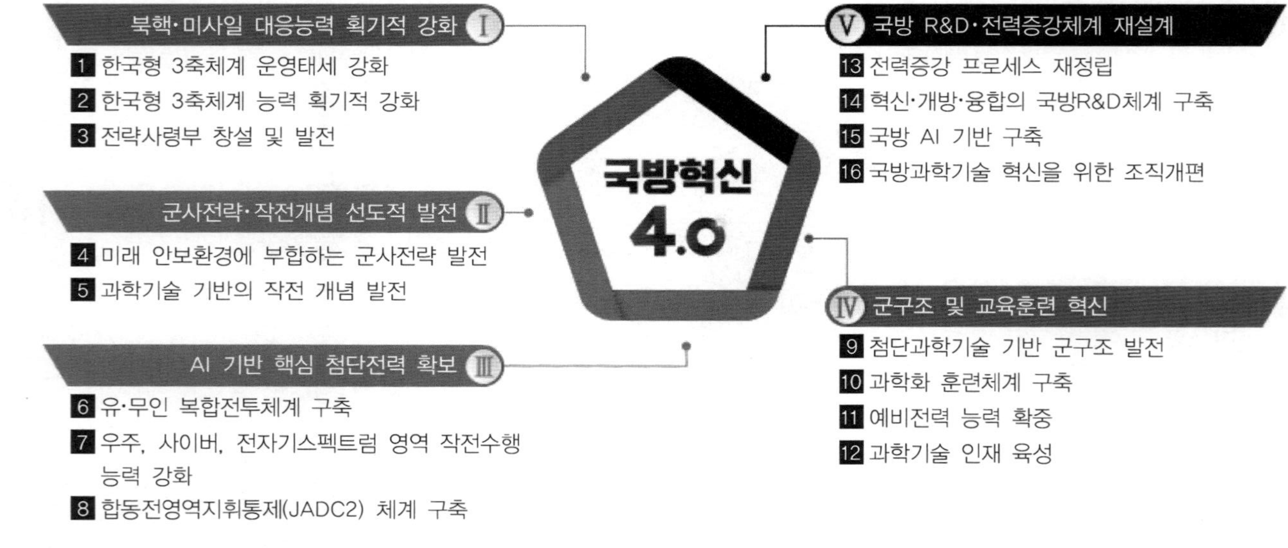

북핵·미사일 대응능력 획기적 강화 Ⅰ
1 한국형 3축체계 운영태세 강화
2 한국형 3축체계 능력 획기적 강화
3 전략사령부 창설 및 발전
군사전략·작전개념 선도적 발전 Ⅱ
4 미래 안보환경에 부합하는 군사전략 발전
5 과학기술 기반의 작전 개념 발전
AI 기반 핵심 첨단전력 확보 Ⅲ
6 유·무인 복합전투체계 구축
7 우주, 사이버, 전자기스펙트럼 영역 작전수행 능력 강화
8 합동전영역지휘통제(JADC2) 체계 구축
국방혁신 4.0
Ⅴ 국방 R&D·전력증강체계 재설계
13 전력증강 프로세스 재정립
14 혁신·개방·융합의 국방R&D체계 구축
15 국방 AI 기반 구축
16 국방과학기술 혁신을 위한 조직개편
Ⅳ 군구조 및 교육훈련 혁신
9 첨단과학기술 기반 군구조 발전
10 과학화 훈련체계 구축
11 예비전력 능력 확충
12 과학기술 인재 육성

*출처: 「국방혁신 4.0」 기본계획

북한의 핵미사일 위협은 소형화 기술, 다종의 미사일, 회피기술, 고체연료 등 기술적 발전을 거듭하고 있으며, 김정은 위원장은 핵독트린 선언(22. 4), 핵무력정책 법제화(22. 9) 등 의도를 강화하고 있다. 한편 동북아 미중 패권경쟁은 미국 국가안보전략NSS에서 직면한 위협으로 중국을 지목한 것처럼(22. 10) 불안정성이 심화되고 있다. 전쟁 패러다임의 변화는 러시아 · 우크라이나 전쟁에서 민간 첨단기술이 적극 활용된 사례를 들 수 있다. 향후 정보화전에서 지능화전으로 변화, 군사선진국 간 기술패권경쟁이 심화되고 있다. 인구절벽 상황은 20세 남성인구의 경우에 29만 명(21년) → 23만 명(35년) → 13만 명(40년)으로 지속적으로 감소할 것으로 전망된다. 또한 (40년 이후) 21년 합계출산율 0.81명(역대 최저), 22년 전망 0.75명이다.

국방혁신 차원에서 미래 국방을 바라보는 시각은 4차 산업혁명과 연계한 첨단과학기술군 육성을 위해 제2 창군의 각오를 필요로 한다. 민간의 첨단기술을 국방으로 신속히 도입하기 위해 법규와 제도에서 과감히 벗어나야 하고, 산학연관군 및 동맹과의 긴밀한 협력 등 국내외적인 개방적 협력체계를 강화한다. 작전 개념을 개발해야 하고 새로운 군사전략, 부대구조 개편, 군수지원체계 혁신, 인력 재배치 등 국방 전 분야에서 혁신을 필요로 한다. 또한 첨단무기체계와 장비를 운용하는 것은 사람이므로 조직문화 등이 뒷받침되어야 한다. 끝으로 국민적 지지 없이는 국방혁신도 불가능하다는 점도 지적한다.

7장 국가정보

Ⅰ. 정보의 개념과 과정
Ⅱ. 첩보의 수집
Ⅲ. 방첩과 비밀공작

• 학습 개요 •

이 장은 국가정보에 대해 다룬다. 국가안보와 이익에 대한 내·외부의 위협, 안보정책 결정자의 중요한 판단과 결정의 준거가 되는 지식, 직접적·잠재적 적대국의 정보활동의 파악에 이르기까지 국가안보의 핵심적 요소마다 국가정보는 중요한 역할을 담당한다. 이 장에서는 국가정보의 개념과 수행방식을 이해할 수 있도록 먼저 정보의 개념과 국가정보의 순환단계에 대해 살펴본다. 다음으로는 정보활동의 핵심이라 할 수 있는 첩보의 수집, 그리고 국가정보기관의 또 다른 중요한 임무인 방첩과 비밀공작에 대해 차례대로 다룰 것이다.

[주요 개념]

첩보	공개출처정보
정보	능동적 방첩
인간정보	수동적 방첩
기술정보	비밀공작

[생각해 봅시다]

1. 첩보와 정보는 어떻게 다른가?
2. 첩보의 수집 중 기술정보와 공개출처정보는 어떻게 활용되는가?
3. 능동적 방첩과 수동적 방첩은 각각 어떤 효과가 있는가?
4. 과학기술 발전에 따라 방첩에는 어떤 변화가 필요한가?
5. 비밀공작에는 어떤 방법이 있는가?

I. 정보의 개념과 과정

1. 정보의 개념과 유형

정보intelligence의 개념은 좁은 의미에서의 정보와 넓은 의미에서의 정보로 구분할 수 있다. 먼저 좁은 의미에서 정보란 정부가 국가의 안보이익을 증진시키기 위해, 그리고 실질적이거나 잠재적인 적의 위협을 다루기 위한 정책을 입안하고 실행하는 데 적합하게 활용될 수 있는 첩보를 말한다. 한 가지 주의해야 할 점은 여기서 말하는 정보란 'intelligence'의 번역어라는 점이다. 우리가 일반적으로 '정보'로 번역하는 'information'은 국가정보를 이야기할 때 '첩보'로 번역된다. 첩보가 특정한 목적에 따라 수집된 단순 사실들만을 가리키는 데 반해, 정보는 정책적 목적에 의해 수집과 분석 · 평가의 단계를 거쳐 가공된 지식이다.

한편 보다 넓은 의미에서 정보는 국가안보에 중요한 특정 유형의 첩보들이 요구·수집·분석되어 정책결정자에게 제공되는 과정과 이 과정을 통해 나온 생산물, 그리고 정보의 보호활동 및 특수공작과 이를 담당하는 기관까지를 일컫는 포괄적인 개념이다. 이처럼 넓은 의미에서의 정보는 정보활동의 최종결과물만을 정보로 보는 좁은 의미의 정의에 더해 전체 정보가 처리되는 과정과 결과물, 그리고 정보활동을 수행하는 조직 및 단위체까지를 포함한다.

정보의 유형은 여러 기준에 따라 분류할 수 있다. 정보는 먼저 지리적 범주에 따라 국내정보와 국외정보로 구분된다. 국내정보란 자국의 정치 · 군사 · 경제 · 사회 등에 대한 정보와 함께 국내에서 타국

〈참고 1〉 정보와 첩보

국가정보를 공부할 때 쉽게 혼동할 수 있는 것이 바로 정보와 첩보의 개념이다. 이것은 우리가 일반적으로 정보를 'information'의 번역어로 사용하기 때문인데, 국가정보를 이야기할 때 사용되는 정보란 'intelligence'의 번역어이다. 뿐만 아니라 넓은 의미에서 정의할 때 정보는 단순히 정보활동을 통해 생산된 지식만을 이야기하는 것이 아니라, 이 지식을 수집·분석·생산하는 과정과 함께 방첩·비밀공작 등의 정보활동과 이를 수행하는 정보기관까지를 포함하는 개념이다.

- 첩보(information)
  - 특정한 목적에 따라 정보기관에 의해 수집된 사실(fact)과 자료(data)
- 정보(intelligence)
  - 첩보를 수집하고 처리·분석하여 생산하고 배포하는 일련의 활동
  - 정보활동의 결과물로서 수집·처리·분석 단계를 거쳐 생산된 지식
  - 정보활동의 일환으로서 수행되는 방첩·보안·비밀공작과 이를 수행하는 정보기관

및 타 세력의 정보활동을 막는 방첩 및 보안활동을 말한다. 국외정보란 타국의 정치 · 군사 · 경제 · 사회 분야에 걸친 정보와 이를 수집 · 분석 · 평가하는 작업, 그리고 영토 밖에서의 방첩 및 비밀공작과 같은 정보활동을 가리킨다.

한편 내용에 따라 정보는 정치정보, 군사정보, 경제정보, 사회정보, 과학기술정보로 나눌 수도 있다. 정치정보란 특정 국가나 세력의 정치체제와 권력구조, 주요 정치인과 정치세력의 현황 및 정치적 관계, 주요 정책 등에 대한 정보를 말한다. 군사정보는 특정 국가 혹은 세력이 보유한 병력 및 무기의 현황, 주요 인사 및 인명, 주요 군사 정책 및 전략· 전술 등에 대한 정보를 말한다. 한편 경제정보란 경제

현황, 정부의 재정 · 경제 정책부터 기업의 주요 영업 현황 및 기술 등과 관련한 정보를 그 내용으로 한다. 사회정보는 특정 국가의 사회 구조나 인구변동, 사회세력 및 사회현상 등에 대한 정보이다. 과학기술정보는 특정한 과학기술 분야의 발전 및 보유, 기술이전 및 이용 현황 등에 대한 정보를 주 내용으로 한다.

2. 정보과정

정보활동은 정보과정intelligence process, 혹은 정보순환단계intelligence cycle라 불리는 업무수행 방식에 따라 이루어진다. 정보과정이란 정책결정자들이 정보의 수요를 느끼는 데서부터 시작하여 정보기관들의 정보활동에 의해 최종적인 결과물이 보고되는 데까지의 과정을 가리킨다. 정보과정은 요구, 수집, 처리와 개발, 분석과 생산, 배포와 소비, 피드백의 6단계로 구분할 수 있다.

1) 요구(requirement)

정보과정의 첫 단계는 특정한 목적에 따른 정보의 필요성을 느끼고 정보를 요구하는 것이다. 지리적 위치, 다른 국가와의 관계, 주요 정책 목표 및 방향 등 특정 국가가 처한 상황에 따라 정보의 요구는 달라진다. 정보의 요구는 대개 정책결정자들의 명령에 의해 발생되지만, 언제나 하향식의 일방적 과정만은 아니다. 정책결정자들이 정보의 필요성과 우선순위를 매기는 데에는 정보기관이 제공하는 정보가 중요한 영향을 미칠 수 있다. 이처럼 요구 단계는 정보과정의 단선적 끝에 있는 것이 아니라 순환적 과정의 한 단계로서 존재한다.

2) 수집(collection)

특정한 정보의 요구가 발생하면 정보기관은 첩보의 수집에 나서게 된다. 수집은 요구되는 정보의 특성과 목적에 따라 다양한 방식으로 수행될 수 있다. 예를 들어 폐쇄적인 테러리스트 집단의 내부 상황을 알고자 한다면 잠입을 통한 인적 정보 활용이 효과적일 것이다. 반면 특정 국가의 미사일 개발 상황에 대한 정보가 필요하다면 첩보위성이나 기계신호 감청과 같은 기술적 수단이 유용할 수 있다. 주지할 것은 수집단계에서 얻어지는 것은 정보가 아니라 첩보라는 점이다. 수집단계에서는 정보 요구에 따른 목적과 관련하여 다양한 사실관계 fact가 입수되지만 그것의 중요도나 정확성·신뢰성에 대한 판단은 이루어지지 않는다. 수집에 대해서는 다음 섹션에서 보다 자세히 다루도록 하겠다.

3) 처리와 개발(processing & exploitation)

수집단계에서 입수된 첩보를 분석할 수 있도록 가공하는 것이 처리와 개발 단계이다. 대개 영상이나 신호, 시험 데이터와 같은 기술정보들이 이 과정을 거치는데, 이와 같은 기술정보들은 인간이 바로 분석하기에는 부적절한 기계적 자료의 형태를 띠고 있어 분석과 생산 단계에 앞서 이를 처리 및 가공할 필요가 있다. 인공위성을 통해 촬영된 사진을 인화하고 분류하는 작업, 정찰기를 통해 입수된 신호 및 감청 정보를 식별 및 해독하는 작업 등이 여기에 해당된다.

4) 분석과 생산(analysis & production)

분석과 생산 단계에서는 입수된 첩보를 실제 정책결정자들이 사용할 수 있도록 만드는 작업이 이루어진다. 입수된 첩보들은 분석 단계에서 정확성과 신뢰도, 그리고 사안의 경중이 가려지며 이 단계를 거침으로써 첩보에서 정보로의 변환이 이루어진다. 정보기관은 입수된 첩보가 국가이익 및 안보에 얼마나 큰 영향을 미칠 수 있는지 분석 단계에서 판단한다. 또한 정보의 소비자인 정책결정자의 지침과 선호, 그리고 정보의 적합성과 적시성 역시 분석 시 중요한 고려사항이 된다. 이렇게 분석된 정보는 정책결정자나 정부기관을 위한 보고서, 혹은 대중을 대상으로 한 교육 자료 등 다양한 형태로 생산된다.

5) 배포와 소비(dissemination & consumption)

생산된 정보는 정보의 성격과 활용 목적 등에 따라 다양한 곳에 배포되고 소비된다. 대개의 경우 가장 중요한 배포처는 바로 정보의 요구처로, 대통령 · 장관 등의 주요 정책결정자나 외교부 · 국방부와 같이 해당 사안과 관련된 정부기관이 여기에 해당된다. 정보기관에서 생산된 정보가 정책결정자나 정부기관에만 배포되고 소비되는 것은 아니다. 비밀유지가 필요하지 않은 정보의 경우 공익을 위해 일반 국민에게 공개되는 경우도 있는데, 예를 들어 미국 CIA가 World Fact Book 서비스를 통해 세계 각국의 기본 정보를 웹상에서 제공하는 것이나 우리나라 국가정보원 홈페이지에서 국제범죄정보를 제공하는 것 등이 이에 해당된다.

6) 피드백(feedback)

정보의 소비자들은 배포되고 소비된 정보에 대해 어떤 정보가 유용했고 혹은 쓸모가 없었는지, 혹은 어떤 정보가 더욱 필요하고 조사되어야 하는지에 대한 의견을 정보기관에 제시할 수 있다. 이것이 피드백 단계이다. 예를 들어 테러조직에 대한 첩보 수집을 통해 테러 징후가 감지된다면, 정책결정자는 이에 대해 보다 자세한 정보를 파악하여 보고할 것을 정보기관에 요구하게 될 것이다. 정보활동의 개선과 정보기관의 업무 효율성 증대를 위해 피드백은 필수적인 과정이라 할 수 있다.

II. 첩보의 수집

다양한 정보활동 중에서도 가장 기본적인 활동이라 할 수 있는 것이 바로 수집이다. 수집은 다양한 방식을 통해 정보의 원자료raw data, 즉 첩보를 모으는 것을 말한다. 첩보 수집은 다양한 방식으로 이뤄지는데, 그 방식에 따라 크게 인간정보, 기술정보, 공개출처정보의 세 범주로 나눌 수 있다.

1. 인간정보

인간정보HUMINT: human intelligence는 인간을 통한 정보활동, 즉 대인접촉을 통해 수집되는 첩보를 수집하는 것과 이를 통해 얻어지는 정보를 일컫는 개념이다. 물론 기술정보나 공개출처정보 모두 인간에 의해 정보활동이 수행되지만, 인간정보의 핵심은 사람과 사람의 접촉에 의해 정보활동이 이뤄진다는 점이다. 우리가 007시리즈와 같은 스파이 영화에서 보는 첩보활동은 인간정보라 할 수 있다.

인간정보의 가장 기본적인 수단은 정보기관에 소속된 정보요원인 정보관I/O: intelligence officer의 활동이다. 정보관은 첩보 수집업무가 아닌 비밀공작을 담당하는 경우 공작담당관C/O: case officer으로도 불린다. 정보관은 그 자신이 직접 첩보를 얻기도 하지만, 많은 경우 정보대리인으로 첩보원을 고용하여 첩보를 수집하며 이런 업무 성격으로 인해 조종관handler, 통제관controllers, 접촉관contacts으로도 불린다.

외국에서 활동하는 정보관은 공식가장의 형태와 비공식가장의 형태로 위장할 수 있다. 공식가장official cover은 외교관이나 정부대표와 같은 대사관 직원 신분으로 위장하는 것을 말하는데, 외교관으로서 위장하기에 면책특권을 누리고 오래 체류할 수 있다. 또한 일상적 활동을 통해 정보원이나 주재국 사람, 혹은 제3국 인사에 접근하기 용이하다. 그러나 신분이 알려져 있어 집중적 감시대상이 될 수 있으며 주재국 사람들이 접촉을 꺼릴 수도 있고, 외교관계가 악화되거나 단절될 경우 추방의 대상이 될 수 있다는 단점을 갖고 있다. 실례로 지난 2010년 12월 영국과 러시아는 과도한 첩보수집활동을 이유로 서로의 외교관을 맞추방하기도 했다.

한편 비공식가장nonofficial cover은 정보관이 언론인, 사업가, 유학생, 여행자와 같은 민간인 신분으로 위장하는 것을 가리킨다. 이러한 방식은 공식가장에 비해 신분을 은폐하기가 쉽고, 보다 넓은 범위의 사람들과 비교적 적은 의심을 받으며 접촉할 수 있다는 장점을 갖고 있다. 그러나 가장 신분의 확보와 정착에 오랜 시간과 큰 비용이 소요되며, 법적 보호를 받지 못해 신분상 위험을 수반한다는 단점을 가진다.

정보기관에 소속된 정보요원 외에도 정보관이 활용하는 첩보원

source과 자발적으로 정보관에게 첩보를 제공하는 협조자walk-in 역시 중요한 인간정보의 수단이다. 첩보원은 정보관이 입수하는 첩보의 원천이다. 외국에 파견되는 정보관은 해당 국가에 대한 지식을 갖추고 있다고는 해도 현지인만큼은 알지 못하기에, 대개 현지인을 물색하고 포섭하여 각종 첩보를 입수하는 첩보원으로 고용한다. 협조자는 자발적으로 첩보를 제공하겠다는 의사를 밝히는 첩보원을 말한다. 정부에 원한이나 불만을 가져서일 수도 있고 단순한 금전적 이득을 바라는 경우, 이념에 따라 협조자가 되는 경우도 있다. 이념에 따른 협조자로는 냉전 초기 소련 KGB의 이중간첩으로 영국 정보기관에서 20여 년간 암약한 '케임브리지 5인조' 사례가 유명한데, 이들은 케임브리지 대학 출신들로 대학시절 접한 공산주의 이념에 사로잡혀 자발적으로 소련에 첩보를 제공했다.

인간정보의 장점은 다음과 같다. 첫째, 인간정보는 상대국이나 세력의 의도와 심리상태를 파악하는 데 가장 유용한 첩보수집 방식이라 할 수 있다. 실제 인적 접촉을 통해 얻어지는 인간정보의 첩보는 의도 파악의 측면에서 인공위성이나 신호감청과 같은 기술정보에 비해 훨씬 효과적이다. 둘째, 폐쇄적인 조직이나 집단의 정보를 얻는 데 효과적이다. 테러집단이나 범죄조직의 경우 매우 폐쇄적인 조직구조와 문화를 갖는데, 내부정보원이나 잠입을 통한 인간정보는 이러한 폐쇄적 집단의 정보를 얻는 유용한 수단이 될 수 있다. 셋째, 이중간첩의 활용이나 역정보를 흘림으로써 상대의 정보활동을 방해하고 기만하는 수단으로도 활용될 수 있다. 넷째, 초고가의 개발비용과 유지비용이 소요되는 기술정보에 비해 비교적 적은 비용으로 활용이 가능하다는 장점이 있다.

그러나 인간정보에는 다음과 같은 단점 또한 존재한다. 첫째, 첩보원이 제공하는 첩보가 진짜인지 확인이 필요하다. 객관적 성격을 띤 기술정보와는 달리 첩보원으로부터 제공되는 첩보는 주관적이거나 사실과 다른 것일 수도 있고, 첩보를 꾸며내거나 과대포장하는 경우도 존재할 수 있다. 둘째, 첩보원이 이중간첩이거나 기만을 위해 일부러 잘못된 정보를 흘릴 수도 있다. 셋째, 보안기관의 감시가 엄중한 나라의 경우 인간정보의 활용이 매우 어렵다. 넷째, 정보관과 첩보원이 노출되었을 때 해당 정보요원은 물론 정부까지 심각한 곤란에 처할 수 있다. 다섯째, 임무가 완료된 정보관과 첩보원에 대해 언제까지고 통제할 수는 없기에, 이들이 자신의 활동 내용을 폭로하거나 공개하는 등 정보활동에 지장을 초래하는 문제가 발생할 수도 있다.

2. 기술정보

기술정보TECHINT: technical intelligence는 인적 자원이 아닌, 첨단기술을 통한 기술적 자원을 통해 첩보를 수집하는 활동을 가리키는 개념이다. 수집 방식에 따라 기술정보는 다양한 유형으로 분류할 수 있는데 크게는 영상정보와 신호정보, 계측징후정보의 세 가지 범주로 나눌 수 있다.

1) 영상정보(IMINT: imagery intelligence)

영상정보는 시각적 형태의 첩보를 수집하는 기술정보활동을 말하며, 주로 인공위성과 항공기의 정찰활동을 통해 수집된다. 과거 기구나 항공기를 통한 실제 관측으로부터 시작된 영상정보활동은 20세기 들어 비약적으로 발전한 항공우주기술을 통해 인공위성과 정찰기를 통한 사진촬영이 주를 이루게 되었다. 최근에는 이라크와 아프가니스탄에서 무인항공기UAV: Unmanned Areal Vehicle을 통한 실시간 영상전송이 군사작전 수행에 큰 기여를 하고 있다.

2) 신호정보(SIGINT: signal intelligence)

신호정보는 신호signal라고 불리는 전자파를 감청하여 이로부터 첩보를 얻는 활동을 말한다. 감청하는 신호의 종류에 따라 신호정보는 다시 통신정보, 원격측정정보, 전자정보로 나뉜다.

① 통신정보COMINT: communications intelligence는 첩보 대상의 통신을 위한 교신과정에서 발생하는 신호를 가로채는 것이다. 통신정보의 고전적인 예로는 태평양전쟁 시 미국의 사례를 들 수 있다. 당시 미국 해군은 일본의 암호통신을 가로채 해독하는 데 성공하여 일본의 미드웨이 공격계획을 미리 파악할 수 있었고, 일본 연합함대 사령관 야마모토 이소로쿠의 이동계획을 입수해 그가 탄 항공기를 격추하는 데 성공했다. 현대 통신정보활동은 전신과 전화, 무선통신과 컴퓨터통신에 이르기까지 광범위해졌다. 통신정보는 적 조직의 교신내용을 가로챔으로써 상대방이 무엇을 논의하고 계획하고 있는지를 파악할 수 있다는 장점을 갖고 있으나, 단점은 가로챌 수 있는 통신이 존재해야만 첩보입수가 가능하다는 단점이 있다. 일례로 테러집단 알 카에다Al Qaeda는 미국의 통신감청으로 큰 타격을 입은 이후, 주요 메시지를 인편으로 전달하는 방식을 활용하여 이를 회피하였다.

② 원격측정정보TELINT: telemetry intelligence는 미사일 같은 실험장비와

기지국 간에 이뤄지는 원격측정전파telemetry 신호를 가로채 입수하는 정보활동이다. 원격측정정보는 인간에 의한 통신이 아니라 기계장치를 구성하는 센서 및 탑재 장비들 간의 교신을 감청하는 활동으로 장비의 작동 상태, 장비 내 부품의 상태와 온도, 연료 유입 및 유출 속도 등의 다양한 세부 사항을 파악하여 특정 기계장비에의 상태와 작동 상황을 파악할 수 있다. 원격측정정보는 인공위성이나 항공기, 지상신호관측기지, 선박, 잠수함 등과 같은 다양한 형태의 신호정찰 활동을 통해 이루어지며 대개 미사일과 같은 적 무기체계에 대한 첩보 입수에 유용하게 활용될 수 있다.

③ 전자정보ELINT: electronics intelligence는 상대방 시설로부터 방출되는 전자기적 방사물을 감지하고 분석하는 활동을 말한다. 전자정보가 통신정보나 원격측정정보와 다른 점은, 위의 두 가지 정보활동은 인간이나 기계 간의 교신내용을 감청함으로써 첩보를 입수하는 반면 전자정보는 통신신호가 아니라 전자장치로부터 방출되는 전자기파를 입수하는 활동이라는 점이다. 대표적으로 레이더와 같은 군사장비는 작동 시 전자파를 발생시키는데, 이러한 데이터를 입수함으로써 적 활동과 의도를 파악하는 데 이용할 수 있다.

3) 계측징후정보(MASINT: measurement and signature intelligence)

계측징후정보는 기존의 영상정보와 신호정보 이외의 방식으로 이뤄지는 기술적 첩보수집기법으로, 데이터의 측정 및 징후를 파악함으로써 목표 대상의 특성과 상태를 파악하는 정보활동이다. 계측징후정보는 군사기술이나 산업활동에 대한 첩보 입수를 위해 사용되는 경우가 많은데, 대표적인 것이 핵실험 징후 파악이다. 실례로 북한이

2006년 핵실험을 실시했을 때 각국 정보기관은 핵실험으로 인한 지진파의 계측, 대기 중 방사성 물질의 농도 등의 측정을 통해 실제로 소규모 핵실험이 있었음을 확인하였다.

계측징후정보를 위한 측정 대상은 다음과 같다. 먼저 적외선이나 편광, 분광, 가시광선과 같은 전자광학적 데이터와 중력과 자기장, 지진파와 같은 지표상의 지구물리학적geophysical 자료는 계측징후정보 활동의 중요한 입수 대상이다. 또한 감마선이나 중성자와 같은 핵방사선 및 핵물질, 해저에서 잠수함이 발생시키는 수중음파 등의 데이터 또한 계측징후정보의 입수 및 분석 대상이 된다.

이상에서 살펴본 기술정보의 장점과 단점은 다음과 같이 정리할 수 있다. 먼저 첫 번째 장점은 직접 접근이 어려운 목표나 대상에 대한 첩보를 얻기에 용이하다는 점이다. 예를 들어 북한 영변의 핵시설이 어느 정도 공정 단계에 있는지를 파악하려면 정보요원을 침투시키는 것보다 위성사진을 통한 촬영이 위험부담도 낮고 성공률도 높다. 두 번째 장점은 인간의 능력으로 파악할 수 없는 전자적 · 기계적 데이터들을 입수하여 분석함으로써 기술적 문제에서 중요한 첩보 입수가 가능하게 해준다는 점이다. 예를 들어 적국이 운용하는 미사일 장비의 현황을 파악하는 데 있어서는 인간정보보다 신호정보가 큰 역할을 할 수 있다. 세 번째로 인간정보에 비해 비교적 더 높은 객관성과 진실성이 확보된다는 점 또한 기술정보의 장점이라 할 수 있다.

그러나 단점 또한 존재하는데, 그 첫 번째가 바로 기술정보에는 엄청난 기술과 비용이 필요하다는 점이다. 자국의 능력으로 인공위성을 운용할 수 있는 국가는 아직도 그리 많지 않으며, 각종 감청

〈표 1〉 정보활동과 첩보수집 방식

<table>
<tr><th colspan="2">종류</th><th>수집 방식</th><th>장점</th><th>단점</th></tr>
<tr><td colspan="2">인간정보</td><td>정보관, 첩보원을 활용한 인적 접촉</td><td>• 의도·심리상태 파악 용이
• 폐쇄적 조직 및 집단 첩보 수집 용이
• 역정보 및 기만 수단 활용 가능
• 기술정보에 비해 적은 비용 소요</td><td>• 첩보의 신뢰성 확인 필요
• 이중간첩 · 기만의 가능성 존재
• 감시가 엄중한 곳은 활용이 어려움
• 노출 시 위험
• 임무종료 요원의 관리 문제</td></tr>
<tr><td rowspan="3">기술정보</td><td>영상정보</td><td>인공위성, 정찰기 등을 활용한 영상 촬영</td><td rowspan="3">• 직접 접근이 어려운 대상의 첩보 입수 용이
• 인간 능력으로 파악이 어려운 기술적 첩보 입수
• 비교적 높은 객관성과 진실성 확보</td><td rowspan="3">• 높은 수준의 기술과 비용이 요구됨
• 전후 상황이나 맥락에 대한 정보는 제공하지 못함
• 방대한 양의 데이터 입수로 인해 처리 및 분석에 노력과 시간 소요</td></tr>
<tr><td>신호정보</td><td>감청 장치를 통한 인간 간, 기계 간 신호 감청</td></tr>
<tr><td>계측징후정보</td><td>기계 장비를 통한 각종 데이터 수집 및 계측</td></tr>
<tr><td colspan="2">공개출처정보</td><td>언론, 웹사이트 등 공개자료 입수</td><td>• 접근이 쉽고 안전함
• 저렴한 비용</td><td>• 입수할 수 있는 첩보의 질이 낮음
• 첩보의 신뢰성이 낮음
• 가치 있는 정보의 분류 및 분석에 노력과 시간 소요</td></tr>
</table>

및 계측에 필요한 장비의 구입 및 유지비용 또한 상당하다. 두 번째 단점은 통신정보를 제외한 기술정보들은 대상 목표의 전후 상황이나 맥락에 대한 정보는 제공하지 못한다는 점이다. 일례로 1991년의 걸프전 직전 미국의 정찰위성은 이라크의 대규모 병력이 쿠웨이트 국경 쪽으로 이동한 것을 포착하였으나, 당시 미국의 정보관계자들은

이것을 침공을 위한 움직임이 아니라 국경지대에서의 훈련을 통한 무력시위로 판단하였다. 세 번째 단점은 방대한 양의 데이터가 입수되는 만큼 처리와 분석에 필요한 노력과 시간이 크다는 점이다. 특히 통신정보의 경우가 그러한데, 통신기술과 감청기술의 발달로 인해 통신데이터의 양이 증가하고 감청 가능한 첩보의 양 또한 늘어남에 따라 통신정보활동을 통해 입수되는 첩보의 양이 지나치게 커졌고, 이에 따라 처리 및 분석 또한 어려워졌다.

3. 공개출처정보

첩보 입수를 위한 정보활동은 도서관에서 이루어질 수도 있다. 공개출처정보OSINT: open-source intelligence는 공개된 자료들로부터 첩보를 입수하는 활동이다. 공개출처정보에 활용되는 공개자료들로는 방송과 신문 등 언론매체, 주요 공공기관의 웹사이트와 공식발간 보고서 같은 공공자료, 민간 학계의 연구 및 출판물 등을 들 수 있다. 공개출처정보는 본격적인 비밀정보활동을 시작하기에 앞서 기본적인 지식을 확보하는 데 활용될 수 있으며 특히 신뢰할 만한 정부기관의 공식 통계나 보고서, 해당 분야 전문가의 연구 및 분석 자료는 유용한 정보원이 될 수 있다. 공개출처정보의 대표적 예로 들 수 있는 것이 미국의 FBISForeign Broadcast Information Service이다. CIA에 의해 운영되는 FBIS는 전 세계 각국의 주요 언론 보도를 영어로 번역하여 미국 정부기관에 제공하는 서비스를 실시하고 있다. 영국에서는 BBC 모니터링Monitoring, 중국에서는 신화통신新華通信이 유사한 정보서비스를 제공한다.

공개출처정보의 장점은 다음과 같다. 첫째, 다른 정보활동에 비해서 접근이 쉽고 안전하다. 공개출처정보에 활용되는 자료들은 모두 신문이나 방송, 웹사이트 등을 통해 일반 대중에게 공개된 것이기에 이를 입수하기 위해 위험을 감수해야 할 필요가 없으며, 쉽게 입수할 수 있다. 둘째, 비용이 저렴하다. 공개출처정보를 위해서는 비밀 데이터를 입수하기 위해 고가의 장비를 이용해야 할 필요도 없고, 고도로 훈련된 요원을 길러내기 위해 비용을 투입해야 할 필요도 없다. 공개된 자료들을 입수하고 분석하는 것이기 때문에 일반적 지적 수준을 갖춘 사람이라면 약간의 교육과 훈련만 받고서도 공개출처정보 활동에 투입될 수 있다.

그러나 공개출처정보는 다음과 같은 단점 또한 가지고 있다. 첫째, 일반 대중에게 공개되는 자료인 만큼, 입수할 수 있는 첩보의 질이 그리 높지 않다. 예를 들어 많은 국가들이 『국방백서』를 통해 자국의 군사정보를 개괄적으로 공개하지만, 부대 배치 상황이나 작전 계획과 같은 중요한 내용은 비밀로 둔다. 둘째, 공개출처자료의 신뢰성이 떨어지는 경우가 많다. 특히 언론 보도나 웹사이트의 내용이 그러한데, 어느 것을 신뢰할 수 있으며 얼마나 신빙성 있는 내용인지 판단하는 것이 쉽지 않다. 셋째, 워낙 방대한 양을 자랑하기에 분류 및 분석에 많은 노력과 시간이 소요되며 쓸데없는 정보와 가치 있는 정보를 가려내는 것 또한 쉽지 않다.

III. 방첩과 비밀공작

정보기관의 활동이 단지 첩보 입수와 정보 분석에만 국한되지는 않는다. 정보기관은 자국에 해가 될 수 있는 타국 및 타 세력의 정보활동을 저지하는 동시에, 국가안보와 국익의 보전을 위해 외부로 알려져서는 안 되는 중요한 비밀들을 지켜내야 한다. 또한 필요에 따라 비밀리에 특정한 공작활동을 수행해야 할 수도 있다. 지금부터는 정보기관의 또 다른 주요 활동이라 할 수 있는 방첩과 비밀공작에 대해서 살펴보겠다.

1. 방첩

방첩counter intelligence이란 적대적인 정보기구의 활동으로부터 자국의 이익과 정보활동을 보호하기 위해 취하는 조치 전반을 일컫는 개념이다. 정보의 세계에서는 각국 정보기관 간에 끊임없는 경쟁과 투쟁이 존재하며, 타국의 정보기관에 의해 우리측의 중요한 첩보가 새어나가거나 정보활동이 방해받지 않도록 하는 활동이 필요하다. 방첩은 크게 능동적 방첩과 수동적 방첩으로 구분할 수 있는데, 능동적 방첩이 타국 정보기관에 대한 정보 입수, 공격 및 방어 활동에 집중한다면 수동적 방첩은 지켜져야 하는 사안에 대한 보안을 주 내용으로 한다.

1) 능동적 방첩

능동적 방첩은 대간첩활동counter espionage으로도 불리는데, 자국의 정보활동을 보장하고 타국 정보기관의 정보활동을 제약하기 위해 이루어지는 능동적 조치를 말한다. 첫 번째로, 정보기관은 자국에 대한 타국 정보기관의 수집 및 분석 능력에 대한 첩보를 수집하는 활동을 수행할 수 있다. 두 번째로, 적대적 정보기관이 우리측 정보기관의 정보활동을 방해하거나 비밀공작을 펼치는 것, 혹은 우리의 중요한 정보를 빼내어 가는 것을 막기 위한 방어활동 또한 수행한다. 세 번째로, 필요에 따라 적대적 정보기관에 거짓 정보를 제공하거나 적대세력의 정보관이나 첩보원을 포섭하여 이중간첩으로 활용하는 공격활동 또한 수행할 수 있다.

타국 정보기관에 대한 첩보 수집은 방첩활동의 기초라 할 수 있다. 정보기관은 방첩활동의 일환으로서 타국의 정보기관의 기본 조직 및 현황에 대한 첩보를 입수하는 것으로, 상대 정보기관의 인간정보 역량과 대상 목표, 관심 분야와 정보, 침투 가능성 및 인간정보활동의 변화 등이 주를 이룬다. 이러한 방첩활동은 적국이나 적대세력의 정보기관뿐 아니라 우방국의 정보기관에 대해서도 수행되는 경우가 있는데, 실례로 1980년대 이스라엘 정보부가 미 해군의 정보부대 요원을 이용하여 미국 정보기관에 대한 첩보를 입수한 사실이 밝혀졌다.

방어를 위한 방첩활동 또한 필수적이다. 타국 정보요원에 대한 감시활동은 공식가장을 통해 활동하는 외국 외교관뿐 아니라 국내에 주재하는 외국인 기업 주재원, 언론인, 이민자 등에 대해 수행된다. 언론에서 종종 보도되는 외교관 추방은 외교 분쟁이나 과도한 정보활동에 대한 항의 표시로 평소 감시하던 상대 정보관을 추방하는 경우가 많다. 또한 재외공관에 대한 감시 · 감청을 막기 위한 활동 역시 방어활동에 포함된다. 대사관을 옮기거나 신축하게 될 경우 혹시 모를 감시 및 감청장치에 대한 면밀한 조사가 이뤄지는데, 일례로 중국은 2004년 주미대사관을 신축하면서 철저한 보안을 위해 주요 자재는 물론 건축 작업에 투입될 수백 명의 인부까지 본국에서 공수하여 화제를 모았다.

방첩활동에는 상대 정보기관의 활동을 방해하기 위한 공격활동 또한 포함된다. 대표적인 공격적 방첩활동이 이중간첩과 기만의 활용이다. 이중공작원은 상대 정보기관에 대한 첩보를 입수할 수 있을 뿐 아니라 잘못된 정보를 흘림으로써 상대를 기만할 수 있다는 점에서 큰 유용성을 가진다. 실례로 냉전기 미국 육군 상사 조셉 캐시디 Joseph Cassidy는 소련에 이중간첩으로 잠입하여 20여 년간 활동했으며, 이를 통해 미국 내에서 활동하던 소련의 공작관과 첩보원의 신원을 확보하는 것은 물론 미국의 화학무기 개발에 대해 의도적으로 잘못된 정보를 소련 측에 공급하는 기만책을 사용했다.

2) 수동적 방첩

수동적 방첩은 보안security으로도 불리며, 외부로 알려져서는 안 되는 중요한 사안에 대해 취하는 보호조치 일반을 가리킨다. 보안의 영역은 크게 문서로 된 비밀을 취급하는 문서보안과 정보활동 담당자와 관련된 인원보안, 주요 시설 및 장비를 보호하는 것과 관련된 시설보안과 정보통신기기와 관련된 보호조치인 정보통신보안의 네 가지 영역으로 구분된다.

먼저 문서보안은 비밀이 담긴 문서의 생산과 수발, 보관 과정에서 보안을 유지하기 위해 취해지는 일체의 수단과 방법을 가리킨다. 여기서 말하는 문서에는 종이 형태로 인쇄된 서류뿐 아니라 지도, 사진, 카세트테이프, 디스크, USB 메모리 등의 기록물 역시 포함된다. 담겨진 내용의 민감성에 따라 각 문서에는 비밀의 등급이 매겨지는데, 비밀의 등급에 따라 어떤 사람이 어느 수준까지를 볼 수 있는지가 결정되고 접근이 제한된다. 단순히 접근뿐 아니라 문서보안에는 비밀문서의 작성과 이동, 열람, 보관과 폐기에 대한 지침이 존재하여 비밀이 만들어질 때부터 폐기될 때까지 엄격한 보안조치가 취해진다.

인원보안은 정보활동에 직간접적으로 관여하는 담당자들에 대한 보안조치를 말한다. 내부 요원에 대한 감시 및 감찰은 중요한 방첩활동의 일환으로, 정보기관에 선발되는 요원들은 선발 단계에서부터 자세한 신원 조사 과정을 거치며 선발된 이후에도 수시로 거짓말 탐지기 테스트는 물론 재산 변동 등의 사생활에 이르기까지 각종 감시·감찰의 대상이 되는 것으로 알려져 있다. 이뿐 아니라 정보를 취급하는 담당자들에게 대한 보안의식을 고취시키고 보안규정을 숙지시키는 것 또한 인원보안의 한 영역이라 할 수 있다.

시설보안은 외부인에게 노출되어서는 안 되거나 혹은 접근이 제한되어야 하는 주요 시설 및 장소에 대해 보호조치를 취하는 것이다. 시설보안 역시 문서보안과 마찬가지로 민감성에 따라 각 시설의 보안등급을 매기는데, 이에 따라 각종 통제구역과 제한구역이 설정된다. 예를 들어 대통령 집무실이나 주요 정부부처, 정보기관, 군 기지 및 군사시설과 같은 곳은 필수적으로 접근이 제한되어야 하며, 출입을 허가받은 이들만 접근이 가능하다. 해당 장소를 출입할 때의 소지품, 사진 촬영, 접근 가능 구역 등에 대한 제한 역시 시설보안의 영역이다.

끝으로, 정보통신보안은 최근 들어 특히 그 중요성이 강조되고 있는 정보통신기술과 관련한 보안조치를 말한다. 이것은 타국 정보기관의 기술정보를 통한 첩보수집을 막기 위한 조치로, 유·무선통신과 전신, 전자기파의 감청 및 수집을 방지하기 위한 노력이 주를 이룬다. 정보통신기술의 비약적인 발전과 함께 수많은 분야에 컴퓨터의 활용도가 높아지면서 정보통신보안은 더욱 그 중요성이 높아지고 있다.

〈표 2〉 방첩의 종류와 활동

구분		내용
능동적 방첩	정보수집	타국의 정보수집 능력에 대한 첩보 및 평가
	방어활동	타국 정보요원에 대한 감시와 역감시
	공격활동	타국 정보요원에 대한 침투, 기만, 역이용 공작
수동적 방첩	문서보안	문서로 된 비밀의 생산과 분류, 보관, 배포, 파기 등
	인원보안	신원 조사, 동향 파악, 보안교육
	시설보안	중요 시설 보호를 위한 보호구역 설정과 관리
	정보통신보안	유·무선 통신, 전신, 팩스, 전자기파 수집 및 해석 방지

2. 비밀공작

정보기관은 첩보를 수집하여 정보를 생산하는 것 이외에 직접 행동을 통해 다른 나라에 정치적·군사적으로 개입할 수도 있다. 비밀공작covert action은 이처럼 정부의 역할이 공개적으로 드러나지 않도록 하면서 다른 국가의 정치·경제·군사 상황에 대해 영향력을 행사하려는 정보활동을 말한다. 정보기관이 수행하는 많은 정치적·군사적 공작이 대개 타국의 주권을 침해하고 도덕적 정당성도 부족하며 드러날 경우 정치적 · 군사적 갈등을 불러올 수 있기 때문에 비밀공작은 극도의 비밀과 보안을 유지하여 수행된다. 목적과 수행방식에 따라 다양한 형태의 공작이 수행될 수 있는데, 좀 더 구체적으로 살펴보면 다음과 같다.

1) 우호국에 대한 비밀 지원

정보기관은 필요에 따라 우호적인 국가에 비밀리에 지원 공작을 펼 수 있다. 비밀 지원의 방식은 군사적 · 경제적 원조와 같은 비정보적 지원과 첩보 · 정보의 공유와 같은 정보적 지원으로 나뉜다. 우호국에 대한 지원임에도 불구하고 비밀리에 이뤄지는 이유는 이러한 지원에 대한 국내 정치적 반발이 우려되기 때문이다. 비정보적 지원의 대표적인 예는 1960년대 남미의 친미국가들이 좌익게릴라들을 진압하는 데 도움을 주기 위해 CIA가 운영한 군사학교와 경찰 훈련 프로그램을 들 수 있다. 해당 국가들이 정당성을 결여한 독재국가였기에 국민들의 반발을 우려한 CIA는 비밀리에 이를 운영했고, 사실 발각 후 지원 프로그램은 미 의회에 의해 중단되었다. 정보적 지원의 예로는 2003년 미국의 이라크 침공 시 독일 정보기관이 사담 후세인 정권의 바그다드 방위 계획을 입수하여 미국에 전달한 것을 들 수 있다. 당시 독일 정부는 높은 반전 여론으로 인해 전쟁에 참전하지 않았는데, 비공식적으로 미국의 이라크전을 지원한 사실이 미국 언론에 보도되면서 큰 곤욕을 치러야 했다.

2) 우호적 정치세력 지원

타국 정부가 아닌 특정 정치세력에 대한 지원 역시 비밀공작의 일환으로 수행될 수 있다. 이와 관련해서는 여러 가지 사례가 존재하는데, 냉전기 소련이 전 세계 공산주의 운동을 지원했던 것은 이미 공공연한 사실이며 1950~60년대 미국 CIA는 일본의 자민당이 사회당을 누르고 제1당이 될 수 있도록 막대한 선거자금을 지원한 것으로 알려져 있다. 또한 1980년대 폴란드 공산정권에 대항해 싸운 폴란드 연대노조solidarity를 지원하기 위해 미국 정보기관은 조직 자금과 인쇄 및 통신보안 장비 등을 제공하였다.

우호적 정치세력 지원의 부정적인 방식으로는 반정부세력의 활동을 지원하거나 쿠데타 세력의 정권 전복 시도를 지원하는 것을 들 수 있다. 1986년 레이건 대통령 당시 있었던 미국의 이란-콘트라 사건은 이러한 비밀공작이 드러난 예라고 할 수 있는데, 의회조사를 통해 당시 미국 정부가 이란에 무기를 판매한 대금을 사회주의 국가인 니카라과의 반정부군 활동에 지원한 사실이 드러났다. 쿠데타 지원 공작이 드러난 또 다른 예로는 1953년의 이란 쿠데타를 들 수 있다. 당시 미국과 영국 정보기관은 반서방 성향의 정치인 무하마드 모사데크Mohammad Mosaddegh가 총리로 선출되어 석유를 국유화하려는 움직임을 보이자 그를 축출하고 친미 성향의 팔레비Mohammad-Rezā Shāh Pahlavi 국왕이 집권할 수 있도록 군부 쿠데타를 지원하였다. 이 사실은 2000년대 들어 당시 기밀문서가 해제되면서 드러났으며, 미국의 오바마 대통령은 2009년 중동을 방문했을 때 미국의 쿠데타 지원 사실을 공식적으로 인정하였다.

3) 외국 정부와 사회 인식에 대한 영향력 행사

외국 정부나 외국 사회의 인식에 영향을 미치는 것 역시 정보기관이 수행하는 비밀공작 중 하나이다. 외국 정부의 인식에 영향을 미치는 방법으로 흔히 이용되는 것이 '영향력 있는 공작원agents of influence'이다. 이 공작원은 첩보 입수의 임무가 아니라 상대 정부의 인식에 영향력을 행사하는 것을 목적으로 활동한다. 이를 위해서는 자국 요원을 상대국 정부의 고위직에 직접 침투시킬 수도 있고, 혹은 정부 집단에 쉽게 영향을 미칠 수 있는 정·재계인사로 위장시켜 정부 주요 인사들에게 접근시킬 수도 있다. 가장 유명한 것이 1940년대 미국 재무부 고위관료였던 해리 화이트Harry D. White의 사례이다. 그는 소련의 비밀공작원으로 포섭되어 2차 대전 이후 전후 복구과정에서 소련에 대한 미국의 재정지원에 큰 영향력을 행사하였으며, 발각되기 이전까지 승진을 거듭해 재무부 차관까지 역임하였다.

외국 정부가 아닌 해당 국가의 사회 여론과 인식에 대한 영향력을 행사하는 것 또한 공작의 한 방식이 될 수 있다. 이를 위해서는 해당 국가의 언론이 특정한 보도를 내도록 만들 수도 있고, 직접 선전propaganda활동에 나설 수도 있다. 이같은 공작의 대표적 예로 들 수 있는 것이 제1차 세계대전 시기에 있었던 치머만 전보사건이다. 1917년 1월, 아직 미국이 중립을 유지하고 있던 당시 독일 외무장관 아르투어 치머만Arthur Zimmermann은 주미 독일대사관에 전보를 보냈다. 전문의 내용은 미국의 참전 시 멕시코가 독일을 도와주면 멕시코가 미국에 빼앗긴 텍사스와 뉴멕시코, 애리조나를 되찾을 수 있게 도와주겠다는 제안을 멕시코 정부 측에 전달하라는 것이었다. 이것은 미국의 참전 가능성을 우려한 조치였는데, 당시 독일의 전신을 감청하던 영국 정보부가 이를 입수하는 데 성공하였다. 영국 정보부는 이 전문을 즉시 미국 언론에 제공하였고 이것이 대대적으로 보도되면서 미국 내에서는 엄청난 참전 여론이 형성되어 영국은 미국의 참전을 이끌어낼 수 있었다.

4) 비밀 협상 및 중재

정보기관이 활약하는 또 한 가지 영역은 비밀스런 국제적 협상 및 중재 역할이다. 정보기관은 공식적 외교관계가 수립되지 않은 국가와의 대화나 협상에 기초를 다지는 역할을 수행할 수 있으며, 국가뿐 아니라 테러조직이나 탈레반과 같은 준군사조직과의 대화도 매개할 수 있다. 원래 모든 국가의 정부는 테러조직과는 결코 협상이나 대화가 없다고 공식적으로 천명하지만, 특정 목적이나 필요에 따라 이들과 비공식적으로 접촉하고 협상을 해야 할 때가 존재한다. 실제로 영국의 마거릿 대처Margaret Thatcher 총리는 영국 정보기관 SISSecret Intelligence Service의 매개로 북아일랜드의 무장독립단체 IRAIreland Republic Army와 비공식 대화 및 협상을 지속했던 것으로 드러났다. 또한 2003년 리비아가 미국과의 협상을 통해 자신의 핵프로그램을 포기하기로 한 데에는 영국 정보기관 SIS가 리비아 정부와 미국 정부 간의 협상을 중재한 것이 큰 영향을 미쳤다고 알려져 있다.

5) 준군사공작(paramilitary operation)

준군사공작은 적에게 타격을 입히기 위해 대규모 무장단체에 물자와 무기를 지원하고 훈련시키는 것을 말한다. 이것은 비밀공작 중에서도 매우 규모가 크고 폭력적이며, 위험 수준 또한 높은 공작 중 하나라고 할 수 있다. 준군사공작은 특수부대를 통한 군사작전과는 구별되어야 하는 개념이다. 특수 파괴 공작이나 인질 구출에 투입되는 특수부대는 정규병력이며, 이러한 작전은 준군사공작이 아니라 군사작전의 영역에 포함된다.

준군사공작은 실제 병력을 보내어 전투를 치르는 것이 아니라 해당 국가 내의 군사집단과 결합하여 이들의 군사활동을 지원하는 활동이다. 준군사공작의 대표적인 사례로 1979년 소련이 아프가니스탄을 침공했을 때 CIA가 아프가니스탄의 반소투쟁을 지원했던 것을 들 수 있다. CIA 비밀요원들은 아프가니스탄에 잠입하여 이슬람 의용군 무자헤딘mujaheddin을 전문적으로 훈련시키는 한편, 막대한 양의 무기와 자금을 제공함으로써 소련이 아프가니스탄에서 패퇴하는 데 결정적인 역할을 하였다.

6) 암살·납치 및 파괴행위

정보기관이 수행하는 비밀공작 중에서 가장 도덕적 비난을 받는 것이 암살이나 납치, 파괴 행위이다. 정보기관은 적대국의 주요 인사를 살해하거나 주요 시설에 대한 파괴활동을 수행함으로써 해당 국가에 직접적인 타격을 가할 수 있다. 이 부문에서 특히 악명 높은 국가가 바로 북한이다. 북한 정보기관의 암살 및 파괴행위에 대해서는 무수히 많은 사례가 존재하는데, 1968년 박정희 대통령을 암살하기 위해 남파된 북한 특수병력이 청와대 뒤편 세검정 고개까지 진출했다가 제압당한 적이 있고, 1983년에는 북한 총참모부 산하 정찰국이 전두환 대통령 암살을 위해 미얀마 아웅산에서 폭탄 테러를 기도하였다.

또한 현재 정찰총국으로 통합된 노동당 작전부는 1978년 신상옥 · 최은희 부부 납치사건을 일으켰으며, 노동당 35호실은 1987년 KAL기 폭파사건을 주도한 것으로 알려져 있다. 한편 해외 사례로 많이 언급되는 것은 이스라엘 정보기관 모사드Mossad의 활동으로, 유태인 대학살에 가담한 독일인 아돌프 아이히만Adolf Otto Eichmann을 15년간의 추적 끝에 아르헨티나에서 이스라엘로 납치해 와서 재판을 받게 한 것이나 뮌헨올림픽에서 자국 선수단을 살해한 테러조직 '검은 9월단'에 대한 암살조직을 결성하여 20여 년에 걸쳐 테러 관련자들을 차례로 암살한 것이 유명하다.

8장 위기관리

Ⅰ. 위기의 개념과 유형
Ⅱ. 위기의 발생과 전개
Ⅲ. 위기의 관리

• 학습 개요 •

이 장에서는 위기와 위기관리에 대해 다룬다. 위기는 전쟁과 평화 사이의 상태로, 국가안보에 중대한 위협이 가해지며 대응을 위한 시간 여유도 부족해 언제든 전쟁으로 이어질 수 있는 상황을 말한다. 위기 상황에서 정책결정자가 어떤 판단과 결정을 내리느냐에 따라 위기는 진정되어 평화 상태로 돌아갈 수도 있고, 전쟁이 벌어질 수도 있다. 위기란 무엇이며, 어떤 유형의 위기가 발생할 수 있는가? 위기란 어떠한 원인에 의해 발생되며 어떠한 과정을 거쳐 확대 혹은 종식되는가? 위기관리란 무엇이며, 어떻게 이루어져야 하는가? 이 장에서는 이상의 질문들에 대한 대답을 차례로 살펴보며 위기관리에 대해 알아본다.

[주요 개념]

위기와 위기의 유형

위기의 원인

위기의 심리적 요인

위기의 확대

공세적 위기관리

수세적 위기관리

[생각해 봅시다]

1. 위기의 유형은 어떻게 구분되는가?
2. 위기는 왜 발생하는가?
3. 위기의 확대요인을 어떻게 생각하는가?
4. 위기 전개과정에서 심리적 요인은 어떻게 작용하는가?
5. 위기관리의 공세적·수세적 개념을 어떻게 구분할 수 있을까?

Ⅰ. 위기의 개념과 유형

1. 위기의 개념

위기란 무엇인가? 우리는 흔히 위기라는 말을 쉽게 사용하지만 그 정확한 정의를 내리는 것은 쉬운 일이 아니다. 위기라는 말과 함께 비상사태emergency, 재난, 재해, 위험, 재앙, 우발상황contingency, 사건, 사고 등의 유사한 용어들도 사용된다. 특히 최근에는 위기와 위기관리의 정의에 있어서 군사 · 안보적 측면에서의 위기뿐 아니라 대규모 자연재해나 전염병의 발생, 에너지 부족과 같은 다양한 측면에서의 사회적 · 환경적 재난까지를 위기에 포함시키기도 한다. 이와 같은 포괄적 위기 상황에 대한 대처까지를 다루기에는 국가안보의 범주를 벗어나는 영역까지 다루어야 하기에, 이 장에서는 전통적 안보위협으로서 군사적 · 외교적 위기 상황에 초점을 맞추어 내용을 전개하도록 하겠다.

위기crisis는 (1)국가의 핵심적인 가치에 중대한 위협이 가해지는 동시에, (2)대응을 위한 시간 여유는 촉박하며, (3)군사적 충돌의 가능성이 높은 상황을 말한다. 좀 복잡한 정의이지만 풀어서 설명하면 다음과 같다. 먼저 위기는 국가의 주권이나 영토, 국민의 생명과 같은 핵심적인 가치에 중대한 위협이 가해지는 상황으로, 대개는 타국과의 경쟁이나 갈등이 심화되어 발생하는 경우가 많다. 또한 위기는 점차적으로 문제가 심화되는 상황이라기보다는 급격하게 상황 변화가 이루어지며 이에 대응하기 위해 요구되는 시간 또한 크게 제약되어 긴박한 대응이 필요하다. 끝으로 위기 상황은 자칫하면 전쟁 발발로 이어질 수 있는 상황으로, 전쟁과 평화의 중간 지점이라 할 수 있다.

위기 상황은 다음과 같은 특징을 갖고 있다. 첫째, 전쟁 위험이 상당히 높은 상황이나 사태이다. 둘째, 정책결정자들로 하여금 국가의 중요한 이익이나 가치가 명백하게 위협받고 있음을 인식시키는 상황 변화를 수반한다. 셋째, 위기 상황에 어떻게 대처하느냐에 따라 직접적인 위협의 대상뿐 아니라 국가의 지위와 위신, 협상력, 국력에 대한 다른 나라의 평가 등까지 달라질 수 있다. 넷째, 대개의 경우 미리 예견하지 못한 돌발적인 사태이며 대응할 수 있는 시간 여유도 촉박하여 정책결정자들에게 극도의 스트레스와 긴장, 공포, 경악의 감정을 불러일으킨다. 다섯째, 위기 상황은 앞으로의 사태 전개를 예측할 수 없으며 정책결정의 대안과 결과 또한 불투명한, 고도의 불확실성을 특징으로 한다.

2. 위기의 유형

1) 위기 촉발의 의도에 따른 분류

위기의 유형은 위기 촉발의 의도성에 따라 위협위기threat crisis와 기회위기opportunity crisis로 나눌 수 있다. 위협위기는 우발적 군사 충돌의 위험에 직면해 서로에 대해 위협을 느끼는 위기 상황을 말한다. 대표적 예가 1938년 독일의 침략을 우려해 체코슬로바키아가 전군에 동원령을 내리자 독일이 이에 군사적으로 반응했던 '5월 위기May crisis'이다.

한편 기회위기는 한 국가가 다른 국가에 대해 의도적이고 계산적 행동에 의해 위기를 촉발시키는 경우를 말한다. 기회위기의 예로는 1870년 프랑스 · 프로이센 전쟁을 촉발한 엠스Eems 전보사건을 들 수 있는데, 당시 프로이센의 재상 비스마르크는 프랑스와의 전쟁을 일으키기 위해 프랑스 대사의 전보내용을 교묘히 조작하여 프랑스가 프로이센 국왕을 모욕하였다는 내용을 자국 언론에 은밀히 제공하였다. 이 결과 프로이센 내에는 프랑스에 대한 강경론이 높아졌고, 이에 대한 반응으로서 프랑스 내에서도 프로이센에 대한 주전론主戰論이 득세하면서 비스마르크는 위기 상황을 조장할 수 있었다.

이 두 유형에서 발견되는 가장 큰 차이점은 스트레스이다. 위협위기에서는 위기 상황에 직면한 양측이 모두 극도의 혼란과 스트레스에 직면하게 된다. 이와는 반대로 기회위기에서 일부러 위기 상황을 조성한 쪽은 계산된 행동에 따라 행동한 것이기에 비교적 적은 스트레스를 느끼는 반면 상대측은 위기 상황에서 큰 스트레스를 느끼게 된다.

2) 위기 촉발의 원인에 따른 분류

한편 위기 발생의 원인에 따라 분류할 수도 있다. 이 분류에 따를 때 위기는 (1)적대의 정당화를 위한 위기와, (2)부산물로서의 위기, (3)벼랑 끝 전술 위기의 세 유형으로 나눌 수 있다. 첫째 유형은 적대의 정당화를 위한 위기justification of hostility crisis이다. 이 유형의 위기의 특징은 위기가 발생하기 이전부터 이미 전쟁이 일어날 것이 결정되어 있다는 점인데, 바로 전쟁을 일으키기 위한 목적으로 조성된 위기이기 때문이다. 특정한 국가가 다른 나라를 침략하기로 마음먹었을 때, 이 국가는 위기를 조성함으로써 전쟁의 명분을 만드는 동시에 전쟁에 대한 국내적 지지와 동원을 확보할 수 있다. 그 대표적 예가 1931년의 만주사변이다. 일본 관동군은 만주 류탸오거우柳條溝의 만철滿鐵 선로를 계획적으로 폭파하고서 이를 중국의 소행이라고 트집잡아 위기를 조성하고, 본격적인 만주 침공의 계기로 삼았다.

둘째 유형은 파생물로서의 위기spin-off crisis이다. 이 유형은 이미 벌어진 전쟁이나 위기 상황에서 또 다른 위기가 파생되는 상황이다. 예를 들어 두 나라가 전쟁을 벌이거나 전쟁 직전의 위기 상황에 있을 때 국경을 함께 접하고 있거나 혹은 밀접한 이해관계를 가진 제3국이 위기 상황에 휘말려들 수 있다. 파생물로서의 위기는 우발적인 것일 수도 있고, 특정 국가의 의도에 의해 발생될 수도 있다. 우발적인 발생의 예로 들 수 있는 것이 1차 세계대전 당시 있었던 독일의 무제한 잠수함 작전이다. 당시 독일은 영국을 봉쇄하기 위해 대서양 지역에서 잠수함을 이용해 영국으로 향하는 선박을 무제한적으로 격침시켰고, 그러던 중 미국인이 승선한 영국 선박 루시타니아Lusitania 호가 격침되면서 중립국이었던 미국과 독일 간에 극심한 군사적 긴장이 조성되었다. 한편 의도적인 예로는 1991년 걸프전에서 이라크가 이스라엘과의 위기를 조성했던 것을 들 수 있다. 쿠웨이트를 침공했던 이라크의 후세인 대통령은 미국과 서방, 그리고 중동 국가들이 형성한 다국적군 연합에 의해 수세에 몰리자, 이스라엘에 스커드 미사일 공격을 가했다. 이것은 다수 중동 국가들과 불편한 관계에 있는 이스라엘을 참전시킴으로써 다국적군 내부의 혼란과 분열을 노린 위기전략이었다. 당시 이스라엘의 공식 참전은 없었으나 위기 상황 속에서 이스라엘의 개입을 막기 위해 미국과 영국은 큰 외교적 · 군사적 노력을 기울여야 했다.

셋째 유형은 벼랑 끝 전술 위기brinkmanship crisis로, 가장 흔하게 발견되는 유형의 위기라 할 수 있다. 특정한 국가는 위기를 일으키고 이를 벼랑 끝과 같은 위험한 상황으로 몰고 감으로써 상대 국가에 자신이 원하는 것을 강제하려고 시도할 수 있다. 여기에는 물론 상대국이 자신에 맞서 강경히 대치하거나 군사적으로 대응하지 않고 결국엔 물러날 거라는 계산이 깔려 있다. 벼랑 끝 전술 위기의 가장 대표적인 예가 1994년 있었던 제1차 북핵 위기이다. 당시 북한은 영변에 원자로를 건설하고 핵확산금지조약NPT: Non-Proliferation Treaty에서 탈퇴함으로써 위기를 조성했다. 북한은 남북실무접촉에서 "서울을 불바다로 만들겠다"는 협박을 서슴지 않았으며, 미국에 대해서도 자신의 핵개발을 방해하면 언제든 무력으로 보복하겠다고 공언하였다. 결국 오랜 협상 끝에 1994년 10월 북한과 미국 간의 제네바 합의를 통해 북한은 핵활동을 동결하는 대신 경수로 건설과 중유 제공이라는 대가를 얻어낼 수 있었다.

II. 위기의 발생과 전개

1. 위기의 발생과 전개 과정

위기는 왜, 그리고 어떻게 일어나는가? 위기는 특정 국가의 도전challenge으로부터 시작된다. 도전이란 전쟁의 가능성을 고조시키는 정치적 · 군사적 행동을 취하는 것을 말한다. 도전은 전면전으로 번지지 않을 만큼의 제한적 공격을 가하거나 군사훈련을 통한 무력시위를 벌이는 등의 군사력을 통한 방식이 될 수도 있고, 분쟁 영토를 자신의 땅으로 선언한다거나 최후통첩을 보내어 상대방이 도저히 받아들일 수 없는 양보를 요구하는 것과 같이 외교를 통한 방식이 될 수도 있다.

그렇다면 이와 같은 도전은 어떤 이유로 발생하는가? 도전행위를 야기하는 촉발요인으로는 다음과 같은 요인들이 존재한다. 첫째, 영토 분쟁을 들 수 있다. 국가 간 갈등의 다양한 원인 중에서도 영토 문제는 특히 타협이나 양보가 어려운 문제이다. 이것은 영토의 높은 상징성과 국민 여론, 그리고 해당 영토에 걸린 지정학적 · 경제적 이익 때문인데, 대개 양측 모두가 해당 영토를 보유해야 할 나름의 정당성과 논리를 갖추고 있고 쉽게 물러서지 않아 분쟁이 장기화되는 경우가 많다. 평소 정치적 · 외교적 분쟁에 머물던 영토 분쟁이 심각해지면 위기 상황에 본격적으로 접어들 수 있다.

둘째, 국가 간 세력균형의 변화 또한 위기의 배경을 형성할 수 있다. 특정한 국가의 국력이 급격히 성장할 때 그 국가의 지도자들은 보다 공세적이고 팽창적인 대외정책을 펼치게 될 수 있으며, 그에 따라 주변국과 갈등이 생길 수 있다. 다른 한편으로, 특정 국가의 국력이 급속히 약해지는 경우 역시 주변국의 야욕이나 야심을 자극하여 위기의 전조를 만들 수 있다.

셋째, 정권교체나 쿠데타 등으로 인해 특정 국가 내에서 지배 세력이 바뀌는 것 또한 위기의 촉발요인이 될 수 있다. 선거를 통해서나 혹은 내부의 군사 쿠데타 등을 통해 주변국에 대해 공세적이고 강경한 정책을 선호하는 집단이 정권을 장악했을 때, 그 국가의 대외정책은 공격적으로 변화할 가능성이 높아지며 이에 따라 주변국과의 관계는 악화될 수 있다.

넷째, 숙적관계rivalry라 불리는 특별한 적대관계 역시 위기의 촉발요인이 될 수 있다. 숙적관계란 이미 서로 여러 차례 전쟁을 치른 경험이 있거나, 전쟁은 아니어도 지속적인 정치적·경제적 분쟁을 겪어왔거나, 혹은 역사적·민족적으로 서로에게 적대적 감정을 품고 있는 국가 간의 관계를 지칭하는 개념이다. 이처럼 '특별히 나쁜' 관계의 국가들 간에는 더욱 쉽게 위기가 발생할 수 있다.

다섯째, 국제 질서나 규범에 대한 불만 역시 위기의 촉발요인이 될 수 있다. 주권의 존중, 자유시장경제 체제의 유지, 핵확산의 방지와 같이 국제사회에는 다수의 국가들, 특히 기득권을 장악한 강대국들이 만들어낸 여러 가지 국제적 질서와 규범이 존재한다. 이러한 기존의 질서와 규범으로부터 소외되거나 피해를 입는다고 생각하는 국가가 생길 때, 이 국가는 기존의 질서와 규범을 타파하거나 혹은 새로운 질서와 규범을 만들어내기 위해 위기를 일으킬 수 있다.

이상과 같은 촉발요인 중 하나 혹은 둘 이상의 영향으로 한 국가가 도전했을 때, 도전을 받은 국가가 저항해야 비로소 위기 상황은 성립된다. 상대국으로부터의 도전에 저항하지 않고 그대로 이를 받아들인다면 상황은 위기가 되는 것이 아니라, 일방적인 외교적·군사적 양보로 끝나게 된다. 상대의 도전에 대한 저항의 방식은 즉각적이고 명시적인 방식의 거절과 대립이 될 수도 있지만, 좀 더 복잡하고 미묘한 방식이 될 수도 있다. 이것은 상대를 자극하지 않으려 하거나 혹은 우리측 의도에 대한 상대의 판단에 혼란을 주기 위해서 택해지는 방식인데, 예를 들어 정부의 공식 입장 발표는 미룬 채 언론을 통해 입장을 흘릴 수도 있고, 상대로부터의 응답 요구를 무시한 채 비밀리에 군사적 대비 태세를 강화할 수도 있다.

이렇게 도전과 저항이 이뤄지게 되면 양국은 대치confrontation 상태로 접어들게 된다. 위기 속 대치 상황은 짧게는 몇 시간에서 며칠이 될 수도 있고, 길게는 몇 달이 될 수도 있다. 대치관계에서는 전쟁 직전의 정치적·군사적 긴장 상태가 조성된다. 대치 상황 속에서 정책결정자들은 혹시 모를 전쟁의 가능성에 대비하여 군사적 대비 태세를 강화하는 동시에, 상대를 압박하거나 설득함으로써 자신의 협상력을 높이고 자국에 최선의 결과가 나올 수 있도록 노력한다.

위기가 종식되는 방식에는 다음과 같이 여러 가지가 존재한다. 첫째, 위기 상황에 직면한 쌍방 중 한쪽이 뒤로 한발 물러나거나 상대의 요구를 받아들이는 경우 위기는 종식된다. 이것은 보다 약한 협상력을 가진 쪽이 양보 내지 항복을 하면서 위기가 종식되는 상황인데, 다음과 같이 여러 가지 이유 때문일 수 있다. 먼저 기본적인 군사력의 측면에서 현저히 불리할 수도 있고, 군사력은 앞서거나 대등하다고 해도 조건과 상황상 운용 가능한 군사적 옵션이 제한되어 있거나 전쟁이 발생하면 치러야 할 인명손실과 비용을 감당할 수 없는 상태라면 협상력은 약화될 수 있다. 뿐만 아니라 이슈의 연계를 통해 취약성이 생길 수도 있다. 예를 들어 우리나라가 산업에 필수적인 자원이나 물자를 상대국으로부터의 수입에 의존하고 있다면, 상대측은 이를 연계해서 활용할 것이고 우리의 협상력은 취약해질 것이다. 위기 상황이 전쟁으로 번지는 것을 막고자 하는 제3국이 간섭하여 한쪽 국가의 일방적인 양보를 강요하게 되는 경우도 있을 수 있다. 그 대표적인 예가 1938년의 체코슬로바키아 위기이다. 당시 독일의 영토 강탈 요구에 체코슬로바키아는 저항했지만, 프랑스와 영국이 나서 체코슬로바키아를 윽박지르고 뮌헨회담을 통해 히틀러의 요구를 들어줌으로써 체코슬로바키아는 해당 영토를 빼앗길 수밖에 없었다.

둘째, 양측의 힘이 서로를 쉽게 압도하지 못하는 동시에 대결을 지속하는 것이 너무나 위험하다는 것을 깨닫는 경우이다. 이러한 결과가 도출되는 데에는 상호억제mutual deterrence가 핵심 논리로 작동한다. 억제란 충분한 방어능력이나 가혹한 보복능력을 상대에게 인식시킴으로써 상대가 자신을 함부로 공격하지 못하게 만드는 것으로, 상호억제란 억제가 쌍방 간에 이루어지는 것을 말한다. 상대를 공격했을 때 자신이 입을 손해와 피해가 크다는 것을 알 때 정책결정자는 쉽게 군사력을 사용할 수 없으며, 양측 지도자 모두가 이러한 판단에 이를 때 위기 상황은 무력 충돌로 이어지지 않을 가능성이 높아진다. 이러한 위기 해결의 대표적인 예가 1962년 있었던 미국과 소련의 쿠바 미사일 위기이다. 소련이 미국 바로 밑의 쿠바에 미사일 기지를 건설하면서 시작된 이 위기는 양측 간의 군사적 충돌 직전까지 갔었지만, 핵전쟁을 우려한 미국과 소련 양측 지도자의 결단으로 인해 전쟁으로 확대되지 않고 협상을 통해 마무리될 수 있었다.

끝으로, 끝내 위기 확대를 막지 못하고 전쟁이 일어날 수도 있다. 두 가지 이유에서 이러한 최악의 상황이 도래할 수 있는데, 첫 번째는 양측 혹은 한쪽에서 미리 취해 놓은 외교적·군사적 조치로 인한 사태 확대를 막기에는 너무 늦어버린 경우이다. 두 번째는 위기에 직면한 양측의 이해관계가 양립불가능하며 이를 평화적으로 해결할 가능성조차 존재하지 않는 경우이다. 전자의 예로 들 수 있는 것이 제1차 세계대전 이전에 있었던 '7월 위기July crisis'이다. 세르비아 극우주의자에 의해 황태자 페르디난트 대공이 암살당하자 오스트리아-헝

가리 제국은 1914년 7월 세르비아에 단 이틀의 응답기한만을 허락한 최후통첩을 보냈다. 세르비아의 응답은 곧 묵살당했고 오스트리아-헝가리 제국의 세르비아 침공과 함께 1차 세계대전은 시작되었다. 한편 후자의 대표적 사례로는 태평양전쟁 직전 미국과 일본 간의 상황을 들 수 있다. 1937년 중일전쟁이 벌어지자 미국은 일본의 중국 침략을 좌시할 수 없었기에 중국에서 일본이 완전히 철군할 것을 요구하며 석유 · 철강 등 전략 물자의 금수조치를 취했다. 이것은 일본이 도저히 받아들일 수 없는 조건이었으며, 일본 지도부는 아시아-태평양 지역의 패권을 놓고 결국은 미국과의 숙명적 대결을 벌일 수밖에 없다는 판단에 이르러 진주만 기습을 감행하였다.

2. 위기의 확대

위기 상황은 평화와 전쟁 사이에 있는 매우 불안정한 상태라 할 수 있다. 위기에 직면한 국가들이 상황을 진정시키거나 통제하지 못하고 군사력을 사용할 때, 위기가 전쟁으로 이어질 가능성은 더 높아진다. 이처럼 위기에서 전쟁으로 한 걸음 더 나아가는 상황이 벌어지는 것을 위기의 확대escalation라고 부른다. '확대'라고 번역하기는 하지만 원어에서도 알 수 있듯이 위기의 확대는 무력이 사용됨으로써 긴장의 수위가 높아지고 전쟁의 가능성이 커지는 상황을 가리킨다.

그렇다면 어떠한 조건들에 의해 위기는 확대되는가? 첫째, 영토를 놓고 벌어지는 위기 상황은 확대될 가능성이 높다. 역사적으로 벌어졌던 다양한 위기 사례에 대한 통계적 연구들은 영토 분쟁에 따른 위기가 무력 충돌로 이어질 가능성이 높다는 것을 보여주었다. 영토는 전략적 요충지와 같은 중요한 지정학적 위치나 부존자원, 경제적 이익과 높은 관련을 가지고 있는 문제일 뿐 아니라 주권과 안보를 상징하는 요소로서 큰 상징성을 갖고 있다. 또한 영토와 관련된 외교적 대결에서 패배하거나 지나치게 유화적인 모습을 보일 경우 지도자는 엄청난 대중 여론의 비난에 직면할 수밖에 없다. 이와 같은 이유로 정책결정자들은 영토와 관련된 위기 상황이 발생할 경우 다른 문제에 비해 보다 쉽게 군사력 사용의 결정을 내리게 된다.

둘째, 위기 상황에서 정책결정자가 자신의 협상력이 줄어들고 있다고 느낄 때 위기의 확대 가능성은 높아진다. 위기 상황 속의 정치적·외교적 분쟁에서 상대방의 협상력은 점차 높아지는 반면 자신의 협상력은 점차 줄어들고 있다고 느낄 때, 정책결정자는 이러한 경향을 중단시키거나 혹은 힘의 관계를 역전시키기 위한 수단으로서 무력사용의 유혹을 느끼게 된다. 예를 들어 분쟁 중인 영토를 놓고서 군사적 대치 상황이 벌어질 때 분쟁지역으로 상대방의 병력이 증원되려는 움직임이 보인다고 생각해보자. 상대측 병력이 증원되고 나면 우리측의 협상력은 줄어들 것이고, 그 이후 위기 상황은 우리측에 불리하게 전개될 것이다. 이때 정책결정자는 상황이 불리해지는 것을 우려해 선제적으로 해당 영토를 점령하거나 공격하는 선택을 내리게 될 수 있다.

셋째, 상대측의 약점이나 혹은 예상치 못한 기회를 발견하여 '기회의 창windows of opportunity'이 열렸을 때 정책결정자가 무력을 사용할 가능성이 높아질 수도 있다. 위기 상황에서 정책결정자는 전쟁을 방지하는 것뿐 아니라 위기 상황의 해결 과정에서 자국의 이익을 최대한 증진시키는 것을 목표로 한다. 위기의 전개과정 속에서 쉽게 잡기 어려운 군사적 기회를 포착하였을 때 정책결정자는 무력사용의 지시를 내릴 수 있다.

넷째, 앞으로의 외교안보적 평판reputation과 신뢰성credibility을 유지하기 위해 무력을 사용하게 될 수도 있다. 여기서 평판과 신뢰성이란 "우리는 필요할 경우 언제든 강경책으로서 무력을 사용할 수 있다"는 것을 다른 나라에 인식시키고, 앞으로의 분쟁이나 위기 상황에서도 그럴 것이라는 믿음을 갖게 하는 것을 말한다. 위기 상황에서 유약하게 대처한다는 인상을 상대에게 주었을 경우, 지금의 위기뿐 아니라 앞으로도 상대국은 우리의 이익을 침해하려는 시도를 쉽게 벌일 수 있다. 뿐만 아니라 위기 상황에는 대결을 벌이는 상대국 외에도 주변국가들이라는 관중이 존재한다. 위기에서 지나치게 유화적인 모습을 보이게 되면, 상대국뿐 아니라 다른 국가와의 관계에서도 향후 문제가 생길 수 있다. 이와 같은 고려에 직면하게 될 때, 정책결정자들은 군사력 사용의 결정을 내릴 수 있다.

다섯째, 군사적 동맹국이 존재하고 이 동맹 파트너로부터 군사적 지원을 받을 수 있다는 확신이 존재할 때 정책결정자는 보다 쉽게 군사력의 사용을 선택할 수 있다. 위기 상황이 선생으로 이어진다 하더라도 동맹국으로부터 충분한 지원을 얻을 수 있다는 판단에 이르렀을 때, 정책결정자는 보다 공격적이고 모험적인 판단과 결정에 이를 수 있다. 참고로 이러한 결단은 동맹국을 연루entrapment의 위험에 빠뜨린다.

여섯째, 위기 상황에 직면한 국가지도자가 국내 정치적으로 위기에 빠져 있거나 낮은 지지도를 기록하고 있을 때 군사력 사용의 가능성은 높아진다. 소위 '희생양이론scapegoat theory'이라 불리는 설명에 따르면, 국정운영의 실패나 스캔들 등으로 인해 국내 정치적으로 수세에 몰린 국가지도자는 나라 안의 혼란과 자신에 대한 불만을 외부로 돌리기 위해 외부의 적을 희생양으로 삼아 분쟁을 일으킬 수 있다. 특히 이러한 상황에 있는 지도자는 위기 상황에서 유약한 모습을 보일 경우 여론이 더욱 악화될 것을 크게 우려하기에 호전적인 결정을 내릴 수 있다.

일곱째, 위기 상황에 직면한 국가의 정치문화가 군국주의militarism이나 초민족주의hypernationalism와 같이 호전적일 경우, 위기는 확대될 가능성이 높다. 이러한 정치문화와 국내 이념은 외부 국가에 대해 적대적이고 무력사용을 대외정책의 수단으로 선호하며, 특히 위기 상황과 같은 극도의 외교적 · 군사적 긴장 상황을 돌파하는 수단으로서 군사력을 사용할 가능성이 높다. 또한 이러한 정치문화가 지배하는 국가의 정책결정자는 자국 내에서의 압력으로 인해 위기 상황에서 쉽게 물러서거나 유화적 정책을 취하기가 어렵다.

끝으로, 위기 상황을 다루는 정책결정자의 인지적 오류나 편견, 세계관 등의 심리적 요소에 의해 위기가 전쟁으로 이어질 가능성이 높아질 수도 있다. 정책결정자의 개인적 심리 성향이나 심리적 상호작용으로 인해 상황에 대한 오판, 상대에 대한 오해, 모험적 결정 등이 이뤄질 수 있는데, 정책결정자의 심리 상황과 위기의 관계에 대해서는 다뤄야 할 내용이 상당히 많기에 다음 부분에서 보다 자세히 살펴보겠다.

3. 심리적 요소와 위기

위기의 전개과정과 관련하여 좀 더 살펴볼 것은 정책결정자의 심리 상황과 위기의 관계이다. 위기 상황에 직면한 정책결정자는 전쟁과 평화의 갈림길에서 상황의 전개에 따라 각각의 대안들을 세심하게 탐색하고 선택을 내리게 된다. 이때 신념체계, 정보를 얻고 결정을 내리는 동안 작동하는 심리적 과정, 성격과 감정 상태 등 정책결정자 개개인의 심리적 요소는 위기 상황의 과정과 결과에 큰 영향을 미칠 수 있다. 이와 같은 심리적 요소의 중요성은 어떻게 정책결정이 이루어지느냐와 함께, 누가 지도자로서 정책결정을 하는가가 결과를 다르게 만들 수 있다는 함의를 내포한다.

1) 오인(misperception)

이와 같이 위기 상황에서의 정책결정에 영향을 미치는 심리적 요소로서 가장 많은 연구가 이루어진 것이 오인이다. 오인이란 특정한 내적 혹은 외적 요인으로 인해 지각과 인지에 오류가 생기는 것으로 쉽게 말해 상내방에 대해, 그리고 싱황에 대해 잘못 인식하고 잘못된 판단을 내리는 것을 말한다. 오인으로 인한 전쟁은 대개 정책결정자가 상대 국가의 능력과 의도를 잘못 인식하거나 해석하는 데서 초래되는 경우가 많다. 적대국의 공격성을 과장하는 것은 전쟁으로 연결되는 가장 흔한 오인의 경우로, 이런 오인을 하게 될 때 적대국에 대해 예방적 공격preventive strike을 하거나 불필요한 자극을 하게 될 수 있다. 반대로 적대국의 공격성을 과소평가하게 될 경우 초기 대처를 잘못하여 억제deterrence에 실패할 수도 있다. 한편 제3자에 대한 오인으로서 한국전쟁 당시 미국이 중국의 개입 여부를 오판했던 것처럼, 자신의 동맹국과 적대국의 동맹의 능력과 의도에 대한 오인까지 위기 상황에 큰 영향을 미칠 수 있다.

오인을 종류별로 살펴보자면, 먼저 첫 번째로 의도에 대한 오인이 존재한다. 이것은 적국의 가치체계, 이익에 대한 규정방식, 상황에 대한 이해방식, 결과에 대한 기대, 국내적 · 관료적 장애물 등에 대한 잘못된 인식으로부터 비롯된다. 위기 상황에서 상대측의 전쟁의지를 실제 이상으로 과소평가할 경우 억제를 해야 할 때 타협이나 유화에 나섬으로써 전쟁 방지에 실패할 수 있다. 반대로, 서로의 적대감을 과장하거나 과도하게 해석함으로써 전쟁이 일어날 수도 있다. 이것은 전쟁의 나선이론spiral theory이라고도 불리는 설명으로, 위기 상황에서 서로 상대가 자국에게 위협이 된다고 잘못 판단하는 경우이다. 이때 양측은 전쟁을 막기 위한 수단으로서 합의와 회유보다는 주로 협박에 의존하게 되고, 이에 따라 서로에 대한 오해와 불신은 더욱 깊어져 전쟁의 가능성은 더욱 높아질 수 있다.

두 번째로 능력에 대한 오인 역시 위기 상황의 전개에 큰 영향을 줄 수 있다. 이것은 상대측의 능력에 대한 오인뿐 아니라, 자신의 능력에 대한 오판까지 포함한다. 능력에 대한 오인의 대표적 사례가 비현실적인 군사적 낙관론인데, 정책결정자가 선제공격을 하면 승리할 가능성이 높다고 착각할 때 전쟁이 일어날 가능성은 높아진다. 특히 군사적 낙관론은 정치적 · 외교적 해결책으로는 위기 상황을 돌파할 수 없다고 생각하는 정치적 · 외교적 비관론과 결합될 때 더욱 전쟁의 위험을 높인다. 그 대표적인 예가 제1차 세계대전의 사례이다. 1914년 7월 위기 당시 독일은 슐리펜 계획Schlieffen Plan에 따라 단기간 내에 전쟁을 끝낼 수 있을 거라고 착각했다. 만일 전쟁이 4년간 지속되며 참전국 모두에 어마어마한 피해를 가져올 것을 알았다면 독일 지도부는 아마 전쟁을 시작하지 않았을 것이다.

세 번째로 결과에 대한 기대가 그릇된 상황판단을 가져올 수 있다. 정책결정자는 상황이 호전되기보다는 악화될 거라고 믿을 때, 즉 비교적 작은 손실이나 이득이라도 그것이 악순환, 혹은 선순환을 이루어 증폭된다고 믿을 때 전쟁을 택하는 경향이 존재한다. 그 대표적인 사례가 미국의 베트남전 참전으로, 당시 미국의 정책결정자들은 단지 남베트남을 구하기 위한 목적보다는 남베트남의 공산화 이후 우려되는 '도미노 효과domino effect'에 대한 염려에서 전쟁을 시작했다.

2) 신념과 이미지

또한 정책결정자가 어떤 신념을 가지고 있으며 상대방에 대해 어떤 이미지를 갖고 있느냐 또한 위기 상황의 중대한 정책결정 순간에 큰 영향을 미칠 수 있다. 각 개인의 신념은 그가 외부 세계에 대해 얻은 정보를 어떻게 인식하고 해석하는가에 대해 지대한 영향을 미친다. 위기 상황에 직면한 정책결정자가 평소 상대국과 국제정치 일반에 대해 어떤 신념을 가지고 있었는가의 문제는 현재 상황에서 접하는 정보를 어떻게 판단하는가 만큼이나 정책결정에 큰 영향을 미치는 요소라 할 수 있다.

먼저 추상적 차원에서 정책결정자가 평소 정치와 정치적 갈등에 대해, 그리고 전략과 전술에 대해 어떤 신념을 가지고 있었는가에 따라 위기 상황에서의 선택은 달라질 수 있다. 먼저 정치적 신념 차원에서 정치의 본질이 갈등이라고 보는지 협력이라고 보는지, 상대국과 자국의 관계가 기본적으로 갈등적인지 협력적인지, 리더로서의 정치지도자의 역할은 어디까지인지 등의 문제에 있어서 어떤 생각을 갖느냐에 따라 지도자의 상황판단은 달라질 수 있다. 또한 도구적 신념의 차원에서 목표 실현을 위한 전략과 전술에 대해 평소 어떤 생각을 갖고 있었는지도 큰 변수가 될 수 있다. 정치적 행동에 있어서 최선의 전략과 전술이란 무엇이라고 생각하는지, 어떤 수단이 유용하며 효과적이라고 생각하고 있었는지에 따라 정책결정자는 과감히 공격적 정책을 취할 수도, 망설임 끝에 충돌회피적 정책을 택할 수도 있다.

보다 구체적으로 위기 상황에 영향을 미치는 이미지의 차원을 살펴보자면 다음과 같다. 첫째, 적대국에 대해 정책결정자가 갖고 있는 이미지가 중대한 변수가 된다. 예를 들어 위기 상황에서 적의 의도를 파악해야 한다고 생각해보자. 적은 치밀하고 의도적으로 위기를 초래시켰는가? 아니면 적도 원치 않는 분쟁에 휘말려 든 것인가? 평소 적대국이 어떤 목적을 갖고 있다고 생각했는지, 적대국의 정책결정 스타일과 위기협상전략은 무엇이라고 생각해왔는지에 따라 정책결정자의 판단은 달라질 수 있다.

둘째, 위기의 동학crisis dynamics에 대해 어떤 이미지를 가지고 있는가도 중요하다. 이것은 위기로부터 전쟁으로 이어지는 과정에 대해 정책결정자가 가지고 있는 신념의 영역이다. 전쟁이란 의도와 계산의 결과이며 숙명적으로 피할 수 없다고 생각하는 정책결정자보다, 전쟁은 지속적 상승작용의 결과 우발적으로 벌어질 수 있는 것이라고 믿는 정책결정자가 보다 위험회피적인 정책을 취할 것이다. 실제로 1962년 있었던 미국과 소련 간의 쿠바 미사일 위기에서 미국의 케네디 대통령은 자신의 참모들에게 언제든 우발적으로 핵전쟁이 일어날 수 있음을 강조하며 상황을 세심히 통제하는 동시에, 가능한 한 전쟁의 위험을 회피하는 대안을 찾고자 노력하였다.

셋째, 무엇이 '최선의 협상전략optimal bargaining strategy'이라고 평소 생각해왔는가에 따라 정책결정자의 결정은 달라질 수 있다. 위기 상황을 잘 관리하고 극복하려면 강압적으로 몰아붙이는 게 효과적인가? 아니면 최대한 조심하면서 양보가 필요할 땐 물러날 줄도 알아야 하는 것인가? 이처럼 특정 전략에 대한 선호와 신념은 정책결정자의 개인적 경험에서 만들어질 수도 있고, 혹은 해당 국가가 역사적으로 경험했던 일이나 유명한 역사적 사례로부터 교훈을 얻어 형성된 것일 수도 있다.

3) 심리적 편향(psychological biases)

인간의 인식에 영향을 미치는 특정한 심리적 편향들은 의미 있는 외교적 '신호signal'와 '잡음noise'을 구별하기 어렵게 만들어, 정책결정자들을 잘못된 결정에 이르게 만들 수 있다. 이처럼 잘못된 판단에 영향을 미치는 심리적 편향으로는 인지적 편향과 동기에 의한 편향을 들 수 있다.

먼저 인지적 편향cognitive biases에 대해 살펴보자. 인간의 두뇌는 복잡한 외부세계 정보를 완벽히 처리해내는 것이 불가능하기에 이를 단순화시키게 되는데, 이렇게 두뇌 작용 자체의 한계로 인해 인지적 편향이 발생한다. 인지적 편향의 첫 번째 유형은 선택적 집중selective attention 현상이다. 모든 인간은 기존에 자신이 갖고 있던 믿음과 일관되는 방향의 정보를 더욱 잘 받아들이는 경향이 있는데, 위기 상황의 정책결정자 역시 기존의 신념에 기반을 두어 현상을 인식하게 되는 경우가 많다. 예를 들어 위기 상황의 상대국이 기회주의적인 국가라고 생각해 왔다면, 이러한 신념을 강화시켜주는 정보들만 머리에 쏙쏙 더 잘 들어온다는 이야기이다.

인지적 편향의 두 번째 유형은 조급한 인지적 폐쇄premature cognitive closure 현상이다. 이것은 판단을 내리는 데 있어서 완벽한 정보를 얻으려고 하는 게 아니라, 자신이 평소 가지고 있었던 관점을 지지하는 정보를 얻고 나면 더 이상의 정보습득에 게을러지는 경향을 말한다. 앞의 예에 이어서 설명하자면, 상대국이 기회주의적인 국가라고 생각하는 정책결정자는 자신의 이러한 고정관념을 강화시켜주는 정보들을 몇 가지 받아들인 이후에는 이를 수정하게 만들 수도 있는 새로운 정보를 굳이 더욱 알려고 하지 않는 경향을 보인다. 이 현상은 선택적 집중 현상과 함께 기존의 신념과 고정관념을 더욱 견고하게 유지하고 강화하도록 만든다.

세 번째 유형은 근본적 귀인오류fundamental attribution error이다. 심리학 연구에 따르면, 모든 사람에게는 대체로 다른 이의 잘못된 행동은 상황의 산물이 아닌 그 사람의 고유한 속성 때문에 일어난 것으로 해석하는 반면 자신의 경우는 그 반대로 이해하는 경향이 존재한다. 위기 상황 속에서 정책결정자는 타국의 군사력 운용은 적대적 의도로 해석하면서 상대에게 오해를 살 수 있는 자신의 군사력 운용은 상황에 따른 결과, 즉 방어 의도로 생각할 수 있다.

인지적 편향이 인간 두뇌의 기능 방식 때문에 일어나는 것이라면, 동기로 인한 편향motivated biases은 심리적 필요, 공포, 죄의식, 욕망 등의 다양한 감정적 요인으로부터 영향을 받아 일어나는 편향을 말한다. 동기로 인한 편향의 대표적인 예가 '희망적 사고wishful thinking'이다. 지나친 동기는 인간으로 하여금 현실을 보게 하는 것이 아니라 '보고 싶은 것을 보게' 만들 수 있는데, 희망적 사고는 특정한 목표달성을 위한 정책이나 전략의 성공 가능성을 실제보다 높게 평가하게 만듦으로써 정책결정자들을 잘못된 판단에 이르게 할 수 있다. 실례로 제1차 세계대전 당시 독일의 전략가들은 벨기에와 프랑스를 침공하면서 영국이 참전하지 않기를 바랐고, 이러한 희망적 사고가 영국이 참전하지 않을 거라는 예측으로 이들을 이끌었다.

III. 위기의 관리

1. 위기관리의 개념과 원칙

이상에서 살펴본 위기의 발생과 확대를 막고, 피해를 최소화하기 위해 위기관리가 필요하다. 위기관리crisis management란 위기 상황이 통제를 벗어나 전쟁으로 확대되지 않도록 위기를 통제하고 조절하는 과정인 동시에, 자국에 유리하도록 위기를 해결하여 사활적 국가 이익을 보호 및 유지하고자 하는 모든 노력을 가리키는 개념이다. 위기라는 현상 자체가 상황과 조건에 큰 영향을 받는 사안인 만큼 보편적이고 일반적인 위기관리의 해법이란 존재하지 않지만 그래도 수많은 역사적 위기 사례로부터 도출된 위기관리 시의 원칙은 다음과 같다.

첫째, 최고 정책결정자는 정확한 판단과 결정을 위해 특정한 부서나 개인의 견해뿐 아니라 다양한 부서와 개인으로부터의 견해와 정보를 청취하여야 한다. 편향된 정보나 견해만을 듣고서 판단과 결정을 내릴 때 그것이 잘못된 결단이 될 가능성은 높아질 수 있으며, 가능한 최대한의 정보를 입수하여 판단할 필요가 있다.

둘째, 최고 정책결정자는 위기 상황이 잘못 확대되거나 전쟁으로 이어지지 않도록 하기 위해 위기에 대처하는 각 정부기관 및 군에 대해 평소보다 더욱 강화된 정치적 통제를 시행해야 한다. 그렇게 해야만 위기 상황에서 최고지도자의 지시가 기민하게 이행될 수 있고, 조직적 실수나 우발적 사고로 인해 상대측에 잘못된 신호가 가거나 전쟁 위험이 높아지는 것을 막을 수 있다.

셋째, 위기관리의 목표와 수단은 제한적으로 설정해야 한다. 위기 타파를 위해 너무 큰 목표를 설정하게 되면 위기를 관리하고 종식시키는 게 아니라 오히려 확대하고 전쟁의 가능성을 높이게 될 수 있다. 목표를 제한할수록 달성 가능성은 높아지며 상대의 목표와의 양립 가능성 또한 높아진다. 수단 역시 마찬가지이다. 위기가 전쟁으로 번지지 않도록 상대를 크게 자극하거나 곧바로 전쟁이 벌어질 수 있는 수단의 사용은 신중하고 조심스러워야 한다. 특히 군사력을 사용한다면 무력의 사용이 전면전으로 확대되지 않도록 각별한 주의가 필요하다.

넷째, 가능한 한 유연한 정책적 옵션을 취할 수 있는 자세를 견지하는 동시에, 상대의 입장과 체면도 생각해야 한다. 지나치게 경직된 정책만을 선택하게 되면 타협의 여지는 줄어들고 상황은 악화될 수밖에 없다. 상대국 역시 마찬가지이다. 우리의 요구와 협상 방식이 상대의 굴욕적인 양보 아니면 전쟁이라는 극단적인 형태가 되어버리면, 우리가 원하는 것을 얻어내기보다 상대를 더욱 자극하거나 전쟁에 나서게 만들 수 있다.

다섯째, 상대국과의 의사소통을 유지해야 한다. 위기 상황은 전쟁 직전 일촉즉발의 상황으로서 상대측과의 관계 또한 심각하게 악화되어 있는 상태라 할 수 있다. 그러나 그렇기 때문에 더욱 의사소통은 중요하다. 서로의 요구와 의도에 대한 잘못된 해석으로 인해 불필요한 전쟁이 벌어질 수 있기 때문이다. 또한 자국이 무엇을 원하고 원하지 않는지가 상대에게 명확히 전달되어야 협상을 통한 위기 타결이 가능하다.

여섯째, 지금의 위기관리가 앞으로 있을지 모를 또 다른 위기의 중요한 선례가 될 수 있음을 항상 생각해야 한다. 그렇기 때문에 중대한 위기라 할지라도 현 상황의 해결뿐 아니라 위기 이후의 상황까지 생각해야 하며, 특히 위기관리의 수단과 방안의 선택에 있어 국제법적 검토가 필요할 수 있다. 뿐만 아니라 현재 자국이 취하는 정책적 대안이 다른 국가들에게 어떤 정치적 신호와 메시지를 보내게 될 것인지에 대해서도 신중히 고려해야 한다. 지나치게 유약한 위기대처는 향후 자국을 또 다른 위기로 몰고 갈 수도 있고, 지나치게 강경한 대처는 주변국의 우려와 비난을 살 수도 있다.

2. 위기관리전략

위기관리의 목표는 두 가지라 할 수 있다. 첫 번째는 소극적 목표로서 현재 발생한 위기가 전쟁으로 확대되는 것을 막는 것이고, 두 번째는 적극적 목표로서 위기 상황을 극복하는 것은 물론 위기를 기회로 삼아 국가이익을 최대한 확보하는 것이다. 위기 상황에서 이 두 가지 목표를 가장 효과적으로 달성할 수 있는 방안을 모색하고 이를 실행하는 것이 위기관리전략이다.

위기관리전략은 다음과 같은 특징을 가지고 있다. 첫째, 위기관리전략에서는 한 국가가 보유한 외교적 수단과 군사적 수단 모두가 고려되고 활용될 수 있다. 둘째, 군사력의 활용은 외교의 대체 수단이 아닌 외교의 도구로서 이용된다. 셋째, 모든 위기에 다 통용되는 보편적 전략이란 존재하지 않으며 부닥친 위기가 무엇이며 어떤 상황이냐에 따라 위기관리전략은 달라질 수 있다. 넷째, 위기관리전략이 실패할 경우 위기의 확대와 전쟁 발발의 가능성이 상존한다. 위기관리전략은 다음과 같이 공세적 위기관리전략과 수세적 위기관리전략으로 구분할 수 있으며, 하나만 선택되어지는 것이 아니라 상황에 따라 복합적으로 사용될 수 있다.

1) 공세적 위기관리전략

위기 상황에서 보다 유리한 상황에 있거나 우세를 점하는 쪽은 다양한 전략을 통해 위기관리는 물론, 상대로부터 양보와 순응을 이끌어 냄으로써 자신의 이익을 극대화하고자 하는 전략을 취할 수 있다. 공세적 위기관리전략의 가장 큰 특징은 군사적으로 자신감이 확보되어 있기 때문에 비교적 높은 위기까지 확대하는 전략을 활용할 수 있다.

첫째, 공갈전략이다. 이것은 상대가 우리측의 요구를 받아들이지 않았을 때 가혹한 응징이나 심각한 불이익을 받게 될 것이라는 협박을 가함으로써 위기 상황에서 양보와 굴복을 이끌어내는 전략이다. 이것이 성공할 수만 있다면 굳이 실제 무력을 사용하지 않아도 원하는 것을 얻어낼 수 있다. 그러나 상대가 순응하지 않을 때 위기의 지속 및 확대 가능성은 높아지며, 상대의 양보를 얻어내는 방식에서도 체면과 입장을 고려한 요구가 필요할 수 있다.

둘째, 제한적이고 전환 가능한 탐색전략이다. 이것은 위기 상황 초기에 적 의도 파악을 위해 흔히 이용되는 전략으로, 세 가지 목적을 둔다. 첫째로는 위기 확대와 전쟁은 회피하는 동시에 둘째로 우리측에 유리한 상황으로 상태를 전환시키며, 셋째로는 상대의 의도와 역량, 의지를 시험하고 탐색하는 것이다. 그 방식은 외교적 메시지를 전달하고 반응을 보는 식이 될 수도 있고, 제한적인 군사력의 이용을 통해 상대측의 대응을 볼 수도 있다.

셋째, 통제된 압박전략이다. 이것은 점차적인 압박을 통해 상대의 목을 조여들어가는 전략으로, 전쟁으로 바로 확대될 만큼의 군사적 · 정치적 압박은 통제하는 대신 점진적으로 상대의 역량과 의지를 잠식해 가는 식으로 활용된다. 예를 들어 분쟁 중인 영토에 대한 통제된 압박전략은 상대국의 접근 봉쇄, 간섭, 우리측 시설 건설 등 점진적이고 순차적인 방식으로 이뤄질 수 있다.

넷째, 기정사실화전략으로, 위기 상황 초기에 확보된 이익을 기정사실화함으로써 상대의 인정과 양보를 얻어내는 전략이다. 예를 들어 위기 상황 초기 우리가 분쟁 영토를 점유했다면, 상대와 동등한 입장에서 이를 놓고 협상하는 게 아니라, 이미 우리 것이 되었다고 전제를 하고 협상을 한다. 이렇게 되면 최종적으로 일정 부분 양보와 타협이 이뤄지더라도 보다 우리측에 이익이 되는 결과를 이끌어낼 수 있다.

2) 수세적 위기관리전략

위기를 조장하는 국가가 자신이 보유한 상대적 우위를 바탕으로 높은 수준까지 위기를 고조시키고 확대시킴으로써 공세적 위기관리전략을 사용한다면, 이에 대응하는 국가는 수세적 위기관리전략을 통해 위기를 가능한 확대시키지 않고 진정시키면서도 자국의 이익을 보전하고자 하는 전략을 사용하게 된다. 수세적 위기관리전략에 대해 좀 더 구체적으로 살펴보면 다음과 같다.

첫째 유형은 수세적 강압외교coercive diplomacy전략이다. 원래 강압외교란 자신의 힘을 바탕으로 상대에게 특정한 행동 혹은 행동의 중단을 외교적으로 강요하는 것을 말한다. 수세적 강압외교는 적의 도발과 위기 조장 행위에 대한 대응책으로서 이와 같은 시도를 중단하고 위기 이전 상황으로 돌아갈 것을 강요하는 것을 가리킨다. 공세적 위기관리전략의 공갈전략과 구별되는 점은 공갈전략은 자신이 갖지 않은 상태의 것을 상대로부터 얻어내는 것을 목표로 하는 공격적 전략인 반면, 수세적 강압외교전략은 적의 행동을 중지시키고 행동을 포기시키는 방어적 성격의 전략이라는 점이다.

둘째, 확대저지를 동반한 제한적 확대전략이다. 이것은 상대측이 조성한 위기가 전쟁으로 확대되는 것은 막으면서도, 자신에게 상황이 유리하게 조성될 수 있도록 제한적으로 위기를 확대시키는 것이다. 예를 들어 상대국이 분쟁 중인 영토에 대한 낮은 수준의 도발을 시도했을 때 상대국의 다른 지역에 대한 군사적 행동을 취함으로써 상대를 당황시키고 주도권 전환을 꾀할 수 있다. 비록 제한적 목표를 둔다고는 해도 이것은 위기를 확대시키는 전략이기에 전쟁으로 이어질 위험성이 높아 활용 시 세심한 주의가 필요하다.

셋째, 확대저지를 동반한 동일보복전략이다. 이것은 '눈에는 눈, 이에는 이'라 불리는 '티포탯tit-for-tat' 방식이다. 번역 표현상 가혹한 복수를 의미하는 것처럼 오해할 수 있지만, 그것이 아니라 상대방의 협력적 행동에는 협력적 행동으로 대응하고 상대측의 공세적 행동에는 그에 상응하는 부정적 행동으로 대응하는 것을 의미한다. 이렇게 함으로써 우리는 상대측에 우리가 가만히 당하고 있지만은 않을 것이라는 명확한 의지를 표시할 수 있고, 긍정적 행동에 대한 보상과 부정적 행동에 대한 처벌을 통해 적에게 우리의 행동패턴을 학습시킴으로써 위기의 확대를 방지할 수 있다.

넷째, 적의 확대저지를 동반한 능력시험전략이다. 이것은 제한적 확대저지전략이나 동일보복전략을 사용하기엔 너무 위험하거나 정치적으로 어려운 상황일 때, 제한된 틀 안에서 상대의 능력을 시험하는 방식이다. 이 전략이 사용된 예로 1948년 소련의 베를린 봉쇄 위기를 들 수 있다. 당시 소련에 의해 서베를린이 봉쇄되자 서방국가들은 동유럽의 모든 수출품에 대한 경제봉쇄에 들어갔으며, 미국은 공수작전을 통해 고립된 베를린에 식량과 물자를 조달함으로써 소련의 봉쇄 지속 능력을 시험하는 동시에 자국의 의지와 능력을 과시했다.

다섯째, 한계설정전략으로, 상대측이 결코 넘어서는 안 될 한계선red line을 설정하고 이 선을 넘지 못하도록 한다. 이 전략이 성공하기 위해서는 두 가지 조건이 만족되어야 한다. 우선 첫째로 우리가 설정한 한계선이 어디까지인지를 상대방에게 명확하게 인식시켜야 한다. 두 번째로는 한계선을 넘는 행동을 상대가 했을 때 반드시 이에 대해 분명하고도 강력한 대응을 취함으로써 한계선을 넘는 행동은 응징당

할 것임을 상대측에 학습시켜야 한다.

끝으로, 협상 타결을 위한 시간벌기전략 또한 활용될 수 있다. 이것은 위기 상황에 대한 준비와 대처가 미흡했거나 다른 전략을 활용하기 위해서 시간이 필요할 때, 그리고 외교적 · 군사적으로 불리한 상황에 처했을 때 선호될 수 있는 전략이다. 이 전략은 위기가 전쟁으로 번지는 것을 방지하고 상대의 요구에 완전히 굴복하는 것은 회피하지만, 상대의 요구를 부분적으로 들어주고 협상하면서 정치적 · 군사적 대응책 마련의 시간을 버는 것을 골자로 한다.

3부
자주와 동맹 그리고 협력

9장 군사력과 자주국방

10장 동맹이론과 한미동맹

11장 국제안보협력

12장 군비통제와 남북관계

9장 군사력과 자주국방

Ⅰ. 군사력의 개념과 역할
Ⅱ. 자주국방의 개념과 구성요소
Ⅲ. 군사력 위협평가
Ⅳ. 국방획득절차와 한국의 자주국방 노력

• 학습 개요 •

모든 국가는 자국의 안전보장을 위해 동맹을 결성하고 국제적인 안보협력체제에 참여하는 등 많은 노력을 기울인다. 그럼에도 불구하고 동맹의 신뢰성이나 국제안보협력의 제한성 때문에 현실적으로 가장 신뢰할 수 있는 안보의 수단은 자국의 군사력을 강화하여 스스로 지킬 힘을 갖추는 것이다.

이번 장에서는 국가안보 달성의 첫 번째 조건인 자주국방에 대해서 알아본다. 첫 번째 절에서는 군사력의 개념과 역할에 대해 알아본다. 두 번째 절에서는 현실주의 이론의 관점에서 안보 달성의 가장 확실한 방법인 자주국방의 개념 및 조건에 대해서 살펴본다. 세 번째 절에서는 자주국방 달성의 전제조건으로서 잠재적 위협 국가들에 대한 위협평가 방법과 한국의 군사력 현대화 노력을 알아보고, 마지막 절에서는 한국의 군사력 확보를 위한 국방획득절차와 자주국방 노력을 살펴본다.

[주요 개념]

군사력	한국의 군사력 현대화
방어 · 공격 · 억제 · 강압 · 과시	국방획득
자주국방	연구개발
위협평가	방위산업

[생각해 봅시다]

1. 군사력은 국가안보 달성에 어떠한 역할을 할 수 있는가?
2. 자주국방의 의미는 무엇인가? 온전한 자주국방은 달성 가능한가?
3. 군사적 위협평가는 어떻게 이루어지는가?
4. 효율적인 국방획득의 절차는 무엇인가?
5. 방위산업 역량의 증가와 자주국방 능력은 비례하는가?

I. 군사력의 개념과 역할

1. 군사력의 개념[1]

전통적인 관점에서 군사력은 국력의 한 요소로서 국가의 생존보장을 위해 필요한 군사적 능력으로 정의되며, 일반적으로 각 국가가 실제로 보유하고 있는 병력의 수나 무기체계의 수준과 같은 물질적 능력에 집중하는 경향이 있다. 그러나 군사력은 고정된 것이 아니며, 보유하고 있는 병력과 무기체계를 평시에 유지하는 수준(사기, 정비, 동원훈련 등), 전시에 활용하는 방법(전략 · 작전 · 전술 등)에 따라 전쟁의 승패가 달라질 수 있다. 예를 들어 베트남전쟁은 강대국인 미국의 승리가 예상되었지만, 북베트남의 전략과 전술, 상대적으로 적극적인 전쟁수행 의지의 지속 등으로 미국은 베트남에서의 철수를 결정할 수밖에 없었다. 2022년 발발한 러시아 · 우크라이나 전쟁도 마찬가지로 병력과 무기에서 월등히 앞서는 러시아의 승리가 예상된 것과 달리 우크라이나의 적극적 저항의지와 국제사회의 지원에 기반하여 현재까지 어느 한쪽의 일방적인 우세가 드러나지 않고 있다. 따라서 군사력은 병력과 무기체계를 포함한 유형의 요소와 방어전략 및 동원체계, 그리고 정전전력 등의 무형의 요소로 구성된다.[2]

줄리안 라이더Julian Lider는 군사력을 '전쟁 목적을 달성하기 위해 국가가 현재 보유하고 있거나 동원할 수 있는 모든 유 · 무형 자산과

1 고봉준, "국가안보와 군사력", 함택영 · 박영준 편, 『안전보장의 국제정치학』, 서울: 사회평론, 2010, pp. 183-224.

2 합동참모본부, 『합동 · 연합작전 군사용어사전』, 서울: 합동참모본부, 2004, p. 155, 393.

잠재적 역량이 집결된 것'으로 정의한다. 같은 맥락에서, 전략이론가인 클라우스 노어Klaus Knorr는 일국의 군사력을 결정하는 요건으로 세 가지를 들고 있다. 첫째, 국가가 실제로 활용할 수 있는 군사현시능력, 둘째, 국가가 위기에 처했을 때 군사능력을 강화할 수 있는 군사잠재역량, 셋째, 무력행사를 결정하는 국가의지이다. 군사현시능력은 군대의 규모, 구성, 장비, 군수능력 등 즉시 위협에 대처할 수 있는 능력이다. 군사잠재역량은 군사능력을 강화할 수 있는 자원의 양과 동원속도 및 융통성이다. 국가의지는 국가이익을 위해 무력행사를 결정하는 단호함과 일관성이다.[3]

군사력의 개념은 '협의의 관점'과 '광의의 관점'으로 구분된다. 먼저, 협의의 관점에서 군사력은 '전쟁을 수행하기 위해 준비된 유형과 무형의 능력'으로 정의된다. 유형의 자원으로서 군사력은 국가를 수호하고 국익을 보호하는 물리적 능력을 의미하며, 병력 및 탱크, 함정, 전투기 등과 같은 무기체계, 전투수행 능력을 보장하는 주요 장비 등이 포함된다. 그러나 유형의 자원만으로는 한 국가의 군사력을 측정하기는 어렵다. 따라서 군사력의 의미에는 무기체계를 운용하는 인적 자원의 숙련도 및 사기, 유형의 자원을 활용하는 지침이 되는 군사교리, 군사전략 및 전술, 경험, 조직문화 등이 무형의 자원으로서 의미도 포함된다.

한편 군사력은 '전쟁수행 능력을 포함한 군사적 임무수행 능력과 군사 외적 임무수행 능력'으로 구분할 수도 있다. 군사력의 역할은 각 국가가 처한 상황과 준비된 능력 및 조건에 따라 단순한 국토방위로 한정하는 것이 아닌 해상교통로 보호, 국내 질서 유지, 해적 퇴치,

3 임길섭 외 역, 『국방정책개론』, 서울: 한국국방연구원, 2020, p. 189.

평화유지 활동 등 다양하다. 이처럼 광의의 관점에서 군사력은 '국가이익 등의 정치적 목표 달성을 위한 군사적 · 비군사적 임무수행 능력'으로 정의할 수 있다.

2. 군사력의 역할

군사력의 역할은 전쟁에서 공격 및 방어의 수단에서부터 국가의 정치적 · 외교적 목적을 달성하기 위한 수단까지 다양하다. 따라서 군사력의 활용은 상대방과 벌이는 전투에만 국한되지 않는다. 다수의 전쟁사에서 나타나듯이 방어적 목적의 군사력 활용과 공격적 목적의 군사력 활용이 동시에 이루어지기도 한다.[4] 아래에서는 군사력의 활용을 이해하기 위해 방어, 공격, 억제, 강압, 과시 및 기타 등으로 군사력의 기능을 살펴본다.

1) 방어(Defense)

군사력의 가장 기본적이며 핵심적인 역할은 외부의 다양한 위협으로부터 영토, 국민, 재산을 보호하는 것이다. 방어로서 군사력 활용은 두 가지 관점에서 정의할 수 있다. 첫 번째는 적이 공격할 때 이를 격퇴하기 위한 군사력 활용이다. 이는 적의 공격이 시작된 이후 대응한다는 관점에서 수동적인 활용이다. 두 번째는 적의 공격을 회피하거나 피해를 최소화할 목적으로 활용하는 적극적인 개념이다. 대표적인 사례로 선제공격Preemptive Attack을 들 수 있다. 선제공격이란 적

---

4 Robert J. Art, "To Waht Ends Military Power", *International Security* Vol. 4, no. 4, 1980, pp. 5-6.

의 공격 징후가 확실하고 공격이 임박했다고 판단될 때, 이를 회피하거나 무력화시키기 위해서 적을 먼저 공격하는 개념이다. 실제로 UN에서도 구체적이고 실질적인 군사적 위협이 임박했다고 판단되는 상황에서 군사력을 활용할 경우, 선제적 대응이 정당한가에 대해 논의가 이루어진다.[5]

〈참고 1〉 자위권 차원의 선제공격

자위권 차원의 선제공격이 가능한가에 대해서는 UN헌장의 각 조항에 대한 해석부터 시작하여 선제적 무력사용의 금지, 선제공격과 예방공격 등 다양한 개념에 대한 논의가 국제적으로 진행되어왔다. 자위권 차원의 무력사용과 관련된 유엔헌장의 조항은 제2조 4항과 제51조이다. 제2조 4항은 '국가들 상호 간 무력사용 또는 위협의 금지'를 원칙으로 제시하고 있으나, 예외적으로 ①국제평화에 위협에 대한 대응하기 위한 목적으로 무력사용을 승인할 수 있는 권한을 가진 안전보장이사회의 승인 시와 ②자위를 위한 무력사용은 허용하고 있다. 제51조는 '무력공격이 발생한 경우, 안전보장이사회가 필요한 조치를 취할 때까지 개별적·집단적 자위의 고유한 권리를 인정'한다.

위와 같은 유엔헌장에 기반하여 자위 차원의 선제공격 가능성에 대해서는 '선제공격 불가', '제한적 선제공격 가능'에 대한 입장이 각각 제기된다. 첫째, 선제공격 불가론을 주장하는 이들은 유엔헌장 51조에 의거 '무력공격'이 '물리적'으로 발생한 경우에만 자위권의 발동이 가능하다는 점을 강조한다. 즉, 행동이 이루어지지 않은 상태에서 무력사용은 유엔헌장에 대

5 송승종, "선제적 자위권의 정당성에 관한 연구: 유엔헌장 제2조 4항과 제51조의 해석을 중심으로", 『국가전략』 제21권 제4호, 2015; 이길원, "테러리즘에 대한 자위권 행사 가능성에 관한 연구: 미국의 대테러 대응조치에 대한 국제법적 검토를 중심으로", 『미국헌법연구』, 제30권 제2호, 2019; 이창위, "예방적 자위권과 비공개적 공작에 의한 국제법적 평가: 이라크와 시리아의 원자로에 대한 이스라엘의 선제공격을 중심으로," 『서울법학』, 제26권 제1호, 2018.

한 확대해석이라는 점이다. 이에 대한 근거로 1981년 이스라엘이 이라크의 핵시설을 공격했을 때, 유엔 안보리는 이스라엘의 행위를 '제2조 4항에 대한 위반으로 규정하며 강력히 규탄'하였다. 둘째, 제한적으로 선제타격이 가능하다고 주장하는 이들은 '관습법적인 측면에서 1945년 이전의 국제사회는 '임박한 공격'에 대한 방위권한을 인정해 왔으며, '무력공격이 발생한 경우'의 범위를 조금 더 넓게 해석하고 있다. 따라서 타국이 국경선에 걸쳐 부대를 집결시키고 공격의 징후를 보이게 되면 이는 무력공격의 첫 번째 단계로 해석할 수 있다. 이와 더불어 핵을 비롯한 WMD와 투발 수단으로서의 미사일의 발전에 따라 '무력공격'의 범위에 대한 많은 논의가 진행되었다. 재래식 전력과 달리, WMD에 의한 무력공격은 방어가능성이 낮을 뿐만 아니라 피해가 극심할 것으로 예상되기 때문이다. 이에 대한 사례로는 2001년 9·11테러 이후 유엔 안보리는 결의안 제1368호와 제1373호를 통해 테러리즘에 대한 개별적 혹은 집단적 자위권을 허용하고 있다.

2) 공격(Offense)

공격은 군사력을 이용하여 적국 또는 적대세력의 병력과 주요 시설, 중요 가치를 타격하고 파괴하는 것이다. 공격으로서 군사력은 상황과 목적에 따라 적의 진영에 침투하여 주요 병력 및 시설을 파괴하고, 적의 영토를 점령하는 데 사용될 수 있다. 그러나 개별적 · 집단적 자위권의 행사만을 정당한 군사력의 사용으로 인정하고 있는 국제법과 국제규범의 특성상 공격의 정당성은 확보하기 어려운 현실이다. 다만, 적의 군사적 공격에 대한 보복 차원에서의 공격적 군사력의 활용은 국제적으로 허용되는 경우가 있다. 다만, 최근 군사력 영역이 사이버 · 전자기 스펙트럼까지 확장되면서, 공격의 대상이 비물리적 영역에 대한 교란과 파괴까지 넓어지는 등, 새롭게 대두된 공격 유형의 정당성과 제재 가능성에 대한 국제적 논의가 제기되었다.

3) 억제(Deterrence)

억제는 군사력 위협을 통해 내가 원하지 않는 상대방의 행동을 하지 못하도록 만드는 것이다. 군사력의 활용에서 억제는 거부적 억제deterrence by denial와 처벌적 억제deterrence by punishment로 구분된다. 거부적 억제는 적이나 상대방의 공격을 효과적으로 무력화하거나 격퇴시킬 수 있음을 상대방에게 인식시켜 공격을 단념하게 만드는 것이다. 방어자가 충분히 강력한 방어능력을 갖추고 있어 공격의 성공 가능성이 낮을 경우, 공격자는 얻을 수 있는 이익보다 치러야 할 비용이 크다는 계산에 따라 공격을 단념할 가능성이 있다. 한편 처벌적 억제는 적의 공격이 일어날 경우 가혹한 보복을 가하겠다는 의지와 능력을 상대방에게 인식시켜 공격을 시도하지 못하게 만드는 것이다. 공격의 대가로 이익을 얻더라도 압도적인 보복을 감수해야 한다면 적은 공격을 시도하기 어렵다.

억제가 성공하기 위해서는 능력capability, 신뢰성Credibility, 의사소통communication이라는 조건이 충족되어야 한다. 첫째, 능력은 억제의 가장 기본적인 전제조건으로 상대방이 공격했을 때 상대방의 공격을 무력화하거나 보복할 수 있는 실질적인 수단이다. 둘째, 신뢰성은 상대방이 공격을 시도한다면, 이에 대하여 확실하게 방어하거나 보복을 하겠다는 의지를 표명하고, 이를 믿게 만드는 것이다. 충분한 군사력을 갖추고 있다고 하더라도 확전의 우려 등으로 인해 이를 사용하겠다는 의지를 상대방이 믿도록 만들지 못하면 억제는 성공하기 어렵다. 마지막으로 의사소통은 자국이 충분한 군사적 능력과 확실한 의지가 있음을 상대방이 믿도록 전달하는 것이다.

4) 강압(Coercion)

억제는 내가 원하지 않는 행동을 상대방이 하지 못하도록 만드는 것이라면, 강압은 내가 원하는 행동을 상대방이 하도록 만드는 것이다. 군사력을 통한 강압은 상대로 하여금 특정한 행동을 하도록 무력을 사용하여 강제하거나 현재 하고 있는 행동을 중단하도록 강제하는 행위이다. 다시 말하면, 강압은 위협을 통해 상대의 행동을 중지 또는 원상회복시키는 것으로 군사력의 실제 사용보다는 사용가능성과 제한적 사용에 초점을 둔다.[6] 이러한 강압은 억제보다 성공하기 어렵다. 왜냐하면 억제가 상대방의 행동을 유지하는 데 목적이 있다면, 강압은 상대방의 행동을 변화시키는 데 목적이 있기 때문에 상대방의 저항이 클 수 있고 더 많은 노력과 비용이 소모될 수 있다.

5) 과시(Swaggering)

과시는 군사력의 효과를 효과적으로 보여줌으로써 국가 혹은 지도자의 위상을 높이는 목적이 있다. 예를 들어 핵무기 보유에 대한 선언은 가공할 파괴력으로 인해 높은 상징성이 있으며, 신무기를 포함한 대규모 군사 퍼레이드나 군사훈련은 강력한 군사력 보유를 대내외적으로 과시하는 수단이다. 군사력을 과시하는 동기는 첫째, 주변국에 자국의 군사력 위용을 과시함으로써 자국의 국제적 위상을 제고하고, 둘째, 국가안보에 대한 자국민의 신뢰를 제고함과 동시에 자긍심을 고취시킨다. 셋째, 제3세계 권위주의 국가에서 자주 나타나듯이

6 김태현, "북한 김정은 정권의 군사전략", 국방대학교 안보대학원 군사전략학과, 『현대의 전쟁과 전략』 p. 299.

정권에 대한 정치적 지지를 이끌어낼 수 있다.

6) 비군사적 작전[7]

국가가 보유한 군사력의 기본적인 목적은 국민의 생명과 재산을 외부의 위협으로부터 보호하는 것이다. 그러나 안보위협의 다양화에 따라 국가의 존속과 국민의 보호를 위해 군사력이 수행해야 하는 역할은 다양해지고 있다. 뿐만 아니라 국제사회의 책임 있는 일원으로서, 모든 국가는 국제사회의 평화와 안정을 유지하기 위해 평화유지군을 구성하여 유엔 주도하에 분쟁지역이나 국제적 지원이 필요한 지역에 파견하고 있다. 대표적인 사례가 국가적 또는 초국가적 재난재해 발생 시 군이 적극적으로 피해복구 및 피해자 구조 활동 등에 투입하고 있다. 뿐만 아니라 튀르키예 대지진이나 동남아시아 지역의 대규모 해일에 의한 피해에 대해서도 국군장병을 파견하여 피해복구 등을 지원하였다. 이외에도 국제적으로 기아나 난민 등이 발생한 상황에서 인도주의적 지원물자 제공을 위해 군사력을 운용하거나, 우방국에 대한 군사물자 제공 및 군사훈련 지원 등을 할 수 있다.

〈참고 2〉 한국 공군 미라클 작전 사례

대한민국 공군은 미국의 아프가니스탄에서의 철군 결정 이후 아프가니스탄 재건사업 시기에 현지에서 주아프가니스탄 대한민국대사관, 바르람병

7 대한민국 국방부에서는 기존의 안보위협 요소들인 재래식 군사력과 핵 및 WMD, 미사일 등의 위협에 대한 대응조치와 구분하여 사이버 테러, 재난재해, 화생방 등의 위협을 포괄적 위협으로 규정하고 이에 대한 대응방안을 제시하고 있다(국방부, 『국방백서 2022』, 서울: 국방부, 2023, pp. 63-77 참조).

원, 직업훈련원 등에서 조력을 아끼지 않았던 아프가니스탄인(73가구 378명)의 안전한 후송 작전을 위해 C-130 두 대와 KC-330 공중급유기 한 대를 동원하였으며, 2021년 8월 26일 성공적으로 임무를 완수하였다.

최초 계획은 민간항공기를 이용하는 것이었으나 탈레반이 카불을 장악하고 한국대사관도 철수를 결정하였으며, 실제로 벨기에와 네덜란드 등이 군용기 투입에도 불구하고 후송에 실패하는 등의 여건의 악화로 인해 우발계획으로 수립된 군 수송기 투입 결정에 따라 총 3단계로 이루어진 작전명 '미라클'을 시행하였다.

1단계는 8월 22일부터 23일까지로, 국방부는 현지 우발 상황에 대비한 특수병력 공정통제사 요원을 포함한 66명의 병력과 한국군 수송기 두 대 및 다목적 공중급유기 한 대를 현지로 투입하기로 결정하였으며, 이 과정에서 1차적으로 파키스탄 이슬라마바드 공항 이용을 위한 국방부 및 외교부를 비롯한 고위급 채널을 가동하여 파키스탄으로부터 협조를 이끌어냈다.

2단계는 8월 24일부터 25일까지로, 당시 카불 공항을 통제하고 있던 미국 중부사와 실시간으로 긴밀한 협조를 통하여 8월 24일 특수임무단 선발대와 수송기 한 대를 1차로 투입하여 6가구 26명의 조력자들을 카불 공항에서 이슬라마바드 공항으로 이송시키고, 8월 25일에는 주아프가니스탄 대사관 직원 및 국방부 특수임무단이 현지 미군 및 우방국 군과의 공조를 통해 총 365명의 조력자를 카불 공항으로 인솔하여 C-130J 두 대(1호기 190명, 2호기 175명)를 이용하여 당일 오후에 이슬라마바드 공항에 안전하게 이송시켰다.

3단계는 8월 26일, 파키스탄 이슬라마바드에서 대한민국으로 아프가니스탄 현지조력자 378명을 KC-330을 이용하여 대한민국으로 안전하게 이송하였다.

이러한 미라클 작전의 성공으로 절체절명의 위기에 처한 조력자들에게 아프간 탈출이라는 희망을 줄 수 있었으며, 이러한 성과를 통해 한국의 국제적 위상을 높이고 특수작전 능력을 과시할 수 있었다.

Ⅱ. 자주국방의 개념과 구성요소

1. 자주국방의 정의와 개념[8]

국가가 군사력을 건설하는 궁극적인 목적은 자국의 안보를 스스로 지키는 것이 가장 확실한 방법이기 때문이다. 따라서 자주국방self-defense은 안보의 가장 기본적인 전제조건으로 인식되어 왔다. '자주'를 '다른 나라로부터 간섭을 받지 않는 독립적인 상태에서, 다른 나라에 의존하지 않고 스스로 능력을 보유하여, 자국의 자유로운 의지에 따라 주권을 당당하게 행사할 수 있음'으로 정의한다면,[9] 자주국방은 국가의 방위와 관련된 모든 행위를 다른 국가의 능력을 빌리지 않거나 간섭을 받지 않고 자국의 능력만으로 독립적으로 결정하고 집행한다는 의미이다.

그러나 아무리 강대국이라도 자국의 힘만으로 안보를 달성하기는 어렵다. 즉, 현대의 복합적인 상황에서 '한 국가의 힘만으로 국방을 책임질 수 있는' 형태로 '자주국방'을 실현하는 것은 이상에 가깝다. 군사력에 대한 평가는 상대적이며, 현존 위협과 미래 잠재 위협은 변화한다. 따라서 2차 대전 이후 패권국가로 떠오른 미국조차 동맹과의 협력을 통해 자국의 국가안보를 달성하고자 노력한다. 유럽은 NATO라는 집단방위체제로 국가안보를 달성하고자 하며, 국제사회는 유엔이라는 집단안보체제를 수립했다. 이러한 관점에서 '자주'의 의미는 '혼자서 시행한다는 의미에 국한될 필요는 없으며, 행위자가 스스로 자발적인 의사에 의해 자율적으로 결정하고, 주체적으로 행

8 KIDA, 『국방정책론』, pp. 458-459.
9 김태영, 『자주국방개념연구』, 서울: KIDA, 1996, p. 27.

동한다면, 여럿이 함께 공동으로 추진하는 경우에도 사용될 수 있는 용어'로 보기도 한다.[10] 또한 '협력형 자주국방'이라는 개념과 같이 자주국방은 국제사회의 일원으로 주권 국가의 기본 위상을 유지하는 가운데 외국과 군사적으로 협력하여 국가를 보호하는 국방 태세로서, 책임의 소재는 스스로에게 있되 가용한 수단을 자급자족이 아닌 외국의 부당한 영향력을 배제하는 수준에서 활용하는 것을 의미하기도 한다.

2. 자주국방의 구성요소[11]

자주국방의 구성요소는 자조적 의지, 자립적 능력, 자율적 행위로 구분할 수 있으며, 각각의 의미는 다음과 같다. 자조적 의지는 자국의 국가이익을 보전하는 관점에서 합리적인 관점에서 정책과 전략을 결정하는 것을 의미한다. 다시 말해, 국가의 안보정책 지향점, 군사력 건설 전략, 전쟁 수행체계 등을 주체적으로 결정하는 것을 의미한다. 예를 들어 국방정책의 상위 지침인 국가안보전략을 정부가 공식 발간한 것은 2004년 노무현 정부가 처음이다. 우리나라 정부가 1948년 수립된 이후 56년 동안 국가안보전략을 발간하지 않은 것은 안보는 한미동맹에 중점을 두고 경제의 자립을 추구했던 전략 때문으로 볼 수 있다. 자주국방 차원에서 보자면, 노무현 정부 이후 우리나라는 자조적 의지를 세운 것이며, 자주국방을 추구했다고 평가할 수 있다.

자립적 능력은 외부의 위협에 대응할 수 있는 자체적 방위력을 의

10 김영호, "협력적 자주국방과 한 · 미동맹: 쟁점과 과제", 『통일연구원 학술회의 총서』 제4-2호, 2004, pp. 111-145.

11 KIDA, 『국방정책론』, pp. 459-460.

미하며, 핵심적인 능력으로 타국의 부당한 영향력이 발휘되지 않을 수준의 자체적인 군사력이 필요하다. 특히 자립적 능력은 군사력 건설의 결과로서 현존 군사력을 의미하는 것뿐만 아니라 군사력 획득에 있어 자국에 적합한 소요판단-획득-유지를 포함한 관리능력을 포함한다. 자립적 능력은 자주국방을 추구하는지에 대한 평가에서 가장 우선하는 요소이다. 스스로 지킬 힘이 없으면 자주국방은 불가능하기 때문이다. 다만, 자립적 능력을 우선한다고 자주국방이 더 쉽게 달성되는 것은 아니다. 자립적 능력 추구는 막대한 국방예산이 요구되며, 무기체계 국산화에 필요한 군사기술도 확보해야 하기 때문이다.

자율적 행위는 군사능력을 자국의 의지에 따라 행사할 수 있는 권한을 의미한다. 우리나라의 자주국방 논쟁에서 가장 논란이 많은 요소가 자율적 행위로서 전시작전통제권 환수 문제이다. 일부에서는 우리나라가 전시작전통제권이 없다는 이유로 자주국방이나 자주국가가 아니라는 비판을 제기한다. 자주국방의 3요소로만 보자면, 전시작전통제권을 행사하지 못하는 것은 분명히 우리나라가 자주국방 국가가 아니라는 논거가 될 수 있다. 하지만 여기서 제시한 자주국방의 3요소는 개념적인 구분이다. 지구상 어떤 국가도 3요소를 모두 완전히 달성하진 못한다. 미국도 국가안보를 동맹 및 우방국 협력을 통해 달성하고 있으므로 완전한 자립적 능력을 갖춘 것은 아니다. 이러한 맥락에서 우리나라가 전시작전통제권을 환수하지 못한 상황은 자주국방 자체보다 국가안보를 달성하는 전략으로서 현재 안보조건에 따른 선택이며 수단이다.

III. 군사력 위협평가

1. 군사력 위협평가[12]

국가안보에 대한 위협의 주체와 요소를 분석하는 것은 '생존'이라는 국가의 궁극적 목적을 달성하는 데 반드시 필요하다. 국가는 모든 위협에 대응할 수 있도록 전반적인 안보 상황을 점검하고 대응책을 수립해야 한다.

그러나 대부분 국가들이 안보전략 수립에 있어 가장 중심적으로 고려하고 있는 것은 본 장에서 다루고 있는 '군사적 위협'이다. 군사적 위협은 상대와 위협의 수준이 상대적으로 명확하고 직관적으로 다가올 뿐만 아니라 자국의 능력을 기반으로 대응해야 한다는 정당성이 있는 반면, 비전통 위협은 국가 간 협력을 전제로 한 초국가적 대응을 필요로 하기 때문이다.

이러한 관점에서 군사력 영역에서의 위협분석은 자주국방 달성을 위해서 가장 선행되어야 하는 과정이다. 즉, 현재 및 잠재적 위협의 구체성과 규모, 예상되는 전략 운용 등을 구체적이고 명확하게 평가하고자 노력하는 것은 자국에 대한 위협을 분명히 하는 것임과 동시에 한정된 자원으로 방어에 가장 적합하고 효율적인 방위력 건설의 기초가 된다. 예를 들어, 대한민국은 북한의 위협 양상 변화에 따라 군사력 건설의 우선순위를 변화시켜왔다. 냉전기에는 한미동맹을 중심으로 북한의 도발을 우선적으로 억제하되, 자주적 국방역량 강화

12 한용섭, 『국방정책론』, 서울: 박영사, 2020, pp. 119-136; 원은상, 『전력평가의 이론과 실제』,서울: 한국국방연구원, 1999; 부형욱, "군사력 비교평가 방법론 소계", 『국방정책연구』 제45호, 1999 여름.

를 위한 점진적인 노력을 추진하였다. 그 결과 소총부터 탱크, 전함 등의 자체적인 생산능력을 확대해 왔다. 냉전이 종식된 이후, 북한이 핵과 미사일 중심으로 대남 위협을 고조시키자 한국은 한미 간의 확장억제 강화정책과 더불어 한국형 3축체계 구축(킬체인, 한국형 미사일 방어시스템, 대량응징보복) 등을 우선순위로 두고 자주적 국방능력을 갖추고자 하고 있다. 이러한 관점에서 위협에 대한 분석 및 평가는 다양한 방식으로 이루어지고 있다. 가장 보편적인 방식 중의 하나는 상대 국가가 보유한 무기체계 보유량과 무기체계의 발전 등을 고려하여 각 무기체계의 가중치를 수학적으로 계산하는 방식 등을 적용하여 비교하는 정태적 평가방식이 있다. 또한 현대의 전쟁이 국가의 모든 가용자원을 모두 동원해야 하는 총력전의 양상이라는 점을 반영하여 현재의 전투력과 예비군 준비상태, 군수지원 능력 등을 고려한 동원율 평가도 정태적 평가에 포함된다. 다음으로 전쟁은 기후를 비롯한 다양한 요소들이 전쟁의 경과와 결과에 영향을 미친다. 따라서 이러한 전쟁의 진행 경과에 따른 변수들을 고려하여 구축하고자 하는 군사력의 효과성 등에 대한 검증을 목적으로 하는 동태적 평가방식이 있다.

2. 정태적 평가

1) 단순 정태적 평가(Static Count)

단순 정태적 평가 방법은 잠재적 위협 국가와 자국 사이의 재래식 군사력 균형을 평가하는 가장 오래된 방법 중의 하나로서 비슷한 무기체계 또는 상호 대응하는 무기체계의 수량을 비교한다. 예를 들어 각 국가의 전차의 수나 전투기의 수를 상호비교할 수 있으며, 한편으로는 상대방의 전투기의 수와 자국의 대공무기체계의 수량을 비교하는 방법이 있다. 대표적으로 대한민국 국방부에서는 2년 단위로 발행하는 『국방백서』에서 우리나라와 북한의 주요 군사장비 유형에 따른 수량을 비교하고 있다.

무기체계의 수량을 비교하는 방법의 장점은 각 국가의 병력 숫자와 무기 등의 구체적인 보유량은 공개되지는 않더라도 영국의 IISSThe International Institute for Strategic Studies에서 매년 발간하는 세계 군사력 보고서Military Balance, 스웨덴의 SIPRISwedish International Peace Research Institute에서 발간하는 연감, 각 국가의 『국방백서』 등에서 대략적인 수치를 공개하고 있어, 위협에 대한 분석이 용이하다는 장점이 있다. 또한 무기체계의 숫자에 대한 비교는 직관적이며, 조금 더 정성적인 분석을 위한 1차 자료로 사용이 가능하다는 장점이 있다. 그러나 단순 정태적 분석은 동일한 무기체계일지라도 적용되는 기술과 소재의 변화에 따라 방호력 및 공격력이 급격하게 달라지게 되는 무기체계의 질적 변화의 정도뿐만 아니라 도입연도에 따른 낙후성, 기동성 등과 같은 성능변화 등을 반영하지 못한다. 예를 들어, 북한이 주력으로 보유하고 있는 MIG-21 및 MIG-29와 같은 전투기는 노후되었을 뿐만 아니라 항전장비의 측면에서도 낙후되어 한국의 F-15K 전투기 및 F-35 스텔스 전투기와 같은 최신예 기종과의 질적 차이를 단순 수량 비교에서는 상정하기 어렵게 한다. 또한 단순 수량 비교 등은 합동성 등의 차원에서 국가의 군사력 조직적 역량 및 각 군간 시너지 효과 등을 반영하기 어렵다는 단점이 있다.

2) 가중치 적용 정태적 평가

단순한 무기체계의 숫자 비교에 의한 위협분석 방법의 한계를 탈피하고 무기의 질적 향상 부분을 보완하기 위해 무기체계별 가중치를 적용한 '가중치 적용 정태적 평가' 방법이 고안되었다. 구체적으로 각 무기체계별 화력 및 명중률에 기반한 '화력지수'를 각 무기체계의 수량에 곱하는 방식의 '화력지수 계산 방법'이나 각 부대가 보유한 무기체계의 신뢰성, 속도 및 기동성, 사거리, 생존성 등을 계량한 점수인 무기효과지수WEI: Weapon Effectiveness Index를 상대적으로 평가하여 각 무기체계별 지수와 수량을 곱하여 국가의 군사력 지수를 측정한다. 이 외에도 듀푸이의 계량화 판단기법QJM: Quantitative Judgment Method, 클라인 모델 등이 있으며, 이 방법들은 최대한 현실적인 위협분석을 위해 전투태세, 지형, 기후, 계절, 병력 및 부대의 질적 평가 등을 반영하고자 노력하였다.

이러한 방법은 무기체계의 양뿐만 아니라 질적 측면까지 고려함으로써 적대적 관계에 있는 국가들이 보유한 상이한 무기체계의 비교를 위한 기준을 제시한다는 장점이 있다. 그러나 이는 전쟁이 시작되기 전 군사력의 역량에 대한 비교는 가능하나, 실제 전투가 벌어지는 경우 시간의 경과에 따른 동원과 소모율의 반영, 그리고 가중치 설정 등의 기준에 대한 객관성에 대한 의문이 제기될 수 있다.

3. 동태적 평가

1) 컴퓨터 시뮬레이션

컴퓨터 시뮬레이션은 실제 전투양상에 영향을 줄 수 있는 다양한 변수들을 입력하여 한 달 혹은 두 달 정도의 진행된 후의 전쟁결과를 예측하는 방법이다. 이때 입력되는 변수에는 기상조건, 지형, 방어준비태세, 훈련 정도, 출격률, 소모율, 동원율, 재보급률 등 다양한 변수의 수치화와 변수 입력이 필요하다.

컴퓨터 시뮬레이션의 장점은 변수의 입력값을 변화시킴으로써 달라지는 전투결과를 시험하고, 이에 따른 군사력 균형을 다양하게 평가할 수 있을 뿐만 아니라 군사력의 건설 및 전력구조 등의 변화에 따른 전투능력 변화를 예측할 수 있다. 또한 정태적 모델에서는 확인이 불가능했던 시간의 흐름에 따른 전투결과 예측이 가능하다는 장점도 있다. 그러나 컴퓨터 시뮬레이션 적용방법은 모델의 복잡성으로 설정된 가정사항의 정확성에 대한 검증이 어려우며, 그에 따른 결과의 왜곡 가능성이 상존한다는 단점이 있다. 이에 더하여, 시뮬레이션 방법은 전쟁과정에서 발생할 수 있는 불확실성과 인적 요소에 의해 발생할 수 있는 문제점들에 대한 반영이 어렵다는 한계도 지니고 있다.

〈참고 3〉 중국의 대만 침공 시뮬레이션[13]

미국의 전략국제문제연구소는 2026년 중국이 대만을 침공하여 상륙하는 상황을 가정한 24번의 시뮬레이션 결과를 종합하여 지난 2023년 1월 9일 발표하였다. 보고서의 제목은 'The First Battle of the Next War'이다. 보고서에서는 결과적으로 중국의 대만 침공은 실패할 것으로 예상되나, 전쟁 시작 약 3주 만에 미군은 3,000여 명의 사상자가 발생할 것으로 예상하였으며, 일본 역시 수십 대의 전함과 100여 대 정도의 전투기 손실이 있을 것으로 예상하였다.

2) 워게임(War game)

워게임은 아군blue team과 적군red team의 정보를 바탕으로 모의 전쟁을 실시하여 군사력을 평가하는 방식이다. 소규모 전투부터 전구 차원

13 CSIS, "The First Battle of the Next War: Wargaming a Chinese Invasion of Taiwan" (January 9, 2023).

의 전쟁까지 적용할 수 있다. 워게임을 진행하기 위해서는 명확한 가정사항과 정치적 상황, 타국과의 적대적 정도, 전력 현황 등에 대한 시나리오를 작성해야 한다. 워게임의 장점은 전투 및 전쟁 양상의 변화에 따른 지휘관의 실시간 판단이 가능하여, 정태적 모델에서 간과되었던 인적 요소를 반영할 수 있다. 즉, 통제반이 부여한 불확실한 상황을 실시간으로 어떻게 대응하는지 검증할 수 있다. 다만, 아군과 적군이 실시간으로 진행하는 워게임의 특성상 동일한 시나리오라도 결과는 매번 다르며, 참여자가 실전이 아닌 게임으로 인식함으로써 의사결정과정의 투명성이 결여되는 등 단점도 있다.

4. 핵위협 평가

재래식무기체계와는 다르게 핵무기는 그 자체의 절대적인 파괴력으로 인해 보유 자체만으로도 주변국에 위협으로 인식된다.[14] 따라서 핵위협을 평가하는 것은 재래식 군사력 평가에서 적용되는 다양한 방법론보다 다소 단순화된 통계자료들이 직접적으로 사용된다. 먼저, 국가가 직면한 핵위협을 평가하는 최소의 기준은 잠재적 적국이나 경쟁국가가 핵무기를 보유하였는가의 여부가 제일 먼저 고려가 된다. 예를 들어, 미국과학자연맹Federation of American Scientist의 연구에 따르면 2023년 기준으로 전세계에서 핵을 보유한 국가와 각 국가가 보유한 핵탄두의 수량(추정)은 다음과 같다.

14 핵보유국의 증가가 국제적 안정을 해치느냐 아니면 안정화시키느냐에 대한 논쟁은 지속되고 있음(하경석 · 정성윤, “핵확산 논쟁과 북핵문제: 다차원적 분석”, 『한국정치연구』 제24집 제1호, 2015 참조).

〈그림 1〉 주요 국가의 핵탄두 보유량(2023. 3. 기준, 추정)[15]

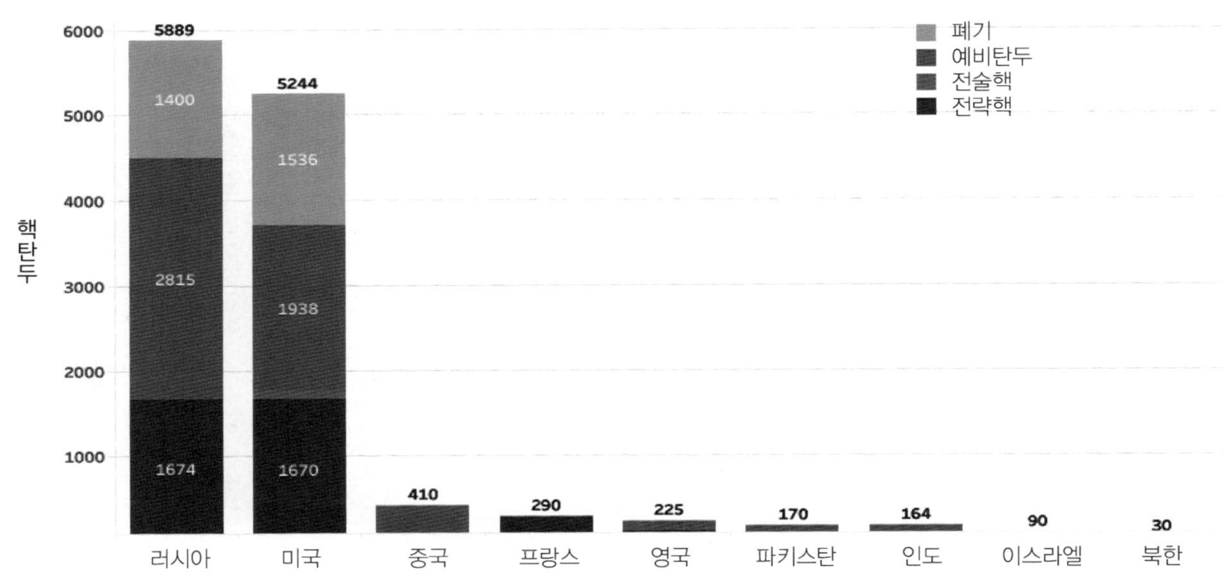

15 FAS, https://fas.org/initiative/status-world-nuclear-forces/

다음으로 핵을 투발할 수 있는 수단의 보유 여부에 대한 평가가 필요하다. 상대국이 핵탄두를 보유하는 것만으로는 자국에 대한 실질적 위협으로 인식되지 않는다. 그러나 1990년대 1차 북핵위기 이후에 실시된 북한의 대포동 미사일 시험발사는 당시 일본과 미국에 북한의 핵개발 성공 시 자국에 실질적 위협이 될 수 있다는 인식을 주었다. 따라서 우리나라 국방부에서 발간하는 『국방백서』에서도 북한의 미사일 체계와 수량 등에 대한 조사결과가 제시되고 있으며, 이에 대응하기 위해 한국형 3축체계 구축이 추진되고 있다.

Ⅳ. 국방획득절차와 한국의 자주국방 노력

1. 국방획득절차[16]

국방획득절차는 무기체계 또는 전력지원체계로 구분되는 군수품 전반에 대한 소요기획부터 획득방법의 결정, 그리고 운영 및 유지 등에 대한 관리와 전력정책 수립 등 포괄적 영역이 포함된다. 이러한 관점에서 국방획득은 국방 관련 업무 진행에 필요한 무기체계와 전력지원체계 확보를 의미한다. 미국은 획득을 '군사적 임무를 지원하고 사용할 예정인 서비스, 군수품, 무기와 그 외 체계들을 개념화, 착수, 설계, 개발, 계약, 제작, 배치, 군수지원, 개량하여 배치하는 것'으로 정의한다.

16 한국국방기술학회, 『국방전력발전업무 체계 법제 개선 연구』, 2022.

우리나라에서는 방위사업법(2024. 1. 16.)에서 군수품 구매(임차 포함)나 연구개발을 통한 생산 및 조달을 획득으로 규정한다. 따라서 국방획득체계는 소요가 결정된 무기체계나 전력지원체계를 확보하는 절차이다. 한국의 획득절차는 다음과 같다.

〈그림 2〉 한국의 획득절차

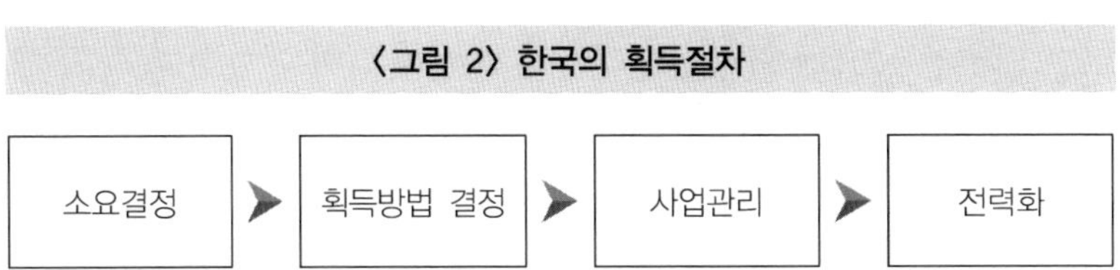

먼저, 소요결정은 무기체계를 확보하고자 하는 군 또는 관련기관에서 소요제기를 한 후 합참에서 최종적으로 해당 무기체계에 대한 획득 필요성을 결정한다. 합동참모본부에서 소요가 결정되면 합동군사전략목표기획서JSOP: Joint Strategic Objective Plan가 작성되며, 이는 방위사업청으로 통보된다. 다음으로 획득방법 결정을 위한 선행조치로, 방위사업청 통합사업관리팀IPT: Integrated Program Team에서 합동군사전략목표기획서를 근거로 전문연구기관에 선행연구를 의뢰하고, 그 결과를 근거로 사업추진기본전략을 작성한다. 이러한 과정을 통해서 구체적인 획득방법이 결정되고 사업이 추진된다. 국방획득사업을 추진하는 방법에는 크게 연구개발방식과 구매방식이 있으며, 획득방법에 따라 추가적인 절차들이 진행된다. 예를 들어, 소요가 제기된 무기체계를 연구개발하기로 한 경우에는 사업 계약이 체결된 이후, 탐색개발, 체계개발, 시험평가 순으로 진행되며, 구매의 경우에는 업체 선정 후 시험평가 결과에 따라 계약을 체결한다. 전력지원체계의 경우는 조금 차이가 있으나 큰 틀에서는 비슷한 획득절차를 따른다.

각 단계에서 고려 및 검토해야 하는 요소들은 다음과 같다. 먼저, 소요결정 과정에서는 전반적으로 국가의 안보전략 및 국방정책의 목표 달성을 위한 차원에서 수립된 군사전략을 구현하기 위한 군사력 건설 방향과 군 구조 개편정책을 고려하여 소요결정을 한다. 다음으로 사업추진은 크게 연구개발과 구매로 구분하여 진행된다. 연구개발은 국내에서 자체적으로 개발하거나 이러한 방법이 어려울 경우 외국과 협력하여 연구함으로써 무기체계를 개발하는 것을 말한다.

구매는 국내구매와 국외구매, 임차로 구분하여 진행되며, 국외구매는 계약의 대상에 따라 상업구매와 대정부구매로 구분하여 추진한다. 이 과정에서 핵심적인 고려사항은 무기체계의 획득방법을 구매로 할 것인가 아니면 연구개발로 할 것인가에 대해서 결정하는 것이다. 국내에서 자체적으로 연구개발을 시도하고자 한다면 국내적으로 보유하고 있는 기술수준과 전력화가 필요한 시기에 개발을 완료할 수 있는가의 여부, 핵심기술에 대한 해외의존도 등을 평가해야 하며, 대표적으로 기술성숙도평가TRA: Technology Readiness Assessment 등이 진행되어야 한다. 또한 획득비용의 경제성 평가가 필요하며, 무기체계를 개발함으로써 파생되는 기술적 · 정치적 · 경제적 파급효과도 검토가 필요하다.

국방획득절차에 직간접적으로 관여되는 조직은 다양하다. 크게 소요군, 정책 및 기획조직, 사업관리조직, 사업지원조직, 기술지원조직으로 구분할 수 있다. 소요군은 무기체계 및 전력지원체계를 확보하고자 소요를 제기하는 공군 · 육군 · 해군 등을 말하며, 정책 및 기획조직은 방위사업 및 군수정책을 수립하고 관리하며, 감사 등을 담당하는 조직을 일컫는다. 사업관리조직은 소요결정이 이루어진 후부터 선행연구, 계획수립, 예산편성, 기술관리 등을 사업이 종료되는 순간까지 지속적으로 진행하며, 방위사업청의 통합사업관리팀과 국방부 본부의 군수관리실, 각 군의 사업추진조직이 이에 해당한다. 사업지원조직은 계약 및 원가를 관리하고, 규격 및 목록을 관리하며, 시험평가와 예산배정을 담당하는 조직들을 일컫는다. 기술지원조직은 사업관리조직이 필요로 하는 선행연구나 작전요구성능을 구체화하고 획득 가능성에 대한 평가 등을 담당하는 전문조직으로 국방과학연구소와 국방기술품질원 등이 이에 해당한다.

2. 한국의 방위산업 정책발전[17]

한국의 방위산업 역사를 보면 초창기 노력은 미국의 안보지원 공약의 축소에 대한 반대급부로 추진된 측면이 있다. 1970년대 박정희 정부가 병기의 국산화를 추진하고자 했던 배경에는 닉슨 독트린으로 인한 미국의 안보지원(주한미군 7사단 철수 등)이 영속적이지 않을 수 있다는 우려가 자리잡고 있다. 이에 따라 한국은 국방과학연구소를 창설하고(1970년 8월), 연구개발업무체계규정(1972년)과 방위산업 특별조치법(1973년) 등을 제정하면서 기본병기를 생산할 수 있는 기초적인 방위산업 역량을 구축하고자 하였다. 또한, 방위산업에 대한 민간기업들의 투자를 장려하기 위하여 방산물자 생산 시 초기에 발

17 최성빈 · 고병성 · 이호석, "한국 방위산업의 40년 발전과정과 성과," 『국방정책연구』, 제26권 제1호, 2010.

생할 수 있는 적자를 보전하고 적정한 수준의 이윤을 보장하기 위한 '방산물자 원가계산 기준 규정'을 1978년에 제정하였다. 뿐만 아니라 무기체계 생산의 기획부터 계획, 예산 집행 절차, 생산절차의 효율성 증대를 위한 관련 규정을 정립할 필요성에 따라 미국의 기획관리제도를 모방한 '국방기획제도에 관한 규정(1979년)'을 제정하였다. 이를 바탕으로 대한민국은 합동참모본부에서 합동연구개발목표기획서와 합동전략목표기획서를 기반으로 무기체계 획득과 관련된 예산을 편성하기 시작하였다.

1980년대에는 무기체계 획득과 관련된 업무가 합참에서 국방부로 이전되면서 무기체계 도입 과정에서 사전분석을 명문화하는 '국방기획관리제도규정(1983년)'과 '무기체계 획득관리업무절차(1985년)' 등을 제정함으로써 소요기획과 획득관리 업무체계가 확립되었다. 1990년대에는 무기체계획득관리규정(1990년), 절충교역 업무지침(1992년), 방산 전문화 및 계열화 규정(1993년) 등을 제정함으로써 정밀무기를 자체적으로 생산할 수 있는 기반을 마련하였다. 또한 '획득실'에서 획득사업 관련 업무를 총괄할 수 있도록 제도가 정비되었다. 2000년대 들어서면서 방위사업법(2006년)과 국방전력발전업무규정(2006년)을 제정함으로써 국방부와 각 군에서 담당하던 획득 관련 업무를 총괄할 조직으로 '방위사업청'(2006년)이 개청되었다. 따라서 국방부, 합참, 각 군, 방위사업청의 획득 관련 업무는 다음과 같이 정립되어 현재 운영되고 있다.

최근에는 국방연구개발사업 추진 중점을 군에 필요한 무기체계의 기술개발을 우선하는 추격형 전략에서 첨단과학기술을 확보하는 데 주력하는 선도형 전략으로 전환함으로써 소요기반 연구개발에 기술

〈표 1〉 국방획득사업 부서별 업무

구 분	주요 업무	주요 조직
국방부	국방과학기술정책 수립, 국방중기계획·예산 편성 지침 제시, 소요검증, 국방중기계획 및 시험평가 계획 수립·판정	전력정책관실, 기획예산관실
합참	소요제기, 합동실험 및 분석평가, 시험평가 계획 및 판정 수행	전력기획부, 전력발전부, 분석실험실, 시험평가부
각 군	소요제기, 전투실험, 시험평가 수행, 전력화 평가	각 군, (전력)기획관리참모부, 시험평가단, 분석평가단
방위사업청	국방중기계획요구서 작성, 예산편성, 핵심기술 소요 결정, 획득방법 결정, 연구개발 및 구매 진행	방위사업정책국, 국방기술보호국, 방위산업진흥국 등, 기반전력사업본부, 미래전력사업본부

출처: 국방부 홈페이지

주도 연구개발을 추가하여 무기체계의 소요가 결정되지 않았거나 예정되지 않았을 때에도 미래 혁신적 기술을 적극 개발할 수 있는 도전적 국방연구개발 환경을 조성하고자 하고 있다. 이를 위해 2021년 방위사업법을 세분화하여 방위산업 육성 관련 사항은 '방위사업발전법(2023. 11. 9.)'에서 담당하고 국방연구개발 관련 사항은 '국방과학기술촉진법(2020. 3. 31 제정)'에서 담당하는 것으로 규정하는 내용을 입법화하였다. 또한 5년주기로 작성하는 '23~'27 국방과학기술혁신 기본계획을 수립하여 중장기적인 발전목표 방향을 제시하고 향후 기술개발 사업의 기본지침을 제공하고 있다.

그러나 현 전력획득체계는 ①사업 추진 절차가 복잡하여 소요제기부터 획득까지 장기간이 소요되며, ②현 시스템상으로 4차 산업혁명의 핵심적인 기술인 빅데이터, AI 등의 신속한 군사무기체계 적용에 한계가 있으며, ③막대한 군사기술개발 예산 투입 대비 미래 군사기술의 실현가능성과 운용가능성 등에 대해 기술개발 단계에서부터의 소요군의 의견 반영 절차 등이 미흡하다는 문제점이 제기되고 있다.[18] 이러한 문제점을 일부 해결하고자 군의 미래전장에서 직면할 문제점에 대한 민간차원의 혁신적인 아이디어 또는 도전적인 기술을 발굴하여 개발하는 룬샷 프로젝트loonshot project[19]를 2023년 이후 도입하여 우수한 민간 기술 역량을 국방에 적극적으로 도입하고자 시도하고 있다.

무기체계 획득을 위해서는 가장 먼저 각 군 또는 관련 기관에서 획득하고자 하는 무기체계에 대한 소요를 제기하는 전력소요서를 작성하고 합참의 합동참모회의에서 심의 · 의결한 이후 최종적으로 '소요결정'이 이루어져야 한다. 전력소요서는 ①장기전력소요서, ②중기전력소요서, ③긴급전력소요서로 구분되며, 최종적인 소요결정이 이루어지면 그 결과는 합동군사전략목표기획서JSOP 및 국방연구개발계획서 등에 수록되어 소요검증과정을 거쳐 획득절차를 진행하게 된다. 소요검증은 합동참모본부가 군사적 관점에서 결정한 소요에 대하여 국방부가 종합적이고 객관적인 기준을 바탕으로 소요의 적절

18 김경식 · 김동수, "신기술의 군사적 적용을 위한 전력발전업무체계 혁신방향: 국방과학기술, 무기체계개발 간 소요군-개발자 협업을 중심으로," 『국방정책연구』, 제39권 제2호, 2023.

19 룬샷은 일반적으로 실현 불가능할 것으로 여겨지는 아이디어나 프로젝트들임에도 불구하고, 구현되거나 현실화되었을 때, 전쟁이나 의학, 비즈니스의 판도를 바꾸는 혁신적인 사고를 의미함(사피 바칼, 『룬샷』, 흐름출판, 2020).

성과 사업의 필요성, 그리고 사업 우선순위 등을 검증하는 것을 지칭하며, 소요검증의 대상은 추정 사업비가 2,000억 원 이상인 장기소요 사업과 이미 중기계획에 반영된 소요 중 사업계획에 현격한 변동이 생긴 경우 등이 포함된다.

이 과정에서 국방중기계획의 작성은 중요한 분기점이 된다. 국방중기계획은 국방정책과 군사력의 건설과 운영유지에 필요한 소요를 구체적으로 구현하기 위해서 F+2 ~ F+6년간을 대상기간으로 하여 예상되는 국방재원을 판단하고, 이를 기초로 국방사업 소요를 종합적으로 검토 및 조정하여 연도별 · 사업별 · 부대별 · 기능별로 가용자원을 배분하는 계획을 지칭한다. 따라서 국방중기계획은 연도별 예산편성의 근거로서 활용될 뿐만 아니라 부대계획과 정원계획의 수립 등과 관련된 인력계획 수립에 기초자료로 활용된다. 국방중기계획의 수립 절차는 〈그림 3〉과 같다.

이러한 과정을 거쳐 획득이 결정된 무기체계는 구매 및 연구개발 과정을 거쳐 각 소요군에게 인계되기 전에 획득 대상이 되는 무기체계에 대한 기술적 측면과 운용관리적 측면에서 소요제기서에 명시된 요구 조건들이 모두 충족되었는지를 검증하는 절차인 시험평가 절차를 거쳐야 한다. 시험평가의 종류에는 요구성능에 대한 기술적 도달 정도에 중점을 두는 개발시험평가가 있으며, 요구성능 및 운용상의 적합성과 연동성에 중점을 두는 운용시험평가가 있다. 이와 같은 시험평가의 구체적인 절차는 〈그림 4〉와 같다.

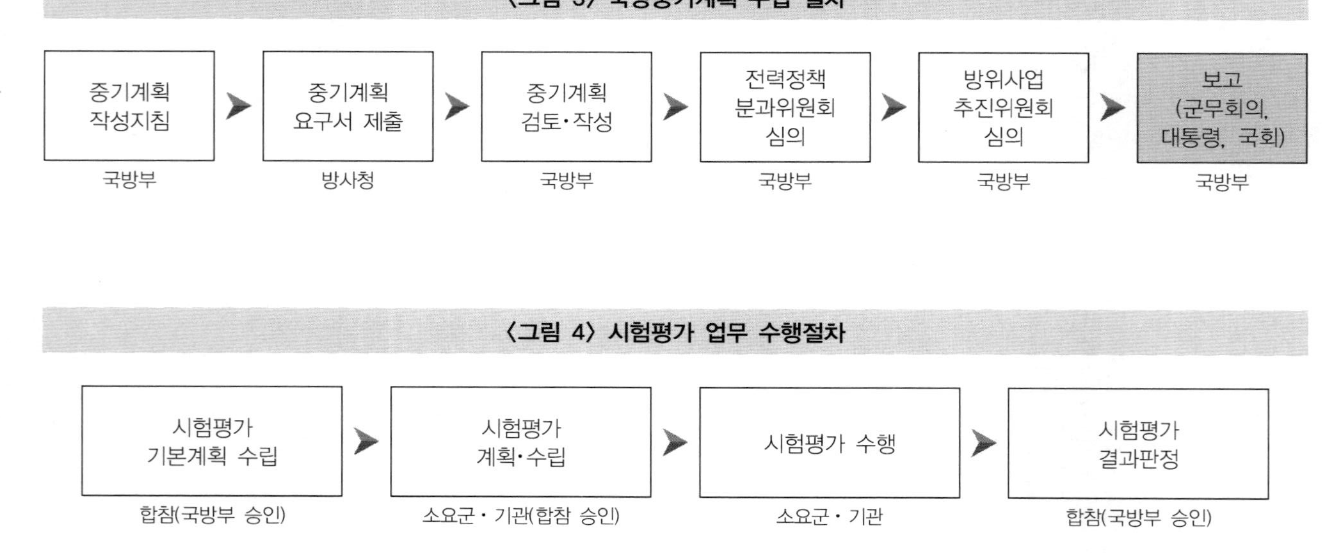
〈그림 3〉 국방중기계획 수립 절차
중기계획 작성지침
국방부
중기계획 요구서 제출
방사청
중기계획 검토·작성
국방부
전력정책 분과위원회 심의
국방부
방위사업 추진위원회 심의
국방부
보고 (군무회의, 대통령, 국회)
국방부
〈그림 4〉 시험평가 업무 수행절차
시험평가 기본계획 수립
합참(국방부 승인)
시험평가 계획·수립
소요군 · 기관(합참 승인)
시험평가 수행
소요군 · 기관
시험평가 결과판정
합참(국방부 승인)

3. 한국의 방위산업 발전

1970년대부터 본격적으로 시작된 한국의 방위산업은 무기체계 및 군수품을 생산하는 기능과 더불어 산업발전을 이끌 수 있는 한 축으로 성장하였다. 특히, 최근에는 KF-21 첨단 전투기, 유도미사일, K-2 흑표전차 및 K-9 자주포, 상륙함, 이지스함 등 지상 · 해상 · 공중 무기체계를 독자적으로 생산할 수 있는 기반을 마련하였을 뿐만 아니라 2021년에는 세계 9위의 무기수출국으로 발전하였다. 2022년 기준 방위산업 수출액은 24조 원을 돌파하였다. 이처럼 방위산업은 무기체계 개발 및 생산의 경제적 · 기술적 파급효과를 통해 평가받기도 한다. 예를 들어, 전투기의 국내 개발은 생산과 부가가치 및 고용 유발효과 등에서 국가경제에 기여도가 높은 방위산업이다. KF-21 개발에는 능동전자위상배열 레이더AESA, 전자광학표적 추적장치EO TGP, 적외선 추적장치IRST, 통합전자전체계EW Suite 등 85개 분야에서 장비 및 시스템 국산화가 진행되고 있으며, 약 200곳 이상 국내 업체가 참여하고 있다. 따라서 KF-21 개발이 완료되면 생산 유발효과가 24조 원, 기술적 파급효과가 49조 원에 달할 것으로 예상된다.[20] 또한 정부는 방산수출 수주액 173억 달러로 역대 최대 실적을 달성한 2022년에 일자리 13만 개와 46조 원 규모의 생산 유발효과가 창출된 것으로 추산하였다.[21] 한국도 방위산업을 국가전략산업으로 육성하

---

20 "시험비행 성공 KF-21 전투기, 안보와 항공산업 기폭제 되길", 조선일보(2022. 7. 20일자). https://www.chosun.com/opinion/editorial/2022/07/20/WQKYGSZ62NAHTB4E6Y5L4WREBE/

21 성승훈 · 이진한, "방위산업 200억弗 수출하면 … 전후방 고용효과 20만명", 매일경제

고 있으며 연간 500억 원을 투입하고 핵심기술 및 소재부품 기술 확보에 속도를 내어 2027년까지 세계 방위산업 수출시장 점유율을 5퍼센트까지 끌어올릴 계획이다.

이와 같은 한국의 방위산업 역량은 다섯 시기로 구분되는 발전과정에 따라 축적되고 발전되어 왔다. 이를 정리하면 다음과 같다.[22]

〈표 2〉 한국 방위산업의 발전과정

시기	정책기조	특징	전력증강계획
1970년대	수입대체	기본병기 생산능력 구축, 선진국 무기 개량	'74~'81, 1차 율곡사업
1980년대	국내 방위산업 보호 · 육성	정밀병기 생산기반 조성, 미국 무기구매 및 절충 교역제도 활용	'82~'86, 2차 율곡사업 '87~'91, 3차 율곡사업
1990년대	국내 방위산업 성장	정밀무기 생산능력 구비 국내 독자기술 개발	'92~'96, 4차 전력정비사업 '97~'01, 방위력 개선사업
2000년대	국내 방위산업 도약	첨단무기 생산기반 조성 방위사업청 출범(2006)	'02~'06, 전력투자사업 국방개혁 2020(2005년)
2010년대	방위산업 수출산업화	첨단무기 수출기반 마련	국방개혁 2.0(문재인 정부) 국방혁신 4.0(윤석열 정부)

출처: 최성빈·고병성·이호석(2010); 산업연구원(2022)을 종합하여 재정리

한국은 1971년 수립한 병기개발 기본방침에 따라 소총류(M1, 칼빈), 박격포류(60mm. 81mm), 로켓발사기, 수류탄, 대인지뢰 등을 자체 생산할 수 있는 능력을 갖추기 위해 미국으로부터 기술자료묶음

(2023. 7. 3.) https://www.mk.co.kr/news/economy/10775564

22 최성빈 · 고병성 · 이호석, "한국 방위산업의 40년 발전과정과 성과", 『국방정책연구』, 제26권 제1호(2010); 산업연구원, 『23-27 방위산업발전 기본계획 수립연구』(2022).

TDP: Technical Data Package을 도입하여 국산화하거나 기본장비를 역설계하여 개발하는 방식으로 개발에 성공하였다. 1972년 선언된 병기개발 기본방침은 국방과학연구소를 중심으로 산학연의 과학기술의 국가적 역량을 총동원할 뿐만 아니라 민간영역에서 주요 부품을 생산함으로써 별도의 방위산업을 위한 공장을 건설하지 않아도 되도록 유도하였다. 기술력 확보에 따른 자체 생산한 무기의 확보를 위해 율곡사업의 재원을 통해 1974년부터 M16 소총 60만 정을 국내에서 생산하였으며, 1980년대 초까지 박격포, 유탄발사기, 대전차 로켓포, 곡사포 등을 국내 개발 및 생산하기 시작하였다. 이러한 방위산업 역량은 점차적으로 확대되어 1974년 133톤급 고속정 건조사업을 거쳐, 1976년 500MD 헬기생산 및 전차생산을 담당하는 업체로 각각 대한항공과 현대차를 지정하였다.

1980년대 한국은 방위산업 자립기반 구축을 목표로 하여, 기술개발 역량 구축을 정부 주도에서 업체주도로 유도하고자 하였다. 그러나 당시 북한의 점증하는 군사적 위협에 대응하기 위한 차원에서 첨단무기에 대한 국내 생산 · 개발보다 해외구매를 우선 추진함으로써 국내 방위산업체 가동률이 저하되는 문제가 생기면서 군에서 필요로 하는 장비 민영화 및 부품생산의 국산화 5개년 계획 등을 수립하여 시행하였다. 그 과정에서 한국형 전차의 개발 및 생산을 1981년부터 시작하여 1988년 완료하고, 장갑차는 1985년부터 자체 생산이 가능하게 되었다. 이와 더불어 추가적인 고속정, 초계함, 호위함 등을 건조하고 1987년에 1,200톤급 잠수함의 기술도입 생산, F-5E/F 전투기의 면허생산 등을 시작하였다. 또한 자주화된 대공포와 단거리지대공유도무기(천마), 사거리 180킬로미터에 달하는 지대지유도무기체계(현무) 등의 개발 성공은 한국의 정밀무기체계 생산과 관련된 방위산업 능력이 급격하게 신장되었다는 것을 방증하는 사건으로 여겨지게 되었다.

1990년대의 주요 국방목표는 북한 위협에 대응하기 위한 차원에서 지상전 능력 확보를 우선적으로 추진하고, 그 이후에 해·공군 전력을 확보함으로써 각 군 간 전력의 균형발전을 도모하고자 하였다. 이 과정에서 해외무기 도입에 대한 반대급부 확보를 위해서 절충교역제도를 신설하고, 독자적인 무기연구개발체제를 구축하고자 하였다. 이를 바탕으로 지상전력차원에서는 1980년대 개발된 K-1 전차의 후속모델로서 K1A1 전차 개발을 완료하여 1999년부터 생산하였고, 1993년부터 K-9 자주포 개발을 시작하여 1998년부터 양산이 시작되었다. 해군 무기체계의 경우, 3,000톤급 구축함의 취역과 동시에 4,500톤급 구축함KDX-II 건조가 시작되었으며, 1800톤급 잠수함이 건조되었다. 공군 무기체계에 대해서는 1994년부터 KF-16에 대한 기술도입 면허생산을 시작하면서 초음속고등훈련기 자체 개발을 위한 미국과의 기술협력이 시작되었다. 이와 더불어 KT-1 기본훈련기의 자체 생산능력 확보를 통해 부분적으로 항공산업 발전을 위한 토대를 마련하였다. 유도무기체계의 경우는 더욱더 비약적인 발전을 달성하였다. 신형 경어뢰인 청상어(1995년), 함대함 유도탄인 해성(1996년), 장거리 대잠어뢰인 홍상어(2000년)와 휴대용 지대공유도무기체계인 신궁(1998년) 개발에 잇달아 성공했다.

2000년대 들어서면서 한국은 조금 더 적극적으로 방위산업 역량 발전을 위해 노력한다. 일부 수차례 반복된 방위사업 비리사건에 대한 개혁방안의 하나로서 방위사업청을 신설하여, 무기체계의 획득업무 전반에 대한 것을 관리하게 하였다. 이와 더불어 국방기술기획을 위한 국방기술품질원 설치를 통해 국방과학연구소는 연구개발을 전담하도록 함으로써 업무의 분업화를 통한 효율성 향상을 도모하였다. 또한 방위산업 수출 진흥을 위한 관심도 제고되었다. 2000년대에 생산되는 무기체계는 조금 더 복잡해지고 많은 부분에서 국산화에 성공하게 된다. 지상군 체계 중 K-21 보병전투장갑차, K-10 탄약운반차, K-2 전차 등의 국내 개발이 완료되었으며, 해군 무기체계의 경우, 4,300톤 구축함(2003년), 대형수송함(2007년), 7,800톤급 구축함(2008년) 등의 전력화에 연이어 성공하였다. 공군 무기체계에 대해서는 T-50 초음속 고등훈련기를 성공적으로 개발하여 운용하기 시작하였다.

2010년 이후 한국 전력증강의 주요 중점은 북핵 및 WMD 대응을 위한 킬체인Kill-chain, 대량응징보복KMPR, 한국형미사일방어KAMD를 완비하며, 미래전 양상에 대비를 위한 유무인복합전투체계의 확보, 미래합동작전 개념 구현 및 전력구조 효율성 극대화를 위한 첨단무기체계와 기존무기체계의 효율적 결합을 목표로 하고 있다. 이를 위해 한국형 전투기 사업, 중고도정찰용 무인항공기사업, 파륜형 장갑차, K-2 전차 성능개량, 광개토-III급 이지스함 등을 개발 중이다.

4. 한국의 차기 국방기술획득 전략 목표

현대전은 재래식 첨단무기체계를 비롯하여, 인공지능, 우주, 사이버 등 새로운 기술을 국방분야에 적용하고 있다. 이를 위해 국방분야에서는 국방전략기술을 선정하여 장기적인 관점에서 방향을 제시하고 핵심기술 확보를 위한 기획지침을 제공하고 있다. '24~'38 국방기술 기획서에서는 미래 합동작전 개념 구현을 위한 요구 능력과 첨단화하는 미래전 양상에 따른 신기술 소요를 기준으로 국방전략기술 10대 분야 400개 기술을 다음과 같이 선정했다.

〈표 3〉 국방전략기술 8대 분야

순번	국방전략기술 분야	국방기술 과제
1	인공지능	24개
2	유 · 무인 복합	68개
3	양자	15개
4	우주	27개
5	에너지	38대
6	첨단소재	22개
7	사이버 · 네트워크	75개
8	센서 · 전자기전	53개
9	추진	27개
10	WMD 대응	51개

출처: 국방기술진흥연구소, 『'24-'38 국방기술기획서 일반본』 (2024)

특히, 기존의 방위산업 개발 역량이 정부 주도의 연구개발을 통한 기술 축적과 관련 기술의 민간 이양을 통한 산업발전이라는 스핀오프spin-off 과정을 따랐다고 한다면, 최근에는 민간기술영역의 발전에 따라 인공지능과 같이 민간영역에서 주도하고 있는 기술을 국방영역에 활용하고자 하는 스핀온spin-on 과정에 관심이 증대되면서 국방활용 가능 민간기술에 대한 관심도가 높아지고 있다. 국방기술진흥연구소에서 발간하는 '국방활용 가능 민간보유기술'(2022)에서는 기술개발 단계별로 국방활용 가능한 기술을 보유하고 있는 대학 · 연구기관 · 산업체 등을 조사하여 제시하고 있다. 총 연구기관은 약 200여 개이며, 각 연구기관들이 보유하고 있는 기술들은 기초연구 수준 104건, 응용연구 수준 33건, 개발연구 수준 63건 등이다. 무기체계분야별 기술은 지휘통제 및 통신이 34건, 감시 및 정찰이 34건, 항공우주기술이 44건, 함정기술이 33건 등이다.

10장 동맹이론과 한미동맹

Ⅰ. 동맹의 정의와 유형
Ⅱ. 동맹이론
Ⅲ. 한미동맹의 역사와 발전

• 학습 개요 •

국가가 안보를 달성하는 방법에는 9장에서 살펴본 자주국방 이외에 동맹이 있다. 자주국방 달성에는 많은 시간과 노력, 자본이 필요하다. 반면 동맹은 타국의 안보적 능력을 바탕으로 자국의 안보를 강화할 수 있는 가장 빠른 수단이다. 그러나 동맹은 신뢰성과 비대칭성 문제 등 안전보장의 수단으로서 한계도 가지고 있다.

이번 장에서는 국가안보 달성의 가장 현실적인 방법인 동맹에 대해서 살펴본다. 첫 번째 절에서는 동맹의 정의와 유형에 대한 일반론을 살펴본다. 두 번째 절에서는 동맹이 어떻게 국가안보 달성에 기여하고 위기를 고조시키는지 등에 대한 구체적인 작동 메커니즘을 살펴본다. 마지막 절에서는 한미동맹의 형성부터 현재까지의 역사를 살펴보고, 한미동맹이 지속되는 동안 발생하였던 주요 논쟁점들에 대해서 알아본다.

[주요 개념]

동맹	동맹의 지속과 해체
세력균형, 위협균형, 편승	상호방위조약
방위비분담금	전시작전통제권

동맹 딜레마(방기와 연루, 안보-자율성 교환)

[생각해 봅시다]

1. 동맹의 형성은 국가안보 증진에 기여하는가?
2. 비대칭 동맹은 어떻게 유지되는가?
3. 동맹 딜레마가 발생하는 이유와 해결방법은 무엇인가?
4. 한미동맹의 갈등은 왜 발생하는가?
5. 한미동맹은 어떻게 발전할 것인가?

Ⅰ. 동맹의 정의와 유형

자국의 안보를 달성할 수 있는 현실적 수단으로서 동맹은 국제사회에서 많은 관심을 받아왔으며, 많은 학자들이 동맹을 정의하고 있다. 로버트 오스굿Robert E. Osgood은 '동맹에 참여한 국가들이 공동의 이익과 목표를 추구하기 위해 모든 수단과 자원을 투입하는 협력적 노력을 기반으로 하는 잠재적 전쟁 공동체'라고 정의한다. 스테판 월트Stephen M. Walt는 동맹을 '둘 또는 그 이상의 주권국가들 사이에 안보협력을 맺은 공식적 또는 비공식적 합의'라고 정의하였다. 리즈Brett Ashley Leeds 등은 동맹을 '독립된 주권국가들이 잠재적이거나 현실화된 군사분쟁에 직면한 상황에서 군사적으로 협력하기 위해 맺은 공식적 협약'으로 정의한다.[1] 오스굿과 리즈 등의 정의는 '전쟁을 대비하는 공동체'에 초점을 맞추어 동맹의 경직성에 중점을 두고 있으며, 월트는 '주권국가'와 '안보협력'에 중점을 두어 동맹을 정의함으로써 비공식적 합의까지 포함하는 조금 더 유연한 입장을 보인다. 종합하면 동맹은 '둘 이상의 국가들이 자신들의 국가안보 이익을 보호, 유지 또는 증진시키려고, 하나 이상의 실재적이거나 잠재적인 적대국을 설정하고, 방어적 또는 공세적 차원에서 대응하기 위해, 전쟁수행 등 군사력 사용을 비롯한 다양한 군사협력에 대해 공식적으로 합의한 집합체'로 정의할 수 있다.

동맹의 특징도 다양하다. 프리드먼J. R. Freedman은 동맹의 주요한

1 Brett Ashley Leeds, Jeffrey M. Ritter, Sara McLaughlin Mitchell, and Andrew G. Long. "Alliance Treaty Obligations and Provisions, 1815-1944", *International Interactions* 28, 2002. 237-260.

특징으로 '실재적이든 잠재적이든 하나 또는 그 이상의 적대국의 존재', '군사적 개입의 고려와 전쟁의 위험성', '영토 · 인구 · 전략자원 등에 대한 현상유지 또는 확대에 대한 상호 관심'이 존재한다고 주장하였다. ATOP The Alliance Treaty Obligations and Provisions 프로젝트에서는 동맹의 조건으로 '공식성', '주권국가 사이의 협약', '군사동맹'을 들고 있다. 이러한 동맹의 정의와 특징들을 종합하자면, 국가들 사이에 형성된 동맹은 다음과 같은 특징들을 공유한다. 첫째, '동맹 참여국가들이 기대하는 공동의 이익 또는 개별 이해관계', 둘째, 이에 대한 '실재적 또는 잠재적인 적대국가의 존재', 셋째, '군사적 개입을 비롯한 전쟁에 대한 대비를 위한 참가국 간의 상호지원관계'이다.

이러한 동맹의 '공식성formality'을 기반으로 동맹의 유형은 상호 방위의무를 공식적으로 언급하는 방위조약defense pact, 동맹 당사국의 분쟁에 대하여 중립준수를 언급하는 중립조약neutral pact, 상호 간에 공격행위를 금지하기로 하는 불가침조약nonaggression pact, 그리고 우호조약 등으로 분류할 수 있다.[2]

2 COW data와 ATOP data는 동맹에 대한 연구를 위한 기본자료로 활용할 수 있는 공개된 학술 data이다. COW data는 1963년 미시건대학의 David Singer 교수에 의해 전쟁에 대한 과학적 탐구를 목적으로 시작되었음. 따라서 이 프로젝트에서는 국가 간 전쟁 및 분쟁 관련 data, 국가의 능력에 대한 시계열적 변화 데이터, 동맹 관련 데이터, 영토의 변화와 관련 데이터 등 다양한 종류의 데이터를 제공하고 있으며(https://correlatesofwar.org/data-sets/formal-alliances/), ATOP project는 2023년 기준으로 1815년부터 2018년까지의 국가들 사이에 체결된 동맹관련 데이터들을 정리하여 학술적 목적으로 사용하도록 제공하고 있음(Leeds, Brett Ashley, Jeffrey M. Ritter, Sara McLaughlin Mitchell, and Andrew G. Long, op.cit.).

II. 동맹이론

1. 동맹과 전쟁

동맹이 전쟁의 발발을 억제하느냐 혹은 촉진하느냐는 주제는 국제정치학의 오래된 문제 중 하나이다. 동맹이 전쟁을 억제한다는 연구들은 세력균형론의 관점에서 근거를 제시한다. 특정 세력(특정 강대국 또는 연합세력)을 견제하려는 동맹은 세력균형balance of power을 통해 전쟁의 위험을 낮춘다. 모든 국가들이 경쟁적으로 군비경쟁을 추구하는 것보다 동맹으로 세력균형을 달성하는 것이 국제적 안정에 기여한다고 본다. 그 외에도 동맹국끼리의 이데올로기적 유사성, 경제적 상호의존, 정보의 교환에 따른 오해의 감소는 전쟁의 발발 가능성을 낮춘다는 의견도 있다.

반대로 동맹이 전쟁을 촉진한다는 연구들은 동맹 형성이 가져오는 딜레마 상황에 주목한다. 자력방위의 추구가 오히려 안보 딜레마를 발생시킬 가능성이 있으므로, 안보를 추구하기 위한 동맹 형성은 잠재적인 적대국가의 위협심리를 자극하고, 동맹 형성의 의도를 오해하여, 또 다른 동맹을 촉진할 수 있다. 즉, 동맹의 형성을 통한 안보 추구가 오히려 경쟁세력의 동맹을 촉진하여 세력간 전쟁을 촉발시키는 안보 딜레마가 발생할 수 있다.[3] 즉, 동맹 간의 긴장은 군비경쟁을 야기하여 결과적으로 전쟁으로 이어질 수 있으며, 동맹국들

3 Kang Choong-Nam, “Alliances: Path to Peace or Path to War?”, John A. Vasquez, ed., *What Do We Know about War?* 2nd edition, Lanham, MD: Rowman and Littlefield, 2012, p. 29.

이 연쇄적으로 전쟁에 참전하여 전쟁의 규모가 확대될 수 있다.

동맹의 공식성은 잠재적 혹은 실재적 적대국가와의 군사적 분쟁 시에 상호 원조 혹은 참여에 대한 의무에서 확인된다. 상호원조의 조항은 동맹에 참여하는 행위자들에게 동맹에 대한 신뢰를 바탕으로 모험적인 정책을 취할 수 있는 동기가 된다. 스미스Alastair Smith는 이러한 현상을 동맹의 도덕적 해이moral hazard로 설명한다.[4] 특히 동맹국이 더 도전적이거나 현상타파적 성격을 지닌 국가일수록 이러한 성향은 더 두드러질 수 있다.

2. 동맹 형성의 목적[5]

동맹을 형성하는 이유 중의 하나는 세력균형을 통한 전쟁의 억제이다. 다시 말해 실재적이거나 잠재적인 적국과의 힘의 균형 달성을 통해 위협을 대비하고, 궁극적으로 전쟁을 예방하는 것을 목적으로 하고 있다. 이러한 주장의 근거는 세력균형이 이루어진 상태에서 전쟁은 쉽게 발발하기 어려우며, 이는 기대되는 이득보다 소모되는 비용이 크다고 보기 때문이다. 대표하는 사례로 북대서양조약기구NATO: North Atlantic Treaty Organization와 바르샤바조약기구WTO: Warsaw Treaty Organization 사이의 세력균형을 들 수 있다.

동맹의 형성을 설명하는 두 번째 이유는 위협균형Balance of Threat을

---

4 Alastair Smith, "Alliance Formation and War", *International Studies Quarterly,* Vol. 39 No. 4, 1995, p. 416.

5 윤정원, "동맹과 세력균형", 함택영 · 박영준 편, 『안전보장의 국제정치학』, 서울: 사회평론, 2010, pp. 225-261.

통한 전쟁의 억제이다. 세력균형이론에서는 동맹이 결성되는 이유로 상대방의 큰 힘에 대응하려는 목적을 든다. 반면에 위협균형이론에서는 동맹이 결성되는 이유로 자국에게 더 위협이 되는 상대에 대응하려는 목적을 든다. 월트는 국가가 위협을 느끼는 요소로 4가지를 든다. 첫째, 총제적 국력이 클수록 위협도 커지며 여기에는 국가의 크기, 경제력, 인구 등이 포함된다. 둘째, 지리적 인접성으로 상대 국가와 지리적으로 인접할수록 더 위협을 느낀다. 셋째, 공격능력으로 상대 국가의 공격능력이 클수록 위협이 높아진다. 넷째, 공격적 의도로 상대 국가의 공격 의도가 클수록 위협이 높아진다. 예를 들어 제2차 대전에서 소련이 미국 및 서유럽과 동맹을 체결한 것은 독일의 힘이 아니라 위협이 컸기 때문이었다.

동맹의 형성 목적을 이해하는 또 다른 설명은 강대국과 약소국 간의 동맹에 대한 근거를 제공하는 편승Bandwagon이 있다. 세력균형의 추구가 외부 위협에 대한 피해의 가능성을 최소화하는 것이라고 한다면, 편승은 강대국과의 협력을 통하여 '생존'이라는 안보목표를 실현하고자 하는 것이다. 다시 말해, 약소국은 세력균형을 달성하기 위한 동맹을 찾기 어려운 상황 속에서 대안으로 편승을 선택할 수 있다. 이러한 관점에서 이익균형balance of interest으로 편승에 기반한 동맹의 형성을 설명한다.[6] 즉, 국력이 약한 국가는 힘이 강한 국가와 동맹을 맺어, 그 국가로부터 보호를 받아 자신의 안보를 유지할 수 있다고 생각하며, 이러한 형태의 관계는 강대국과 약소국이 후견

6 Randal L. Schweller, "Bandwagoning for Profit: Bringing the Revisionist State Back In", *International Security,* Vol. 19 No. 1, 1994, pp. 74-79.

인·피후견인 관계를 형성한다. 이외에도 역사적 사례나 경험을 바탕으로 동맹이 형성된다는 학습이론도 존재한다.[7]

3. 동맹 딜레마

동맹을 유지하고 관리하는 데에도 많은 노력이 필요하다. 그 이유는 동맹이 형성되고 유지되는 동안 막대한 비용이 투자되거나[8] 동맹에 기대하는 각자의 이익이 충돌하거나, 또는 동맹에 대한 신뢰도가 저하되는 등의 문제가 발생할 수 있기 때문이다. 따라서 동맹을 유지함으로써 발생할 수 있는 딜레마가 존재한다.

대표적인 동맹 딜레마 중 하나는 방기와 연루의 딜레마다. 방기는 동맹이 위기 상황 혹은 전쟁에 직면한 상황에서 동맹 상대국이 공약을 이행하지 않는 상황을 의미하며, 연루는 동맹국이 개입되는 무력분쟁 상황에 자국의 의지와 상관없이 끼어들게 되는 상황을 의미한다. 동맹을 맺은 당사국이 동맹공약에 대한 신뢰도가 높으면 높을수록 연루의 가능성이 높아지고, 동맹공약에 대한 신뢰도가 낮으면 낮을수록 방기의 가능성이 높아진다는 점에서 방기와 연루는 네거티브 상호성을 갖는다. 1차 세계대전 당시 동맹의 경직성으로 추축국과 연합국의 국가들이 전쟁에 순차적으로 참여하게 됨으로써 유럽 전역이 전화에 휩싸이게 된 것이 대표적인 연루의 사례이다. 방기의 위협

---

7 Dan Reiter, "Learning Realism, and Alliances: The Weight of the Shadow of the Past", *World Politics,* Vol. 46 No. 4, 1994, pp. 490-526.

8 Joshua Alley & Matthew Fuhrmann, "Budget Breaker? The Financial Cost of US Military Alliances", *Security Studies*, Vol. 30 No. 5, 2021, pp. 661-690.

은 주관적인 측면이 있지만, 1970년대 제기된 주한미군의 철수는 한국에게 동맹국인 미국의 방기를 우려하게 만든 사례였다.[9]

또 다른 딜레마 중 하나는 안보-자율성 교환의 딜레마이다. 이러한 딜레마는 보통 강대국과 약소국 사이의 비대칭 동맹에서 발생할 가능성이 크다. 강대국은 약소국에게 안보를 제공하는 것을 대가로 약소국으로부터 일정 부분 이상의 외교정책적 자율성을 양보받는 것을 전제로 비대칭 동맹이 형성된다. 약소국은 강대국에 안보를 의존함으로써 군비에 투입될 비용을 절약할 수 있고 이를 경제발전 등에 투자하는 기회를 획득할 수 있다. 반대로 강대국은 국제정치 영역에서 주요 이슈 등에 대한 약소국의 지원을 받을 수 있다. 그러나 약소국이 포기해야 하는 자율성의 정도와 강대국이 지원해야 하는 안보의 수준이 어느 정도가 적정하느냐에 대한 의문이 제기됨으로써 안보와 자율성은 긴장관계에 놓인다. 약소국의 입장에서 포기하는 자율성이 수준이 높을수록 강대국의 대외정책에 연루될 위험성이 높아지게 된다. 반대로 자국의 자율성을 높이고자 시도하면 강대국에 대한 반대급부가 사라짐으로써 안보지원에 대한 의지가 낮아져 '방기'의 우려가 제기될 수 있다. 즉, 약소국의 자율성을 높이고자 하는 시도가 높아질수록 강대국에게 안보 지원을 받을 가능성은 낮아질 수 있다.

9 김영준, "비대칭동맹에서 방기 우려에 대한 대책: 한미 동맹의 사례", 『유라시아연구』 제11권 제4호, 2014, pp. 79-96.

4. 동맹의 변화요인

동맹은 국제정치적 상황의 변화와 국내 정치지형의 변화 등 다양한 이유로 인해 해체되거나 동맹유지의 목적 및 양상이 변화될 수 있다. 이렇게 동맹이 유지되거나 해체되는 이유에 대한 연구는 다양하다. 글렌 스나이더Glen H. Snyder는 안보에 대한 상호의존도, 전략적 이해관계, 동맹공약의 명확성, 공동의 이익, 과거의 상호작용 등을, 월트는 위협인식의 변화, 신뢰도, 국내 정치적 요소, 패권적 리더십, 제도화 등을 동맹이 유지되거나 쇠퇴하는 근거로 제시하였다.[10] 이러한 주장들을 종합하면, 동맹이 유지되거나 쇠퇴하는 요인을 동맹 이익의 호혜성, 동맹 공약의 신뢰성, 동맹의 동질성, 동맹 제도화의 수준, 국내 정치의 변화 등으로 정리할 수 있다.

첫째, 동맹 이익의 호혜성이 유지될 경우, 동맹은 지속될 가능성이 높다. 기본적으로 동맹은 동맹 당사국 서로에게 이익이 되는 경우에 결성되고 유지된다. 예를 들어, 동맹 결성의 근본적인 목적인 위협의 존재(잠재적인 적국 또는 경쟁국)가 사라진다면 동맹은 유지되기 쉽지 않다. 동맹을 유지함으로써 얻을 수 있는 이익(위협의 억제)이 존재하지 않기 때문이다. 또한 동맹의 지속과 유지에 대한 동맹 당사국들 사이의 기여도가 합의될 때 유지될 수 있다. 반면 동맹의 결실만을 얻고자 하는 무임승차 참여국이 있을 경우에도 동맹이 지속되기 어

---

10 Glen H. Snyder, "The Security Dilemma in Alliance Politics", *World Politics,* Vol. 36 No. 4, 1984; Stephen M. Walt "Why alliances endure or collapse", *Survival*, Vol. 39 No. 1, 1997, 156-179; Brett Ashley Leeds & Sezi Anac "Alliance Institutionalization and Alliance Performance", *International Interactions*, Vol. 31 No. 3, 2005, 183-202.

렵다. 이와 관련하여 트럼프 행정부는 동맹국들을 대상으로 부담공유burden sharing를 강조하였다. 즉, 미국으로부터 안보를 제공받는 동맹국들은 이에 대한 비용을 더 많이 지불해야 한다는 주장을 제기했다. 예를 들어 충분한 방위비분담금이 제공되지 않을 경우 주둔 미군의 철수도 검토하겠다는 언급을 들 수 있다.

둘째, 동맹 공약의 신뢰성도 동맹 유지에 중요한 역할을 한다. 동맹 상대국이 동맹 공약 이행에 대한 적극적인 의지와 능력을 모두 갖추고 있는 경우, 동맹은 유지되거나 발전될 가능성이 크다. 반대로 동맹체결 국가가 동맹 약속의 의무 이행에 대한 의지가 약하다고 판단될 경우, 동맹은 유지되기 어렵다. 이러한 관점에서 패권적 리더십을 보유한 강대국 중심의 동맹체제는 동맹이 지속될 가능성이 높다. 동맹에서 리더십을 행사하는 국가는 자국의 국제정치적 외교역량을 강화하기 위한 차원에서 동맹에 대한 안보공약을 공고화하는 정책을 채택한다. 대표적인 사례가 냉전기 미국 중심의 NATO와 소련 중심의 WTO로, 양 국가는 자국의 영향력 아래에 있는 국가들의 결속을 도모하고 이탈을 방지하기 위해 안보를 공공재 차원에서 제공하였다. 비록 WTO는 소련의 붕괴와 함께 해체되었으나, NATO는 현재도 공고하게 유지되고 있을 뿐만 아니라, 한미동맹이나 미일동맹 역시 약 70년 동안 지속되고 있다.

셋째, 동맹 참여국들이 공동의 가치와 이념을 공유하는 경우, 동맹이 유지될 가능성이 높다. 단순하게 이익을 위해 뭉친 국가들의 집합일 경우, 앞에서 언급한 것처럼 이익의 공유가 불가능해지는 경우 동맹의 해체는 당연시 된다. 예를 들어, 2차 대전에서 전체주의 국가인 독일과 일본을 대상으로 함께 싸웠던 미국과 소련은 2차 대전 종전과 동시에 서로 적대적인 입장으로 돌아섰다. 반대로 가치가 공유되는 동맹의 경우, 일정부분에서 상호 갈등이 존재하거나 공유된 이익이 다소 적다하더라도 상호 협의와 협상의 과정을 통해 문제를 해결함으로써 동맹의 결속이 유지될 가능성이 있다.

넷째, 동맹의 제도화 수준도 동맹의 유지와 지속에 많은 영향을 미친다. 동맹을 국가 간의 최소 수준의 국제기구라고 가정할 때, 동맹을 맺은 국가들은 안보협력을 위해 다양한 수준의 협의체를 구성하여 운영한다. 한국과 미국도 '한미안보협의회의Security Consultative Meeting, 이하 SCM으로 표기와 '한미군사위원회회의Military Committee Meeting, 이하 MCM으로 표기, '한미통합국방협의체Korea-US Integrated Defense Dialogue를 운영하고 있으며, 전시에는 작전권 일원화를 위한 한미연합사령부Combined Forces Command, 이하 CFC로 표기를 설치하여 운영하고 있다. 이와 같은 동맹의 기능 활성화를 위한 다양한 수준의 협의체 및 국제기구들은 제도주의 이론에서 제기하는 경로의존성path dependence[11]에 따라 동맹이 지속될수록 공고화되고 확대되려는 경향이 있다. 이렇게 확대된 제도화의 수준은 기존에 동맹이 형성된 목적을 넘어 더 넓은 범위의 영역을 포괄하여 공동의 대응을 추구하는 수준으로 발전할 수 있다. 대표적인 사례가 북대서양조약기구로서, 본래 소련을 중심

11 역사적 제도주의에서는 특정 시점과 목적에 의해 형성된 제도 등이 해당 맥락과 현상의 변화에 따라 새로운 유형으로 전환되어 지속되는 경향이 있다고 본다. 예를 들어 NATO는 소련의 팽창을 저지하기 위한 목적에서 수립되었으나, 소련이 붕괴한 이후에도 그 중심 역할에 대한 변화를 모색하며 지속되고 있다. Siedschlag, Alexander, "The System-Change in Europe: Theoretical and Political Consequences for the Future Role of NATO: A Comprehensive Evaluation of Theoretical Propositions, Empirical Evidence and Possible Political Guidelines", 1997.

으로 한 공산주의의 확산 저지를 목적으로 설립되었으나, 냉전이 종식된 이후에도 유지가 되고 있을 뿐만 아니라, 협력의 대상도 전통적 안보 영역에 국한되었던 것에서 환경, 난민, 테러 등과 같은 비전통 안보 이슈까지 포괄하여 공동대응을 하는 형태로 발전하고 있다.

마지막으로 국내 정치의 변화도 동맹의 유지에 영향을 끼친다. 다시 말해, 동맹 참여국의 주도적 정치세력이 어떠한 성향을 갖느냐에 따라 동맹의 결속력이 달라진다. 동맹에 부정적인 입장을 표명하거나, 공동의 목표에 대해 이견을 갖는 세력이 국내 정치를 주도하게 되면 동맹의 결속력은 약화될 수밖에 없다. 반대로 동맹에 대한 확고한 신뢰와 정책에 대한 조율을 강조하는 정치세력이 등장하면, 동맹의 결속은 공고화된다. 예를 들어, 필리핀과 같은 경우는 국내 정치세력의 성향에 따라 미국과의 관계가 급속히 변하했다. 냉전기간 동안 미국과 동맹관계를 형성하였던 필리핀은 냉전이 종식된 1991년 필리핀 의회의 결정에 따라 미군의 필리핀 주둔 연장을 부결시킴에 따라 1992년에 필리핀에서 완전히 철수했다. 중국의 남중국해 압박의 증대 등에 따라 필리핀은 2014년에 다시 미군이 필리핀에 주둔할 수 있도록 공군기지 4곳과 육군기지 1곳을 제공하기로 하였다.

III. 한미동맹의 역사와 발전

1. 한미동맹 역사

1953년 체결된 한미동맹은 어느덧 반세기를 넘어 70여 년의 역사를 지닌 세계에서 유래를 찾아보기 쉽지 않은 양자동맹이다. 2차 세계대전의 종전과 동시에 미군이 한반도에 진주하면서 본격적인 군사관계를 맺게 된 한국과 미국은 6 · 25전쟁에 미국 주도의 국제사회의 참전이 이어지면서 한미동맹의 결성으로 이어졌다. 1950년 6월 25일 북한의 기습남침이 발발하자 미국은 UN 안보리를 소집하여 6월 27일 북한에 대한 군사 제재 및 한국에 대한 군사적 지원을 결정하였고, 6월 30일에는 트루먼 대통령이 한국에 미국 지상군 투입을 결정하였다. 약 3년여의 전쟁기간 동안 전사자 3만 7,000여 명, 부상자 9만 2,000여 명, 실종자 및 전쟁포로 약 8,000여 명 등의 미군이 희생되었으며, 이외에도 경제적 · 군사적 원조를 지속하였다.

전쟁이 장기화되면서 미국은 전쟁의 정전협정 체결에 대한 동의를 전제조건으로 휴전 이후 한국의 안보를 보장할 수 있는 수단으로 한미상호방위조약을 제시하였다. 이승만 정부는 이를 받아들여 1953년 8월 8일 한국에서 한미 상호방위조약에 가조인하고, 10월 1일에 미국 워싱턴에서 정식으로 체결되었다. 한미 상호방위조약은 미군의 한반도 주둔 근거 및 이후 지속되는 연합방위체제의 법적 토대가 되었다.

한미동맹은 국제사회의 변화와 북한의 위협, 그리고 국가의 국내사정에 따라 많은 변화를 겪었다. 시기적으로 구분하면 약 10여 년을 주기로 한미동맹 변화양상을 살펴볼 수 있다. 한미동맹이 체결된 1953년부터 1960년대 후반까지는 미국의 일방적인 안보지원을 바탕으로 한국은 상대적으로 경제성장에 집중하며 안보 영역에서 군사적 역량을 점진적으로 증가시켜왔다. 예를 들어, 1954년 체결된 「한국에 대한 군사 및 경제 원조에 관한 한미 간 합의 의사록」에 근거하여 1950년 7월 유엔군사령부에 이양하였던 한국군에 대한 작전통제권

〈참고 1〉 한미 상호방위조약 발췌

(제2조) 당사국 중 어느 일방의 정치적 독립 또는 안정이 외부로부터의 무력침공에 의하여 위협을 받고 있다고 어느 당사국이든지 인정할 때는 언제든지 당사국은 서로 협의한다. 당사국은 단독적으로나 공동으로나 자조와 상호 원조에 의하여 무력 공격을 방지하기 위한 적절한 수단을 지속하여 강화시킬 것이며, 본 조약을 실행하고 그 목적을 추진할 적절한 조치를 협의와 합의 하에 취할 것이다.

(제3조) 각 당사국은 타 당사국의 행정관리하에 있는 영토 또한 금후 각 당사국이 타 당사국의 행정관리하에 합법적으로 들어갔다고 인정하는 영토에 있어서 타 당사국에 대한 태평양 지역에 있어서의 무력 공격을 자국의 평화와 안전을 위태롭게 하는 것이라고 인정하고 공통한 위험에 대처하기 위하여 각자의 헌법상의 수속에 따라 행동할 것을 선언한다.

(제4조) 상호 합의에 의한 결정에 따라 미합중국의 육군, 해군과 공군을 대한민국영토 내와 그 주변에 배치하는 권리를 대한민국은 이를 허여하고 미합중국은 이를 수락한다.

을 UN사령부 예하에 두는 조건으로 미국은 1955년 회계 연도에 총 7억 달러의 군사 및 경제원조를 제공하고, 10개의 예비사단 창설, 79척의 군함 및 약 100대의 제트전투기를 제공하기로 하였다. 1960년대에는 미국이 베트남전을 수행하면서 대한민국에도 전투병 파병을 요청하였으며, 대한민국 정부는 1964년부터 파병을 시작하여 약 4만 8,000여 명의 병력이 베트남전에 투입되었다. 한국의 베트남전 파병은 한국군의 전투 경험을 축적시킴과 동시에 한미동맹을 강화시켜 주한미군의 주둔을 지속시키고 대미 수출을 증가시키는데 크게 기여하였다. 1960년대 후반에는 북한의 청와대 습격(1968. 1. 21.) 등에 의해 한미 간 긴밀한 안보협의의 필요성이 대두됨에 따라 1968년

4월 하와이 호놀룰루에서 진행된 한미 정상회담에서 연례 국방각료회의를 개최하기로 합의하였다. 이 한미 국방각료회의는 1971년 4차 회의 시부터 한미안보협의회의SCM로 개칭하여 현재까지 이어지고 있으며, 한미 간 주요 안보이슈에 대하여 협의하는 최고위급 회의체의 역할을 수행하고 있다.

그러나 베트남전쟁에 따른 미국 내 반전여론 등에 따라 1969년 취임한 닉슨 대통령은 1970년 닉슨 독트린을 발표하면서 핵 공격에 대한 경우를 제외하고 자국의 방위에 대한 1차적 책임은 당사국이 책임져야 하며, 미국은 군사원조 및 경제원조 위주로 대외정책을 추진할 것을 천명하였다. 이와 더불어 아시아 지역에서 총 42만 명의 병력을 철수시키기로 하였으며, 한국에서는 2만여 명이 철수할 것이라고 하였다. 미국은 1971년 미 7사단 2만여 병력이 철수하는 대신, 한국군의 현대화를 위한 5개년 계획에 대한 지원을 하기로 합의하였다. 1970년대 후반 취임한 지미 카터Jimmy Carter 대통령 역시 한반도에서 추가적으로 주한미군을 3단계에 걸쳐 철수시키는 것을 골자로 한 주한 미 지상군 철수계획이 1977년 발표되었으며, 실제로 1978년까지 약 3,400여 명의 주한 미 지상군 병력이 철수하였다. 이 과정에서 한미 양국은 연합군사령부CFC: Combined Forces Command 창설을 통해 더 효과적인 연합작전수행 여건을 마련하였다. 다행히도 1979년 방한한 카터 대통령의 한반도 안보 상황에 대한 변화된 인식을 계기로 주한미군 철수는 중단되었다.

1980년대에는 미소 간의 긴장이 다시 고조되었다. 1983년 미얀마 아웅산 테러사건으로 한국 고위 관료들이 피살되면서 한국과 미국 간의 동맹 결속이 다시금 강화되기 시작한다. 특히, 미국의 레이건 행정부는 아시아태평양 지역에 대한 관심을 높이고, 한국의 경제력이 신장하면서 미국의 일방적인 경제적 · 안보적 · 군사적 지원을 받는 후견인-피후견인 관계에서 일부 탈피하여 동반자관계로 격상을 모색하였다. 1982년과 1984년에는 미국 소유 전쟁물자의 한국에 대한 신속한 판매를 보장받을 수 있는 전쟁예비물자War Reserve Stock for Allies12 협의를 한미 국방장관회담에서 진행하였다. 이 협의에 따라 전시 초기에 발생할 수 있는 전쟁물자 및 한국군의 부족 장비 등에 대한 적시 보충이 가능하게 되었다. 1985년부터 한미양국은 전쟁 위기 또는 전쟁이 발발할 시에 한반도에 전개되는 미 증원군의 이동과 전쟁 지속을 보장하기 위하여 제공하는 군사 및 민간 자원을 보장하는 전시주둔국지원Wartime Host Nation Support 13협정 체결을 논의하였으며, 1987년에 양해각서를 서명하였다.

이러한 일련의 변화는 한국의 경제적 능력의 신장과 소련의 안보위협 감소, 미 국방예산의 감축 등의 대내외적 안보환경의 변화에 따른 미국의 동맹국 지원 등에 대한 대외정책 방향이 주도적인 안보

---

12 전쟁예비물자(War Reserve Stocks for Allies)는 미국이 동맹국 내 비축한 전쟁물자를 말하며, '소요 부족품 목록(Critical Requirements Deficiency List)'은 미군의 평시 운영 재고 또는 전쟁 예비 물자 중에서 WRSA로 지정된 물자 이외에 동맹국이 긴급히 필요로 하는 방위물자를 말한다. 미국 소유 전쟁물자의 한국 판매 관련 협의는 각각 1982년, 1984년에 한미 국방장관 간 이루어졌는데, 정상적인 판매의 경우 미 의회의 사전 검토와 승인 절차를 거치는 데 기간이 소요되기 때문에 전시 초기에 한국군의 부족 장비 및 물자를 적시에 보충하기 어려운 점을 해소하기 위해서였다.

13 전시주둔국지원(Wartime Host Nation Support)은 위기 또는 전쟁 시 한반도에 전개되는 미 증원군의 접수와 이동 및 전쟁지속을 위하여 제공하는 군사 및 민간 자원의 지원을 말한다. 1985년 제17차 한미 안보협의회(SCM)에서 논의되어 1987년 제19차 SCM에서 양해각서에 서명하고, 1991년 제23차 SCM에서 「전시지원일괄협정」에 서명하였으며, 1993년에는 「전시지원연합운영위원회 강령」을 체결하였다.

공약 이행에서 보조적인 안보지원으로 변경되는 상황과 밀접하게 연관되어 있었다. 1989년 미국 상원에는 넌-워너 수정안Nunn-Warner Amendment이 제출되었는데, 이 법안의 핵심은 미국의 동아시아 주둔군의 위치·전력·임무를 재평가하고, 동맹국의 비용 부담의 필요성, 주둔 미군의 철수계획 등을 수립하여 주요국과의 협상 결과를 1990년 4월까지 보고할 것을 규정하였다. 이에 따라 미 국방부가 의회에 제출한 동아시아전략구상East Asia Strategic Initiative에는 한미안보협력에서 한국의 주도적 역할을 강조하고, 주한미군 주둔비용에 대한 분담을 요구하였다. 이에 따라 1990년 한미 간에 방위비분담금에 대하여 최초로 합의를 이루었다.

1990년대에 들어서면서 소련의 붕괴가 본격화되면서 미소 중심의 냉전 종식은 한반도 내에서도 긴장을 완화시키는 기폭제가 되어 1991년 한반도 비핵화 선언 등 다소 평화적인 분위기가 형성되었다. 이후 1993년 북한의 핵확산금지조약NPT 탈퇴 선언으로 촉발된 한반도에서의 핵위기는 1994년 북미 간 제네바 기본합의에 의해 일시 소강상태로 접어들었다. 이러한 상황 속에서 한미 간의 안보협력은 새로운 수준의 안보협력을 진행한다. 1970년대부터 꾸준히 이루어진 한국군의 현대화 계획이 어느 정도 성과를 보이면서 1950년대 6.25 전쟁 과정에서 미군 및 연합군사령부로 이양된 한국군에 대한 작전통제권 중 평시작전권이 1994년 12월 1일부로 한국군으로 전환되면서 한국군의 독자적인 작전지휘체계가 수립되었다. 이와 더불어 유사시 증원되는 미국의 병력에 대한 한반도 도착 시 병력의 수용과 대기, 전방으로의 이동 및 전장에서 병력이 통합되는 일련의 절차를 숙달하는 '연합전시증원Reception, Staging, Onward Movement & Integration'을

1994년에 한국군 독자적인 전시지원, 동원, 전투력 복원 능력 신장을 위한 지휘소 훈련이 시작되었으며, 1995년부터는 한미 연합으로 진행되었다. 동시에 미국 역시 아시아태평양에 대한 전략을 다시 한번 점검하고, 1995년에 '아태지역에서의 미국의 안보전략'을 발표하였다. 이 전략에 따라 미국은 주한미군을 포함하여 아시아태평양에 주둔 중인 미군을 적어도 20세기 말까지는 10만 명 수준으로 유지할 것을 천명하였다.

2000년대 들어서면서 국제정세 및 국방환경의 변화는 더 높은 한미관계의 변화를 요구하였다. 2001년 발생한 9 · 11테러의 충격은 미국의 전반적인 군사력 운용에 대한 개념을 완전히 변화시켰으며, 이에 따른 동맹을 비롯한 우방국의 적극적 역할을 요구하였다. 예를 들어, 미국은 해외주둔미군재배치계획을 수립하였으며, 이는 미국의 대외적 위협에 대한 군사적 유연성 증진을 목적으로 신속 전개 능력 등을 갖춰 세계적인 위협 또는 지역적 위협에 동시에 대응할 수 있는 능력을 갖추는 것을 목표로 하였다. 한국 내에서도 전반적으로 신장된 국력에 부합하는 국방에서의 역할 및 성숙한 한미동맹으로의 조정에 대한 요구가 표출되었다. 이에 따라 주한미군 기지 이전사업 및 전시작전통제권 환수를 적극적으로 추진하기에 이르렀다.

2004년 제36차 안보협의회의SCM: Security Consultative Meeting에서 한미동맹의 발전과 관련된 의제들을 논의하기 위한 국방부 정책실무자 차원의 한미안보정책구상Security Policy Initiative이라는 협의체를 구성하여 운영하기로 합의하면서 한미동맹의 결속에 대한 우려를 불식시키고자 하였다. 이와 더불어 미군이 수행하고 있는 테러와의 전쟁을 직간접적으로 지원하여 세계에서 발생하고 있는 테러의 위협을 감소시킴으로써 세계평화 유지에 기여하기 위한 목적으로 아프가니스탄과 이라크에 우리 군사력을 파병하여 대테러작전 및 재건 작전을 지원하였다. 이렇게 한미동맹은 냉전 후반기까지 이어진 일방적인 미국의 지원에 힘입은 안보의 달성이라는 비대칭동맹의 성격에서 점차 벗어나 호혜적인 형태의 동맹으로 변모하고 있었으며, 이를 반영하여 2007년 2월 23일 한미 국방장관회담에서 전시작전권 환수에 합의함으로써 미군과 한국군 사이의 새로운 형태의 주도-지원 체계를 수립하기로 하였다.

2010년대는 북한의 도발, 중국의 부상에 대한 우려로 아시아 지역에서 미국의 인식이 변화했으며 한미동맹도 재조정되었다. 2010년 북한의 도발에 의해 천안함이 피격되었을 뿐만 아니라 연평도에 대한 포격으로 전사상자가 다수 발생함에 따라, 한미 양국은 '공동 국지도발 대비계획'을 작성함으로써 북한의 도발에 대한 한미 양국 간 역할 분담과 협조체제를 구체화하였다. 이와 더불어 2011년에는 한미 양국의 국방관련 담당자 간의 협의체계 효율성 증진을 위해 제43차 한미안보협의회에서 한미통합국방협의체Korea-US Integrated Defense Dialogue, 이하 KIDD로 표기를 실시하기로 하였다. 그리고 이와 같은 북한의 위협 증가에 따른 실질적 대북 억제능력의 필요성 증가에 따라 기존에 합의하였던 전시작전권 전환 일자를 2012년에서 2015년으로 2010년 한미 정상회담에서 합의하였다.

그러나 2013년 북한의 3차 핵실험 등의 북한의 핵 및 미사일 위협이 증대됨에 따라 2014년 한미안보협의회에서 작전권 전환 시기를 특정하지 않고, '조건에 기초한 전시작전권 전환'을 합의하였다. 또한 한미 연합 대북 핵 및 미사일 억제능력의 증진을 위한 실질적 조치로서 2015년 제8차 KIDD에서는 확장억제전략위원회를 운영하기로 합의하였다. 2018년에는 미래지향적인 한미동맹체계의 발전을 도모하기 위한 차원에서 한미 공동의 국방비전을 공동으로 연구하여 2020년 11월 발표하였다. 이 공동비전에는 한반도와 동북아 및 세계 평화와 번영을 추구하고, 국제법에 따른 분쟁의 평화적 해결을 추구하며, 자유항행 등 공동원칙을 바탕으로 공동의 국가안보 이익을 보호해 나갈 것을 명시하였다.

윤석열 정부가 들어선 2022년부터 한미동맹은 '글로벌 포괄적 전략동맹'으로의 발전을 추구하고 있다. 2022년 5월 개최된 한미 정상회담에서 선언된 한미동맹의 발전 목표 달성을 위하여, 기존에 존재하는 한미 간 안보협의 채널인 KIDD, SCM, MCM을 비롯하여 확장억제전략협의체Extended Deterrence Strategy and Consultation Group를 재개하여, 미국의 한반도에 대한 확장억제정책 공약을 다시 한번 확인하였다. 특히, 확장억제에 대한 신뢰성 제고를 위한 차원에서 핵위협에 대한 정보를 공유하고, 맞춤형 억제전략을 개정하였을 뿐만 아니라, 북한의 핵사용 시나리오를 상정한 확장억제수단 운용연습을 연례적으로 시행하고 미국의 전략자산 순환배치를 확대함으로써 북한의 도발에 대한 억제능력을 확대하기로 협의하였다. 2023년 KIDD에서는 23년도 UFS 연습의 결과 '동맹의 위기관리 및 전면적 수행능력이 획기적으로 강화되고', '30여 개의 연합야외기동훈련과 연계하여 연합작전 수행능력이 제고'되었다고 평가하였다. 또한 '글로벌 포괄적 전략동맹'의 실효성 증진 차원에서 ①국방과학기술협력 및 방위산업 기반 연계 강화, ②미사일 대응, 사이버 및 우주 협력 심화, ③지역협력실무그룹을 통한 아세안 국가 등 협력 강화를 추진하기로 하였다.[14] 이와 같은 한미동맹의 발전의 과정을 대한민국 국방부는 다음과 같이 정리하고 있다.

〈표 1〉 한미동맹의 주요 역사

기간	내용
1950~1953	한미동맹의 성립
1954~1968	미국의 군사원조기 및 상호보완적 동맹관계 발전
1969~1979	자주국방 모색 및 한미동맹의 내실화
1980~1992	동맹의 재결속 및 동반자관계 발전
1993~2000	새로운 안보 동반자관계 모색
2001~2009	전략적 동반자 동맹관계
2010~2021	호혜적 · 상호보완적 동맹관계
2022~	글로벌 포괄적 전략동맹 발전

출처: 『2022 국방백서』

2. 한미동맹의 주요 이슈[15]

1) 전시작전통제권

전시작전통제권은 전시에 행사하는 작전통제권이다. 전시는 방어준

14 국방부. "[보도자료] 제23차 한미통합국방협의체(KIDD) 회의 결과", 대한민국 정책브리핑(2023. 9. 18).

15 최강, "한미동맹의 구조, 체계, 역할분담의 문제", 김계동, 『현대 한미관계의 이해』, 서울: 명인문화사, 2019, pp. 351-382.

비태세인 데프콘DEFCON III 발령 시 또는 연합사령관 요청 시로 규정한다. 작전통제권이란 "지정된 부대의 운용, 임무 또는 과업 부여, 부대의 전개와 재할당 등 작전계획 또는 명령 상의 특정 임무나 과업을 수행하기 위하여 지휘관이 행사하는 비교적 제한적이고 일시적인 권한"이다.

따라서 전시에는 한미 안보협의회의Security Consultative Meeting와 한미 군사위원회Military Committee 혹은 한미 군사위원회회의Military Committee Meeting를 통한 한미 간의 협조 하에, 한국군 및 주한미군의 지정된 부대에 대해 한미연합사령관이 작전통제권을 행사한다.

전시 작전통제권 전환 문제에 대하여 한국 국방부는 한국군이 연합방위체제를 주도할 수 있는 능력을 구축하고 전시작전통제권을 주도적으로 행사할 필요가 있다고 강조했다.[16] 그러나 전시작전통제권 전환의 필요성과 의미에 대해서는 찬반 논리가 첨예하게 대립된다. 찬성 측은 한국군의 대응능력이 높아졌으므로, 안보 주권의 확보를 통한 자주적 정책집행의 필요성을 강조한다. 즉, 전시작전권을 주권의 관점에서 바라보는 측면이 강하다고 할 수 있다. 반대 측은 북한 핵 및 미사일 능력의 고도화로 인해 한국의 독자적 대응능력의 현실적 한계와 더불어 미국의 안보공약 신뢰성 향상, 군사작전의 효율성의 확보라는 측면을 강조한다. 이는 한국의 안보가 한미동맹을 근간으로 하고 있다는 측면을 강조하고 있다. 이러한 전시작전권 전환과 관련된 한미 간의 역사적 과정은 다음과 같다.

---

16 대한민국 국방부, https://www.mnd.go.kr/mbshome/mbs/mnd/subview.jsp?id=mnd_010703040000

〈표 2〉 전시작전권 전환의 역사

1950. 7. 14.	한국군 작전지휘권(Operation Command), 유엔군 사령관에 이양
1954. 11.	작전지휘권 용어를 작전통제권(Operation Control)으로 대체, 한국군에 대한 통제와 지휘의 범위 수준을 하향 조정
1978. 11.	한미연합사령부(CFC: Combined Forces Command) 창설, 한미 연합사령관에게 작전통제권 이양
1988.	노태우 대통령, 작전통제권 전환 논의 시작
1992.	제24차 한미 연례 안보협의회에서 작전통제권 전환 합의, 전시작전권과 평시작전권을 구분하여 평시작전권 이양 우선 추진(북핵위기 고조 및 한국군 독자대응능력 부족)
1992. 12.	평시작전통제권 환수결정
1994. 12.	평시작전통제권 환수
2003. 11.	10대 특정임무의 한국군 이전 한미 간 합의(2008년 완료) (10대 임무: JSA 경비임무, 후방지역 화생방제독임무, 대화력전 수행본부임무, 신속지상지뢰 가설임무, 공지 사격장관리임무, 북한 특작부대의 해상침투 저지임무, 주야 조종사 수색 및 구조임무, 근전항공지원통제임무, 헌병전장 순환통제임무, 기상예보임무)
2006. 9.	한미 정상회담에서 전시작전권 전환 합의
2007. 9.	전략적 전환계획 합의 (전시작전권 전환 관련 과제 및 일정)
2010. 6.	한미 정상회담, 전작권 전환시기를 2012년에서 2015년으로 순연
2014. 4.	전작권 전환시기를 '양국이 상호합의한 전환조건이 충족되는 시기'로 합의
2015. 11.	조건에 기초한 전작권 전환계획 합의
2018. 10.	조건에 기초한 전작권 전환계획 수정안 합의 (전작권 전환 조건: ①연합방위 주도를 위해 필요한 군사적 능력, ②동맹의 포괄적인 북한 핵·미사일 위협 대응 능력, ③안정적인 전작권 전환에 부합하는 한반도 및 역내 안보환경)
2022. 8.	전작전 전환계획의 부록 및 별지 개정 (한국 핵심 군사능력, 북한 핵·미사일 위협 대응능력 목록 확정, 각 능력별 평가방법 및 기준 정립)

출처: 국방부, 『국방백서 2022』 (서울: 국방부, 2023)

한미 간에 합의된 전작권 전환을 위한 충족요건 3가지는 다음과 같다. 첫 번째는 '연합방위를 주도하기 위해 필요한 군사적 능력'이다. 이는 한미 연합체제에서 한국이 핵심 군사능력을 발전시킴과 동시에 한반도 전구 내 작전수행능력을 발전시켜 주도적 역량을 갖추고, 미국이 이에 대한 보완능력을 제공함과 동시에 전쟁지속능력에 대한 보장 역할을 담당하는 것이라고 할 수 있다. 두 번째는 '동맹의 포괄적인 북한 핵·미사일 위협 대응능력 확보'로서, 한국의 독자적인 대응체계 구축과 더불어 한미연합자산의 운용을 통한 탐지Detect · 결심Decide · 격퇴Defeat · 방어Defend 분야의 종합적인 능력이다. 세 번째는 '안정적 전작권 전환에 부합하는 한반도 및 역내 안보환경'으로 이를 위해 한미 간 정보당국의 정례협의를 통해 북한의 핵과 미사일을 비롯한 WMD 능력 및 재래식 군사능력과 의도, 아시아지역의 상황과 환경 등을 정기적으로 평가한다.

한미는 협의를 통해 전작권 전환 조건들에 대한 평가 방법 및 기준을 선정하여 매년 조건이 충족되었는지 여부를 평가하고 있으며, 그 결과를 한미군사위원회회의MCM와 한미안보협의회의SCM 등에 보고하고 있다.

2) 방위비분담금 문제

한미동맹이 체결된 이후 미국은 주한미군 주둔비용과 대부분의 군사시설 건설비용을 자체적으로 부담하여 왔다. 그러나 한국의 국력 및 경제력이 신장된 상황과 미국의 재정악화 등을 고려하여 안정적인 미군의 한반도 주둔 여건을 조성하여 연합방위태세를 강화하기 위한 목적으로 1991년부터 한국의 방위비분담금 제공이 시작되었다. 한국의 방위비분담금 지급액은 1991년 1,073억 원에서 시작하여 2022년 1조 2,472억 원으로 점진적으로 증대되어왔다. 이와 같은 방위비분담금 제공의 법적 근거는 방위비분담특별협정Special Measures Agreement으로 정부 간 협정(국회 비준 대상)과 기관 간 이행약정이다. 이러한 법적 근거에 따라 한국은 분담금으로 지원하는 항목은 인건비와 군사건설 및 군수지원에 집중된다. 다음 표는 한미 간의 방위비분담금 협상 주요 내용이다.[17]

〈표 3〉 한미 간 방위비분담금 협상 내용

구 분	기간	주요 내용	연도	지급액: 억 원(억$)
1·2차 협정	1991~1995	1991년 총액 1.5억 달러 95년 3억 달러 부담을 목표로 점진적 증액	1991	1,073(1.5억$)
			1992	1,305(1.8억$)
			1993	1,694(2.2억$)
			1994	2,080(2.6억$)
			1995	2,400(3억$)
3차 협정	1996~1998	증액률: 전년대비 10% (물가상승률 7% + 실질증액분 3%) 1998년 IMF상황 고려 감액	1996	2,475(3.3억$)
			1997	2,904(3.63억$)
			1998	4,082(3.14억$)
4차 협정	1999~2001	첫해 총액은 3.4억 달러 증액률 = 경제성장률 + 물가상승률 분담금 일부를 원화로 지급	1999	4,400(3.4억$)
			2000	4,684 (1.4억$+2575억 원)
			2001	4,882

17 대한민국 국방부 방위비분담금 홈페이지(https://www.mnd.go.kr/user/boardList.action?boardId=I_229561&siteId=mnd&id=mnd_010702020000)

5차 협정	2002~2004	증가율 = 전년도 분담금의 8.8% + 전전년도 물가지수(GDP Deflator) 군사건설비 5% 현물지원 전환	2002	6,132 (0.59억$+5,368억 원)
			2003	6,686
			2004	7,469
6차 협정	2005~2006	유효기간 내 인상률 동결 분담금 전액 원화 지급 외교부가 SMA 협상 주관 시작	2005	6,804
			2006	6,804
7차 협정	2007~2008	증액률 = 물가상승률 군사건설비 10% 현물지원 전환	2007	7,255
			2008	7,415
8차 협정	2009~2013	증액률 = 전전년도 소비자물가지수 (인상률 상한선 4% 적용) 군사건설비: 전면적 현물지원 전환	2009	7,600
			2010	7,904
			2011	8,125
			2012	8,361
			2013	8,695
9차 협정	2014~2018	증액률 = 전전년도 소비사물가지수 (인상률 상한선 4% 적용) 투명성 및 책임성 강화를 위한 포괄적 제도 개선(예산편성 및 결산 과정 국회보고, 인건비 분야 투명성 제고, 분담금 배정단계부터 사전 조율 등)	2014	9,200
			2015	9,320
			2016	9,441
			2017	9,507
			2018	9,602
10차 협정	2019	증액률: 19년도 국방예산 증가율 적용 (8.2% 증액) 집행 상의 투명성 및 책임성 강화 주한미군 한국인 근로자 처우개선	2019	10,389
11차 협정	2020~2025	증액률: 전년도 국방비 증가율 적용 주한미군 한국인 근로자 고용안정 중점 (협정 공백 시 인건비 선지급 규정 신설)	2020	10,389
			2021	11,833
			2022	12,472

그러나 방위비에 대한 적정한 분담금의 규모에 대한 논쟁은 지속되어 왔다. 특히, 미국은 트럼프 행정부 시기에 방위비분담금 증액

규모를 놓고 갈등을 겪었다. 가장 최근에 타결된 한미 간 방위비분담금 협상은 2020년 타결되었으며, 2020년은 전년과 동일하게 지급하되, 2021년은 전년 대비 13.9퍼센트를 증가시키고 2022년부터 2025년까지는 한국의 국방비 증가율과 동일하게 증가시키기로 합의하였다. 이번 협상에서는 주한미군 한국인 근로자의 고용안정 강화에 중점을 두고 협상을 타결하였다.[18]

현재 한국이 택하고 있는 방위비 분담 형식은 총액방식형으로 방위비분담금의 총액을 중심으로 협의한다. 이와 같은 방식은 상대적으로 양자간 협상 타결이 쉽고 증액의 상한성을 정함에 따라 예측성이 확보된다는 장점이 있으나, 방위비분담금의 총액을 산정하는 근거가 취약하며, 우리가 제공한 분담금이 어떻게 사용되었는지 파악하기 어려워 기금 사용의 투명성을 보장받기 어렵다.

한편 일본은 소요 충족형 방위비분담금 산정 방식으로 미일 간 분담금 협상을 진행한다. 소요충족형 분담금 협상은 미국이 제시한 사용처 및 금액을 일본이 검토하고 분담금을 제공할 항목을 선정하는 방식이다. 미국이 분담금 제기 항목에 대한 타당성을 설명해야 한다는 점에서 분담금 협상 과정에서의 투명성과 기금 사용의 투명성을 확보할 수 있으며, 과도한 지원을 사전에 방지할 수 있다는 장점이 있으나, 매년 항목별로 소요를 제기하고 협상을 진행해야 하는 번거로움이 있다.

18 국방부 홈페이지(https://www.mnd.go.kr/user/boardList.action?command=view&page=1&boardId=I_229561&boardSeq=I_9829193&titleId=null&id=mnd_010702020000&siteId=mnd)

〈참고 2〉 한미동맹과 동맹공약 이행

한미동맹은 기본적으로 각 국가에게 안보위협이 발생하였을 때, 이를 공동으로 방위하기 위한 절차가 진행될 것을 전제로 하는 상호방위조약이다. 그러나 위에서 언급한 것처럼 한미동맹과 같은 전형적인 비대칭 동맹에서는 후견국가의 '방기'에 대한 위험성을 언제나 고려할 수밖에 없다. 따라서 발생한 안보위협에 대응하여 미국이 어떻게 대응하였는가를 바탕으로 동맹 공약의 이행의지를 판단할 수 있다. 다음의 사례들에 대한 분석을 통해 한미동맹에서 미국의 안보공약 이행에 대한 신뢰도를 검토해 볼 수 있다.

1976년 발생한 판문점 도끼만행 사건은 미국이 가장 적극적으로 동맹 안보 공약을 이행하고자 했던 사례로 꼽을 수 있다. 사건의 발단은 유엔군이 공동경비구역 내 관측을 방해요소로 판단한 미루나무 한 그루에 대한 정지작업을 하던 중 북한 측이 이를 저지하고자 하였으며, 그 과정에서 물리적 충돌이 발생하여 미군 대위 1명과 중위 1명이 사망하였고, 다수가 부상당하였다. 이를 북한의 고의적인 도발로 한미 양국은 인식하였으며, 특히 미국은 당시 헨리 키신저 국무장관 주재하에 워싱턴 특별대책단을 구성하여 대책을 논의하였으며, 당시 최첨단 전투기였던 F-4 팬텀 1개 대대를 오키나와에서 한국으로 이동 배치하고 F-111전폭기 1개 대대를 대기시켰으며, 괌의 B-52 폭격기를 한국으로 전개시키기로 결정하였다. 또한 항공모함 미드웨이호를 한반도 해역으로 이동배치시키고 한미 양국의 방어준비태세를 격상시키는 등의 일련의 조치를 취하였다. 그 이후, 미 공병대와 특전부대 병력을 투입하여 문제가 되었던 공동경비구역 내 미루나무를 절단함으로써 북한의 도발에 대한 강력한 응징 의지를 표명하였다. 이러한 일련의 조치에 대하여 북한은 김일성 주석은 인민군총사령관의 이름으로 유감의 뜻을 최초로 표명하였다. 1978년 창설된 한미연합사령부는 또 다른 형태의 한미 안보공약 이행의 성공적인 사례라고 할 수 있다. 카터 행정부 당시 추진되고 있던 주한미군 철수 시 발생할 수 있는 안보공백에 대한 우려와 더불어 당시 공산권에서 제기되고 있던 유엔군 사령부의 해체에 대한 대안으로써 한미 안보 당국은 북대서양조약기구의 지휘체계를 참고하여 한미연합사령부를 창설하여 한반도에서의 전반적인 전쟁억제와 유사시 전쟁 지휘기구로서의 역할을 담당하게 하였다. 한미연합사령부의 창설은 한미 양자간의 군사협력을 긴밀하게 할 수 있는 제도적 장치로서의 기능을 수행하면서, 실질적인 작전계획 수립 및 참모 간의 협조를 강화하는 기폭제가 되었다.

반면에 미국의 안보공약에 대한 의문이 제기되는 사건들도 일부 존재한다. 대표적인 예가 1968년에 발생한 청와대습격사건(1월 21일)과 미 해군 정보수집함인 푸에블로호의 납치사건(1월 23일)에 대한 미국의 대응에 있어서의 온도차였다. 1968년 1월 21일, 북한은 특수부대 31명을 동원하여 청와대를 직접 타격하여 대통령을 암살하는 작전을 시도하였다. 이에 대하여 대한민국은 '대간첩본부'를 발족하고, 미국에 북한에 대한 군사보복 시행을 제안하였다. 그러나 미국은 1월 23일에 발생한 푸에블로호 납치사건의 우선해결을 위하여 엔터프라이즈 항모를 비롯한 3개 항모전단을 한반도 지역으로 배치하였을 뿐만 아니라, 북한의 푸에블로호 나포행위는 전쟁행위라고 언급하면서 유엔안전보장이사회에 이를 회부하였다. 이와 동시에 푸에블로호 승무원의 안전을 보장하기 위한 비밀 협상도 시작하였다. 한국의 입장에서는 미국이 자국의 국민에 대한 송환을 위해서는 최선을 다한 반면에, 한국 대통령에 대한 습격에 대해서는 별다른 조치를 취하지 않았을 뿐만 아니라 한국을 제외하고 북미 간 비밀협상을 시도한 것으로 생각하여 '방기'에 대한 우려가 제기되었다.

3) 확장억제(Extended Deterrence)[19]

확장억제의 개념은 동맹국을 보호하기 위해 미국의 핵능력을 포함하여 재래식 전력과 미사일 방어능력 등이 갖는 억제력을 확대 적용하는 것이다. 확장억제의 목표는 핵을 포함한 대량살상무기와 더불어 재래식 전력을 활용한 적 공격을 억제하는 것이며, 확장억제의 대상

19 Jesse C. Johnson, Stephen Joiner, "Power changes, alliance credibility, and extended deterrence", *Conflict Management and Peace Science* Vol. 38 No. 2, 2021, 178-199.

은 미국 본토를 비롯하여 해외주둔 미군과 미국의 동맹국과 우방국을 포함한다. 미국은 확장억제를 달성하기 위한 수단으로 핵전력을 포함한 모든 군사력을 기본적으로 고려하며, 최근에는 외교와 정보, 경제영역의 수단까지 포함시키고 있다.

미국의 핵확장억제 공약은 1970년대까지 거슬러 올라간다. 1969년 닉슨 독트린으로 주한미군 철수에 따른 한국의 안보불안이 가중되고 대미신뢰도가 낮아지던 상황에서 미국은 '핵위협에 대해서는 핵우산을 제공한다'라는 입장을 1971년 한미 안보협의회에서 약속하였다. 이후 1978년 제11차 한미 안보협의회에서는 '핵우산 제공'을 명문화되었다.

북한이 1차 핵실험을 실시한 제 38차 2006년 한미안보협의회에서 '확장억제'라는 용어를 최초로 사용하면서 북한의 핵위협에 대한 미국의 포괄적 억제 공약이 제시되었다. 이후 2009년 안보협의회에서는 확장억제의 수단의 구체화(핵우산, 재래식 전력, 미사일 방어체계)가 양국 국방당국 간 협의되었다. 이후 2011년부터는 확장억제수단 운용연습TTX을 실시하여 북한의 핵 및 미사일 위협에 대처하기 위한 '맞춤형 억제전략Tailored Deterrence Strategy, 이하 TDS로 표기'을 논의하기로 하고 2년간의 한미 간 공동연구를 거쳐 2013년 이를 한미 국방장관 수준에서 승인하였다.

한국과 미국의 확장억제전략은 다음과 같이 3단계로 이루어진다. 첫째, 북한의 핵 및 대량살상무기 위협에 대해서 미국은 전략폭격기 및 핵잠수함, 미사일방어체계 등 주요 전력을 한반도와 그 주변에 전개하거나 무력시위를 하고, 둘째, 북한의 핵 및 대량살상무기 공격 징후가 식별되는 경우, 한국과 미국은 정밀유도무기 등을 활용하여 이를 선제적으로 타격하면서, 미국의 핵전력 준비태세를 격상시킨다. 셋째, 북한의 핵 공격이 현실화되면, 한미 최고통수권자의 협의하에 핵무기 사용을 포함한 단호한 대응조치를 취한다.

2016년부터는 확장억제 전략협의체를 출범시켜 확장억제의 실효성을 제고하고자 하였다. 실제로 2018년과 2019년에는 확장억제 공동연구 진행을 통해 북한 핵 및 미사일에 대한 효과적 대응방안 및 확장억제 발전방안을 모색했다. 확장억제 전략협의체는 2022년 5월 한미 정상회담 이후 다시 활발한 논의를 진행하고 있다. 실제로 양국은 제54차 한미안보협의회SCM 및 47차 한미 군사위원회회의MCM에서 합의한 확장억제 강화이행 방안을 협의하였을 뿐만 아니라 핵협의그룹을 신설하였으며, 2022년 12월 5일, 미 전략사령부 안토니 카를로Anthony Carullo 해군 소장이 한국을 방문하여 한국 합참과 미국 전략사령부 사이의 전략적 협력 강화를 위한 실무적 협의를 진행하였다. 2023년 4월에 진행된 한미 정상회담과 양 정상이 발표한 '워싱턴선언'은 한미 간 확장억제정책의 발전을 상징적으로 보여주었다.[20] 워싱턴선언에 따르면, 미국은 북한이 핵무기를 사용하여 한국을 직접적으로 공격하는 경우에 '핵무기'를 포함한 모든 역량을 사용하여 '압도적이고 결정적 대응'을 하기로 약속하였으며, 이를 위하여 핵잠수함을 비롯한 전략적 핵 자산들을 정기적으로 동원하기로 하였다. 이와 더불어, 2023년 7월에는 한국 국가안보실과 미국 국가안전보장위원회가 한미 양자간의 핵협의그룹 출범을 위한 회의를 개최하여 '위기 및 유사시 핵 협의 및 소통 체계, 보안 및 정보 공유 절차 개발,

20 정성윤, "워싱턴선언: 확장억제의 진화", Online Series, 통일연구원(2023. 5. 3.)

관련된 기획, 작전, 연습 및 훈련 등에 대한 협력 및 개발 등 한반도의 핵억제 및 대응능력 강화를 위한 다양한 업무체계확립'을 위한 실질적인 방안을 마련하고, 미 전략자산 배치의 가시성 제고 방안 등도 논의되었다. 이러한 합의의 결과로 1981년 3월 로버트 리함이 방문한 후 40여 년 만인 2023년 7월에 미 전략핵잠수함인 켄터키함이 한국에 머물렀다.[21]

이후 2023년 11월에는 맞춤형 억제전략 개정을 완료하여, 제55차 한미안보협의회에서 양국 국방장관이 서명한 '2023 맞춤형 확장억제 전략TDS'이 발표되었다. 이 전략은 북한이 그동안 발전시켜온 핵 및 WMD 위협의 능력을 현실화하여 반영하였을 뿐만 아니라 한국과 미국의 발전된 능력을 고려하여 작성되었다. 실제로 북한은 선제 핵사용이 가능하도록 2023년에 사회주의 헌법을 개정하였으며, 잠수함발사탄도미사일 및 대륙간탄도미사일 등 투발수단 등을 고도화하고 있다. 이에 대응하여, 한국과 미국은 동맹의 모든 능력을 활용하기 위한 분야별 확장억제 실행력 강화방안을 포함하여 미국의 핵전력과 한국의 재래식 전력이 통합되어 운용되는 연합방위태세의 기반을 마련하였다.[22] 2024년 7월에는 한미 양국이 북한 핵 도발에 강력히 대응하는 것을 골자로 하는 「한미 한반도 핵억제 핵작전 지침에 관한 공동성명」을 채택하였다. 이는 한미가 함께하는 일체형 확장억제 시스템을 구축한 것이다. 일체형Conventional-Nuclear Integration이란 핵·재래식 통합을 뜻하는 것으로, 미국의 핵전력과 우리의 첨단 재래식

21 김민성, "한미 핵협의그룹의 의의와 북한의 인식", 통일연구원 Online Series, 2023. 8.
22 허태근, "한미 맞춤형 억제전략(TDS) 개정과 확장억제 의의" ROK Angle: Korea's Defense Policy, 2023. 11. 29.

전력이 통합돼 북핵을 억제하고 북핵에 대응하는 것을 의미한다. 기존의 확장억제가 미국이 결정하고 제공하는 것이었다면, 이제는 한반도 핵운용에 있어 우리의 조직, 우리의 인력, 우리의 자산이 미국과 함께 하는 확장억제로 진화되었다는 것을 의미한다.

앞으로 한미 양국은 핵협의그룹Nuclear Consultative Group 회의를 지속적으로 개최하면서 시뮬레이션, 도상훈련, 연합연습과 훈련을 통해 한미 핵억제 핵작전 지침을 성공적으로 이행해 나가고, 어떤 종류의 북핵 위협에도 기민하고 효과적으로 대응할 수 있는 태세를 유지한다는 계획이다.

11장 국제안보협력

Ⅰ. 국제안보협력 등장배경과 유형
Ⅱ. 주요 국제안보협력기구
Ⅲ. 한국과 국제안보협력

• 학습 개요 •

국가안보는 자국의 힘만으로 이루기 힘들다. 아무리 강한 국가라도 상대방이 다수 국가로 뭉치면 불리하기 때문이다. 두 번에 걸친 세계대전과 대량살상무기의 등장은 국가 간의 안보협력을 촉진하는 기폭제가 되었다. 또한 국가안보는 군사적 위협에서만 비롯되는 것도 아니다. 한 국가가 대응하기 어려운 기후변화나 전염병과 같은 비군사적 문제도 있으며, 핵, 생화학무기, 미사일 확산과 같이 다른 국가들의 이해관계를 공유해야 하는 군사적 문제도 있다. 현재 국제사회는 UN이라는 초국가적 협의체를 통해 다양한 안보협력을 추진하고 있으며, 지뢰와 같은 비인도적 재래식무기의 확산방지를 위한 노력도 이루어졌다. 이러한 국제안보협력은 지역적 차원에서 공동안보와 협력안보의 형태로 나타나기도 한다.

이번 장에서는 국가 간의 안보협력을 통한 국가안보 달성의 방법을 살펴본다. 첫 번째 절에서는 국제안보협력이 등장한 배경과 협력의 유형을 살펴본다. 두 번째 절에서는 국제안보협력의 유형을 국제적 차원과 지역적 차원으로 나누어 살펴본다. 세 번째 절에서는 한국이 참여한 국제안보협력 사례를 살펴본다.

[주요 개념]

집단안전보장제도 · 공동안보 · 협력안보
국제제도 · 국제기구 · 국제레짐
유엔 · 지역안보기구
NATO · OSCE
평화유지활동
안전보장이사회

[생각해 봅시다]

1. 국제안보협력이 이루어진 배경은 무엇인가?
2. 국제안보협력은 달성가능한 목표인가?
3. 주요 국제안보협력 개념은 무엇인가?
4. 유럽의 사례와 다르게 인도-태평양 지역에는 지역적 안보협력이 왜 나타나지 않는가?
5. 한국의 국제안보협력 활동은 어떻게 평가할 수 있는가?

Ⅰ. 국제안보협력 등장배경과 유형

1. 등장배경

1차 세계대전에서 막대한 피해를 입은 많은 국가들은 또 다른 전쟁을 막기 위한 노력으로 1차 세계대전의 원인을 깊이 분석하였다. 다양한 원인 중 중요한 요인은 비밀외교에 따른 정보의 불확실성과 세력균형정책의 불안정성이었다. 전통적으로 세력균형이 전쟁을 방지할 것이라는 믿음으로 복잡한 동맹관계를 수립했던 국가들은 오히려 원하지 않는 전쟁에 끌려가는 악순환을 낳았다.

우드로 윌슨Woodrow Wilson 미국 대통령을 비롯한 지도자들은 비밀외교 또는 밀실외교로 지칭되는 세력균형의 정치가 전쟁의 발발을 방지하고 상대방을 억제한다는 사고에 의문을 제기하였다. 그 결과 국가안보를 각 국가의 안보정책 집행영역이 아닌, 다수의 국가가 참여하는 국제적 협력의 틀 안에서 달성하려는 시도가 등장하였다. 이러한 시도들은 '집단안전보장', '협력안보', '공동안보' 등으로 전개되었다.

2. 국제안보협력의 유형

1) 집단안보(collective security)

집단안전보장의 기본적 정의는 '집단안보체제에 속해 있는 국가들이 일국의 안보가 모든 국가의 관심사임을 수용하고 사전에 정해져 있지 않은 불특정 적국의 침략에 대하여 모든 국가가 해당 국가에 대한 제재에 집단적으로 참여할 것을 동의함으로써 국가의 안전을 보장하는 약정arrangement'이라고 할 수 있다.

집단안전보장체제는 '집단대응'의 원리에 의해 작동한다. 이는 소위 'One for all, all for one'으로 지칭된다. 즉, 1차 대전에서 이루어졌던 비밀외교를 지양하여 국가 간의 협정은 공개적으로 이루어져야 하며, 개별 회원국에 대한 위협은 집단 전체에 대한 위협으로 간주함으로써 조약을 위반하는 개별 국가에 대해서 나머지 국가들이 단결하여 피해 국가에 대해 의무적으로 원조를 제공하는 등의 집단대응을 기본적 원칙으로 한다. 두 번째는 침략국이 스스로 부담을 느끼게 만들어 침략 시도를 단념하게 만든다. 만약 침략국이 회원국에 대한 침략을 시도한다면, 그 국가는 집단안전보장체제에 속해 있는 모든 국가를 상대해야 하므로, 침략의 부담을 느낄 수밖에 없으므로 전쟁을 시도할 가능성이 자연스럽게 줄어든다.

다만, 집단안전보장체제가 성공적으로 작동하기 위해서는 다음과 같은 조건들이 요구된다. 첫째, 집단안전보장체제에 속하는 '모든' 회원국들은 국제적인 평화와 안정을 유지하는데 공동의 관심을 가져야 한다. 둘째, 집단안전보장체제에 참여하는 국가들이 이 체제에 대한 '신뢰'를 가지고 있어야 한다. 셋째, 회원국들 중 어느 한 국가의 힘이 집단안전보장체제에 속하는 다른 모든 국가들의 힘의 총합을 넘어서는 안 된다. 넷째, 평화를 파괴하는 침략행위자가 누구인지에 대한 의견의 일치가 이루어져야 한다. 다섯째, 침략국에 대한 공동의 이해를 바탕으로 침략국을 제외한 모든 국가가 즉각적으로 집단의 안보달성을 위하여 자국의 힘을 사용하겠다는 결의가 필요하다.

집단안보체제가 무정부적 국제체제에서 국가안보를 보장한다는 주장을 하는 학자들은 전통적인 세력균형보다 집단안전보장체제가 더 효율적이며, 미래의 위협에 대한 공동대응을 제도화함으로써 국가 간의 관계에 소통과 협력의 장을 만들어주면 국가 간 갈등을 해소하고 안정을 찾는 데 도움이 된다고 본다. 다시 말해, 집단안전보장체제는 체제 내에서 상호 침략을 효과적으로 대처할 수 있으며 국가 간 협력의 안정성을 높여 안보 딜레마의 발생을 억제할 수 있다.[1]

한편, 집단방위collective defense는 회원 국가에 대한 공격이나 위협에 대하여 공동으로 대응한다는 점에서 집단안보체제와 유사한 개념으로 분류되기도 한다. 그러나 집단안보체제가 특정한 적을 상정하지 않고 회원국 상호간 공격까지 공동으로 대응하는 것과 달리, 집단방위는 집단에게 위협이 되는 특정한 적에게 공동으로 대응하는 데 목적이 있다는 점에서 차이가 있다.

공격적 현실주의자인 미어샤이머John J. Mearsheimer는 집단안보체제가 가지는 근본적인 문제점으로 다음을 지적한다.[2] 현실주의 이론에서는 국가들이 상호 의도에 대한 불확실성으로 신뢰를 형성하기 어렵기 때문에 집단안보는 작동하기 어렵다. 또한 집단안보체제 구상은 국가 간 분쟁이 발발하는 경우 침략자와 피해자를 명확하게 구분하기 어렵고, 집단안보를 위한 (선제) 공격도 옳지 않을 수 있으며, 국가 간 복잡한 이해관계(이데올로기적 갈등 등) 등에 따른 집단안보체제가 제한되며, 침략에 대한 공동대응에서 발생하는 비용의 부담,

1 Charles A. Kupchan and Clifford A. Kupchan, "Concerts, Collective security, and the future of Europe," *Internatioanl Security*, Vol. 16 No. 1, 1991, p. 118.

2 Mearsheimer John, "The False Promise of International Institution", *International Security*, Vol. 19 No.3, 1994/1995, pp. 30-33.

신속한 대응의 어려움, 국지적 분쟁의 국제화 가능성 우려, 민주국가에 대한 주권침해 가능성 등이 방해요인으로 작동할 수 있다.

2) 공동안보(common security)

공동안보의 개념은 상대방과 나를 이분법적으로 구분하는 안보 관점에서 벗어나자는 시도를 담고 있다. 다시 말해, 공동안보는 안보협력 대상을 사상이나 이념, 이익을 공유하는 동질적 집단에서 찾는 대신, 안보협력 대상을 상대방까지 확장했다는 의의가 있다. 현실주의적 관점에서는 안보와 생존, 국가이익 등이 제로섬 게임이지만 공동안보는 자유주의 이론에서 보듯이 안보도 공동의 이해관계를 증진하는 넌제로섬non-zero sum 게임이며, 안보를 증진하는 '효과적' 방식으로 적대국과의 대화나 제한된 협력을 추구한다. 공동안보는 나뿐 아니라 상대방도 비슷한 위협과 불안을 공유한다는 점을 서로 인정하려는 시도이다.

공동안보는 1980년대 자유주의 진영과 공산주의 진영 간의 냉전 구도가 극단으로 치닫는 상황에서 유엔 내 팔머위원회Palme Commission에서 약 7년간 연구를 거쳐 정립되었다.[3] 공동안보는 크게 두 가지 관점에서 기존의 안보협력과 다르다. 첫째, 기존의 전쟁을 방지하거나 예방하는 관점이 군사력의 증진을 통한 상대방의 행동을 제한하고자 하는 '억제'에 중점을 두었다면, 공동안보는 국제제도나 국제기구 등의 대화와 타협이 이루어질 수 있는 기회를 제공함으로써 '오인'

3 Palme, 1982년 공동안보: 생존을 위한 청사진(common security: a blueprint for survival), 1989년, 평화의 세계(a world at peace: common security in the twenty-first century) 발간.

〈참고 1〉 헬싱키의정서(Helsinki Accords)

헬싱키의정서는 1975년에 헬싱키에서 열린 미국, 소련, 유럽 국가들을 포함한 총 35개 국가가 참가한 회의에서 채택된 문서이다. 이 의정서는 유럽안보협력기구(OSCE: Organization for Security and Cooperation in Europe)의 전신인 유럽안보협력회의(CSCE: Conference on Security and Cooperation in Europe)의 설립 배경이 된 문서로, 냉전 중에 양 진영의 긴장을 완화시키고 상호 신뢰를 높이기 위한 중요한 성과이다.

헬싱키의정서는 크게 세 가지 범주로 구성된다. 첫째, 안보와 협력에 관한 원칙으로 동등한 주권 인정, 무력 간섭 금지, 영토 무결성 등을 포함한다. 둘째, 인간의 권리와 자유로서 인권, 기본적 자유, 민주주의 원칙을 존중한다. 셋째, 경제, 과학 및 기술, 환경 협력으로서 국가 간의 경제적 협력과 과학기술의 공유, 환경보호 등을 추구한다. 이 의정서는 법적인 구속력이 없는 정치적 선언이지만, 국제관계에 적지 않은 영향을 끼쳤다. 특히 동유럽의 인권운동에 활력을 주었으며, 냉전의 종식과 유럽 통합에도 일정한 역할을 했다.

과 '사고'로 인한 우발적 전쟁 발발의 가능성을 낮추고 전략적 상호의존을 통해 세계의 안보 달성을 추구한다. 둘째, 기존의 안보관은 안보의 대상이 국가의 생존 등과 같은 군사적 차원에 집중하였다면, 공동안보는 안보의 대상을 환경 · 기아 · 경제 등의 비전통적 이슈까지 다루는 '포괄안보comprehensive security'를 강조한다. 1980년대는 환경오염이나 경제 문제 등 나와 상대방을 가리지 않는 비전통적 위협들이 대두되면서 공동의 대응이 필요하다는 인식이 확산되었다.

공동안보의 성공적 사례에는 유럽의 유럽안보협력회의가 있다. 미소 냉전이 완화되었던 1970년대 유럽에서는 헬싱키의정서(1975년)를 통해 양 진영 간 군비통제에 대한 일부 성과를 거두었다. 비록 헬싱키의정서는 뒤이은 냉전의 격화로 협력을 지속하진 못했으나, 소련 고르바초프 대통령의 신사고new thinking의 주창과 더불어 공동안보에 대한 개념이 재조명받으며 양 진영을 포괄하는 유럽안보협력회의가 활성화되었다.

3) 협력안보(cooperative security)

협력안보는 소련의 붕괴 이후 탈냉전시대에 등장한 안보협력의 개념이다. 공동안보에서 일부 다루었던 비전통 안보 문제는 탈냉전기에 더욱 주목을 받았다. 소련의 해체로 대두된 대량살상무기의 처리와 확산, 경제의 세계화와 양극화, 소련연방에서 독립한 신생독립국, 지구 온난화 등의 초국가적 문제는 당시 국가들의 협력적 대처를 요구하였다. 이러한 관점에서 협력안보는 '상호 위협이 아닌 제도화한 동의institutionalized consent를 통해 안보의 다양성을 추구하는 전략적 원리'라고 규정할 수 있다.[4]

협력안보는 개방적이고 포괄적 안보를 지향하며, 점진적 협력의 과정을 통한 제도화를 중시한다. 다시 말해, 동맹이라는 전통적인 안보 수단은 이익과 가치를 공유하는 집단 간의 폐쇄직 수단이었다면, 협력안보는 협력의 대상을 특정 국가로 한정하지 않는 개방성을 지니며, 안보의 영역도 군사 분야에서 환경 · 기아 · 경제 · 기술 등을 포괄하는 다양한 안보 문제를 다룬다. 또한 군사력의 과시나 위협수단을 통한 자국 이익의 확대가 아니라 상호 이익의 보전에 기초한 국제적 합의를 중요시하고 타국의 상응하는 행동을 기반으로 신뢰

4 성기영, "한반도형 협력안보와 협력적 위협감축(CTR)", INSS 연구보고서(2020-10).

협력의 과정을 통해 국가들 간의 대화가 지속될 수 있는 장을 마련하는 데 의의가 있다.

협력안보의 사례로는 소련이 붕괴한 이후 그 영향권에 있었던 중앙아시아와 동구권 국가들의 핵무기와 핵시설 처리 과정을 들 수 있다. 이들 국가는 갑작스러운 소련의 붕괴로 독립하게 되었으며 이 과정에서 소련의 통제를 받았던 핵무기와 핵시설을 관리하게 되었다. 이에 따라 미국과 러시아는 공동으로 핵무기 해체 등을 위해 협력했는데 이를 협력적 위협감축Cooperative Threat Reduction 프로그램이라고 한다. 이 프로그램의 결과로 카자흐스탄과 우크라이나, 벨라루스 등에서 6,400여 개 핵탄두가 폐기되었을 뿐만 아니라 탄도미사일과 순항미사일, 그리고 핵잠수함과 전략폭격기 등을 포함한 1,400여 기에 달하는 무기체계가 해체되거나 폐기되었다.

II. 주요 국제안보협력기구

1. 국제연합(UN: United Nations)

1) 개요

UN은 1945년 10월 24일 창설되어 지금까지 안보 · 경제 · 사회 · 인권 · 환경 등 다양한 분야에 가장 많은 영향력을 행사해 온 국제기구이다. UN은 국제사회에서 대부분의 국가들이 참여하는 국제기구로서 UN에서 결정된 사항은 '정당성'을 인정받는다. 하지만 UN이 '세계의 정부'는 아니다. 국가가 사법권과 행정권 등을 바탕으로 개개인의 행동에 대한 책임을 지우거나, 영토 내에서 벌어지는 일들에 대한 책임을 지는 것과 달리, UN은 회원국들에게 총회의 합의된 의견을 따르지 않았을 때 이를 제재할 수 있는 강제력이 없다. UN은 ①국제 평화와 안전의 유지, ②국가 간 우호적 관계의 발전, ③국제 문제의 해결과 인권 신장을 위한 협력, ④국가 간 행동 조율의 중심 기구 역할 수행이라는 목표를 가지고 활동한다. UN은 모든 회원국들이 영향을 받는 인권, 국제통상, 해양, 우주, 테러 등에 대한 국제적 합의를 도출하거나 국제법으로 제정하는 데 필요한 토론의 장으로서 역할을 한다. UN은 느슨한 국가의 연합체와 같은 성격으로 인해 효용성에 대한 비판도 받지만, 다른 한편 UN이라는 대화와 협력의 장을 통해서 많은 문제들이 최소한의 분쟁이나 갈등으로 해결할 수 있었다.

2) UN의 역사

UN의 전신은 1차 대전 이후 설립된 국제연맹League of Nations이다.[5] 국제연맹은 1919년 44개국이 군비축소를 장려하고, 집단안보를 통해 전쟁을 예방하고, 협상과 외교적 방법을 통해 국가 간 분쟁의 해결을 시도하고, 세계의 복지 향상을 통해 세계의 평화를 유지하고자 했다. 국제연맹은 스웨덴과 핀란드 사이의 알랜드제도 분쟁(1921년)과 그리스의 불가리아 침략 시도 저지(1925년) 등의 성과를 내기도 했다. 그러나 국제연맹은 경제제재 외의 결정사항에 대한 군사력 등의 강제적 집행 능력이 없어 분쟁을 예방하거나 해결하는 데 한계가

5 국제연맹은 칸트의 영구평화론을 철학적 기초로 하여 설립된 국제의원연맹(1889년)이 평화로운 세계적 공동체 건설을 위해 시도한 결과였다.

있었다. 대표적인 사례가 이탈리아의 에티오피아 침공(1935년)으로 국제연맹은 이를 비난하고 경제적 제재를 시도하였으나, 이탈리아의 침공 자체를 막진 못했다. 또한 주요 강대국 중 미국이 가입하지 않았고 1930년대에는 기존 가입국들이 국제연맹에서 탈퇴함으로써 대표성을 상실하였다.

2차 세계대전의 발발은 국제연맹의 실패를 더욱 각성시켰으며 국제사회는 평화 구현과 추가적인 전쟁의 방지를 위한 세계적 국제기구의 필요성을 인정하게 되었다. 1941년 6월, 유럽 망명정부의 본거지였던 런던에서 각국 지도자들이 만나 '지속적인 평화의 유일하고 진정한 기반은 세계 자유 국민들의 자발적 협력'이라는 인식을 공유하며 세인트 제임스 궁 선언문에 서명하였으며, 뒤이어 1941년 8월에는 미국과 영국이 영토확장 불추진과 공포와 궁핍으로부터의 세계 해방 등을 포함한 전후처리 구상인 대서양헌장을 공동으로 선언하였다.

1942년 1월 1일에는 전쟁에 대한 공동대응을 지속할 것을 약속하는 연합국 공동선언에 주요국이 서명하였고, 추가로 22개국이 참여하였다. 1943년 10월에는 모스크바에서 주요국 외무장관들이 만나 국제평화와 안전의 유지를 위해 개방성, 주권 평등 원칙 등에 기반한 국제기구 결성에 동의하였다. 1944년 10월에는 중국, 영국, 소련, 미국의 대표들이 미국 워싱턴에서 만나 모든 회원국으로 구성된 총회, 안전보장이사회(5개 상임이사국 포함), 국제사법재판소, 상설사무국 등의 4개 주요 기관들로 구성된 UN의 조직을 제안하였다(덤바턴 오스크 회의). 이 제안이 가지는 의의는 안전보장이사회가 미래의 전쟁을 예방하도록 힘쓰면서도, 총회에서는 국제적 협력을 증진하고 시민의 복지를 훼손할 수 있는 상황 방지를 위한 토론과 연구의 장을 제공한다는 점이다. 또한 전쟁의 예방과 침략행위의 진압을 위해 각 회원국들의 군사력을 안전보장이사회에 제공하기로 한 것은 국제연맹의 실패를 보완하려는 조치였다. UN은 샌프란시스코에서 50개국 국가의 대표들이 UN 활동의 지침이 되는 헌장에 서명하고, 개별 국가들의 공식 승인을 거친 1945년 10월 24일에 활동을 시작하였다.

3) UN의 조직과 구성

UN은 UN헌장에 근거하여 총회, 안전보장이사회, 경제사회이사회, 신탁통치이사회, 국제사법재판소, 유엔 사무국의 6개의 주요 조직을 통해 활동한다.

첫째, UN 총회general assembly는 (1)UN 안전보장이사회에서 다루지 않는 주제, (2)군사분쟁과 군비경쟁, (3)아동 · 난민 · 여성 등의 약자의 지위 개선, (4)지속가능한 개발과 인권, (5)유엔 분담금 및 자금 운용 등의 안건에 대해 논의하는 조직으로 매년 9월 셋째주 화요일에 개회하여 일년 내내 정기회의를 진행한다. 총회의 운영을 주재하는 의장은 매년 선출하며, 각 지역적 · 지리적 대표성 원칙 준수를 위해 아프리카 국가군, 아시아 국가군, 동유럽 국가군, 중남미 및 카리브 국가군, 서유럽 및 기타 국가군으로 구성된 5개 지역 그룹들이 번갈아 가며 배정되고 있다. 유엔 총회에서는 각 회원국들이 보편성의 원칙에 따라 1국가 1투표권을 행사할 수 있으며, 기본적으로 다수결의 원칙에 입각하여 회의 안건들에 대하여 결정한다. 다만, 국제평화와 안전, 신규회원국의 가입과 유엔 예산과 관련된 안건들에 대해서는 2/3 이상의 다수결로 결정하도록 하고 있다. 유엔 총회에는 총 6개의 위원회가 있으며, 각 담당 안건은 다음과 같다.

〈그림 1〉 유엔 총회 위원회

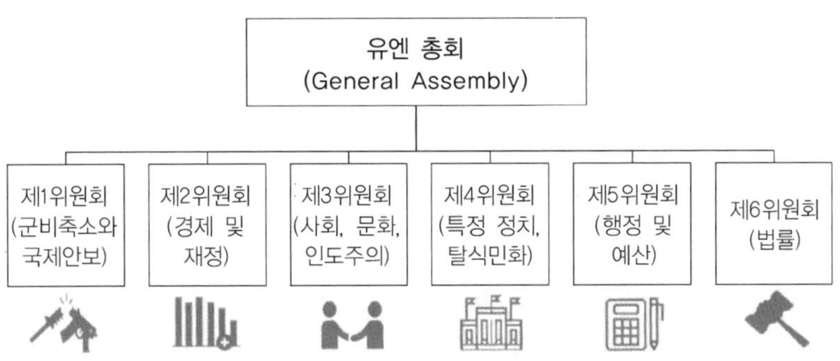

둘째, 안전보장이사회는 국제사회의 평화와 안보와 관련된 쟁점사항을 다루며, 구체적으로 국제적인 군사적 충돌로 이어질 수 있는 모든 분쟁 또는 상황에 대한 조사, 분쟁의 해결방법 및 조건 등에 대한 권고, 모든 침략의 위협 또는 침략행위에 대한 대응조치 권고, 유엔 총회에 사무총장 임명에 관한 권고 등의 기능을 담당하고 있다. 안전보장이사회는 15개의 이사국으로 구성되며, 이 중 5개 국가(미국 · 영국 · 프랑스 · 중국 · 러시아)는 상임이사국으로 상시 안전보장이사회 회원국으로 활동하며, 10개 국가는 비상임이사국으로 2년 단위로 유엔 총회에서 지리적 대표성을 감안하여 선출된다. 안전보장이사회의 활동은 정기적인 회의는 없으나, 안건 발생에 따라 언제든지 개최될 수 있다. 대표적으로 북한이 남한을 기습공격하자, 뉴욕시간으로 1950년 6월 25일 당일, UN 안전보장이사회가 소집되어 '북한의 대한민국에 대한 무력침공에 심각한 우려를 표명하고, …이러한 행동이 평화의 파기임을 결정하였다'는 결의문을 채택하였다. 안전보장이사회의 특징은 상임이사국으로 선정된 5개국이 거부권veto을 행사할 수 있다는 점이다. 이들 국가 중 1개 국가라도 안전보장이사회에서 다루는 안건에 대해서 거부권 또는 반대표를 행사하면 결의안 또는 결정 사항이 승인되지 않는다. 다만, 회의 불참 등으로 인한 기권표는 반대표로 세지 않는다.

셋째, 유엔 경제사회이사회는 무역이나 운송, 경제개발과 같은 경제적 문제와 빈곤 등의 사회적 안건들을 논의하는 역할을 담당하고 있다. 따라서 경제사회이사회는 높은 생활수준과 완전고용, 경제 및 사회적 발전을 고취하고, 국제적 경제 · 사회 및 보건 문제의 해결책을 제시하며, 국제적 문화 및 교육 협력을 촉진하며, 세계적인 인권 및 기본적 자유의 존중을 장려하는 기능을 담당하고 있다. 이러한 기능을 위해 마약위원회, 사회발전위원회, 인구 및 개발 위원회, 통계위원회, 범죄예방 및 사법제도위원회, 여성지위위원회, 과학기술위원회 등을 산하기관으로 두고 있다. 경제사회이사회는 3년의 임기를 가진 54개 회원국으로 구성되며, 단순 과반수 다수결로 안건이 결정된다.

넷째, 사무국은 유엔의 각 기관들에서 결정된 사항 또는 프로그램들의 정책을 집행하는 책임을 지고 있을 뿐만 아니라, 다른 기관들의 업무가 원활하게 이루어지도록 보조하는 일상적인 업무를 담당한다. 구체적으로 평화유지활동 업무의 관리, 국제적 분쟁의 중재 및 인도적 구호 프로그램의 준비, 경제적 및 사회적 추세의 조사, 인권 및 지속 가능한 개발 등에 대한 연구 준비, 국제적 협약들을 위한 기초작업 수행, UN 활동에 대한 홍보활동, 인류에게 사활적으로 중대한 관심 사안들에 대한 국제회의 주관 등의 업무를 담당한다. 유엔 사무국은 사무총장을 수장으로 하며, 모든 국가들로부터 모집된 '국제공무원'들에 의해 운영된다. 유엔 사무국의 직원들은 특정 국가의 이익을 대변하는 것이 아닌, 유엔의 모든 회원국을 위하여 봉사한다. 사무총장의 역할은 유엔 총회나 다른 유엔 기관들이 논의할 사안을 제안하며, 회원국 사이 분쟁에서 심판의 역할을 할 수 있으며, 또한 사무총장의 독립성과 공정성, 진실성과 그 자신의 위신 등을 활용하여 국제적인 분쟁의 발생과 악화, 확산 방지를 위한 'good office' 제공 등을 공개적으로 조치할 수 있다. 다만, 사무총장은 유엔 회원국의 지지와 승인을 바탕으로 행동하여야 하며, 유엔 평화유지군 파병과 같은 사항 등에 대해서는 회원국들이 정해주는 틀을 따라야 한다는 제약사항도 존재한다.

다음으로 국제사법재판소는 세계 법정으로 알려져 있으며, 국제법에 따라 회원국들이 제출한 법률적 분쟁을 해결하거나, 공인된 유엔 기구 및 특별기구가 맡긴 법률적 질의 사항에 대해 권고적 의견을 제시하는 기능을 수행하고 있다. 마지막으로 신탁통치이사회는 2차 대전이 종전되면서 대두된 식민지 국가들의 해방과 자체적인 자치정부의 수립과 독립국가로서의 능력을 지원하는 임무를 담당하였다. 그러나 1994년 마지막 신탁통치국가였던 팔라우가 자치정부 수립 후 유엔 회원국이 된 이후에는 활동을 중단한 상태이다.

4) UN과 평화유지활동

UN 평화유지활동은 1945년 5월에 이스라엘과 아랍 국가들 사이의 정전협정을 감시하기 위한 소수의 유엔 소속 옵서버들을 중동에 파견하면서 시작되었다. 약 70여 년이 넘는 기간동안 UN 회원국들의 재정적 지원과 평화유지군 참여 장병과 민간인 경찰들의 활약으로 국제적 평화와 안전보장을 위해 59개 이상의 임무(아프리카 25개 임무, 아메리카 10개 임무, 아시아태평양 지역 9개 임무, 유럽 8개 임무, 중동 7개 임무)를 성공적으로 완수하였으며, 현재는 12개의 임무를 수행 중이다. 현재는 121개 국가에서 약 7만 8,000여 명의 인원이 평화유지활동에 참여하고 있다. 지금까지 평화유지군의 활동 지역 현황은 아래 그림과 같다.

〈그림 2〉 UN PKO활동 지역 현황('24. 8. 기준)[6]

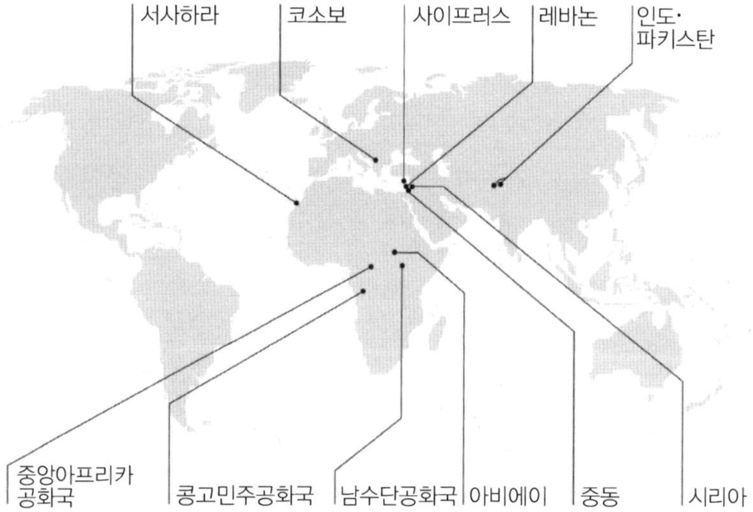

UN 평화유지활동은 당사자의 동의와 공정성, 그리고 자기방어를 제외한 무력사용의 금지라는 3가지 원칙을 따른다. 초기 유엔 평화유지활동의 목표는 휴전 상황을 안정적으로 관리함으로써 평화적인 방법을 사용하여 분쟁국가 당사자들 사이의 갈등이 종결될 수 있도

6 UN PKO 홈페이지(https://peacekeeping.un.org/en/data)

록 여건을 조성하고 관리였다. 따라서 유엔 평화유지군의 주요 활동은 휴전 및 정전협정 준수 여부에 대한 감시, 보고 및 신뢰 구축 역할을 지원하는 것이었으며, 소수의 국가군으로부터 파견된 군사감시단이 비무장 상태로 파견되었다. 1956년 수에즈 운하 위기가 발생하였을 때, 유엔은 경무장한 유엔 긴급군UN Emergency Force I을 파견하여 분쟁을 관리하였다. 최초의 대규모 평화유지군 파병은 콩고에서의 위기 상황에서 최대 2만여 명의 평화유지관련 인원이 파견되었다.

그러나 냉전의 종식과 더불어 양극체제 아래에서 수년간 잠재되었던 종교적 · 인종적 · 민족적 분쟁이 국내적 또는 국제적으로 대두되면서 국제평화유지활동의 중요성이 대두되었다. 그 결과 1989년부터 1994년까지 유엔 안전보장이사회는 20여 건에 달하는 평화유지군 활동 임무를 승인하였으며, 평화유지군에 참여하는 인력도 1만 1,000명에서 7만 5,000명으로 급격하게 증가하였다. 그러나 1994년 르완다에서 대량학살이 발생하였을 때, 평화유지군이 파견되어 있었음에도 적절하게 대응하거나 예방하지 못했다는 점 등에 대해 많은 비판이 제기되었다. 또한 1994년 UN개발계획UNDP에서 제시한 인간안보 등의 개념에 따라 국제사회의 적극적 역할 필요성이 대두되기도 하였다. 분쟁이 발생한 지역은 단순히 국가 간 갈등에 따른 민간인의 생존 위협만이 문제가 되는 것이 아니라 정치적 · 경제적 · 환경적 · 문화적 · 사회적 각 영역들의 기능이 정상적으로 작동하지 못함으로 인해 거주민들의 안전과 안정을 유지하지 못하게 되기 때문이다. 또한 평화유지작전과 관련하여 사상자의 지속적인 발생은 평화유지활동 중 무기의 사용이라는 측면에 대한 규정의 정비 필요성을 제기하였다. 실제로 1948년 이래 4,290여 명의 인명피해가 발생하였으며, 현재 진행 중인 작전에서도 1,620여 명의 사상자가 발생했기 때문이다.[7] 이에 따라 유엔은 평화유지활동이 차원적 갈등 및 분쟁의 양상에 적합하게 대응하고 적응할 수 있도록 정기적인 검토를 통해 평화유지활동에 대한 개혁을 진행하여 왔다.[8]

〈표 1〉 평화유지활동에 대한 UN 개혁보고서 현황

시기	보고서	주요 내용
1992	평화를 위한 의제(An Agenda for Peace)	• 국가내(intra-state) 분쟁에 대한 적극적 역할 제시 • 유엔군 파견 시점에 따른 예방외교(preventive diplomacy), 평화조성(peace making), 평화유지(peace keeping), 평화구축(peace building) 4단계 개념 제시 • 평화강제(peace enforcement)를 위한 임무단 편성
1995	평화를 위한 의제 후속보고서 (Supplement to an Agenda for Peace)	• 평화유지활동에 대한 문제점 인식 - 다국적군으로 구성된 임무단의 지휘통솔의 한계 - 자위를 목적으로 한 무력사용 금지 원칙의 문제 • 임무범위의 확장을 통한 새로운 임무 조명(소형무기 통제, 무장해제, 제도개선, 민간경찰 및 사법제도 개혁, 인권 모니터링 등)
2000	브라히미 보고서	• 무력사용 원칙 완화: 평화협정 미준수 또는 폭력적 방법으로 무력화시키려는 세력에 대항하여 '스스로를 보호하고 임무를 완수하기 위한 무력사용 가능' 및 '적극적 교전수칙 제정' • 평화구축 전략의 수립과 이행 강화: 시민사회 건설 지원 및 경찰 · 사법 시스템 개혁 중요성 강조 • 효과적 임무단 설치를 위한 배치시한 기준 마련(단순임무는 30일 이내, 다차원 임무는 90일 이내)

7 UN Peacekeeping Data. https://peacekeeping.un.org/en/data(검색일: 2023.08.29).
8 United Nations, "A4P: Our Core Agenda for Peacekeeping". https://www.un.org/en/A4P/(검색일: 2023.8.29).

시기	보고서	주요 내용
2015	평화를 위한 우리의 힘의 통합: 정치, 파트너십, 그리고 사람	• 특별정치임무(special political missions)에 대한 재평가: 기존의 기술적 · 군사적 지원은 평화달성이라는 목적달성 및 근본적 문제해결에 다소 부족, 정치과정에 대한 투명성, 평화협상 과정 등에 대한 역량 강화 필요성 제시 • 분쟁현장에 적합하게 구성된 평화유지군 파병 • 지역기구들과의 파트너십 강화를 통한 분쟁의 근본적 원인에 대한 이해를 기반으로 분쟁조정 및 평화구축 시도 • 현장중심 및 인간중심의 평화유지활동 추진
2018	평화를 위한 행동 (Action for Peace)	• 정치적 해결책의 부재와 사상자 증가 등의 문제점 식별 • 8개 영역의 개선사항 식별 - 분쟁에 대한 정치적 해결능력 증진 - 여성과 평화 및 안보 의제 - 평화유지활동 간 보호능력 증진 - 평화유지활동 참여 인력의 안전 증진 - 모든 평화유지활동 구성요소에 대한 효율성 증진 - 평화구축과 지속가능한 평화 - 파트너십 강화 - 평화유지임무 능력 증진

출처: 최윤미, “한국 평화유지활동(PKO)의 새 지평: 성인지 통합과 여성참여 확대방안 연구”, 『전략연구』 제68호(2016. 03), pp. 125-129 재정리.

평화유지활동은 ‘분쟁지역의 평화와 안보의 유지’라는 시작점부터 민간인 보호 등을 비롯한 인권 보호, 전투원의 무장해제, 법치 회복 및 선거활동 등의 정치과정의 원활성 보장 등으로 임무영역을 확대하고 있다. 예를 들어, 민간인 보호와 관련하여서는 1999년 시에라리온임무단에서 민간인 보호임무가 시작된 이래 2023년 기준으로 약 9만 명의 유엔 PKO 인원 가운데 약 95퍼센트에 달하는 인원이 해당 임무를 수행하고 있다.[9]

9 문진혁 · 윤지원, “민간인 보호를 위한 유엔 평화유지활동에서의 무력사용 고찰”, 『PKO

평화유지군의 구성도 다양화되고 있다. 초기 평화유지군은 다국적군 병력으로 구성되었으며, 현재도 대부분의 평화유지군은 군 병력 또는 경찰 인력이 차출되어 활동하고 있다. 그럼에도 불구하고 약 14퍼센트에 달하는 민간인으로 구성된 평화유지활동 인력은 민간 지도자 역할부터 정치, 인권, 선거, IT, 물류, 교통, 행정 등의 분야에 이르기까지 다양한 역할을 수행하고 있다. 2023년 현재 평화유지군 활동 인원은 시민 약 1만 2,000명, 경찰 7,730명 등이 활동하고 있다.

5) UN 개혁과 관련된 논의

UN은 2차 세계대전의 막대한 인적 · 물적 피해를 경험한 국가들이 세계평화 유지라는 목적을 위해 국제연맹의 실패 이유를 개선하면서 출범하였으나, 이러한 개선점은 또다른 모순점을 내포하고 있었다. 그중 하나는 UN 총회General Assembly의 운영 원칙이다. UN은 국가별 주권 평등을 기반으로 한 민주적 의사결정체계를 도입하였음에도 불구하고 국제사회에서의 강대국 지위에 있는 안전보장이사회 상임이사국 5개 국가들에게 거부권veto을 부여한다.

이로 인해 유엔 개혁의 필요성이 꾸준히 제기되었다. 첫째, UN에 참여하는 국가의 수가 확대됨으로 인해 유엔은 국제사회의 대표성을 반영할 수 있도록 개혁해야 한다는 주장이다. 유엔이 최초로 설립되었을 당시의 회원국은 51개국에 불과했으나, 식민지 시대의 종식과 소련의 해체 등으로 인해 유엔 회원국 수는 1965년 117개국, 1975년

저널』 제26호, 2023, p. 69-70; 김세하 · 배일수 · 윤지원, "인간안보 관점에서의 레바논 위기상황 고찰: 유엔 평화작전에 주는 함의를 중심으로", 『전략연구』 제90호, 2023. 7.

144개국, 1990년 159개국, 2000년 189개국으로 증가하였염, 현재는 193개 국가가 유엔의 회원국으로 활동하고 있다. 특히 유엔의 활동에 정당성을 부여하는 가장 핵심적인 기구인 안전보장이사회는 11개국(상임이사국 5개, 비상임이사국 6개)으로 출범하였다가, 1965년 회원국의 증가에 따라 15개국(상임이사국 5개, 비상임이사국 10개)로 확대개편되었다. 그러나 이후 약 80여 개 국가가 추가로 유엔에 가입하였음에도 불구하고 추가적인 개혁조치가 이루어지고 있지 않다. 이는 단순한 회원 가입국 수의 증가를 반영해야 하는 당위성에 대한 문제만이 아니라 회원국 대부분을 차지하는 개발도상국들의 의견이 유엔의 의사결정과정에 제대로 반영되지 못하고 있다는 구조적인 문제도 드러내므로, 이에 대한 문제를 제기하는 의견이 있다.

둘째, UN 예산 분담률에 대한 문제가 있다. 특히, 유엔 운영은 참여 국가들의 자발적인 기금 납부를 통해 이루어지고 있으며, 예산의 대부분은 선진국들이 부담하고 있다. 예를 들어, 2019~2021년 기준으로 미국은 유엔 예산 분담률 22퍼센트(1위)를 담당하고 있으며, 이어 중국이 12퍼센트(2위), 일본이 8.56퍼센트(3위), 독일이 6퍼센트(4위), 한국 2.267퍼센트(11위) 등을 담당하고 있다. 그러나 재정기여 대비 유엔에서의 발언권은 앞서 언급한 대로 주권 평등의 원칙으로 동등하게 주어진다는 점과 유엔 집행 예산의 대부분이 직원들의 인건비 등이라는 점 등을 들어 기금 집행의 투명성이나 효율성을 담보하는 데 어려움이 있다.

이러한 점들을 반영하여 유엔 개혁에 대한 논의는 안전보장이사회의 확대 개편 문제, 행정소요와 관리의 효율성 증대 방향에 대해서 진행되고 있다. 첫째, 안전보장이사회의 확대 개편에 대한 문제는 유엔에 참여하는 국가들의 대표성 확보 차원에서 지역별 국가의 수를 감안하여 안전보장이사회의 상임이사국을 비롯한 비상임 이사국 수를 늘려 지역 대표성을 강화하는 것을 골자로 진행되고 있으나, 신규로 상임이사국으로 지정되길 바라는 일본이나 독일 등의 대표성이나 거부권 부여의 정당성 문제 등으로 논의의 진척이 상당히 더딘 편이다.

셋째, 유엔은 국제적 문제를 해결할 수 있는 정당성을 가진 거의 유일무이한 국제법적 주체임에도 불구하고 기구의 성격상 유엔에서 일하는 인원들의 선발은 국가 및 지역 안배 등의 이유로 상대적으로 덜 엄격한 선발 과정을 거치면서 전문성과 효율성, 윤리의식 측면에서 상대적으로 떨어진다는 지적이 있다. 예를 들어, 유엔의 주요 임무 중 하나는 평화유지군을 파병하여 분쟁을 예방하고 관리하는 것이다. 그러나 평화유지군에 의한 성폭력 피해 사례가 지속 발생하고 있다. 이러한 문제 해결을 위해 일부 선진국에서는 사무총장의 권한을 확대함으로써 행정직원 등에 대한 감시 및 인사관리에 더 많은 영향력을 행사할 수 있도록 유엔 총회의 개혁을 요구하고 있으나, 중국을 비롯하여 일부 개발도상국에서는 총회에서 다수의 영향력이 축소될 것을 우려하여 이를 반대하는 상황이다.

2. 지역안보기구

1) 북대서양조약기구(North Atlantic Treaty Organization, 이하 NATO로 표기)

NATO는 소련의 1949년 핵실험 성공과 더불어 점증하는 소련의 위협에 대응하기 위한 차원에서 서유럽 국가와 미국을 중심으로 12개국이 해당 조약을 비준함으로써 1949년 4월 창설되었다.

나토의 엠블럼은 1953년 채택되었으며, 남색 바탕에 중앙의 나침반과 나침반을 둘러싸고 있는 원으로 구성되어 있다. 남색 바탕은 대서양을 의미하며, 나침반은 세계평화를, 중앙의 원은 동맹국 간의 결속을 의미한다.

NATO는 1952년 그리스와 튀르키예가 가입하고 1955년에는 서독이 가입하면서 외연을 확장하였다. 한편 소련이 서독의 나토 가입을 계기로 동독을 비롯한 공산주의 영향권 아래 있는 국가들과의 바르샤바조약기구Warsaw Treaty Organization, 이하 WTO로 표기를 결성하면서 NATO와 WTO를 중심으로 유럽에서 세력균형이 형성되었다. 냉전이 종식된 이후에는 테러와 대량살상무기의 확산, 인권 및 인종 분쟁 등 초국가적이고 비대칭적인 비전통안보 위협에 적극적으로 대응하기 위한 조직으로 탈바꿈하고 있으며, 이를 위해 지난 2010년 리스본 북대서양조약기구 정상회담에서 새로운 전략개념을 채택하고, 집단방위 및 위기관리, 협력안보 등을 핵심 임무로 상정하여 다양한 위기 및 재난 상황에 대응력을 높이고 있다.

NATO의 기본조직은 정치조직과 군사조직으로 구분되어 편성하고 있다. 먼저, 정치조직에는 NATO 최고 의사결정기구로서의 북대서양이사회와 핵 억제력의 공유를 위한 핵기획그룹이 있다. 북대서양이사회는 모든 회원국의 상주 대사 또는 대표로 구성되며, 의장인

나토 사무총장에 의해서 회의가 진행된다. 가장 특징적인 점은 각 국가의 주권을 존중한다는 차원에서 모든 의사결정은 만장일치를 원칙으로 이루어진다. 핵기획그룹은 나토의 핵심적인 역할을 하는 핵억제력의 공유를 현실화하는 차원에서 1966년 설립되었으며, 독자적인 핵 정책을 추구하는 프랑스를 제외한 전 회원국이 참여하고 있다. 핵기획그룹은 각 회원국 국방장관이 참석하는 가운데 연 2회 개최하며, 핵무기의 안전 및 안보정책, 핵확산과 관련된 문제, 핵군축 등에 대한 사항을 토의하고 있다.

〈참고 2〉 NATO 핵기획그룹(NPG: Nuclear Planning Group)10

NATO의 핵기획그룹 창설은 1950년대 소련의 급격한 핵능력 강화에 따른 유럽 국가들의 우려와 더불어 프랑스의 독자 핵무장 성공 등의 핵확산 우려에 따라 당시 유럽에 배치된 미국의 핵무기(1959년까지 153기의 핵탄두가 유럽 내 배치)의 핵 공유체제에 대한 논의와 함께 시작되었다. 1965년 미국의 맥나라마 국방장관은 NATO 국가들 사이의 핵 공유체제 구축을 위한 특별위원회 창설을 제안하고, NATO는 곧 이어 3개의 실무그룹 회담 및 핵기획 실무그룹 회담을 개시함으로써 1966년 12월 NATO의 핵정책을 협의하고 기획하는 핵기획그룹 및 핵방위업무위원회(NDAC: Nuclear Defense Affairs Committee)가 창설되었다. 1974년부터는 핵기획그룹으로 통일된 명칭이 사용되기 시작하였다.

주요 성과로는 1950년대 NATO가 채택했던 핵위기 시 대량보복전략(massive retaliation strategy)을 대체한 유연반응전략(flexible resopnse strategy)이 핵기획그룹을 통해 의결하였으며, 1979년부터는 프랑스를 제외한 전체 나토 회원국이 상임 참가국을 맡고 있다. 전반적인 확장억제정책에 대한 결정은 핵기획그룹에서 논의가 이루어지나, 최종적인 핵사용 승인 권한은 미국 대통령에게 있다.

다음으로 군사조직의 최상위에는 군사위원회가 있다. 군사위원회는 나토 회원국의 합참의장들로 구성되며, 연 3회 개최하고 있다. 상주대표부에는 합참의장을 대신하여 각국의 군사대표가 상주하여 필요시 안건에 대한 협의를 진행하고 있다. 기본적인 임무는 북대서양 이사회와 핵기획그룹 내에서 기본적인 군사적 자문을 제공한다. 군사위원회 하부에는 동맹작전사령부와 동맹변혁사령부가 있으며, 동맹작전사령부는 나토 군사작전의 계획 및 준비, 실행을 총괄하고 있으며, 현재는 미국 유럽사령관이 북대서양조약기구 유럽동맹 최고사령관으로 임명되어 전반적인 작전지휘권을 행사한다. 대외적으로 밝혀진 나토군의 전략 및 작전목표는 동맹국의 영토를 보전하고, 유럽의 해상교통로를 보호하여 무역의 자유를 보전하는 것이며, 유사시 해당 목표 달성을 위한 군사작전이 필요하다고 판단되는 경우, 유럽동맹 최고사령관은 회원국에게 군사력 및 군사력 사용을 요청하고, 북대서양이사회의 승인하에 작전이 이루어진다. 동맹변혁사령부는 전반적인 NATO군의 군사적인 변혁을 지휘하며, 군사전략과 교리를 개발하고 군사훈련과 병참을 지원하는 조직이다.

NATO 조약에서 가장 중요한 부분은 제5조에 명시되어 있다. 북대서양조약기구 가입 회원국(개별국가 또는 복수 국가)에 대한 공격은 전체 회원국에 대한 공격으로 간주하며, 이와 같은 무력 공격에 대해서는 UN헌장 제51조에 의거하여 개별 혹은 집단 자위권을 행사하여, 공격받은 회원국을 도와 개별적 또는 다른 회원국과 협력하여 군사

---

10 이수형, "나토 핵기획그룹(NPG)의 설립 배경과 초창기 운용방식이 핵협의그룹(NCG) 구축에 주는 시사점", INSS 전략보고(2023. 7.); 황일도, "동맹과 핵공유: NATO 사례와 한반도 전술핵 재배치에 대한 시사점", 『국가전략』, 제23권 제1호, 2017.

력 사용을 포함한 필요하다고 생각되는 행동을 통해 북대서양지역의 안전을 복구 · 유지할 것, 그 사용된 모든 형태의 무력공격과 수단은 유엔 안전보장이사회에 즉각 보고한다.

NATO는 냉전의 종식과 소련의 위협이 사라지면서 존재 자체에 의문이 제기되었다. 하지만 NATO는 동맹국의 자유와 안전보장을 위한 공격을 억제하고 방어한다는 기본적인 임무를 유지하고 있으며 NATO 회원국을 늘려가면서 존재하고 있다. 2001년 9 · 11테러는 NATO 회원국들이 집단방위를 발현하도록 한 최초의 사례가 되었다. 9 · 11테러 직후인 9월 12일, 미국 본토에 대한 테러 공격을 나토 동맹국 전체에 대한 공격으로 간주하여 미국이 테러와의 전쟁을 결의하면, 해당 작전에 참여하기로 하는 집단방위조약 적용을 만장일치로 의결하였다. 미국은 9월 17일 전시 내각을 구성하면서 군사작전 준비를 시작하였고, 영국은 10월 7일부터 시작된 아프가니스탄에 대한 군사작전에 미국과 같이 개시하였다. 한편 2022년 발발한 러시아 · 우크라이나 전쟁은 기존에 유럽 국가임에도 나토 가입에 부정적이었던 북유럽 국가들의 가입을 촉진하고 있다. 2023년 3월에는 북유럽 국가인 핀란드가 31번째 회원국으로 가입하였으며, 스웨덴도 2024년 2월에 32번째 NATO 회원국이 되었다. 나토에 가입한 국가들의 현황은 〈표 2〉와 같다.

또한 나토는 주요 분쟁지역인 아랍지역과 아프리카 지역의 안정이 유럽의 안정과 평화유지에 필수적이라는 관점에서 분쟁의 효과적인 예방 및 위기관리에 대한 주요 역할을 강조하고 있다. 즉, 소련의 위협이라는 실질적인 국가적 위협에 대한 대응이라는 기본적 존재 목적에서 벗어나 새롭게 대두된 테러리즘, 대량살상무기 확산 등과

〈표 2〉 NATO 32개 회원국 현황('24. 8. 기준)

창설국(1949년)	추가 가입국	
미국 캐나다 영국 프랑스 이탈리아 네덜란드 벨기에 룩셈부르크 덴마크 노르웨이 포르투갈 아이슬란드	그리스	1952
	서독(독일)	1955
	라트비아	2004
	루마니아	2004
	리투아니아	2004
	몬테네그로	2017
	북마케도니아	2020
	불가리아	2004
	스페인	1982
	슬로바키아	2004
	슬로베니아	2004
	알바니아	2009
	에스토니아	2004
	크로아티아	2009
	튀르키예	1952
	폴란드	1999
	헝가리	1999
	핀란드	2023
	스웨덴	2024
	체코	1999

같은 초국가적 문제에 대한 대응을 위한 조직으로 유연하게 변화하고 있으며, 실제로 NATO는 유엔의 위임을 받아 미국과 코소보 전쟁 및 리비아 내전 등에 적극적으로 개입하여 분쟁을 해결하거나 조정

하고 있다. 이외에도 환경문제 등과 같은 지역적 범위를 벗어난 비전통안보 문제의 해결을 위한 차원에서 다양한 국가들과의 협력체계를 구축하고 발전시키고 있다. 현재까지 약 40여 개의 국가들이 나토와 긴밀한 파트너십을 맺고 있으며, 그 유형은 유럽 중앙아시아 국가들 중심의 '평화를 위한 동반자' 20여 개국, '지중해 대화상대국' 7개국, '이스탄불 협력 이니셔티브' 4개국이 있으며, 한국과 일본, 호주, 뉴질랜드 등이 포함된 '글로벌 파트너 국가' 9개국이 있다.

한국은 2006년부터 '글로벌 파트너 국가'로서 나토와 긴밀한 협력체계를 구축하여 왔으며, 다양한 이슈에서 협력을 지속해왔다. 2022년 6월에 개최되는 나토 정상회담에 윤석열 대통령이 초청받아 참석하였으며, 이를 계기로 나토에 한국 대표부 개설 의사를 밝혔다. 한국에서는 2022년 9월 13일에 외교부 차원의 직제개정안을 공포하여 나토 대표부 창설을 위한 근거를 마련하였으며, NATO 측에서도 2022년 9월 26일에 신속하게 주나토 한국대표부 지정을 승인하였다. 이에 따라 주나토 한국대표는 주벨기에 EU대사가 겸임하는 것으로 지명되었으며, 나토 측에서도 지난 10월 26일 이를 승인하였고, 11월 22일부로 주나토 대한민국대표가 나토 사무총장에게 신임장을 제출함으로써 공식적으로 활동하기 시작하였다.

〈참고 3〉 NATO의 주요 군사작전

나토는 냉전기간 유럽에서 소련의 확장을 저지하고 억제한다는 기본적인 목표 달성차원에서 공식적인 군사작전은 한 건도 수행하지 않았으나, 냉전의 종식 이후 평화유지 및 인도적 지원을 목적으로 역외에서의 군사작전을 활발히 진행하고 있으며 대표적인 사례는 다음과 같다.

리비아: Operation Unified Protector

나토는 리비아에서 발생한 가다피 정권에 대항하여 일어난 민중반란과 관련하여, 가다피 정부에 의한 공격위협으로부터 민간인 보호를 위해 유엔 안보리 결의 1970호 및 1973호에 근거하여 리비아에 대한 모든 군사작전 지휘권을 인수하여 2011년 3월 31일부터 10월 31일까지 무기 금수 및 인도적 지원임무, 비행금지구역 설정 등에 대한 작전을 성공적으로 수행하였다. 이 작전에는 나토 회원국 14개국 및 4개 파트너국(스웨덴·요르단·카타르·UAE) 등이 참여하였다.

재난구호활동

나토는 러시아와 협의를 통해 1998년에 '유럽·대서양 재난구호조정센터(EADRCC: Euro-Atlantic Disaster Relief Coordination Centre)'를 설치하고 운영에 들어갔으며, 1998년 11월 우크라이나 서부 지역의 홍수 관련 구조활동을 시작으로 1999년 8월 튀르키예 지진 구호, 2005년 8월 미국 카트리나 허리케인 구호 지원, 2007년 8월 그리스 대형 산불 진압 지원 등의 임무를 다양한 국가들과의 협력체제를 구축하여 진행하고 있다.

2) 유럽안보협력기구(Organization for Security and Cooperation in Europe, 이하 OSCE로 표기)

1960년대 절정으로 치달았던 냉전의 긴장은 1970년대 들어서면서 미국과 소련 사이의 긴장완화(데탕트)로 유럽에서도 변화를 일으켰다. 이때 유럽안보협력기구의 전신인 유럽안보협력회의CSCE: Conference on Security and Cooperation in Europe는 1975년 헬싱키의정서를 기반으로 설립되었다. CSCE는 1995년 유럽안전보장협력기구로 상설기구화되었다. 현재 회원국은 전 유럽 지역 국가를 비롯한 미국과 캐나다, 몽골 등의 57개국이며, 한국과 일본을 비롯한 아시아협력동반자국가 5개국과 지중해협력동반자국가 6개국 등 총 11개 국가가 협력동반자국가로 협력을 이어나가고 있다. 특징적인 점은 NATO와 같이 조약에 의해 상호방위에 대한 의무를 부과하는 동맹의 형태가 아닌, 참가국들 사이의 정치적 합의를 추구하는 안보협력기구라는 점이다. 따라서 OSCE 참가국들은 회원국member state이 아닌 참여국participating state으로 지칭된다.

유럽안보협력회의는 전통적인 안보이슈에 대한 문제뿐만이 아니라 경제환경과 인간안보 부분을 종합적으로 고려하는 포괄안보 개념에 기초한 안보협력기구이다. 따라서 군사적 신뢰구축이나 군비축소 등을 통한 안전보장 확보 문제를 중심의제로 다루기는 하나, 소수민족 문제나 인권 문제, 그리고 경제문제 등이 전통적 안보 문제와 불가분의 관계에 있다는 인식하에 다차원적 접근을 통해 회원국들의 안보 문제에 대한 공동의 인식을 증진시키고자 하고 있다. 이에 따라 OSCE는 3가지 안보 범주에 따라 활동영역을 구분하고 있으며, 구체적인 내용은 다음과 같다.

첫째 정치 · 군사 범주로서, 신뢰안보구축조치Confidence Security Building Measures, 이하 CSBMs, 분쟁 예방 및 해결과 관련된 회원국들의 공약 및 대응 절차 등이 포함된다. 이 범주에 해당하는 이슈에 대해서는 회원국 상호 간의 투명성을 제고하고 협력 증진을 통해 군사적 안보 확보를 위해 노력한다. 구체적인 활동 영역은 군비통제, 국경관리, 대테러조치, 군사개혁 등이 있다.

둘째, 경제 · 환경 범주로서, 경제적 번영의 보장과 환경문제의 안정적 해결이 국가 간 분쟁 또는 난민 발생 등을 통한 국가 간 안보갈등 해결의 선결 조건 중 하나라는 인식하에 회원국의 건전한 경제환경 조성과 자국 중심의 개발계획에 따른 수자원 · 지하자원 · 에너지 자원 등의 균형적 관리를 위해 노력하고 있다.

셋째, 인간 범주로서, 인간이 가진 기본적인 인권과 자유에 대한 보장이 지속적인 안전보장의 전제조건이라는 관점에서 법치, 민주주의 원칙 및 제도의 정착, 양성평등 인식제고 및 인신매매 등의 근절을 위한 교육 등의 활동을 담당하고 있다.

OSCE의 주요 의사결정은 전반적으로 협의에 의한 만장일치제이며, 모든 회원국들이 동등한 자격과 지위를 갖는 협력의 장을 강조한다. 이러한 관점에서 유럽안보협력회의의 의사결정은 회의체인 정상회의에서 가장 높은 단계의 의사결정이 이루어진다. 정상회의를 통해 OSCE의 목표 및 조직구성과 같은 핵심적인 사항에 대한 의사결정이 이루어지며, 이렇게 결정된 핵심적인 목표들을 달성하기 위한 주요 사항들을 각료이사회에서 구체적으로 정해진다. 상설협의체로서의 상설이사회는 OSCE의 활동들에 대한 자문과 의사결정사항들에 대해서 논의하며, 실질적인 세부 활동 등에 대한 결정을 내리는 조직으로 알려져 있다. OSCE 의장은 이와 같은 의사결정 과정에서 의제의 설정과 협의기구 및 운영조직들을 운영할 책임을 가지고 있으며, 수월한 협의와 토론을 위해 회원국 대표들을 통한 비공식 회의들을 주재하면서 협력이 원활히 이루어질 수 있도록 한다. 정상회의 등의 주요 회의체 등을 상설기구로는 OSCE 의장국과 사무국이 있으며, 의장국은 희망하는 국가가 수임하며, OSCE의장은 의장국의 외무장관이 당연직으로 수행한다. 상설조직으로는 사무국과 사무총장이 있으며, 사무총장은 OSCE 의장국의 활동을 보좌하고 OSCE 사무국 조직을 관리 및 운영하며, 각종 활동들에 대한 연례 보고서를 작성하여 각료이사회에 제출하는 임무를 부여받고 있다. 사무국은 사무총장의 지휘하에 OSCE 활동의 전반적인 업무를 보좌하는 역할을 수행하며, 분쟁방지센터, 경제환경활동 조정관, 인력개발국, 관리재정국, 감사국 등으로 구성되어 있다.

우리나라는 1994년부터 아시아협력동반자국의 자격을 획득했으며, 1996년 리스본 정상회의에서 상시회의 참여국가가 되었다. 한국은 연간 약 10만 달러의 협력기금을 공여하고 있으며, 2017년부터는 2년 주기로 한국-OSCE 간 사이버 안보회의를 개최하는 등 상호교류를 활발히 이어나가고 있다.

III. 한국과 국제안보협력

1. 한국의 PKO활동

한국은 6 · 25전쟁 과정과 전쟁의 폐허를 복구하는 데 유엔을 비롯한 국제사회로부터 도움을 받아 국토를 보전할 수 있었을 뿐만 아니라 '한강의 기적'이라는 경제성장을 이룩함으로써 이제는 국제사회의 평화와 안정에 기여하는 국가가 되었다.

한국은 UN의 두 가지 활동에서 활발히 기여하고 있다. 첫째, 공적개발원조ODA: Official Development Assistance를 통한 개발도상국의 빈곤퇴치와 경제 및 사회발전을 지원하기 위한 공공을 비롯한 민간 부문의 모든 활동인 국제개발협력을 지원하고 있다. 이러한 정책을 뒷받침하기 위한 차원에서 2010년 국제개발협력기본법을 제정하였고, 이를 2020년 전면 개정함으로써 전략적 무상원조 이행을 추진하고 있다.

〈표 3〉 한국의 공적개발원조 금액(단위: 10억 원)

구분	2018년	2019년	2020년	2021년	2022년	2023년
금액	3,048	3,200	3,427	3,754	3,938	4,777

실제로 한국의 공적개발원조에 집행한 비용은 〈표 3〉과 같이 점진적으로 증가하고 있다.[11]

둘째, UN 평화유지활동에의 참여이다. 한국은 1991년 9월 유엔에 가입하면서 본격적으로 국제평화유지활동에 참여하기 시작하였으며, 2022년 12월까지 기준으로 세계 30여 개 국가에 총 6만여 명의 병력을 파병함으로써 국제평화유지에 기여하고 있다. 지금까지 한국군 장병이 파병되어 활동한 지역을 살펴보면, 서부사하라 국군의료지원단(1994~2006년), 시에라리온 에볼라 위기대응 성부긴급구호대(2014~2015년), 이라크 자이투부대(2004~2008년) 및 다이만부대(2004~2008년), 레바논 동명부대(2007년~현재), 소말리아 청해부대(2009년~현재) 등이 있다. 정부 차원에서는 평화유지군 활동을 보장하기 위해 2009년 UN 평화유지활동 참여에 관한 법률이 제정되었으며, 2010년에는 해외파병을 위한 상비부대를 창설하였다. 이러한 평화유지활동에 대한 참여는 한국의 국제적인 인식을 제고시켜 1995년과 2012년 유엔 안전보장이사회 비상임이사국으로 선출되는 데 기여했을 뿐만 아니라, 타 국가로의 보급 및 지원을 실시하는 과정에서 우리 군의 군수지원능력을 발전시키고 있다.

11 관계부처 합동, 「제46차 국제개발협력위원회 의결안건(제46-1호) '24년 국제개발협력 종합시행계획(안) 요구액기준」(2023. 6).

한국 국방부는 한국이 참여하고 있는 평화유지활동을 크게 부대단위 파병활동, 개인단위 파병활동, 다국적군 평화활동, 국방교류협력활동의 4가지 활동으로 구분하여 정리하고 있다. 먼저, 부대단위 평화유지활동으로는 1993년 소말리아 상록수부대 파병을 시작으로 2022년 12월까지 7개 지역에서 약 1만 9,000여 명이 임무를 수행하였다. 구체적인 부대단위 평화유지활동 현황을 정리하면 다음과 같다.

〈표 4〉 한국의 PKO 현황('24. 8. 기준)

부대	기간	인원(명)	주요활동
소말리아 상록수 부대	1993. 7. ~ 1994. 3.	516	• 소말리아 빌라드 파견 • 내전으로 황폐화된 도로 보수 및 관개수로 개통
서부사하라 의료지원단	1994. 8. ~ 2006. 5.	542	• 현지 유엔요원에 대한 의료지원 • 지역 주민에 대한 방역 및 전염병 예방활동
앙골라 공병부대	1995. 10.~ 1996. 12.	600	• 앙골라 웅마보 파견 • 내전으로 파괴된 교량건설 및 비행장 복구
동티모르 상록수부대	1999. 10. ~ 2003. 10.	3,283	• 우리 군 최초의 보병부대 파견 • 지역재건과 치안회복 지원
레바논 동명부대	2007. 7. ~ 현재	8,437	• 한국의 두 번째 보병부대 파병지역 • 정전감시 등 군사작전과 지역주민에 대한 의료지원 • 주민생활여건 개선(도로포장, 학교 시설물 개선 등)
아이티 단비부대	2010. 2. ~ 2012. 12.	1,425	• 2010년 지진피해복구 및 재건활동 • 태권도 · 컴퓨터 등의 교육 프로지원 등 민군작전 • 응급환자 진료 및 난민촌 방역활동
남수단 한빛부대	2013. 3. ~ 현재	4,238	• 도로건설 및 백나일강 범람 대비 차수벽 설치 등 재건사업 • 한빛 직업학교 및 한빛농장 등 민군작전

한국의 개인단위 파병은 18개 임무 지역에서 약 700여 명의 병력이 파병되어 분쟁지역의 최일선에서 위험을 무릅쓰고 유엔 평화유지활동 임무 단장, 참모, 연락장교, 옵서버 등의 다양한 임무를 수행하였다. 현재는 인도 · 파키스탄 정전감시단, 레바논 평화유지군, 서부사하라 선거감시단, 남수단 임무단 등 4개 임무단에서 23명의 병력이 임무를 수행하고 있으며, 유엔 평화활동국에서도 많은 장교들이 근무하고 있다. 개인단위 파병활동은 다음과 같다.

〈표 5〉 한국의 개인단위 파병활동('24. 8 기준)

구분	기간	연인원	주요 임무
인도·파키스탄 정전감시단	1994. 10. ~ 현재	224	정전감시
그루지아 정전감시단	1994. 11. ~ 2009. 7.	88	정전감시
동티모르 임무단	2000. 1. ~ 2004. 6.	59	정전감시, 참모활동
사이프러스 평화유지군	2002. 1. ~ 2003. 12.	1	평화유지군 사령관
아프가니스탄 임무단	2003. 7. ~ 2010. 12.	7	참모활동
라이베리아 임무단	2003. 10. ~ 2016. 1.	24	정전감시, 참모활동
부룬디 임무단	2004. 9. ~ 2006. 12.	4	참모활동
수단 카르툼 임무단	2005. 11. ~ 2011. 7.	46	정전감시, 참모활동
레바논 평화유지군 사령부	2007. 1. ~ 현재	57	참모활동
네팔 임무단	2007. 3. ~ 2011. 1.	13	정전감시, 참모활동
수단 다푸르 임무단	2007. 6. ~ 2021. 6.	19	정전감시
서부사하라 선거감시단	2009. 7. ~ 현재	44	정전감시
코트디부아르 임무단	2009. 7. ~ 2017. 1.	14	정전감시
아이티 안정화임무단	2009. 11. ~ 2014. 12.	10	참모활동
남수단 임무단	2011. 7. ~ 현재	72	참모활동

2000년대 초반까지 평화유지활동은 UN 주도로 이루어지는 것이 일반적이었다. 그러나 냉전의 종식과 더불어 폭증하는 평화유지활동 요구에 대한 유엔의 대처에 대해 비판적 시각이 등장하고 있다. 더불어 2001년 9.11테러 이후 대두된 테러와의 전쟁, 해적활동 대응 등을 목적으로 북대서양조약기구와 같은 지역안보기구 또는 특정 국가를 중심으로 한 다국적군을 통해 세계의 안정과 평화를 유지하고자 노력하고 있다.

대한민국 국방부는 1991년 걸프전에 국군의료지원단을 파병한 것을 최초의 다국적군 평화활동 참여로 정의하고 있다. 이후 테러와의 전쟁과 관련된 2001년 아프가니스탄전쟁과, 2003년 이라크 전쟁에 전투부대와 수송부대, 의료부대, 공병부대 등을 다양하게 파병하였다. 특히 청해부대(4,000톤급 구축함 1대, 320명 내외의 승조원 등)는 2006년 우리나라 원양어선이 해적에 피랍되면서 국적선에 대한 공해상에서의 보호의 필요성이 제기됨과 동시에 2008년 유엔의 해적퇴치활동 요구에 부응하기 위해 2009년 3월부터 2022년까지 1만 2,200여 명의 인원이 파병되어 활동하고 있다. 청해부대의 주요 임무는 선박의 안전항해 지원, 유사시 국민 보호, 그리고 연합해군사 및 EU 안전항해지원(해적소탕활동 등)을 수행하고 있다. 이러한 활동의 결과로 2022년 기준으로 약 3만 6,000척의 국내외 선박의 안전항해를 지원하였고, 약 2,300척에 대한 호송임무를 성공적으로 수행하였을 뿐만 아니라 24회에 걸쳐 24척의 해적을 퇴치하는 성과를 거두기도 하였다. 이러한 주요 활동들에는 아덴만 여명작전, 리비아 및 수단 교민 철수작전 등의 해적퇴치와 가나 해상 및 예한 인근 해상 피랍 국민 구출작전 지원 및 리비아 무장단체 피랍 국민 구출작전 등이 포함되어 있다.

국방교류협력 활동은 비분쟁지역에서 다른 국가와의 군사협력을 촉진하고 국제공조를 위해 자체적으로 군대를 파병하는 것으로 유엔 주도의 평화유지활동이나 지역안보기구 주도의 다국적군 활동과는 차별화된 한국군의 확장된 해외파병 활동으로 규정하고 있다. 국방교류협력은 크게 군사훈련에 참여하는 등의 군사협력활동과 실종항공기에 대한 탐색지원 및 다른 국가의 재난 및 재해에 대한 구호활동 등을 포함하는 인도적 지원활동의 두 가지 유형으로 구분된다. 한국 국방교류협력의 군사협력에 대해서는 UAE와 특수전부대 교육훈련을 지원하는 연합훈련을 담당하는 아크부대를 2011년부터 약 2,400여 명을 파견하는 군사훈련협력을 실시하고 있다. 인도적 지원활동을 통한 국방교류협력 활동은 필리핀에 대한 태풍피해복구 지원활동(2013. 12. ~ 2014. 12.)과 시에라리온에 대한 에볼라 대응 긴급구호대 파견(2013. 12. ~ 2014. 3.), 말레이시아와 인도네시아에서 일어난 실종항공기에 대한 해상탐색지원 등이 있다.

한국의 평화유지활동 참여는 일차적으로는 세계평화 및 안정에 적극적으로 기여함으로써 국가의 위상을 높였을 뿐만 아니라, 파병 대상 국가에서 한국에 대한 우호적 분위기를 조성함으로써 한국의 대외적 영향력을 높이고 한국의 기업이 진출하는 데 우호적인 여건 마련에 큰 기여를 하고 있다. 앞으로도 한국의 평화유지활동은 지속적으로 확대될 전망이다. 실제로 한국은 2021년 유엔 평화유지 장관회의를 서울에서 개최했다. 이 과정에서 한국이 기여할 수 있는 부분에 대한 점을 강조하면서 첨단기술과 의료역량에 기반한 6대 기여공약을 다음과 같이 제시하였다.

〈표 6〉 한국의 유엔평화유지활동 6대 공약

스마트캠프 구축	• 첨단 IT기술을 유엔 현지 임무단에 접목한 '스마트캠프' 모델 제시, 남수단 한빛부대 대상 시범사업 추진
헬기양도	• 유엔 최우선 소요인 정찰헬기(500MD) 16대를 아프리카 임무단 내 헬기부대 운용 국가에 공여
의료역량 강화	• 유엔 의료훈련센터에 우리 군 의무요원 파견, 의무훈련 지원
공병훈련 지원	• 유엔병력 공역구에 공병장비 공여 및 훈련 지원 • 양자 협력을 통해 지뢰제거 훈련 지원
여성 PKO요원 역량 강화	• 국방대 국제평화활동센터에 2023년부터 유엔 여군교육과정 유치 및 여성 PKO 참여율 향상
경찰 PKO요원 역량 강화	• 경찰 PKO요원 파견 확대, 경찰대 PKO 교육센터 활용 유엔 경찰특별교육과정 운용

스마트캠프 구축에 대해서는 2022년 6월부터 남아프리카공화국 유엔 평화유지 기술협력 심포지엄 등에서 한국 국방부가 스마트캠프 구축 관련 주요 발제자로 지속 초청받는 등의 주도권을 확보하고 있으며, 500MD 헬기 공여를 위한 현장실사가 2022년 7월부터 유엔과 미국 주도로 케냐 및 엘살바도르에 대해서 이루어졌으며, 유엔 아프리카 임무단에 정상적으로 공여될 수 있도록 협조를 지속하고 있다. 공병훈련 지원에 있어서도 캄보디아-유엔-대한민국 간 협력채널이 개설되었으며, 2022년 11월에는 한국 · 캄보디아 국방장관 간에 공병장비 양도를 합의하고 이행했다.

2. 유엔안전보장이사회와 대북제재결의

유엔에서 논의되는 많은 안보 문제 중 한국과 직결된 것으로 북한 핵문제를 빼놓을 수 없다. 한국과 북한은 각각 1975년과 1985년에 핵확산금지조약Nuclear Non-Proliferation Treaty, 이하 NPT로 표기에 가입하여 핵 개발 또는 보유를 원칙적으로 금지하기로 국제사회와 합의하였다. 그러나 북한의 핵시설 운영은 1989년 프랑스의 상업위성에 의해 노출되면서 비밀 핵무기 개발에 대한 의혹이 본격적으로 제기되어 1991년 북한과 국제원자력기구 간 안전조치 협정 체결 후 1992년 IAEA의 핵사찰 과정에서 북한의 중대한 위반사항이 식별되면서 최초의 북한 핵위기가 고조되었다. 그리고 1993년에 북한은 NPT 탈퇴를 선언했다. 이러한 1차 북핵 위기는 미국의 개입으로 미북 간 협의가 극적으로 타결되면서 일단락되었다. 그러나 미북 간 합의된 '제네바 협약'에도 불구하고, 북한은 비밀리에 파키스탄의 지원을 받아 1990년대 중반부터 우라늄 농축실험을 하는 등 핵무기 개발을 지속적으로 시도하였다.

2002년 북한의 우라늄 농축 활동에 대한 의혹에 따라 제네바 합의에 대한 이행이 상호 간에 불명확해짐에 따라 대두된 2차 북핵위기는 북한의 지속적인 플루토늄 재처리 의혹에 대해서 이해당사국들인 미국과 한국 · 북한 · 중국 등을 포함하는 6자회담의 형태로 해당 문제를 해결하고자 시도하였다. 그럼에도 불구하고 2005년 핵무기 보유선언과 2006년 10월 1차 핵실험 등을 거치면서 본격적으로 유엔 중심의 대북제재에 대한 논의가 시작되었다. 북한의 핵실험 및 핵능력 고도화에 대한 유엔 중심의 대북제재 현황은 다음과 같다.

<표 7> 유엔 대북제재 현황

유엔결의안 (일자)	배경 (일자)	주요 내용
1718호 ('06.10.14.)	1차 핵실험 ('06.10.09.)	• 제재대상 자산동결 및 여행통제 • 유엔 안전보장위원회 산하 북한 제재위원회 설치
1874호 ('09.06.12.)	2차 핵실험 ('09.05.25.)	• 소형무기 수입을 제외한 전면 무기 금수 • 대량살상무기, 미사일 활동에 기여한 금융거래 금지
2087호 ('13.01.22.)	탄도미사일 발사 ('12.12.12.)	• 공해상 의심선박에 대한 검색 강화기준 마련 추진 • 북한 금융기관 관련 모든 활동에 대한 감시강화 촉구
2094호 ('13.03.07.)	3차 핵실험 ('13.02.12.)	• 핵 · 미사일 관련 금수 품목 확대 • 금융제재 강화 (결의 위반 북한 은행 해외 신규활동 금지)
2270호 ('16.03.02.)	4차 핵실험 ('16.01.06.)	• 북한과의 군 · 경 협력 금지 • 북한 은행의 해외지점이나 사무소의 90일 내 폐쇄 • 북한산 광물 수입 금지조치 도입
2321호 ('16.11.30.)	5차 핵실험 ('16.09.09.)	• 북한과의 과학 및 기술협력 금지 • 북한에 대한 항공기 · 선박 대여 등 금지 • 북한 내 외국 금융기관 전면 폐쇄 등
2371호 ('17.08.05.)	탄도미사일 발사 ('17.07.04/28)	• 대량살상 및 재래식무기 이중용도 품목 통제 추가 • 북한제재위원회에 금지활동과 연관된 선박지정 권한 부여 및 동 선박 입항 불허 의무 • 북한 주요광물 등 수출 저면 금지
2375호 ('17.09.11.)	6차 핵실험 ('17.09.03.)	• 대량살상 및 재래식무기 이중용도 품목 통제 추가 • 북한 해외노동자에 대한 노동허가 부여 금지 • 대북 유류 공급 제한
2397호 ('17.12.22.)	화성-15형 발사 ('17.11.29.)	• 영토 및 영해에서 금수품 운송 및 금지활동 연루 선박 대상 나포, 검색, 억류 • 대북 유류 공급 추가 제한, 북한 주요 물품 수출 금지 • 대북 산업용 기계류 및 철강 등 수출 금지

그러나 이와 같은 UN 안전보장이사회의 대북제재 결의는 2018년 북한의 핵보유국 선언과 실전배치 주장, 2021년 핵물질 생산 재개, 2023년 북한 정찰위성 발사와 같은 탄도미사일 발사 시도 등의 지속적인 UN 안보리 결의 위반에도 불구하고 중국 및 러시아의 안전보장이사회 상임이사국의 거부권에 따라 추가적인 대북제재 안보리 결의는 진행되고 있지 못한 상황이다.

12장 군비통제와 남북관계

Ⅰ. 군비통제의 개념과 유형
Ⅱ. 군비통제 국제체제
Ⅲ. 남북한 군비통제

• 학습 개요 •

군비통제는 국가 간 군비경쟁이 전쟁이라는 파괴적인 행위로 이어지는 것을 막고자 자발적으로 군사력 증강이나 운용 등을 잠재적 경쟁국가 또는 적대국가 사이에서 통제하는 안보협력의 유형이다. 대표적으로 미국과 소련은 전략무기감축협정을 통해 핵탄두나 미사일 등의 발사체 수량을 조절해 왔으며, 유럽에서는 냉전 기간부터 이어온 협의를 통해 재래식무기 감축협정을 성공적으로 수립하였다. 한반도에서도 긴장의 완화를 통한 평화 달성 측면에서 다양한 수준에서 남북 간 군비통제를 시도하고 있으나, 현실적으로 그 성과는 미미한 상황이다.

이번 장에서는 군비통제의 주요 개념과 의의 및 한계 등을 살펴보고 국제적인 군비통제협정 사례와 남북한 간의 군비통제협정 사례를 다룬다. 첫 번째 절에서는 군비통제의 개념과 유형에 대해서 학습한다. 두 번째 절에서는 국제적 군비통제협정의 사례를 대량살상무기(핵무기와 생화학무기)와 재래식무기로 나누어 살펴본다. 마지막 절에서는 한반도에서 남한과 북한이 가지고 있는 군비통제의 인식을 살펴보고, 남북한 사이에 이루어진 군비통제의 사례를 다룬다.

[주요 개념]

군비통제 · 군비축소

대량살상무기확산방지

미사일확산금지

재래식무기 군비통제

한국의 군비통제 정책

북한의 군비통제 정책

9·19군사합의

[생각해 봅시다]

1. 군비통제의 개념은 무엇인가?
2. 국제적 대량살상무기 군비통제는 달성 가능한 목표인가?
3. 재래식무기의 군비통제는 대량살상무기에 대한 통제보다 쉬운가?
4. 남북한 간의 군비통제는 어떤 한계가 있었는가?
5. 남북한 군비통제의 발전 방향은 무엇인가?

I. 군비통제의 개념과 유형

1. 군비통제의 개념의 발전

냉전기 미국과 소련의 재래식무기 및 핵 경쟁은 더 많은 무기와 더 큰 파괴력, 새로운 무기의 개발로 이어지면서 우발적 전쟁에 대한 우려를 높였다. 군비통제 개념은 안보 딜레마 상황에서 공존할 수 있는 현실적 대안을 모색하는 노력이었다. 최초의 군비통제의 시작은 1899년 헤이그 만국평화회의였다. 이 회의에서 비인간적 살상무기 금지에 대한 논의가 시작되면서 군축disarmament의 개념이 제기되었으며, 제1차 세계대전의 파괴적 전쟁 양상은 국제연맹을 탄생시켜 국가들의 군비삭감을 추구했으나 실효적 조치로서의 성과를 거두지는 못했다. 당시 팽창하고 있던 일본의 해군력 견제를 위한 차원에서 1921년 미국과 영국, 일본, 이탈리아와 프랑스 간의 해군 함정 건조 비율을 일정 수준으로 규제했던 워싱턴합의가 대표적이다.[1] 2차 대전 이후 UN은 헌장 제11조에서 국제평화 및 안보를 위해 군축 및 무기규제에 관한 원칙을 심의하고 이를 회원국 및 안전보장이사회에 권고할 수 있는 권한을 총회General Assembly에 부여하였다.

냉전이 격화되면서 미국과 소련은 재래식무기뿐만 아니라 핵무기의 경쟁을 치열하게 전개했는데 그 결과 군비통제 논의의 필요성이 제기되었다. 군비통제 논의는 미국과 소련이 가지고 있는 안보 동기

---

1 김민석, "워싱턴 체제의 성립 과정과 요인에 관한 연구", 서울: 고려대 정치외교학과 박사논문, 2002.

〈표 1〉 UN 주관 주요 군축기관 현황

	UN 총회 제1위원회 (First Committee)	UN 군축회의(UNDC)
역할 및 기능	군축·비확산 문제에 대한 실질적 토의 담당 결의안 채택 후 UN 총회 본회의 상정	군비축소와 관련된 주요 이슈에 대한 국제사회의 합의와 방향, 원칙 등을 도출해내는 심의기구
참여국	모든 UN 회원국	모든 UN 회원국
회기	매년 UN 총회기간 중 10~11월	매년 4~5월
주요 성과	국제원자력기구(IAEA) 설립 승인(1954), 핵확산금지조약(NPT) 채택(1968) 등	

를 인정하고 양 국가 사이의 군비경쟁을 상호 규제가 가능하고 예측이 가능한 범위 내에서 하자는 시도였다. 이를 통해 군비경쟁의 악순환과 전쟁 발발 가능성을 방지하려는 안보협력의 수단이었다.

2. 군비통제의 정의

군비통제를 학문적으로 개념화하기 위한 시도는 1950년대 토마스 셸링Thomas C. Shelling과 모튼 핼퍼린Morton H. Halperin이 시작했다. 이들은 군비통제를 '잠재적인 적국 사이에서 전쟁의 가능성을 줄이고, 전쟁 발발 시에 그 범위와 폭력을 제한하며, 평시에 전쟁 준비에 소요되는 정치적·경제적 비용을 감소시키기 위해 행하는 모든 형태의 군사협력'으로 정의하였다.[2] 국가 간의 전쟁을 억제한다는 목적의 측

2 Thomas C. Shelling and Morton H. Halperin, *Strategy and Arms Control,* New York: A Pergamon-Brassey's Classic, 1985, p. 2를 한용섭, 『한반도 평화와 군비통제』, 서울: 박영사, 2015, p. 79에서 재인용.

면에 집중하는 일부 학자들은 군비통제의 개념을 확대하여 '완전한 무장해제로부터 상호억제의 안정성을 증가시키기 위해 몇 가지의 무기를 증강하는 것'도 군비통제의 일부라고 주장한다.[3]

국내의 연구자들은 군비통제를 '군비경쟁의 상대적인 개념으로서 군비경쟁을 중지 또는 안정화시키는 각종 노력'으로 정의하거나[4] '일방, 쌍방, 혹은 다자간의 합의를 통해 특정 군사력의 건설, 배치, 이전, 운용, 사용을 확인, 제한, 금지 또는 축소하여 군사적 투명성을 확보하고 군사적 안정성을 제고하여 궁극적으로 국가안보를 달성하려는 안보협력 방안'으로 설명한다.[5]

한국 국방부에서는 군비통제를 '국가 또는 지역 간의 군비경쟁 및 군사적 불균형 완화, 적대국가 간 상호 불신 감소, 군사적 예측가능성 증대 등을 통한 상호 이해 및 신뢰증진으로 평화적 방법에 의한 분쟁 해결을 도모하여 궁극적으로 국제평화를 추구하는 것'으로 정의한다.

3. 군비통제의 특징

군비통제는 기본적으로 평시에 적국 또는 잠재적 경쟁자와의 협상을 통해 상호 위협이 되는 요소를 감소시킴으로써 안보를 증진하는 안

---

3 Allen R. Ferguson, "Mechanics of Some Limited Disarmament Measures", *The American Economic Review,* Vol. 51 No. 2, 1961, p. 479.

4 송대성, 『한반도 평화체제구축과 군비통제: 2000년대 초 장애요소 및 극복방안』, 성남: 세종연구소, 2001, p. 25.

5 황진환, 『협력안보시대에 한국의 안보와 군비통제』, 서울: 도서출판 봉명, 1998, p. 52.

보협력이다. 이러한 관점에서 군비통제는 기본적으로 국가 간의 안보경쟁의 완화를 위한 평화지향적 협상과 합의의 과정을 중요시하는 경향이 있다.

다른 한편, 국가 간의 군비통제협상이 가지는 경쟁적competitive 본질에 대한 연구들도 존재한다.[6] 기존의 군비통제 논의가 결과론적인 측면에서 국가 상호 간의 합의라는 측면에 집중한다면, 경쟁적 본질에 주목하는 관점은 군비통제가 점증하는 위협인식과 상대적 이익relative-gain의 문제를 어떻게 협상하는지에 주목한다. 즉, 국가 간 군비통제 협상은 협상이 진행되는 동안 국가 간 '협력 내 경쟁'이 치열하다는 점에서 '경쟁적' 속성도 가진다.

4. 군비통제의 유형과 방법

군비통제와 관련된 개념에는 군비감축 또는 축소Arms Reduction, 군비제한Arms Limitation, 무장해제disarmament, 신뢰구축 조치CBM: Confidence Building Measures 등이 포함된다. 군비감축 또는 축소의 의미는 이미 보유하고 있는 무기나 병력의 수적 감축을 의미하며, 군비제한은 군사력의 건설을 질적인 측면 또는 양적인 측면에서 일정하게 제한하는 것을 의미한다. 무장해제의 전통적 의미는 각 국가가 보유한 군사력의 완전한 해체이지만, 현대적 의미는 군축arms reduction과 동일한 개념으로 이해된다. 신뢰구축조치는 상대의 군사행동의 예측가능성 제

---

6 박주형, "ABM 조약 체결 과정의 재조명: 군비통제 정책의 경쟁적 본질을 중심으로", 『국가전략』, 제27권 제3호, 2021, pp. 133-163.

〈표 2〉 군비통제의 방법과 사례

분류	설명	사례
군사력의 개발, 제조 및 보유의 통제	새로운 군사력의 보유를 제한하거나 현재 보유한 군사력을 감축시키는 것	1919년 베르사유조약 (독일의 군사력 건설 제한) 1922년 워싱턴조약 (일본 해군력 건설 제한) 1968년 핵확산금지조약 1991년 전략무기제한협정
군사력의 사용 및 실험 금지	특정 무기의 사용 금지	1925년 제네바의정서 (화생무기 사용금지) 1981년 비인도적 무기 사용금지협약 1997년 오타와협약 (지뢰사용 금지)
군사력의 배치 금지 및 제한	특정 지역에서의 군사력 및 특정 무기의 배치 금지	1959년 남극조약 (극지역 비군사화) 1953년 한반도 비무장지대(DMZ) 설치 1985년 남태평양 비핵지대조약 1978년 이스라엘 · 이집트 간 병력분리협정
군사력 운용 제한		1975년 헬싱키선언 1986년 스톡홀롬선언
국제이전 금지 및 통제	특정 무기 또는 특정 기술의 국가 간 이전 제한 및 통제	1968년 핵확산금지조약 1987년 미사일 수출통제체제

고를 통한 위험 감소와 위기관리의 용이성을 증진하는 제반 조치를 의미한다. 이러한 논의를 바탕으로 군비통제의 실질적 방법 및 사례를 정리하면 〈표 2〉와 같다.

위에서 제시한 군비통제의 방식은 운용적 군비통제operational arms control와 구조적 군비통제structural arms control로도 구분할 수 있다.[7] 운

7 Richard Darilek, "The Future of Conventional Arms Control in Europe: A Tale of Two Cities, Stockhelm and Vienna", *Survivial,* Vol. 29, No. 1, 1987, pp. 5-6.

용적 군비통제란 군사력의 운용과 배치를 통제하는 것을 의미한다. 운용적 군비통제는 전쟁의 주요 발발 원인이 잘못된 정보, 이에 따른 오해와 오산의 발생, 그리고 상호불신에 따른 우발적 군사력의 운용 등으로 본다. 즉, 상대방에 대한 군사정보를 교환하고, 병력의 이동 및 배치, 기동훈련 등에 대한 정보를 공개함으로써 군사활동의 예측 가능성을 증진시켜 군사적 활동에 대한 투명성이 제고 된다면, 전쟁 발발의 가능성도 낮아질 것으로 예측한다.

구조적 군비통제는 군사력의 규모와 구조에 대한 상호 조정 및 통제하는 것을 의미한다. 구체적인 방법으로는 현 수준에서 군사력을 증강하지 않는 동결freeze, 일정 수준의 상한선을 정해놓고 그 이상으로 군사력 증강을 막는 증강제한, 특정 유형의 무기 또는 화력의 사용을 규제하는 금지, 그리고 군사력의 일정비율 또는 일정수량을 폐기하거나 축소하는 감축 등이 있다.

5. 군비통제의 기능[8]

잠재적 적국 사이의 군비통제 진행은 다음과 같은 효과를 기대할 수 있다. 첫째, 군사적인 측면에서 군비통제가 이루어진 국가들 사이에서는 전략적 안정성strategic stability가 유지될 가능성이 높으며, 전통적인 세력균형이론에 따라 안정성이 높은 국가들 간의 관계에서는 전

8 Michael D. IntriLigator and Dagobert L. Brito, "On Arms Control", Edward A. Kolodziej and Patrick M. Morgan(eds), *Security and Arms Control Vol. I: A Guide to National Policy Making,* New York: Greenwood Press, 1989, p. 216; 남만권, 『군비통제 이론과 실제』, 한국국방연구원, 2006, pp. 69-73.

쟁의 가능성이 낮아진다. 이는 군비통제에 합의한 국가들이 서로 전쟁회피에 대한 공동의 이해를 가지므로, 군비를 증진시켜서 발생할 수 있는 군비경쟁을 스스로 억제하거나 상호 간의 의사소통의 수단이 마련되어 있어 우발적으로 발생한 위기에 대해서도 안정적인 위기의 관리가 가능해지기 때문이다. 이러한 공동의 이해관계와 상호소통이 가능한 절차의 존재는 상대국가들 사이의 상호불신을 감소시킬 수 있을 뿐만 아니라 군사활동의 투명성과 예측성을 증가시킴으로써 군사적 분쟁을 평화적으로 해결할 수 있는 장을 마련하게 해준다.

둘째, 정치적 측면에서 군비통제는 상호 간의 협상의 과정을 통해서 이루어진다는 측면에서 잠재적 적대국 사이의 정치적 관계를 발전시킬 수 있는 토대를 마련할 수 있다. 다시 말해, 군비통제가 이루어진 국가들 사이에서는 군사적 안보 협상을 위한 국방 및 외교적 대화의 채널이 만들어진 상태이므로, 이를 바탕으로 조금 더 협력적인 관계로 발전될 여지가 있다. 또한 이는 우발적인 위기 상황이 전쟁으로 고조된다고 하더라도 그 피해의 정도가 군비통제가 이루어지지 않은 상태보다 낮아질 수 있다는 것을 의미한다. 운용적 군비통제와 구조적 군비통제는 정도의 차이는 있으나, 군비통제가 진행되던 국가들 사이에 우발적 전쟁이 발발한다고 하더라도 상대국가의 군사적 이동이나 훈련정도, 장비상태 등에 대한 정보가 상호 간에 일정부분 교환된 상태라는 점에서 대비가 가능할 뿐만 아니라 조속한 대화나 협상을 통해 조기 종결도 가능하다는 공통점이 있다.

마지막으로는 잠재적 적대국가들 사이의 군비통제가 진행된다는 점은 직접적인 군사비에 대한 투자비가 줄어듦으로 인해 경제분야에 투자할 비용을 확보함으로써 경제적 이익도 커질 수 있다.

6. 군비통제 촉진요인

국가 간의 군비통제가 촉진되는 요인에는 상호 간의 협상을 촉진시키는 국제적 요인과 협상 당사국의 군비통제정책에 대해 영향을 미칠 수 있는 국내적 요인이 있다. 국제적 차원에서는 첫째, 국가 간의 관계가 개선되는 경우에 상호합의에 의한 군비통제의 가능성이 높아진다. 즉, 상호 간의 적대적 또는 위협인식이 감소하고 상호호혜적 관계로의 발전 가능성이 대두됨에 따라 국가들 간의 군사협력이 증진될 가능성이 존재한다. 대표적으로 WTO와 NATO 국가들 간의 냉전 후반기부터 이루어진 군비통제의 사례가 있다. 둘째, 미국과 소련의 다양한 군비통제 협상 사례와 같이 협상 당사국 간의 군사력 균형이 존재하는 경우 군비통제가 촉진될 가능성이 높다. 셋째, 자유주의 이론에서 주장한 것처럼 국가들 간의 경제적 상호의존성의 증가는 국가들 간의 군사적 긴장 고조 및 군사력 운용에 대한 제약요소로 작용하므로 군비통제협상을 진전시킬 수 있다고 본다. 마지막으로 안보레짐의 존재는 군비통제협상을 촉진시키는 촉매제 역할을 할 수 있다고 주장한다.

국내적 차원에서는 첫째, 군비통제 정책 추진에 대한 대통령을 비롯한 국가 리더십의 의지가 명확할 경우 군비통제정책 추진은 탄력을 받을 수 있다. 둘째, 군비통제 협상 당사국 중 한 국가의 군비증강 또는 양자간의 군비경쟁이 더 이상 지속되기 어려운 경우 군비통제 협상이 성공할 가능성이 높다. 예를 들어 한 국가가 군비증강을 더 이상 지속하기 어려운 경우, 자연스러운 결과로서 군비통제는 달성될 수 있다. 마지막으로 국내의 공식적 조직 또는 비공식적 행위자들의 군비통제에 대한 담론 형성은 국가 간 군비통제협상에 영향을 미칠 가능성이 있다. 다만, 군비통제가 국가 간 이루어지는 협상의 결과물임을 고려할 때, 국내적 차원의 촉진요소는 상대방의 협상 의지에 영향을 받기 때문에 한계가 있다.

7. 군비통제의 한계[9]

잠재적 적국 사이의 군비통제는 기대되는 효과가 매우 큼에도 불구하고 현실적으로 협상이 이루어지거나 진척되는 사례는 매우 드물다. 이러한 점에서 군비통제 논의는 일정부분 다음과 같은 한계를 갖는다.

첫째, 군비통제는 대칭적이고 균형적인 측면에서의 협상은 상당한 수준에서 높은 성공률을 보이나, 비대칭적이고 불균형적인 대상들 사이에서는 협상의 진전 가능성이 상대적으로 낮은 것으로 나타난다. 예를 들어 유럽의 재래식무기감축협정CFE 등은 핵전력 등의 비대칭전력을 제외하고 재래식 전력만을 대상으로 협상에 임했으며, 미국과 소련 사이의 대표적인 군비통제정책인 전략무기감축협정도 강대국들 사이의 핵전력에 대해서만 논의가 됨으로써 협상의 가능성이 높아졌던 측면이 있다.

둘째, 군비통제 협상이 진전되기까지 상당히 긴 시간을 필요로 한다. 자국의 안전보장과 직결되는 군사적 분야의 협상이기 때문에 상호 간의 신뢰에 문제가 생기는 경우, 협상은 진전되지 않거나 오히려

9 남만권, 『군비통제 이론과 실제』, 한국국방연구원, 2006, pp. 73-80.

퇴보하는 경우가 발생한다.

셋째, 상대방이 제공하는 정보의 투명성이나 신뢰성에 대한 문제로 합의가 용이하게 진행되지 않을 가능성이 있다. 이는 군비통제협상은 앞서 설명한 것처럼 상대방에 대한 신뢰를 전제로 이루어진다는 측면에서 상대방의 군사력에 대한 정보 및 전략·전술에 대한 정보의 교차검증이 상대적으로 불확실할 수 있다는 점은 현실적 제약요소로 작동한다. 예를 들어, 군비통제협상의 진전과정에서 상대방에 대한 기습공격 여건을 마련하기 위한 기만책 혹은 자국의 군사력 발전을 꾀하는 시간을 확보하기 위한 전술로 활용될 가능성이 있다. 실제로 1970년대의 데탕트 기간 동안 미소 간의 전략무기감축협정 등의 군비통제 성과가 있었으나, 소련은 이 기간 오히려 핵탄두 수량 등을 적극적으로 확보하였으며, 이는 1980년대 다시 냉전이 격화되는 도화선이 되기도 하였다.

〈참고 1〉 우주영역의 군비통제

우주영역에서 군사화의 진전과 더불어 무기화에 대한 우려는 '우주의 평화적 이용' 원칙에 대한 위배의 가능성이 대두되는 등 우주영역에서의 국가 간 군비경쟁이 심화되는 양상을 보이고 있다. 특히, 우주영역의 활용을 민간·국가차원에서 주도하고 있는 미국과, 대위성요격 무기체계의 실험 등을 통해 미국의 주도권에 대한 심대한 위협으로 대두된 중국·러시아와의 갈등은 강대국 간 우주공간의 군비경쟁이 심화되고 있는 사례로 일컬어진다.

반면 다양한 차원에서 우주공간의 군비경쟁을 방지하고 군사화를 넘어서는 무기화를 방지하기 위한 일련의 노력들도 진행되고 있다. 비록 이러한 노력들이 진영 간의 대립으로 인해 합의를 도출할 정도의 수준까지는 이르지는 못했으나, 우주공간의 경쟁을 방지하고 평화적 이용을 보장해야 한다는 공감대는 형성되어 있다는 점에서 의의를 갖는다.

먼저, 미국과 서방은 군사활동의 투명성 증진과 신뢰조치에 대한 구축을 선제적으로 달성해야 한다는 입장을 표명하고 있다. 이러한 입장의 배경에는 중국과 러시아의 사이버 기술을 이용한 해킹 및 교란 시도, 전자파 등의 지향성 무기 위협, 대위성요격 미사일 실험 등과 같은 실재적 위협에 대한 행동차원의 규제를 규범화하려는 시도이다. 반대로 중국과 러시아는 우주공간에의 무기 배치를 금지하는 형태의 국제적으로 구속력이 있는 조약의 체결을 주장하고 있다. PPWT(Treaty on Prevention of the Placement of Weapons in Outer Space and of the Threat or Use of Force against Outer Space Objects)로 통칭되는 이러한 주장은 우주공간 자체에 무기가 배치되는 것을 금지하는 것을 목표로 한다. 이러한 중국과 러시아의 주장에 대하여 미국과 서방측은 우주공간의 범주, 무기체계의 정의, 검증에 대한 기술적 한계 등을 사유로 원론적인 차원에서 반대의 입장을 표명하고 있으며, 실제로 중국과 러시아가 실험하였던 위성요격미사일의 경우 지상에서 발사하여 위성을 파괴한다는 점에서 PPWT의 대상에서 제외되는 등의 한계를 보이고 있다.

최근에는 UN 차원에서 행위 중심 접근법을 통한 개방형 실무작업반(Open-Ended Working Group)을 설치하여 2022년부터 2023년까지 우주위협 관련 기존의 국제법 및 규범을 점검하고, 실재적인 우주위협을 식별하며, 기술기반이 아닌 행위기반의 규제대상을 식별하고, 책임있는 행위관련 국제규범 및 규칙에 대한 권고안을 정부를 비롯한 민간행위자들이 참여하여 정립하고자 시도하고 있다. 또한 미국은 우주공간의 잔해물 발생을 억제하고 안정적인 우주자산의 활동 보장을 위한 목적으로 DA-ASAT (Direct Ascending Anti-SATellite) 실험 등을 중단한다는 공약을 발표하였으며, 우리나라도 해당 공약에 참여하는 것을 공식적으로 선언하였다.

II. 군비통제 국제체제

군비통제는 한 국가의 일방적인 노력만으로 달성되기 어렵다. 군비통제는 최소 2개 국가 이상이 참여하거나 혹은 그 이상의 국가들이 참여하는 다자형태로 진행되며, 통제하고자 하는 무기체계의 종류에 따라 대량살상무기에 대한 군축 및 비확산을 위한 국제레짐들이 다양하다.

1. 대량살상무기 군축 및 비확산 체계

1) 핵무기

국제 핵비확산 체제는 핵무기 보유국가의 수가 증가하는 수평적 확산을 방지하고, 궁극적으로는 핵을 보유한 국가들 사이의 핵무기 감축을 위한 일련의 국제협약과 주요 국가들 사이의 협정, 그리고 수출통제체제를 포괄적으로 일컫는 개념이다. 주요 협약으로는 핵비확산조약NPT: Non Proliferation Treaty, 포괄적핵실험금지조약CTBT: The Comprehensive Nuclear-Test-Ban Treaty 등이 있으며, 이를 뒷받침하기 위한 조직들로 국제원자력기구IAEA: International Atomic Energy Agency, 포괄적핵실험금지소약기구CTBTO: Comprehensive Nuclear-Test-Ban Treaty Organization, 제네바군축회의CD, 유엔 등이 있다.

핵무기에 대한 군축정책들은 비핵보유국의 핵보유 억제(수평적 확산억제)와 핵보유국들의 핵무기 감축(수직적 확산억제)에 집중해왔다. 실제로 냉전 시기 미국과 소련이 각각 3만 1,000여 개와 4만 5,000여 개의 핵탄두를 보유하고 있었으나, 양 국가의 핵탄두 감축 프로그램인 전략무기제한협정 등을 통해 보유 핵탄두 규모는 각각 1/5로 감소하였다. 그러나 1991년 소련의 해체와 더불어 소련연방 전역에 퍼져 있던 핵무기의 관리 및 회수가 분명하지 않았던 점과 1960 ~1970년대 미국과 소련이 제공했던 민수용 고농축우라늄 등이 테러단체 등에 활용될 소지가 발생하면서 대책 마련이 시급했다. 이로 인해 비국가 행위자에 의한 핵테러위협 방지가 핵무기 군비통제의 새로운 이슈로 등장하게 되었다.

(1) 핵확산금지조약(NPT)

NPT는 국제적인 핵확산을 억제를 목적으로 설립되었으며, 구체적으로 핵무기의 수평적 확산을 방지하고, 핵 관련 군비통제 및 군축을 실현하며, 에너지 자원으로서의 원자력을 평화적으로 이용하도록 촉진하기 위해 노력하고 있다. 최초의 구상은 1957년에 서방 국가들이 중심이 되어 유엔 총회에서 핵확산 금지와 관련된 논의가 시작되었으나, 프랑스(1960년 2월)와 중국(1964년 10월)이 각각 핵실험을 실시하면서 본격적으로 미국과 소련을 중심으로 핵확산 금지를 위한 조치들이 이루어졌다. 유엔 제네바 군축회의에 1968년 NPT 관련 제안을 공동으로 제출하면서 1970년 발효되어 25년간 효력이 지속되는 조항이 있으며, 이 조항에 의거 1995년 NPT 가입국들은 합의를 거쳐 NPT체제를 무기한 연장하는 데 합의하여 현재에 이르고 있다.

NPT의 주요 내용은 핵무기의 확산 방지를 위해 비핵보유 당사국의 원자력 활동을 평화적 목적으로 한정하도록 하고 있으며, 이를 위한 장치로서 비핵보유국들은 국제원자력기구와 안전조치 관련 협정을 체결하여 국제원자력기구가 해당 국가의 원자력 활동이 군사적으로 전용되는지를 검증할 수 있는 조치를 취하는 권한을 부여받고 있다. 다만, 핵군축과 관련된 조항도 포함되어 있으나, 이에 대한 시한은 규정되어 있지 않아 실효성이 다소 부족한 측면이 있다.

NPT는 핵보유국 그룹과 비핵보유국 그룹으로 나뉘어 각각 상이한 의무를 지도록 되어 있다는 점이 특징적이다. 핵보유국 그룹은 1967년 이전에 핵무기와 관련된 실험을 실시한 국가들로서 미국 · 러시아 · 영국 · 프랑스 · 중국이 포함되며, 이들 국가는 비핵보유국에 대한 핵무기 및 핵 관련 기술의 이전을 금지하고 핵 군축에 대한 의무를 지도록 되어 있다. 비핵보유국은 핵무기와 관련된 실험을 비롯하여 제조 관련 행위를 금지하는 의무를 지도록 되어 있다.

NPT의 주요 성과로는 기존의 핵보유국이었던 남아프리카공화국이 1991년 핵폐기를 진행하고 NPT에 가입하였으며, 1994년에는 소련의 핵무기가 배치되어 있던 지역의 독립국가들인 우크라이나 · 벨라루스 · 카자흐스탄이 자국 내 보유 핵무기를 러시아에 이전하고 NPT에 가입하였다. 또한 프랑스와 중국은 1992년 핵보유국 자격으로 NPT에 가입함으로써 핵확산 방지를 위한 조치에 적극적으로 참여하고 있다. 그럼에도 불구하고 인도(1974년)와 파키스탄(1998년)의 핵실험에 따른 비공식적 핵보유국화와 이스라엘의 비공식적 핵보유, 북한의 핵실험 등에 따른 NPT 미가입 문제는 해결해야 할 과제로 남아 있다.

(2) 포괄적핵실험금지조약(CTBT)

냉전기 초반인 1960년대와 1970년대에 미국과 소련을 비롯한 핵보유 국가들은 무분별한 핵실험의 확산을 방지하는 목적에서 3개의 핵실험 금지 관련 조약을 체결하였다. 그 내용은 다음과 같다.

〈표 3〉 핵실험금지조약

시기	주요 내용	대상국
1963	부분적(대기권 · 외기권 · 수중) 핵실험금지조약	미 · 영 · 소
1974	지하 핵실험 규모 150kt 이하로 제한	미 · 소
1976	핵무기 실험 장소 외 폭발 규모도 150kt 이하로 제한	미 · 소

냉전이 종식된 이후 이와 같은 핵실험 관련 문제들에 대한 해결을 목적으로 1994년 제네바 군축회의에서 일체의 핵실험을 금지하려는 협상이 시작되었다. 1995년 NPT 평가회의에서 포괄적핵실험금지조약을 협의한 결과 1996년 유엔 총회에서 관련 조약이 제출되었고 다수의 동의를 얻었다. 2020년 12월 기준으로 184개국이 서명하였으며, 각 국가의 국내절차에 의해 비준까지 완료된 국가는 168개국에 이른다. 그러나 미국은 조약에 서명했으나 국내 비준이 무산되어 해당 조약의 가입이 불명확한 상태이며, 부속서 II에 규정되어 있는 원자력 능력 보유 국가군 중 북한과 파키스탄, 인도 등은 조약 서명도 하지 않다.

(3) 양자간 대량살상무기 군비통제협정

양자간 핵군비통제의 대표적인 협정은 미국과 구소련 간 이루어진 전략무기제한협정이다. 최초의 양자간 전략무기제한협정Strategic Arms Limitation Talks, 이하 SALT로 표기은 1970년대부터 시작되었다. 1970년대 이루어진 조약의 핵심은 핵탄두 자체를 제한하기보다는 핵무기를 투발할 수 있는 수단인 대륙간탄도미사일과 잠수함 발사 탄도미사일 등을 제한하는 것이었다. 1972년 체결된 SALT I에서는 미국과 러시아가 각각 ICBM은 1,054기와 1,607기로, SLBM은 각각 656기와 740기로 제한하기로 하였다. 1979년에는 ICBM, SLBM, 전략 폭격기를 포함한 핵무기 발사 수단을 2,250기 수준으로 제한하는 SALT II를 체결하기로 미국과 소련은 합의하였으나, 소련이 아프가니스탄을 침공함으로써 미 상원의 비준을 받지 못해 효력을 발휘하지 못했다.

이러한 양자간의 전략무기제한협상의 방향은 냉전 종식 이후 큰 변화가 나타난다. 1991년 미국과 소련은 기존의 핵무기 투발수단을 제한하는 양자간 협정에서 더 나아가 핵탄두 수량도 동시에 줄이도록 하는 '전략핵무기감축조약START: Strategic Arms Reduction Treaty'을 체결하여 전략핵투발수단은 1,600여 기로, 핵탄두는 6,000여 기 수준으로 줄이기로 합의하였다. 다만, 구소련 붕괴로 인해 우크라이나와 카자흐스탄 등에 배치되었던 핵탄두 문제 등이 발생하여 실제적인 발효는 2001년에 되었다. START I을 대체하는 START II · III는 각각 1993년과 1997년에 핵탄두를 각각 3,000~3,500여 기와 2000~2,500기 수준으로 줄이기로 협의하였으나, START II가 상원 비준을 못 받아 발효되지 못함으로써 자연스럽게 START III도 협상이 체결되지 못했다. 그러나 2001년 START I 발효 이후, 2002년 5월부터 미국과 러시아는 핵탄두를 1,700여 기에서 2,000여 기 수준으로 감축하는 '전략공격무기감축협정Strategic Offensive Reduction Treaty 또는 Moscow Treaty'을 체결하였으며, 동 조약은 2012년에 만료되었다.

2010년 4월, 미국의 오바마 대통령과 러시아의 메드베데프 대통령은 신전략무기감축협정New START에 서명하였으며, 이는 각 국가가 보유한 핵무기를 1,550기 수준으로 줄이기로 합의하였다. 동 조약은 2021년 만료되고 합의에 따라 5년간 연장이 가능했으나, 2020년 트럼프 행정부가 중거리핵전력조약 탈퇴 등의 일련의 미국과 러시아

간 긴장 고조로 연장합의가 불분명하였다. 다행히도 2021년 2월 양국이 외교각서를 교환함으로써 연장절차가 완료되어 2026년까지 지속되는 것으로 합의되었다. 조약의 이행과 관련된 검증체계와 관련해서 START I은 상세한 검증 및 이행 관련 현황에 대한 집계체제가 마련되어 미국과 러시아 간의 신뢰구축에 지대한 공헌을 한 것으로 판단되나, 2002년 발효된 SORT는 구체적인 검증체계가 다소 부족한 측면이 있었다. 2010년 체결된 New START에서는 START I의 검증방식이 너무 복잡하고 고비용이었던 점을 감안하여 간략하고 비용효과적인simple and cost-effective 검증체계를 설정하도록 함으로써 앞서 두 번의 조약의 절충적인 방식으로 전략무기 감축을 위한 협정이행 및 검증체계를 마련하였다. 이러한 미러 간 전략무기제한협정의 내용을 정리하면 다음과 같다.

〈표 4〉 미국과 러시아 사이의 전략무기제한협정

구 분	SALTI	SALTII	START I	START II	START III	SORT	New START
전략 핵탄두	-	-	6,000	3,000~3,500	2,000~2,500	2,200	1,550
핵투발 수단	미: 1700 러: 2350	2,250	1,600	-	-	-	투발수단: 700기 발사대: 800기
서 명	1972. 6.	1979. 6.	1991. 7.	1993. 1.	-	2002. 5.	2010. 8.
발 효	1972. 10.	-	1994. 12.	-	-	2003. 6.	2011. 2.
만 료	1977. 10.	-	2009. 12.	-	-	2012. 12.	2021. 2. (2026. 2. 까지 연장)

출처: https://www.armscontrol.org/factsheets/USRussiaNuclearAgreements

그러나 양자간의 핵무기 관련 협정은 근본적으로 새로운 핵전력 강대국으로 등장한 중국이 포함되어 있지 않을 뿐만 아니라 최근 러시아·우크라이나 전쟁의 여파로 푸틴 대통령이 지난 2023년 2월 신전략무기감축협정 참여 중단을 선언하는 등의 문제로 협정의 안정성 차원에서 한계가 드러났다.

〈참고 2〉 중거리핵전력조약(INF Treaty: Intermediate-range Nulcear Force Treaty)

미국과 소련은 1987년에 단시간에 상대방을 타격하는 것이 가능한 사거리 500~5,500킬로미터에 달하는 모든 지상발사 핵투발 가능 탄도미사일 및 순항 미사일의 보유 및 생산, 그리고 시험에 대해서 금지하기로 합의하였다. 이 조약을 통해 미소 양측은 유럽지역에 배치 중이던 중거리 탄도미사일을 각각 폐기하였으며, 그 결과 재래식 전쟁이 핵전쟁으로 자동적으로 확대될 수 있는 가능성을 사전에 방지할 수 있었다.

그러나 러시아는 2014년부터 해당 조약의 적용을 받는 사거리인 지상발사 순항미사일 등을 개발하고 실전 배치하기 시작하였으며, 중국은 1990년대 후반 이후 단거리 미사일을 비롯하여 중장거리 탄도미사일 개발에 적극성을 보임에 따라 실질적인 미사일 전력의 확대가 미국 내 안보전문가들 사이에서 우려로 제기되었다.

이러한 안보적 상황에 대한 고려에 따라 트럼프 대통령은 2019년 8월에 INF 조약 탈퇴를 공식화하고, 중거리 공격이 가능한 지상발사 미사일을 개발하였다.

2) 생화학무기

(1) 화학무기금지협약(Chemical Weapon Convention, 이하 CWC로 표기)

현대의 전쟁에서 화학무기는 1차 세계대전이 한창이던 1915년 4월

이프르전투에서 독일이 염소가스를 사용한 것이 최초의 사례이며, 1차 세계대전 기간 중 화학무기를 통해 약 10만 명이 사망하고 130만 명이 부상을 입은 것으로 집계되면서 전후 국제사회는 1925년 '전시에 있어서의 생물 및 화학무기 사용금지에 관한 제네바의정서'를 체결하였다. 화학무기 사용 시 예상되는 아군의 피해도 우려되므로 2차 대전 중 독일은 막대한 화학무기를 보유했으나 전장에서 직접적인 활용은 하지 않았다.

이와 달리 2차 세계대전 중 이탈리아와 일본은 각각 에티오피아와 중국에서 화학무기를 사용한 것으로 파악되며, 1960~70년대 소규모 분쟁에서 일부 화학탄이 사용되는 등 화학무기 사용은 근절되지 않고 있었다. 그러다 1988년 이란 · 이라크전에서 이라크가 쿠르드족에게 겨자탄과 사린을 이용하여 5,000여 명을 학살하고, 1991년 걸프전에서 이라크가 이스라엘에 화학무기 사용을 위협하면서 CWC 탄생이 촉진되었다.

냉전의 종식에 따른 미소 양국의 자발적인 화학무기 감축노력은 CWC 탄생의 기폭제 역할을 했다고 할 수 있다. 1991년 미국은 자국이 보유한 모든 화학무기를 폐기한다고 선언하였으며, 이를 계기로 1992년 9월 제네바군축회의에서 화학무기 금지와 관련된 협약이 채택되어 1997년 발효되었으며, 2021년 기준으로 193개국이 참여하고 있다. 현재 미가입하고 있는 국가는 이스라엘, 북한, 이집트, 남수단 등이다.

CWC의 특징은 다음과 같다. CWC는 NPT체제가 핵보유국과 비보유국으로 구분하여 별도의 의무사항을 부과하는 것과 달리, 모든 참여국들이 동등하게 화학무기 및 관련 생산시설을 폐기하도록 의무를 부과받았다는 점에서 모든 국가에게 평등하게 적용되는 국제적 군축 협약이며, 이를 위해 화학무기 관련된 물질들에 대한 산업 등에 대해 체계적이고 효과적인 국제감시가 화학무기금지기구OPCW에 의해 이루어지고 있다.

다음으로 CWC는 협약 비가입국에 대한 실질적인 수준의 제제조치들을 이행하고 있다. 예를 들어 비협약국은 일반 화학산업에 필수적인 물질이라도 협약 당사국들과는 자유롭게 교역할 수 있는 기회가 제한된다. 마지막으로 화학무기 관련된 생산시설 등에 대한 강제적인 사찰조사가 최초로 도입되었다. 기존의 국제조약 등은 강제적인 사찰이나 검증조항이 포함되어 있지 않은 반면에, CWC에서는 사찰에 대한 통보 이후 12시간 이내에 현장을 점검할 수 있고, 이때에는 피사찰국의 동의를 구할 필요가 없는 것으로 규정하고 있다. 다만, 현재까지 강제적으로 사찰이 진행된 사례는 없다. CWC는 2019년 기준으로 OPCW에 신고된 화학무기의 97.5퍼센트 이상을 폐기하는 성과를 달성할 정도로 세계에서 가장 성공적인 군축협상 중의 하나로 인정받고 있다.

(2) 생물무기금지협약(Biological Weapons Convention, 이하 BWC로 표기)

생물무기는 인간 또는 동식물을 사망시키거나 피해를 가하기 위해 의도적으로 병원성 물질을 사용하는 것으로 화학무기 및 핵무기와 함께 대량살상무기로 분류된다. 생물무기에 포함되는 종류에는 병원체 미생물로 분류되는 페스트균이나 탄저균, 콜레라균과 같은 세균류와 에볼라 바이러스 등과 같은 바이러스 등이 포함되며 폭탄 및 미사일 등과 같은 운반체와 관련된 장비 및 장치들도 규제의 대상이 된다.

주요 강대국들은 1차 세계대전을 계기로 상당한 수준의 생물학 무기 관련 연구능력을 신장하였다. 이러한 국제적 현상에 따라 세계적인 수준에서의 1차 대전이 종전된 이후인 1925년에는 화학무기를 포함한 생물학 무기의 확산 및 사용 제한을 위해 '질식성 · 독성 또는 기타 가스 및 세균학적 전쟁수단의 전시사용에 관한 의정서'가 채택되었으며, 1928년부터 발효되었다. 이는 최초로 생물무기의 금지에 대한 국제협약이었다. 그럼에도 불구하고 주요 강대국들은 2차 대전 중에는 국가에서 세균 관련 무기를 상당수 비축하였던 것으로 판단된다.

그러나 생물학 무기의 위험성으로 인해 1969년 제네바군축회의에서 생물학 및 화학무기 사용금지에 대한 협상이 본격적으로 시작되었을 때, 영국은 합의가 상대적으로 쉬운 생물학 무기 우선 협상을 제안하였다. 이에 발맞추어 당시 미국 닉슨 대통령은 모든 형태의 생물학전을 포기한다고 선언하면서 미국 내 존재하는 생물작용제 관련 시설의 폐쇄와 비축 생물학 무기의 폐기를 명령하였다. 이러한 국제적 추세에 발맞추어 1972년 유엔의 군축위원회에서 BWC협약안이 채택되고 1975년 발효되었다. 러시아는 소련 시절 동 조약에 대한 비준에도 불구하고 생물무기를 비축하고 지속적으로 개발해 왔으나, 1992년 구소련 붕괴 이후 옐친 러시아 대통령이 공식적으로 공격용 생물학 무기의 모든 연구개발사업 중단을 선언하고 기존 비축물량에 대한 폐기를 명령하였다.

BWC 협약의 주요 사항은 미생물, 생물학 작용제 및 독소의 개발과 생산, 비축 및 획득을 금지하고 있으며, 협약이 발효된 날로부터

9개월 이내에 보유 중인 병원균과 독소, 장비 등을 폐기하거나 평화적 목적의 사용으로 전환하도록 규정하고 있다. 주요 조항의 내용을 정리하면 다음과 같다.

〈표 5〉 BWC 협약의 주요사항

조항	주요 내용
1조	병원균, 독소, 관련 설비 및 운송수단의 개발과 생산, 획득, 비축 금지
2조	협약 발효 9개월 이내 보유 중인 조약 상의 물질 폐기 또는 평화적 이용 목적 전환
3조	제1조 상의 규제물질의 이전 및 취득, 원조 금지
6조	협약위반 당사국의 유엔 안보리 회부 및 조사 협조
7조	협약 위반으로 인한 위험 노출 당사국에 대한 유엔 안보리 결정에 따른 지원제공

〈참고 3〉 확산금융

확산금융이란 대량살상무기나 미사일 관련 물자의 생산이나 획득, 소유나 개발, 이전이나 중개, 전달 등을 위한 자금 또는 금융 서비스를 제공하는 행위를 일컫는다. 통상적으로 대량살상무기 프로그램을 위한 자금을 확보하는 것을 말한다. 비확산체제에 가입하지 않은 국가들이 핵 및 대량살상무기 프로그램을 운영하기 위해서는 해외 금융네트워크를 통해 자금 출처를 위장한 후 관련 물자 및 기술을 조달해야만 한다. 따라서 국제사회는 확산금융을 차단하는 것이 대량살상무기 확산을 저지하는 주요한 수단으로 생각하고 있으며, 불법적인 자금의 흐름을 추적 및 차단하고 자산을 동결하고자 시도하고 있다. 이러한 조치는 2004년 4월 채택된 유엔 안보리 결의안 1540호 '비국가 행위자의 WMD 확산 방지'를 통해 모든 회원국에게 대량살상무기 확산용 자금 조달 및 서비스 제공 통제 관련 입법 및 집행을 의무화하고 '국제자금세탁방지기구(FATF: Financial Action Task Force)'에서 관련 권고사항을 지속적으로 채택하고 있다.

2. 미사일 군축 및 비확산 체계

미사일은 대량살상무기를 운반할 수 있는 운반체들 중 상대적으로 손쉽게 개발 및 확보할 수 있는 무기체계로서 북한과 같은 국가들마저도 관련 기술을 습득하게 되면 전략폭격기 등에 비해 용이하게 접근할 수 있다. 따라서 국제사회는 미사일기술통제체제MTCR: Missile Technology Control Regime를 통해 관련 기술 등의 확산을 저지하고 있다. MTCR은 대량살상무기를 운반할 수 있는 로켓을 비롯하여 무인비행체계, 그리고 관련된 장비 및 기술이 확산되는 것을 통제하기 위하여 1987년에 미국 주도로 G7 국가들인 미국 · 캐나다 · 프랑스 · 서독 · 이탈리아 · 일본 · 영국이 중심되어 설립하였다. 곧 이어 1989년 서유럽 국가 및 NATO 회원국들이 가입하면서 회원국이 확대되었으며, 냉전이 종식 된 이후 러시아(1993년)와 우크라이나(1994년)가 추가적으로 가입하면서 주요 미사일 생산능력을 갖춘 국가들이 적극적으로 포함되었다.

MTCR은 초기 핵무기 운반이 가능한 미사일만(사거리 300km와 탑재중량 500kg)을 대상으로 통제하고자 하였으나, 1993년 이후 생물 및 화학무기를 비롯한 모든 종류의 대량살상무기를 운반 할 수 있는 미사일로 확대되었다. 구체적으로 MTCR은 카테고리 I과 II로 나누어 규제를 하고 있다. 카테고리 I은 사정거리 300킬로미터와 탑재중량 500킬로그램 이상의 미사일의 완제품 및 관련 부분품을 규정하고 있으며, 카테고리 II는 카테고리 I 관련 미사일의 부품과 기술 및 사정거리 300킬로미터 이상이나 500킬로그램 미만의 미사일 이전을 통제한다. MTCR은 2023년 6월 기준으로 35개국이 회원국으로 가입하고 있으며, 북한이나 중국, 이스라엘과 파키스탄 등과 같은 주요 미사일과 핵보유국이 가입하지 않고 있다는 점이 한계다.

〈참고 4〉 미사일 기술 확산방지와 한국의 미사일 개발

한국은 1970년대 독자적인 지대지 고체연료 미사일을 개발하는 과정에서 미국과 1979년에 미사일 사거리 180킬로미터 및 탄두중량 500킬로그램 이내로 제한하기로 합의한 한미 간의 미사일 지침 협정을 맺었다. 당시 미국은 한국의 독자적인 미사일 개발 능력이 한반도의 안정 및 미사일 기술의 확산에 부정적인 영향을 미칠 수 있음을 우려하였다. 한국 역시 북한의 위협에 따른 미국의 확고한 안전보장을 전제조건으로 하여 동 지침에 합의하였다.

그러나 북한이 1990년대부터 본격적으로 핵개발과 탄도미사일 개발을 시도하고 핵실험과 탄도미사일 실험이 본격화됨에 따라 한국 내부에서는 미사일 지침 개정의 필요성에 대한 논의가 지속되었다. 미국 역시 이러한 한반도 내의 안보상황 변화에 따라 2001년 1차 개정(탄두중량 500kg/사거리 300km), 2012년 2차 개정(탄두중량 500kg/사거리 800km), 2017년 3차 개정(탄두중량 제한 폐지/사거리 800km)을 거쳐 2021년 4차 개정(고체연료 사용 우주발사체 개발 가능)을 통해 한국과 미국 간의 미사일 지침 협정을 폐기했다.

3. 재래식무기 군축 및 비확산 체계

1) 국제 재래식무기 군축체제

핵이나 생화학무기와 같은 무기체계들은 앞서 설명한 것처럼 냉전시기부터 국제적 관심을 받으며 많은 논의가 진행되고 있다. 그러나 재래식무기에 대한 관점에서는 냉전이 종식된 이후에 논의가 본격적으로 시작된 측면이 있다. 특히 냉전이 종식된 이후 내재되어 있던 아프리카 지역이나 중동지역과 같이 내정이 불안정한 국가들 내에서 소형무기나 지뢰 등과 같은 재래식무기의 확산과 테러활동에의 활용에 따른 민간인 살상 등에 대한 우려가 본격적으로 제기되었다.

대표적인 체제들로는 무기거래조약, 특정재래식무기금지협약, 대인지뢰금지협약 등이 있다. 먼저 무기거래조약Arms Trade Treaty은 재래식무기의 불법거래와 불법전용을 방지하고, 재래식무기의 국제 이전 규제에 관한 공통기준을 마련하여 재래식무기의 이전에 대한 국가들의 책임성과 투명성을 증진함으로써 국제평화와 안보를 도모하는 것을 목표로 하고 있다. 2006년 유엔 총회에서의 결의를 통해 본격적인 논의가 되었으며, 2013년 4월에 약 100여 개 국이 공동 제안함으로써 최종 문안이 채택되어 2014년 발효되었다. 이 조약의 규제 대상이 되는 재래식무기는 전차, 장갑차, 대구경야포, 전투기, 공격용헬기, 전함, 미사일 및 발사체의 7개 종류이다. 무기 이전은 안보리 결의 위반 국가나 집단살해 등의 인도적 범죄 등에 활용될 가능성이 인지된 경우 금지되며, 테러리즘과 같은 초국경범죄에 사용될 여지가 있거나 국제인권법이나 국제인도법 위반여지, 성에 기반한 폭력 또는 여성 및 아동에 대한 심각한 위협을 줄 수 있는 상황 등에서는 수출이 통제될 가능성이 있다.

다음으로 특정재래식무기금지협약Convention on Certain Conventional Weapons, 이하 CCW로 표기이다. 정식 명칭은 과도한 상해나 무차별한 영향을 초래하는 특정 재래식무기의 사용 금지 또는 제한에 관한 협약이며, 1983년 발효되어 2020년까지 125개국이 관련협약에 관여하고 있다. 본 협약의 특징은 협약의 대상이 되는 무기체계들이 부속의정서 형태로 확대되고 있다는 점이다. 예를 들어 1983년 최초로 발효된 제1의정서에서는 X-Ray로 탐지가 불가능한 파편무기, 소이성 무기의 사용금지, 그리고 지뢰 및 부비트랩 사용 금지에 대하여 규제하고 있으며, 1998년에는 실명 레이저무기의 사용 금지에 대한 제4의정서, 2006년에는 전쟁잔류폭발물의 제거 및 협력에 대한 제5의정서가 추가적으로 규정하고 있다.

마지막으로 대인지뢰금지협약Anti-Personnel Mine Ban Convention이다. 지뢰는 2차 대전에서 대규모로 사용되기 시작하여 한국전쟁과 베트남전, 걸프전 등 많은 국가 간 분쟁에서 사용되었다. 냉전 이후 제3세계국가들 중심으로 인종·종교 분쟁이 급증하면서 대인지뢰 등의 사용이 급증하면서 이에 대한 우려는 1993년 유엔 총회에서 '대인지뢰의 수출정지결의안'을 채택하였으며, CCW의 부속협약으로 지뢰에 대한 문제를 해결하고자 시도하였다. 실제로 2019년 기준, 지뢰로 인한 사상자는 5,550여 명에 이르며, 그중 민간인이 80퍼센트에 달한다. 그리고 전체 피해자의 43퍼센트가 아동으로 집계되었다. 이와 같이 CCW가 지뢰의 문제를 근본적으로 해결할 수 없다는 관점에서 캐나다와 오스트리아 등 일부 서방국가와 국제지뢰금지운동 및 국제적십자위원회 등의 비정부기구가 중심이 되어 대인지뢰의 전면금지를 요구하는 국제회의가 개최되었고 이것을 계기로 대인지뢰 전면금지를 위한 협약이 1996년 제의되었으며, 1997년 오슬로 회의에서 문안이 확정되고 1999년 121개국의 서명을 거쳐 발효되었다. 협약의 주요 내용은 지뢰탐지, 제거 및 폐기 기술 개발을 위한 극히 제한된 양의 대인지뢰의 보유를 허용하되, 모든 대인지뢰의 사용 및 개발, 생산, 비축, 이전 등을 포괄적으로 금지하고 있다. 그러나 미국이나 남한과 북한, 중국, 러시아 인도, 파키스탄 등의 주요한 국가가 가입하지 않고 있어 보편성과 실효성 측면에서 한계를 보이고 있다.

2) 다자간 재래식무기 군축 및 신뢰구축 조치

현재까지 가장 성공적인 다자간 재래식무기의 군축체제의 사례는 냉전기 서유럽 중심 다자간 군사동맹인 NATO 국가들과 동유럽 중심 다자간 군사동맹인 WTO 사이의 1970년대 헬싱키협약으로부터 1980년대의 스톡홀롬합의, 그리고 1990년대의 비엔나합의까지 이어지는 일련의 군비축소 및 군비통제 관련 회담들이 있다. 한 연구에 따르면 유럽에서 이루어진 일련의 협상은 상호 간의 점진적인 신뢰구축Confidence Building Measures 과정을 거쳐 운용적 군비통제를 달성하고, 그 이후에 구조적 군비통제를 가시적으로 달성했다는 데 의의가 있다고 언급하고 있다.[10] 한국도 이와 같은 유럽의 사례를 남북한 간의 군비통제 협싱을 위한 모델 중의 하나로 고려할 정도로 가시적이고 실질적인 군비통제 협상이 이루어진 것으로 평가받고 있다.

유럽에서 잠재적 적대국 사이의 군비통제와 관련된 협상의 시작은 1960년대로 거슬러 올라간다. 당시 소련은 정치적 의도를 가지고 핵동결 및 비핵지대 창설 등을 미국 측에 제의하였으나, 미국은 당시 압도적 핵전력의 우위를 바탕으로 소련을 비롯한 동유럽 국가들의 재래식 전력에 대응하는 전략을 유지하기로 하면서 해당 제안을 받아들이지 않았다. 그러나 베트남전쟁의 여파 및 국내 정치적 상황으

10 황일도, "냉전기 군비통제체제의 한반도 · 동북아 적용 가능성(정책연구시리즈 2019-12)", 외교안보연구원, 2019.

로 인해 유럽에서의 주둔군을 일부 철수하기로 결정하면서, 나토 내 유럽 국가들 중심으로 바르샤바조약기구 국가들과의 상호균형감군 회담MBFR: Mutual and Balanced Force Reduction을 1967년 제의하기로 결정하고 1968년에 공식적으로 제안했다. 이 제의는 1970년대 들어서면서 데탕트로 인한 긴장완화 분위기의 고조에 힘입어 미국과 소련 중심으로 MBFR 및 CSCE(유럽안보협력회의)를 동시에 추진하기로 결정하면서 급물살을 타게 되었다. 이 과정에 따라 등장한 유럽의 안보협력 체제를 헬싱키 체제라고 지칭하며, 1972년부터 1년여 간의 준비기간을 거쳐 1973~1975년까지 약 2년여 간의 실질회담을 거치면서 완성되었다.

이 회담의 결과로 채택된 합의서Helsinki Final Act는 유럽국가들 사이의 협력이 필요한 영역을 크게 (1)안보 문제, (2)과학기술 및 경제협력 문제, (3)인도주의적 문제로 구분하여 다루고 있다. 특히, 안보 문제와 관련하여 참가국 간의 관계를 규정하는 다음의 10가지 사항에 대하여 합의함으로써 동등한 입장에서의 군축과 신뢰구축 추진을 위한 발판을 마련하였다. 구체적으로 ①주권의 평등과 주권 원칙의 존중, ②무력사용의 원칙적 불용, ③국경 불가침, ④국가의 영토보존, ⑤분쟁의 평화적 해결 원칙, ⑥내정 불간섭 원칙, ⑦인권(사상, 양심, 종교 등) 상 기본적 자유 보장, ⑧민족자결권과 평등권 보장, ⑨국가간 협력의 강조, ⑩국제법 존중의 원칙을 준수하기로 합의하였다. 이와 더불어 신뢰구축을 위한 조치로서 상호 간에 군사정보에 대한 교류를 명문화하였다. 이를 구체적으로 살펴보면, 군종 불문하여 2만 5,000여 명 이상의 병력이 참여하는 군사훈련의 경우에는 훈련 개시 21일 전에 상호 간에 훈련의 목적과 명칭, 참가국과 참가군대의 종류와 훈련지역, 그리고 훈련기간을 사전에 통보하도록 하였으며, 이러한 군사훈련에 대하여 상호 간에 참관할 수 있도록 하였다.

유럽은 헬싱키 합의를 바탕으로 지속적으로 상호 간의 우발적인 군사적 분쟁을 방지하고 신뢰를 구축할 수 있는 방법을 모색하였으며, 그 결과 훈련 및 이동에 대한 통보 및 참관수준을 확대하고 정치적으로 구속력 있는 검증체제와 강제조치를 도입하는 등의 성과를 낸 더욱더 발전된 형태의 신뢰안보구축조치CSBMs인 스톡홀롬합의(1986)를 나토와 바르샤바조약기구 간 체결하였다.

이를 구체적으로 살펴보면 다음과 같다. 먼저, 상호 간에 통보해야 하는 군사훈련의 규모는 2만 5,000명에서 1만 7,000명으로 축소되었을 뿐만 아니라 통보를 해야 하는 대상도 30대 이상의 탱크가 참여하거나 공군 전력이 200소티 이상을 운영해야 하는 경우, 그리고 3,000명 이상이 참여하는 공수훈련도 포함되는 등 그 대상이 확대되었다. 또한 사전통보의 기간은 21일 전에서 42일 전으로 확대되었다. 다음으로 지상군 1만 7,000명 이상 또는 공수부대 5,000명 이상이 참여하는 훈련에 대해서는 상호 간에 참관이 가능하도록 하였다.

이와 더불어 매년 11월 15일 전까지는 다음 해의 군사활동 일정표를 교환하도록 하였을 뿐만 아니라, 군사훈련에 참여하는 병력의 규모에 따라 통보시기를 지정(4만 명 ~ 7만 5,000명은 1년 전, 7만 5,000명 이상은 2년 전)하고, 이 통보기한을 지키지 않은 훈련에 대해서는 원칙적으로 금지하도록 상호 간에 합의함으로써 우발적인 형태의 긴장이 고조될 가능성을 차단하고자 하였다. 가장 큰 특징은 상호 간의 군사훈련이나 이동에 대한 통보가 적절하게 이루어졌는가에 대한 검증절차에 합의한 점이다. 주요 검증 수단으로는 인공위성, 정찰기,

레이더 등의 사용을 상호 간에 허용하도록 하였을 뿐만 아니라, 특정 이슈에 대해서는 48시간 이내에 현장사찰이 가능하도록 의무화하였으며, 특정 국가에 대해서도 연 3회 검증이 가능하도록 하였다.

냉전이 종식된 1990년 이후의 유럽 내의 군비통제는 신뢰구축조치를 비롯한 운용적 군비통제 정책을 넘어 실질적인 군사력의 감축까지 포함하는 진일보한 형태로 진행된다. 이를 뒷받침하기 위한 협의가 1990년의 비엔나합의와 1990년과 1992년에 걸쳐 체결된 유럽재래식무기감축조약CFE: Conventional Forces in Europe이다. 이 협약들에 의한 실질적인 구조적 군비통제 방안은 기존의 나토국가와 바르샤바조약기구는 일반적으로 핵심적인 공격용 무기로 고려되는 5가지 주요 군사용 장비에 대하여 1994년까지 다음과 같이 감축하기로 하였다.[11] 주요 대상이 되는 장비들과 감축 수량은 탱크Battle Tank 20,000대, 장갑차Armoured Combat Vehicles(ACV) 30,000대, 야포Artillery Pieces 20,000문, 전투기Combat Aircraft 6,800대, 공격용 헬기Attack Helicopters 2,000대 등이었다.

또한 재래식 병력의 상한선도 지정하였는데, 유럽 내 미군은 25만 명 수준으로 유지하며, 프랑스는 32만 5000명, 독일은 34만 5000명, 러시아는 145만 명, 우크라이나는 45만 명 등으로 하였다. 뿐만 아니라 이와 같이 지정된 병력의 수준 및 장비의 해체와 관련하여 상호간에 현장을 사찰할 수 있는 권리를 인정하고 관련 정보를 상호교환할 수 있도록 함으로써 검증절차도 포함시키도록 하였다. 운용적 군비

11 Klaus Bolving, " Adapted Treaty on Conventional Armed Forces in Europe – CFE – Considerations concerning Baltic CFE-Membership" *Baltic Defense Review* No. 4 (2000) https://www.baltdefcol.org/files/docs/bdreview/03bdr200.pdf

통제의 측면에서도 진전이 있었다. 사전통보해야 하는 군사훈련의 규모는 9,000명 이상 또는 전차 250대 이상이 참여하는 훈련이며, 지상군 4만 명 이상 혹은 전차가 900대 이상 참여하는 규모의 군사훈련은 2년 주기로 실시하되, 1년 전에 회원국들에 사전통보하도록 하였다. 뿐만 아니라 신규 도입하는 무기체계에 대해서는 기술정보를 상호교환할 수 있도록 하였다.

III. 남북한 군비통제[12]

한반도에서의 군비통제를 통한 긴장완화 등을 위한 전제조건은 남한과 북한 간의 대화이다. 이와 관련하여, 남북한 간의 대화는 크게 3가지 형태가 존재한다.[13] 첫째, 적대적 관계에 대한 관리 및 군사적 긴장상태의 완화를 목적으로 하는 대화가 있으며, 대표적인 사례로 1972년 7·4남북공동성명 채택을 위한 준비 과정에서의 남한과 북한 간의 협상을 들 수 있다. 둘째, 협력관계를 조성하고 발전시키는 대화의 유형으로, 1980년대 후반 진행된 일련의 고위급 남북회담과 2000년 이후의 남북정상회담 등이 주요 사례이다. 셋째, 우발적으로 발생한 문제에 대한 해결을 목적으로 한 협상으로, 2015년 8월 DMZ 목함지뢰 도발에 따른 긴장고조 문제를 해결하기 위한 일련의 남북간 회담 등을 들 수 있다.

---

12 한용섭, 『한반도 평화와 군비통제』, 서울: 박영사, 2015, pp. 253-259.

13 서보혁, "남북대화 (어떻게) 가능한가?" 자유평화번영의 한반도 시리즈(CO22-23) (2022. 7. 1).

지난 2018년 남한과 북한은 극적인 4 · 27판문점합의를 통한 한반도의 완전한 비핵화에 대한 명문화와 9 · 19군사합의를 통한 재래식 군사력에 대한 사용의 운용적 군비통제 정책의 전진에 따른 한반도의 전쟁위기 해소를 위한 발판을 마련했다는 평가를 받았다. 그러나 최근 급속한 남북관계의 경색과 긴장의 고조로 인한 일련의 군사적 대결상태가 지속되고 있고, 급기야 북한의 9 · 19군사합의 위반에 가까운 군사적 조치들이 이어지며, 그 의미가 퇴색되었다.

1. 한국의 군비통제 논의

한국의 군비통제 논의는 크게 3가지 측면에서 논의가 되어왔다. 첫째, 군비통제의 수단과 방법적 측면에서 정치적 · 군사적 신뢰구축부터 시작하여 장기간에 걸친 신뢰가 튼튼하게 조성되었다고 판단될 때 단계적으로 군축이 가능하다는 주장이 제기되었다. 이는 유럽의 군비통제 사례를 기반으로 한다. 유럽에서는 1975년 헬싱키선언에서 초기의 신뢰구축조치를 시작으로 1986년 스톡홀롬의정서를 통해 신뢰 및 안보구축 조치의 시행이 되었으며, 그 결과로서 재래식무기감축협정Conventional Forces in Europe, 이하 CFE로 표기이 타결되었다.

둘째, 군비통제를 국방정책의 하위개념으로 고려하여 군사력의 통제에 대한 측면을 부각시키는 논의들이 있다. 특히, 남한과 북한 사이의 군사적 긴장 상태의 지속에 대한 관점에서 남북 간의 군비통제는 국방정책의 통제를 받아야 한다는 입장이다.

셋째, 군비통제를 국가안보 달성의 수단적 측면보다 국방비 감축의 수단적 측면에 대한 논의가 진행되었다. 이는 군비통제가 군비축소를 의미하며, 군비축소는 국방비의 감소를 의미하여 경제에 대한 정부투자를 증대시켜 경제발전을 도모할 수 있다는 주장이다. 실제로 일본의 전후 급속한 경제성장에 대한 근거 논리로서 안보를 미국에 의존함으로써 국방비에 투자될 자원을 경제발전 및 기반 기술력에 투자한 결과로 해석하는 견해도 존재한다. 실제로 대한민국 국방부는 군비통제 관련 정책과 제도를 발전시키기 위해 1991년부터 군비통제정책서를 발간하고 있다. 군비통제정책서는 국가안보전략지침과 국방기본정책서에서 제시된 국방정책의 방향을 군비통제 차원에서 구현하기 위한 기획문서로 한반도 주변 안보 상황 변화를 반영하여 2020년에 개정 후 발간되었다.

그러나 이러한 논의들은 각각 유럽의 군비통제 논의가 신뢰구축 조치와 더불어 군사력 감축 협의가 동시에 진행되었다는 사실을 간과하거나 미국이 군비통제 논의를 국가전략적 차원에서 조정 · 통제해왔다는 점, 그리고 재래식 군비통제 논의는 기존 무기체계의 폐기와 더불어 신무기 체계의 도입이라는 논쟁을 불러일으킬 수 있다는 점 등을 간과하고 있다는 한계가 존재한다.

2. 남북한 간 군비통제 합의 사례

1) 남북기본합의서('92. 2. 19.) 및 남북불가침합의서('92. 9. 17.)

냉전이 종식된 직후, 남한과 북한 간의 군비통제에 대한 합의가 일정 부분 진행되었다. 1992년 2월에 이루어진 남북기본합의서에 따르면, 남한과 북한은 '남북군사공동위원회'에서 대규모의 부대이동이나 군사연습을 통보하거나 통제하는 문제, 비무장지대의 평화적 이용 문제, 군인사의 교류 및 정보교환 문제, 단계적 군축의 실현 문제 등을 협의하기로 합의했으며, 1992년 9월에는 남북불가침합의서를 체결하면서 주요 내용으로 정찰활동 제한, 상대방의 영공 및 영해의 봉쇄정책 추진 제한, 상대방 관할 구역에 대한 침입 및 공격 제한 등의 무력 도발행위 금지 등의 원칙에 대해 합의하였다.

2) 4 · 27판문점선언과 9 · 19군사합의[14]

남한과 북한은 2018년 일련의 남북정상회담을 거쳐 4 · 27판문점선언과 뒤이은 9 · 19군사합의를 통해 한반도의 비핵화를 위한 합의와 재래식 군사력에 대한 군비통제에 대한 합의를 도출하였다.

먼저, 4 · 27판문점선언에서는 남한과 북한은 '한반도에서의 항구적인 평화체제 구축'을 위해 ①무력불사용 및 불가침 원칙 준수, ②단계적인 군축 실현, ③정전협정의 평화협정으로의 전환 추진, ④한반도의 완전한 비핵화 실현에 대하여 원론적인 수준에서 합의하였다. 또한 이를 위한 다음과 같은 사항들에 대하여 공동의 노력을 기울이기로 하였으며, 구체적으로 ①상대방에 대한 모든 적대행위를 전면 중지하며, ②비무장지대를 평화지대화하고, ③서해 평화수역 조성을 통해 안전한 어로를 보장할 뿐만 아니라 우발적인 충돌 방지 대책을 마련하며, ④국방부장관회담 등을 비롯한 군사당국자회담을

---

14 "9 · 19 남북군사합의" 대한민국 정책브리핑(2022. 1. 4.) https://www.korea.kr/special/policyCurationView.do?newsId=148865808; 통일부 남북회담본부, "남북합의서 해설자료: 2018 제3차 남북정상회담 군사분야 합의서 해설자료" https://dialogue.unikorea.go.kr/ukd/c/cc/usrtalkmanage/View.do

수시로 개최하기로 합의하였다.

9 · 19군사합의는 4 · 27판문점선언에 따른 군사적 신뢰구축조치를 현실화하기 위한 구체적인 조치들로서 남북 군당국 간의 일련의 협상 과정을 거쳐 주요 내용에 대한 합의가 이루어졌다. 이를 정리하면 다음과 같다.

〈표 6〉 9·19 군사합의 경과 및 주요 내용

기간	회담	주요 합의 내용
2018. 6. 14.	남북장성급군사회담	• 군 통신선 복원 • JSA 비무장화, DMZ내 상호 시범적 GP 철수, 남북공동유해발굴, 서해상 적대행위 중지 등 이행방안 협의
2018. 6. 25.	통신실무접촉	• 동 · 서해지구 군 통신선 정상화 합의 (서해 7월 16일부, 동해 8월 15일부 복구완료) • 서해 상 경비함정 간 국제상선공통망 활용 정기통신 합의
2018. 7. 31.	남북장성급군사회담	• JSA 비무장화, DMZ내 상호 시범적 GP 철수, 남북공동유해발굴, 지 · 해 · 공 적대행위 중지 등 세부 추진 방안 협의 • 포괄적 군사분야 합의서 체결 관련 합의
2018. 9. 13. ~ 14.	남북군사실무회담	• '군사분야 합의서'체결 관련 실무협의 진행 • 상호 최종입장 확인 및 문안 조율

이러한 과정을 거쳐 최종 합의된 9 · 19군사합의의 주요 내용은 다음과 같다. 지상에서는 ①군사분계선 기준 남북으로 총 10킬로미터 폭의 완충지대를 형성하여, ②상대방을 겨냥한 포병 사격훈련 및 연대급 이상의 야외 기동훈련을 정지함으로써, ③군사력이 집중된

군사분계선 상의 실질적 군사적 긴장완화를 추진함으로써, ④우발적 충돌위험을 근본적으로 차단하였다. 실제로 정전협정이 체결된 이후, 남북한 간 상호간에 총 96회의 총격이나 포격의 도발이 발생한 적이 있으며, 통상적인 수준에서 남한의 야외기동훈련은 군사분계선 5킬로미터 밖에 위치한 전방연대의 예비 대대 위주로 진행되었으므로, 실질적인 남한의 군사대비태세에 미치는 영향은 적은 것으로 평가되었다.

해상에서는 ①동서해 NLL 상의 일정구역을 완충구역으로 설정하여, ②포병 및 함포사격, 그리고 해상 기동훈련을 중지하고, ③포구나 포신에 덮개를 설치하거나 포문 폐쇄하는 것 등에 대한 구체적인 조치를 취함으로써, ④평시에 발생할 수 있는 무력 충돌의 가능성을 근원적으로 차단하였다. 실제로 해상에서는 정전협정 이후 가장 많은 실질적인 무력 충돌이 발생하였다. 1999년 6월에는 제1연평해전이 발생하였고, 2002년 6월에는 제2연평해전이, 2009년에는 대청해전이 발발하였으며, 2010년에는 3월에 천안함 피격사건과 11월에 연평도 포격도발 등이 발생하여 총 54명의 전사자가 발생하였다.

공중에서는 군사분계선 상공의 비행금지구역을 설정하기로 하였다. 비행금지구역 설정은 상호 항공기간 우발적 충돌 가능성을 줄이고, 군사분계선 인근의 근접비행으로 인한 상호 대응의 필요성을 감소시키는 효과를 기대하였다. 예외적인 사항으로 산불진화나 조난구조, 환자 후송, 기상관측 및 영농지원 등에 대한 항공기의 운용 필요시에 상대측에 사전통보 후 비행이 가능하도록 하였다.

〈표 7〉 비행금지구역

구분	동부	서부
고정익	40km	20km
회전익	10km	10km
기구	25km	25km

또한 우발적 충돌 위험 차단을 위한 지상 · 해상 · 공중 작전수행절차를 다음과 같이 공통으로 설정함으로써 군사적 신뢰성 증대 계기를 마련하였다.

〈표 8〉 비행금지구역에서 작전절차

구 분	작전절차
지·해상 (5단계)	경고방송 → 2차 경고방송 → 경고사격 → 2차 경고사격 → 군사적 조치
공중 (4단계)	경고교신 및 신호 → 차단비행 → 경고사격 → 군사적 조치

9 · 19군사합의의 성과 및 의의는 다음과 같다. 첫째, 남한과 북한 간의 실질적인 군사적 긴장완화와 신뢰구축에 기여하였다. 9 · 19군사합의는 모든 공간에서 상대방에 대한 모든 적대적 행위를 중지하기로 합의하였으며, '남북군사공동위원회'의 구성과 운영 등에 대해 합의함으로써 단계적 군축절차 등을 추진할 수 있는 토대를 마련하였다. 또한 비무장지대의 평화지대화를 위한 GP 시범철수 및 공동경비구역 비무장화에 대하여 합의함으로써 군사분계선에 과도하게 배

치된 군사력을 상호 간에 분리함으로써 우발적 군사충돌을 방지하기 위한 조치가 협의되었다. 이와 더불어 군사적 안정성을 유지하기 위한 차원에서 상호 간의 포병사격 훈련 및 대규모 야외기동훈련을 중지하고, 항공기 유형별 비행금지구역을 설정하며, 북방한계선 근거리에 다수 배치된 북한의 해안포 및 함포 사격훈련을 포함한 일체의 적대행위를 중단토록 하는 근거를 마련하는 등의 실질적인 군사적 긴장완화 조치가 협의되었다.

둘째, 한반도 비핵화와 남북관계의 발전을 견인하는 계기가 되었다. 위에서 언급한 군사적 조치들이 정상적으로 진행되는 경우, 남한과 북한 간의 군사관계는 상호 신뢰가 조성될 수 있는 안보환경으로 진전될 것이며, 이는 안정적인 남북관계를 토대로 궁극적으로 북한을 비핵화시킬 수 있는 여건을 조성할 수 있을 것으로 기대되었다.

그러나 이러한 9 · 19군사합의는 북한의 일련의 군사적 조치들로 인해 그 효과나 의미에 대해 의문이 제기되고 있다. 2022년 10월 13일에는 해상완충구역에서 총 560여 발의 포탄을 발사하였으며, 동년 12월 26일 북한 무인기가 경기 김포, 파주, 강화도 일대를 넘어 정찰한 것으로 식별되었다. 이 중 일부는 서울 상공까지 침범한 것으로 파악되면서 충격을 주었다. 이에 더하여 탄도미사일 기술을 이용하는 모든 미사일의 발사를 금지하는 유엔 안보리에 대한 결의에도 불구하고, 북한은 2023년 11월 21일에 군사정찰위성(만리경 1호)을 발사하였다. 그동안 우리 정부는 지속적으로 북한의 미사일 시험발사를 비롯한 군사적 도발 시도에 대하여 '국민의 생명과 안전을 보장하기 위한 조치를 강구할 것'을 지속적으로 경고하였다. 이에 따라 국가안전보장회의 상임위원회는 2023년 11월 22일 오전 8시에 개최된 국무회의에서 9 · 19군사합의 중 1조 3항에 대한 효력정지를 결정하였으며, 북한의 도발 징후에 대한 공중 감시 및 정찰활동을 복원하기로 의결하였다. 이러한 우리 정부의 선언에 대하여 북한 국방성은 11월 23일에 "지상과 해상, 공중을 비롯한 모든 공간에서 군사적 긴장과 충돌을 방지하기 위해 취하였던 군사적 조치들을 철회하고 군사분계선 지역에 보다 강력한 무력과 신형 군사장비들을 전진 배치할 것"이라고 성명을 발표하고 9 · 19군사합의 파기를 사실상 공식화하였다. 이러한 조치의 연장선으로 2024년 1월에 약 200여 발의 포탄을 해안포를 이용하여 서해 북방한계선NLL: Northern Limited Line 근처로 발사하여 한반도의 군사적 긴장을 조성하였다. 우리 군도 K9 자주포 등을 활용하여 400여 발의 대응사격을 실시했다.

〈표 9〉 대한민국의 국제 군축 및 비확산체제 가입 현황

2024년 1월 기준

구분		협약 발효	가입 현황
국제협약	NPT (핵확산금지조약)	1968. 7. 채택 1970. 3. 발효	1975. 4. 가입
	CTBT (포괄적핵실험금지조약)	1996. 9. 채택 현재 미발효	1999. 9. 가입
	CWC (화학무기금지협약)	1993. 1. 채택 1997. 4. 발효	1997. 4. 가입
	BWC (생물무기금지협약)	1972. 4. 채택 1975. 3. 발효	1987. 6. 가입
	CCW (특정재래식무기금지협약)	1983. 12. 발효	2001. 5. 가입

구분		협약 발효	가입 현황
국제기구	IAEA (국제원자력기구)	1956. 10. 헌장 채택 1957. 7. 설립	1957. 8. 가입
	CD (제네바군축회의)	1984.. 2. 설립	1996. 6. 가입
	COPUOS (외기권평화적이용위원회)	1959. 12. 설립	1994. 9. 가입
수출통제 체제 및 기타	NSG (핵공급국그룹)	1978. 1. 설립	1995. 10. 가입
	ZC (쟁거위원회)	1974. 8. 설립	1995. 10. 가입
	AG (호주그룹)	1985. 4. 설립	1996. 10. 가입
	MTCR (미사일기술통제체제)	1987. 4. 설립	2001. 3. 가입
	WA (바세나르체제)	1996. 7. 설립	1996. 7. 가입
	HCoC (탄도미사일 확산방지를 위한 헤이그 행동지침)	2002. 11. 설립	2002. 11. 가입
	PSI (확산방지구상)	2003. 5. 설립	2009. 5. 정식 참여
	GICNT (세계핵테러방지글로벌구상)	2006. 10. 원칙선언 채택	2007. 5. 가입
	GP (글로벌파트너십)	2002. 6. 출범	2004. 6. 정식 참여
	ATT (무기거래조약)	2013. 6. 설립	2017. 2. 가입

찾아보기

| ㄱ |

간주관성 120

간주관적 46

강압 37, 48, 49, 148, 150~52, 252, 266, 269, 273

개인 수준 97~99

거부적 억제 272

경로의존성 192, 314

경제안보 41, 42, 51, 53, 54, 58, 59, 91

계측징후정보 215, 217~19

공개출처정보 206, 212, 219~21

공격력 148, 157, 158, 163, 165, 166, 281

공공외교 18, 35, 36, 38, 39

공공재 19, 38, 313

공동안보 167, 337~39, 342~44

공세적 위기관리 234, 257, 259

공식가장 213, 223

공적개발원조 368, 369

과시 48, 49, 266, 269, 273, 344

9 · 19군사합의 380, 412, 414~19

구성주의 35, 119, 120, 137~44

구조적 군비통제 385~87, 407, 410

국가 수준 97, 103, 104, 130

국가안보전략 85, 86, 89~93, 158, 169, 193, 195, 196, 198, 203, 277

국가안보전략 목표 89, 91

국가의 정체성 46, 140

국가이익 17, 21, 33~35, 37, 39, 48, 50, 62, 67, 78, 79, 87, 107, 111, 119, 123, 125, 138, 140, 142, 177, 188, 193, 211, 256, 268, 277, 342

국방 78, 86, 89~91, 175, 195, 201~03, 276, 292, 321, 387

국방개혁 176, 193, 195, 200, 201, 296

국방기획 173~77, 181, 185, 200, 290

국방 딜레마 49, 50

국방전략 89~91, 93, 94, 173~84, 192, 193, 196~98
국방전략기술 299, 300
국방전략 목표 93, 94, 196, 198
국방정책 89, 175, 183, 192, 194, 197, 200, 277, 288, 293, 412, 413
국방혁신 4.0 173, 174, 176, 196, 201, 202, 296
국방획득절차 265, 286, 288
국제규범 81, 271, 391
국제안보협력 265, 337~39, 368
국제연맹 19, 136, 346, 347, 356, 381
국제연합 136, 137, 345
국제제도 120, 133~35, 137, 144, 338, 342
국제체제 수준 104, 105
군국주의 26, 247
군비감축 50, 384
군비제한 384
군사력 19, 22, 25, 34, 38, 41, 44, 48~50, 53, 58, 67, 70, 77, 79, 87, 89, 103, 117, 125~27, 139, 141~43, 147, 150, 152, 157, 158, 160, 162, 166, 175, 179~81, 183, 184, 197, 240, 242~47, 253, 255, 257, 258, 265~84, 288, 293, 305, 321, 322, 333, 342, 344, 346, 348, 361, 379, 383~86, 388, 390, 410, 412~15, 418
군사안보 19, 39, 41, 43, 45, 48, 49, 52~54, 57, 62, 69
군사정보 38, 77, 208, 221, 386, 408
군사혁신 174, 188, 201
권력 26, 28, 37, 101, 111, 124, 125, 129, 131
기술정보 206, 210, 212, 214, 215, 218, 219, 226, 411
기회의 창 245

| ㄴ |

나선모델 170, 171
능동적 방첩 206, 226, 226

| ㄷ |

대량보복전략 148, 160~62, 360
대인지뢰금지협약 406
동맹국 91, 159, 162, 167, 26, 249, 307, 310, 311, 313, 319, 320, 332, 333, 359, 361, 362
동맹 딜레마 304, 310
동맹의 지속 304, 312
동맹의 해체 304, 312, 313

| ㅁ |

모자이크전 174
모험이행 100, 101
무장해제 354, 355, 383, 384

무정부상태 104, 124, 125, 129, 130, 132, 138
문민통제 26, 27
미래전 173, 174, 176, 177, 185~89, 299, 300
미사일기술통제체제 52, 403, 420
민군관계 18, 23, 26, 27, 29, 90, 200
민주평화론 134, 139

| ㅂ |

방기 310, 311, 331, 332
방기와 연루의 딜레마 304, 310
방어 48, 77, 126, 130, 166~68, 179, 190, 222, 223, 253, 266, 269, 272, 279, 327, 332
방위비분담금 304, 313, 320, 327~30
방위산업 194, 266, 289, 291, 295~300, 323
방위조약 306
보건안보 41, 42, 59, 62, 66, 67
북대서양조약기구 30, 308, 314, 331, 358, 359, 361, 372
분석수준 85, 86, 94~98, 131
불가침조약 306
비공식가장 213
비국가 행위자 17, 18, 23, 32, 33, 35, 41, 61, 79, 393, 402
비군사적 작전 274
비대칭 동맹 304, 311, 331
비밀공작 205, 206, 208, 213, 222, 223, 226~31
비전통안보 41, 51, 58, 62, 359

| ㅅ |

사이버안보 41, 42, 62, 68, 69, 72~74
사회계약설 23, 28, 58
사회 수준 96, 102, 104, 132
사회안보 41, 42, 56, 57, 59
상호방위조약 161, 304, 316, 331
상호의존론 133
상호확증파괴전략 148, 162~64
생물무기금지협약 400, 419
선제공격 168, 169, 249, 269, 270
선제공격전략 168
세력균형 105, 115, 119, 128, 130, 136, 240, 304, 307~09, 339, 341, 359
소프트파워 17, 18, 34~38, 77
수동적 방첩 206, 224, 226
수세적 위기관리 234, 257, 259
스마트파워 17, 18, 37~39
신뢰구축조치 384, 407, 410, 412, 413, 415
신뢰성 22, 69, 148, 151, 153~55, 161, 164, 210, 219, 221, 246, 265, 272, 282, 303, 312, 313,

323, 325, 390, 417
신호정보 215~18
신흥안보 41, 42, 61, 62, 85

| ㅇ |

안보 딜레마 49, 50, 125~27, 170, 307, 341, 381
안보위협 43~47, 49, 51, 58~60, 67, 94, 95, 143, 195, 198, 199, 235, 274, 331
안보-자율성 교환의 딜레마 311
안보정책결정모델 85, 86, 106, 112
안보협력기구 343, 345, 365, 366
안보화 44~47
억제 48, 49, 72, 91, 147~57, 160, 166~68, 170, 179, 192, 193, 195, 197, 243, 248, 249, 266, 272, 273, 312, 322, 323, 332~36, 339, 341, 342, 362, 364, 382, 383, 387, 391~93
억제모델 170, 171
연루 246, 310, 311
영상정보 215~17
우다루프 190
우주안보 41, 42, 62, 74, 75, 78~80
운용적 군비통제 385~87, 407, 410, 412
위기관리전략 256, 257, 259
위기의 심리적 요인 234
위기의 원인 234
위기의 유형 234, 236
위기의 확대 244, 245, 247, 260
위험 19, 20, 23, 61, 65, 79, 80, 88, 117, 149, 152, 164, 170, 178, 213, 219, 221, 231, 235, 236, 239, 243, 246, 249, 252, 255, 260, 306, 311, 317, 331, 371, 384, 401, 402, 416
위협균형 308, 309
유럽안보협력기구 365
유럽안보협력회의 343, 344, 365~67, 408
유엔개발프로그램 58~60
유엔안전보장이사회 332, 375
유연반응전략 148, 161, 162, 164, 360
의도 19, 20, 29, 37, 48, 49, 96, 110, 114, 116, 125, 126, 130, 143, 152, 171, 172, 177, 184, 186, 203, 214, 217, 219, 236, 238, 241, 248, 249, 251, 253, 256, 258, 307, 309, 327, 341, 407
의사전달 38, 148, 153, 155, 186
이익균형 309
인간안보 41, 42, 51, 58, 59, 366
인간정보 206, 212~15, 218, 223

| ㅈ |

자유주의 119, 120, 131~40, 143, 342, 388

자조 120, 125, 136, 277, 317

자주국방 49, 193, 194, 265, 266, 276~79, 303, 324

재래식무기감축협정 412

전략무기제한협정 165, 385, 392, 395, 397

전략문화 142, 184

전시작전통제권 194, 278, 304, 321, 324, 325

전통안보 41, 42, 48, 51, 53, 58, 61, 62, 69, 85

정보과정 209

정부정치 모델 86, 107, 110~12, 117

정책과 전략 86, 89, 277

정치안보 41, 42, 51, 52, 59

제1차 공격력 148, 157, 158

제2차 공격력 148, 157, 158, 163, 165

조직행태 모델 86, 107, 109, 110, 112, 116, 117

죄수의 딜레마 126, 127, 170

주권 19, 23, 24, 28, 33, 34, 47, 48, 52, 60, 91, 124, 143, 175, 194~97, 227, 235, 241, 245, 276, 356, 357, 360, 408

중립조약 306

지역안보기구 338, 358, 372, 373

집단방위 341

집단사고 100, 101

집단 수준 100

집단안보 30, 135, 136, 161, 276, 339~41, 346

집단안전보장 338~341

| ㅊ |

처벌적 억제 272

첩보 206~08, 210~24, 226, 227, 229

첩보원 213~15, 219, 223, 224

최대억제전략 148, 156

최소억제전략 148, 156

취약성 18, 21, 22, 33, 44, 54, 68, 69, 163, 180, 184

| ㅋ |

코펜하겐학파 45~47

쿠바 미사일 위기 85, 86, 106, 110~17, 243, 251

| ㅍ |

편승 304, 309

평화유지활동 194, 198, 338, 350~56, 369, 370, 372~74

포괄안보 194, 343, 366

포괄적핵실험금지조약 392, 394
표준행동절차 100, 110, 116, 117

| ㅎ |

하드파워 17, 18, 34, 36~38, 77
한미동맹 93, 94, 191, 194, 195, 197~200, 277, 279, 303~05, 307, 313, 315~317, 321~25, 327, 331
합동전영역지휘통제 174, 202
합리성 50, 108, 169
합리적 충분성 167
합리적 행위자 모델 86, 107, 112, 115
핵무기 21, 31, 50, 54, 77, 114, 115, 139, 141, 143, 147, 149, 150, 154, 158~61, 164~66, 189, 273, 284, 334, 345, 360, 375, 379, 381, 392~96, 398, 400, 403
핵확산금지조약(NPT) 52, 239, 320, 375, 382, 393~95, 399, 419
핵위협 21, 91, 284, 323, 333
핵전력 115, 158, 160, 162, 163, 165, 334, 335, 389, 396, 398, 407
현실주의 34, 119, 123~26, 128~33, 135, 136, 138~40, 143, 265, 341
협력안보 337~339, 344, 345, 349, 359, 383
협조자 214
화학무기금지협약 398, 419
확장억제 323, 332~36
환경안보 41, 42, 59, 62, 64
휴리스틱 98, 99
희생양이론 246